"十三五"国家重点出版物规划项目

反 恐 警 务 研 究 译 丛

调查询问与讯问的国际发展与实践

卷二

犯罪嫌疑人

[英] 戴维·沃尔什
[英] 加文·E.奥克斯伯格 编
[挪] 艾莉森·D.雷德利克
[挪] 特朗德·麦克里伯斯特 译
刘涛 黄靖斯 译

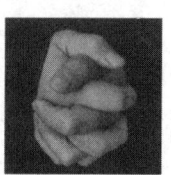

International Developments and Practices in Investigative Interviewing and Interrogation

Volume 2: Suspects

ROUTLEDGE
Taylor & Francis Group

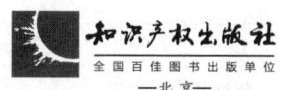

知识产权出版社
全国百佳图书出版单位
—北 京—

图书在版编目（CIP）数据

调查询问与讯问的国际发展与实践. 卷二，犯罪嫌疑人／（英）戴维·沃尔什等编；刘涛，黄靖斯译. —北京：知识产权出版社，2019.5

书名原文：International Developments and Practices in Investigative Interviewing and Interrogation

ISBN 978-7-5130-6198-8

Ⅰ.①调… Ⅱ.①戴… ②刘… ③黄… Ⅲ.①刑事侦查学—研究 Ⅳ.①D918

中国版本图书馆 CIP 数据核字（2019）第 067668 号

责任编辑：齐梓伊	**责任校对：**王　岩
执行编辑：凌艳怡	**责任印制：**刘译文
封面设计：张新勇	

调查询问与讯问的国际发展与实践（卷二：犯罪嫌疑人）

[英] 戴维·沃尔什（David Walsh）
[英] 加文·E. 奥克斯伯格（Gavin E. Oxburgh）
[挪] 艾莉森·D. 雷德利克（Allison D. Redlich）　编
[挪] 特朗德·麦克里伯斯特（Trond Myklebust）

刘涛　黄靖斯　译

出版发行：知识产权出版社有限责任公司	网　址：http://www.ipph.cn
社　址：北京市海淀区气象路50号院	邮　编：100081
责编电话：010-82000860 转 8176	责编邮箱：qiziyi2004@qq.com
发行电话：010-82000860 转 8101/8102	发行传真：010-82000893/82005070/82000270
印　刷：天津嘉恒印务有限公司	经　销：各大网上书店、新华书店及相关专业书店
开　本：720mm×1000mm　1/16	印　张：22.5
版　次：2019 年 5 月第 1 版	印　次：2019 年 5 月第 1 次印刷
字　数：352 千字	定　价：128.00 元
ISBN 978-7-5130-6198-8	
京权图字：01-2018-6316	

　　本书为证据科学教育部重点实验室（中国政法大学）2017 年度
开放基金资助课题"英美讯问/询问取证方法在我国的应用研究"
（项目合同号：2017KFKH06）的研究成果。

"在其领域里是前所未有的——一本具有里程碑意义的书！对于在该领域的所有心理学者、法学者专家和实践者而言都是必不可少的。"

P. A. 格兰海格（P. A. Granhag）

瑞典哥德堡大学心理学系心理学教授

"这本书为全世界审讯方法的实践提供了一个独特的视角，我强烈推荐它！"

吉斯力·H. 古德琼森（Gisli·H. Gudjonsson）

英帝国高级勋位获得者（CBE）

伦敦国王学院司法心理学名誉教授

"这本汇编的范围和广度是非同寻常且前所未有的。本卷最好的一个特色在于，为读者提供了一种用简易方式对比来自不同国家的讯问/询问实践的工具，因为许多章节都遵循了类似的结构且讨论了许多相同的主题（例如，培训、年龄影响、一般的方法等）。这本书阐明了那些在我们先前知之甚少的国家中的实践，同时强调了看起来在诸多文化中都普遍存在的理论和实践。"

"这本书对于调查询问的理解所采用的这种跨文化、国际化的方法正是研究和执行机构所需要的，以摆脱我们的文化藩篱，互相学习，并在全球范围内改进实践。"

梅丽莎·卢萨诺（Melissia Russano）

美国罗杰威廉姆斯大学司法研究学院副教授

"《调查询问和讯问的国际发展与实践》（卷二：犯罪嫌疑人）是一个引人注目的合集，具有高度的原创性，并且是对内容越来越丰富的询问和讯问嫌疑人工作的重要补充，尽管我们并不想过多地讨论这一话题。本书除了向我们介绍了作为调查询问研究中流砥柱的英国、美国、加拿大和许多其他国家之最新发展的章节外，还有一些吸引人的新章节，如在意大利、德国、日本、伊朗、以色列、墨西哥、苏格兰及更多国家中的询问。各章节采用了统一的框架来编写，强调了影响和塑造调查询问/讯问实践的历史性、政治性以及间或性的宗教因素。"

　　"学生和研究人员将会发现大量的案例，统计和法律信息是一种宝贵的资源。本书中有明确的证据表明：科学且合乎伦理的询问能够是且必须是所有调查的基石。本书推动了整个领域向前发展，并且可以毫不夸张地说，确实是必读之书！"

斯蒂芬·莫斯顿（Stephen Moston）

澳大利亚詹姆斯库克大学心理学系副教授

调查询问与讯问的国际发展与实践

由于不同国家法律体系、宗教和文化的独特性，对犯罪中的被害人、证人和犯罪嫌疑人进行调查询问和讯问的方法在世界各地差异甚大。尽管有些国家已经发展了适用于证人的特定询问方案（例如，询问儿童时的《ABE 指南》和《NICHD 询问方案》）及询问犯罪嫌疑人的和平模式（PEACE Model），但有些国家仍继续使用身体强制和其他值得怀疑的策略方法以诱导出信息。

直到现在，在有些国家，关于询问和讯问实践的实证信息是非常少的，特别是在中东和远东国家。本书研究解决了这一空白，汇集了来自超过 25 个国家的国际性专家，并对全世界使用的各种询问和讯问技巧提供了详细、深入的介绍。第二卷专注于询问犯罪嫌疑人，目的在于对理解全世界的执法机构如何在刑事犯罪案件中从犯罪嫌疑人那里获取有价值的信息提供必要的资料。同时，构成本卷的章节与在询问证人和受害人方面相应卷的章节一起，利用特定的国内案例研究和实践分析，审视了询问和讯问当前面临的挑战并确定了最佳实践，目的是使读者能够形成一种有关世界范围内在犯罪调查的这一重要领域的国际性、比较性视野。

这本书对于从事警务研究、犯罪调查、司法心理学和刑事法学的学者及学生来说是一项重要的基本资源，也将会是询问和讯问实践从业人员、法律专家和政策制定者非常感兴趣的。

戴维·沃尔什（David Walsh）是一名应用型犯罪学家，也是英国高等教育学院的一名研究员。他已经发表、出版了一些论文和书的专属章节，并与他人合著了一本关于腐败的书。在加入学术机构以前，他是一名在英国政府部门工作了 20 多年的调查专业人员。沃尔什博士已经在许多国内和国际的学术及实践从业人员的会议中展示了他的工作能力。

加文·E. 奥克斯伯格（Gavin E. Oxburgh）是一名在英国卫生专业委员会注册的法医心理学家、特许心理学家和科学家，还是英国高等教育学院的一名研究员。奥克斯伯格博士是一名专家证人，并在英国和海外的法律案件中提供了心理学意见。在进入学术机构之前，他在皇家空军警卫部已经有了22 年非常成功的职业生涯。在那里，他是一名专攻犯罪治理、儿童保护和性犯罪的高级警探，服务遍及英国乃至整个欧洲。

艾莉森·D. 雷德利克（Allison D. Redlich）博士在警察审讯方面是一名国际知名的研究人员，她从研究儿童被害人/证人开始了其职业生涯。在这些领域和相关主题领域，她已经发表了许多同行评审的论文，经常在法庭审理中提供专家证言，并受邀培训执法部门和法院的专业人员。她现在在美国法律心理学协会执行委员会工作，并一起主持了该委员会 2014 年的会议。

特朗德·麦克里伯斯特（Trond Myklebust）从奥斯陆大学取得了他的学士学位，并在做警察的时候从利物浦大学取得了调查心理学理科硕士学位。在 2009 年他成为挪威第一个取得博士学位（奥斯陆大学心理学系）的警察。他担任了挪威警察大学学院助理总警监的职务和英国纽卡斯尔大学客座讲师。他是英国心理学会的特许心理学家及国际调查询问研究组织（iIIRG）的共同创始人和联席主任（Co-Director）。

致谢感言

戴维·沃尔什（David Walsh）

致谢乔安娜（Joanna）和苏（Sue）提供了如此美好的回忆，向菲奥娜（Fiona）、埃玛（Emma）和新来的詹森（Jenson）表达我对他们的爱。感谢所有那些支持我和所有其他为我付出过努力的人。

加文·E. 奥克斯伯格（Gavin E. Oxburgh）

从一名皇家空军警务人员到进入学术界的旅程已经非常成功。一路走来，很多人都给予了我极大的鼓励，尤其是我已故的父亲埃里克·奥克斯伯格（Eric Oxburgh），我的母亲霍普·奥克斯伯格（Hope Oxburgh），我挚爱的妻子劳拉（Laura）和女儿苏珊（Susan）。你们对我的激励和对我能力的信任一直坚定不移，非常感谢！

艾莉森·D. 雷德利克（Allison D. Redlich）

研究最有效果和最有效率的询问犯罪情境中个体的方法的职业生涯开始于我的第一个"真的"工作。大学毕业后，我有幸在美国国家儿童健康和人类发展研究所（NICHD）获得了与迈克尔·兰姆合作（Michael Lamb）的职位。在那里，我协助他（和其他几个人）研究对报称儿童性虐待被害人进行询问的方法——为 NICHD 询问方案奠定了基础。从那里，我进入了研究生院，并且幸运地与儿童被害者—证人研究的创始者盖尔·古德曼（Gail Goodman）一起工作。盖尔在各方面都堪称导师典范，我从她那里学习到很

1

多关于询问的知识。在读研究生期间，我读了索尔·卡辛（Saul Kassin）关于审讯犯罪嫌疑人的一篇论文，对其余的如他们所说的历史产生了兴趣。因此我将这两册书献给迈克尔、盖尔和索尔。这些年来，这三位都是我的绝佳导师，在刑事司法系统中如何询问和审讯被害人、证人和犯罪嫌疑人方面（包括不当的询问和审讯策略和方法），他们每一位都在这个永无止境的探索过程中发挥了重要作用。

特朗德·麦克里伯斯特（Trond Myklebust）

致西伦（Siren）和玛蒂尔德（Mathilde）——在我努力前行中，谢谢你们给我无尽的爱、欢乐和支持。

撰稿人简介

卡米尔·阿拉（Kamiar Alaei）是医学博士、公共卫生博士、哲学硕士、外科硕士，公共管理与政策学院的公共服务教授以及健康与人权国际中心的创始主任。他和他的兄弟阿拉什（Arash）联合在伊朗为三个目标群体（吸毒者、艾滋病病毒携带者和性病案例）创立了第一个"三角诊所"，这被世界卫生组织确定为预防和治疗艾滋病病毒/艾滋病和静脉注射吸毒者的一个"最佳实践模式"。阿拉博士在全球健康政策及国际人权法律方面的丰富经验便于让他专注于国际健康与法律之间的交叉点，同时对易受伤害目标群体的需求和实际保持敏感，包括囚犯的权利。卡米尔·阿拉在伊斯法罕医科大学获得了他的医学博士学位（MD），在德黑兰医科大学获得他的流行病学公共卫生硕士（MPH），这是伊朗两所最具威望的大学。他从哈佛大学取得了国际健康的心理学硕士，并在纽约州立大学奥尔巴尼分校取得健康政策与管理的博士学位。最近他正在牛津大学完成他的国际人权法学位。

伊戈尔·阿雷（Igor Areh）是斯洛文尼亚马里博尔大学刑事司法与安全学院的一名法医心理学高级讲师。他的讲课内容和研究工作主要集中在询问被害人和犯罪嫌疑人。他主修心理学，因此在该学院获得了一个教学职位，并且他的研究工作范围逐步缩小到与目击者证词相关的问题上。他在 2008 年成功答辩的心理学博士论文中，研究了证人记忆恢复的性别差异。近几年，他的研究兴趣已经转向对犯罪嫌疑人的审讯，集中于两个主要主题：用测谎仪检测欺骗（隐秘的信息测试）和调查询问。他已经发表/出版了有关法医和调查心理学方面问题的 70 多篇论文和 3 本书。他还担任犯罪调查顾问，主要是评估犯罪嫌疑人陈述的真实性，并在法庭上担任专家证人。

比安卡·贝克（Bianca Baker）是英国德比大学的一名博士研究生，她近来正在研究跨文化的调查询问环境中治疗方法的使用。她的目的在于找到可能依文化而改变的获取信息之方法。与此同时，她继续修读心理治疗学。比安卡·贝克在美国南缅因大学取得了她的心理学学士学位，在英国莱斯特大学取得了法医和法律心理学的硕士学位。她的研究重点主要是同理心、易受暗示性、融洽关系建立的方法以及在这些领域中的文化差异。

托德·巴伦（Todd Barron）是一名在纽芬兰皇家警察局（RNC）服务了 24 年的警官，并且是一名纽芬兰纪念大学的心理学专业研究生。托德负责在所有层次上培训刑事调查部门的成员和新入职的警察关于以层级为基础的调查询问和平模式的相关内容。除了开发像第五级询问指导这样的新询问课程之外，他还负责对重要调查提供建议。托德的研究方向属于开发有效的、专业的及合乎道德要求的询问标准。

阿曼达·凯恩（Amanda Cain）是新西兰奥克兰大学的一名博士研究生。她的博士课程关注从心理学的角度看在新西兰如何询问犯罪嫌疑人。她还在作为临床心理医生接受培训。她的研究和实践方向包括对犯罪嫌疑人的询问和确保易受伤害的犯罪嫌疑人被公平地询问。

安东尼奥·卡斯塔尼奥（António Castanho）是葡萄牙内政部一名在有关家庭暴力、风险评估、风险管理和家庭凶杀审查问题方面的临床心理学家，心理治疗师、研究人员和培训人员。在 1992～2010 年，他是葡萄牙警察机构（PSP）中的一名刑事侦查员和临床心理学家。

科林·克拉克（Colin Clarke）在实施调查询问方面有着广泛的经验，在军队、警察和儿童保护机构担任过多种职位，并且已经开展了将近 20 年的调查询问研究。他与人合作撰写了第一份"调查询问的实践指南"，并且是 ACPO 调查询问指导小组的创始成员。他和贝基·米尔恩（Becky Miline）对和平模式培训的开创性评估为当今英国有利于调查询问发展的分层方法奠定了基础。该研究收集了关于对犯罪受害人和证人进行实地询问的有史以来最大的样本之一，这些样本在今天仍然被加以研究。科林最近被金斯顿大学聘为高级讲师，在那里他的研究兴趣包括在询问模式中个体差异的作用。

朱莉·库瓦西耶（Julie Courvoisier） 在瑞士洛桑大学完成了她的学业。她于2007年获得了心理学学士学位，随后于2009年获得了刑事司法学（犯罪学和安全学）法律硕士学位（MLaw）。之后，她成为了洛桑大学刑事科学学院犯罪学和刑法学研究所的一名助教。现在她在那里攻读瑞士警察审讯的博士学位。此外，她还在一个关于儿童性虐待的预防项目中担任了研究管理人员。

亚历桑德拉·德·荣（Alexandra de Jong） 在2010年获得了社会心理学硕士学位。2年后她还取得了一个刑法学和犯罪学硕士学位。作为马斯特里赫特大学的一名助理研究员，她最近参与了一个研究项目，即与其他的警察调查方法相比较，律师对于调查询问的价值产生的影响。该项目包括了一个广泛的国际文献研究，重点关注荷兰、比利时、英格兰及威尔士的警方和法律专家一起实施的小组询问。

劳伦特·德尔哈勒（Laurent Delhalle） 是赛格塞克咨询公司的经理，在巴黎的外交部开始他的职业生涯，后来，在调往南非和俄罗斯之前，他到了纽约的联合国儿童基金会。他现在是里昂医学院犯罪心理学教育的首席教师和主席，在法国和国外对高等商学院的管理人员教授商业智慧。他是格勒诺布尔大学出版社出版的《商业智慧入门》和数篇与商业智慧的人文因素有关的文章的共同作者。劳伦特在巴黎第一大学获得了国际公法和国际组织法学位以及国际法硕士学位。

塞缪尔·德马基（Samuel Demarchi） 博士，是巴黎第八大学的一名副教授。他的研究方向是处理刑事调查中的一些重要因素（对罪犯的描述和识别、测谎、对证人的询问）。他最近的研究探讨了关于使用不受控制的线索（如瞳孔直径），根据对罪犯的描述和测谎的发展来发现罪犯。他还对审判过程中证据的强度感兴趣（辨认的公正性、DNA与辨认、按顺序进行与同时进行的辨认对比等）。

伊瓦尔·A. 法辛（Ivar A. Fahsing）是挪威警察大学的一名侦探警长和副教授。他在早些时候发表了在调查询问、目击证人证词、侦查技巧、侦探的决策制定、知识管理和有组织犯罪领域的文章。他在法庭上以专家证人的身份出庭，并已经在欧洲和亚洲对执法人员开展了多年的培训。作为一名凶杀案侦探，他在奥斯陆警察局和挪威国家犯罪调查局有着 15 年的经验。

本杰明·弗兰德（Benjamin Flander）博士，是斯洛文尼亚马里博尔大学刑事司法与安全学院法律与国家理论专业的副教授。他的专业范围是刑事司法体系中的宪法和人权。他的讲座和出版物关注在审前程序中当局被赋予的拘留、逮捕、审讯和搜寻犯罪嫌疑人的权力，以及一个社会致力于法治及对违反刑法而被怀疑、起诉或定罪判决之人给予的基本权利的程度。近来他的研究方向还包括尼采、后现代主义、批判法学和批判犯罪学/刑罚学。他著有 2 本书和一些科研论文。自 2012 年以来，他一直以国家反腐败小组（GRECO）评估员的身份积极活动。

古斯塔沃·冯迪维拉（Gustavo Fondevila）是一名经济研究和教学中心（CIDE）的教授级研究员，以及国家科学技术委员会（CONACYT）国家研究人员体系（SNI）中的国家二级研究员。古斯塔沃从布宜诺斯艾利斯大学获得了法学博士学位，并从（德国）美因茨约翰内斯古腾堡大学获得了政治学学士，而且是以下书籍的作者：《社会融合的政治模式》（慕尼黑：乌茨，2002）、《法律的体系、合法性和法治》（墨西哥：方塔玛拉，2005）和《犯罪心理画像》（墨西哥：CIDE，2013，与卡洛斯·维拉尔塔合著）。他还是发表在国内外专业学术刊物上的数篇论文的作者。

简·古德曼－德拉哈蒂（Jane Goodman-Delahunty）接受过法律和实验心理学培训，目前是查尔斯特大学的一名研究教授。她的研究，通过其作为诉讼律师、行政法官、中立的第三方调查员和新南威尔士州法律改革委员会兼职委员的身份，促进了以证据为基础的政策，提升了公平正义。她是澳大利亚警务与安全卓越中心研究理事会的一名副研究员。她担任《心理、公共政策和法律》杂志的编辑，并且是美国心理-法律协会和澳大利亚及新西兰精神病学、心理学和法律协会的主席。

亚历桑德拉·R.哈灵顿（Alexandra R. Harrington） 法律博士，法律硕士，民法学博士，是全球卫生与人权研究所的助理主任和附属教师。她还是奥尔巴尼法学院的特约教授，在那里她的课程以国际法律问题为重点。哈林顿博士担任国际法可持续发展中心交叉法律问题的首席顾问。她有超过30本的出版物涉及国际法的各个领域，包括国际人权法、国际儿童权利、环境法、关于气候变化的法律问题、自然资源管理、国际组织和国际贸易法、企业社会责任与刑法，还有国内领域，如宪法和军事法。她经常在国内国际会议上展示她的工作成果，包括联合国学术影响行动小组。哈灵顿博士已经在奥尔巴尼法学院担任访问教授，在蒙特利尔大学研究中心和国际研究夏季项目担任教授，并在北美环境合作协定的环境合作委员会担任顾问。

穆罕默德·希达亚提-卡克基（Mohammad Hedayati-Kakhki） 1990年毕业于德黑兰沙希德贝赫什迪大学法学专业（法学学士 LLB），并于1999年在设拉子（Shiraz）大学进修国际法硕士学位。在伊朗他是一流的从业律师，执业范围包含民事和刑事诉讼。在杜伦大学（Durham University）完成国际法博士学业后（2008年），他担任了各种学术职务，包括讲授研究生课程并继续在杜伦法学院任教。他是杜伦大学一个伊斯兰法与现代化研究中心的联合创始人，并且从2011年至2014年是该中心的主任助理。现在他是同一个研究组织的特别顾问，还为该大学伊斯兰法律体系的刑法与刑事司法中心提供建议。

乔斯·霍肯迪克（Jos Hoekendijk） 一名调查型心理学家。自2013年以来他一直作为一名行动顾问为荷兰国家警察局工作。除此之外，自2000年至2013年他是荷兰警察学校调查询问培训项目的一名讲师。

斯图尔特·休斯顿（Stuart Houston） 是苏格兰警察局的侦探总督察，

驻地在爱丁堡分部。自 1996 年以来他就是一名警察，参与了各种犯罪调查工作，包括担任多起谋杀案的高级调查人员。2008～2010 年，他还在侦探培训部门工作。

克里斯蒂娜·凯平斯卡·雅各布森（Kristina Kepinska Jakobsen）是挪威警察大学的一名心理学家和副教授，负责开发和实施调查询问方面的研究生课程。另外，她还是法学院的一名博士研究生，研究对精神受创伤的证人进行调查询问。她以前作为研究员和教师曾在丹麦国家警务委员会工作。

克里斯蒂安·卡斯克（Kristjan Kask）在英国莱斯特大学获得了法医心理学博士学位，现在是爱沙尼亚塔尔图大学公共法律系的一名研究员，也是爱沙尼亚塔林大学心理系心理专业的副教授。他是官方认证的临床心理学家，专攻认知行为疗法。他的研究方向是对儿童、成年被害人和证人进行调查询问，影响目击证人问题的因素，青少年使用酒精和有关军事心理学的问题。他已经给警方调查人员、检察官、法官和儿童保护工作者开展了几个培训项目，内容是有关对儿童受害人和证人进行调查询问的原则。他已经在几个同行评审的期刊上发表了文章。

卡米特·卡茨（Carmit Katz）是以色列特拉维夫大学鲍勃夏普尔社会工作学校的一名副教授。2007 年她在英国剑桥大学取得了博士学位并作为助理研究员继续在该校工作。她的研究成果已经在领先的期刊上发表，而且她是威利（Wiley）出版的《儿童证词：心理学研究和法医学实践手册》（第二版）［*Children's Testimony：A Handbook of Psychological Research and Forensic Practice*（2nd edn）］这一重要书籍更新版本的合作编辑。卡茨和司法背景下的从业人员（如律师和法官）一样，正在以色列大力发展和传播实践做法并对儿童司法询问人员进行培训。

马克·凯贝尔（Mark Kebbell），他的专长和研究是在调查心理学领域，尤其是关于严重犯罪的调查和起诉。他的研究包括了为英国及威尔士的警察编写［与格林汉姆·瓦格斯塔夫（Graham Wagstaff）一起］关于评估目击证人的证据并针对高危罪犯开发各种应用型风险评估方案的指南。他是一名应用心理学学院的教授和澳大利亚心理医师委员会的注册心理医师。

克里斯托弗·E. 凯利（Christopher E. Kelly） 博士，美国宾夕法尼亚州费城圣约瑟夫大学社会与刑事司法系的一名副教授。近来，凯利博士致力于由高价值在押者侦讯小组（HIG）资助的3种相关数据收集的工作，并且是"审讯动态过程"的主要调查人员，这是一种对录像和音频记录的审讯内容的分析。凯利博士的论文已经在《心理学》《公共政策与法律》《刑事司法与行为》《政策与社会》上发表，他是美国法律心理学协会（APLS）和国际调查询问研究组织（IIIRG）的成员。

戴维·拉·鲁伊（David La Rooy） 从新西兰奥塔哥大学获得了他的学士、硕士和博士学位。2004年，他在美国马里兰州的国家卫生研究院（NIH）接受了博士后研究奖学金，并得到儿童司法询问方面的专家警察培训，同时还接受了关于评估对涉嫌虐待儿童所进行的调查询问的质量方面的培训。拉·罗伊博士为警察、社会工作者、事务律师、顾问、县治安官和法官提供了专业培训。2008年，他在苏格兰丹迪阿伯泰大学被授予苏格兰警察研究所讲师职务，并在2014年从国际调查询问研究组织IIIRG那里获得了优秀学术奖。他在威利系列（Wiley Series）关于犯罪心理学、政策与法律的丛书中合作编辑了2卷。

柯克·卢瑟（Kirk Luther） 是纽芬兰纪念大学的一名在读博士生。他的研究方向包括虚假和强迫供述、审讯策略、儿童询问实践以及在执法中科学与伪科学的区别。柯克在这些领域内已经发表了数篇论文，并展示在国内及国际会议中。他的研究已经获得国际媒体的关注和众多国家奖项。

克里斯蒂安·A. 梅斯纳（Christian A. Meissner） 是爱荷华州立大学心理学教授。他拥有佛罗里达州立大学认知与行为科学博士学位（2001年）。他的研究侧重于应用认知，包括研究记忆、注意力、感知和决策过程在现实世界观察、测谎、法律决策和比较法庭科学中的作用。

丽贝卡·米尔恩（Rebecca Milne） 是朴茨茅斯大学刑事司法研究所司法心理学的高级讲师。她是司法询问（访谈）中心的主任，与警方和其他刑事司法机构（英国及英国之外的）密切合作。贝基（Becky）是首席警察调查访谈战略指导小组协会的成员，并且是撰写团队的一部分，该团队编写了2007年版"实现最佳证据"一文。由于她在调查访谈领域取得的杰出成就，贝基于2009年4月被警察局长协会授予了汤姆·威廉姆森奖。

安娜贝勒·尼科尔（Annabelle Nicol） 是苏格兰邓迪市阿伯泰大学的博士研究生。她的研究侧重于培训儿童询问人员，评估与成人演员进行询问的角色扮演训练的质量以及实地询问。她接受过分析、编码和评估司法询问质量的培训。她与苏格兰的一些警察管辖区密切合作，为其管辖区内对儿童的司法询问课程提供帮助，并参与他们的实际角色扮演询问练习。

哈里特·雅各布森·奥恩（Harriet Jackobsson Öhrn） 理学学士，理学硕士，博士，曾是瑞典国家警察学院心理学专业高级讲师，她在那里工作了二十多年。她在基础警察培训课程和高级培训课程中教授调查询问。近十年来，她为有经验的警方侦查人员的调查询问课程担任课程负责人。2005年她在斯德哥尔摩大学获得了博士学位，其学位论文是以警察询问为主题。她的主要研究兴趣在于，在警方询问/访谈中警察的行为以及这些行为对调查结果的影响。自2010年以来，她被任命为欧洲国际边界管理署的外聘培训专家，在那里她参与了欧盟境内边防警察询问培训课程的开发和实施。

瑞沃·奥皮克（Raivo Öpik） 爱沙尼亚塔尔图大学安全科学学院法庭科学专业的讲师，讲授法庭科学课程。他毕业于塔尔图大学法学专业，目前是一名博士研究生，正在使用模型对嫌疑人的询问进行研究。他曾在警方担任侦查员多年，并曾担任侦查单位的领导。他曾应欧洲安全与合作组织（OSCE）的邀请，在爱沙尼亚和吉尔吉斯斯坦进行询问犯罪嫌疑人方面的培训。

卡洛斯·爱德华多·佩肖托（Carlos Eduardo Peixoto） 拥有葡萄牙

波尔图大学心理学博士学位。他是葡萄牙国家法医和司法科学研究所北部分支机构（INMLCF, IP）的法医心理学家，在犯罪、家事、民事和劳动法律案件评估的司法心理评估方面拥有丰富的经验。他还是一个项目的首席研究员，该项目是关于对儿童被害人、证人和犯罪嫌疑人实施司法询问的方案，由葡萄牙科学技术基金会（FCT）和竞争要素行动计划（COMPETE）支持，该项目在 INLMCF 和波尔多大学医学院进行。卡洛斯还是葡萄牙天主教大学（波尔图地区中心）人类发展研究中心（CEDH）的研究员，北卡罗来纳州卫生科学高级研究所（CESPU）特邀助理教授，并且在警察、司法和保险公司等组织的公共和私营部门担任调查询问培训师和顾问。

弗朗西斯科·蓬佩达（Francesco Pompedda）是理科硕士，毕业于意大利都灵大学，专攻法医心理学，目前正在芬兰图尔库的埃博学术大学攻读心理学博士学位。他还受聘于埃博学术大学心理学系担任研究助理。他是埃博学术大学法律心理学研究组织（LEPA）的成员，负责在意大利都灵 SSF 雷博登戈举办的强化专业培训项目——"采用 EIT（授权询问人员培训）询问报称 CSA（儿童性虐待）案件被害人"中设计 EIT 软件。

维托里奥·玛丽亚·罗西尼（Vittorio Maria Rossini）拥有法律学位，自 2002 年以来一直是都灵律师事务所的刑法执业律师。除了他的法律实践之外，他还是都灵律师协会科学委员会的积极参与者。他在整个法律界为许多组织提供教学经验。他担任犯罪司法所（联合国区际犯罪和司法研究所）的顾问和讲师。他还为都灵法庭协会的专业和法律道德培训学校和皮埃蒙特的"刑事照相"教授课程。

马西莫·斯卡拉贝洛（Massimo Scarabello）目前是库内奥法院的法官，负责处理民事法律事务，涵盖不动产法到合同法。直至 2014 年 12 月，马西莫一直担任都灵法院的初级调查法官。他还参与了与政府间机构欧洲航空安全组织的合作，该机构为空中交通管理提供各种服务。他是公正文化政策的顾问，并在发生事故或意外时在刑事调查和安全调查之间进行协调。他在这两个领域的相互作用问题上提供司法视角和专业知识。作者每年两次被邀请到欧洲航空安全组织的布鲁塞尔总部，主持有关这个主题的研讨会和课程。

亚历山德拉·塞亚布拉（Alexandra Seabra），1992 年毕业于里斯本 ISPA 的临床心理学专业。2000 年，她答辩了她在健康心理学方面的硕士论文，2009 年她答辩了在精神卫生方面的博士学位论文。她以前是性工作者和吸毒成瘾者的顾问，2002 年，她被任命负责协调和实施中央医院（后来的中央医院）的临床心理学业务，在那里她协调和简化了几个支持住院服务的项目。

克里斯托夫·赛利（Christophe Sellie），1980 年开始他的警察培训工作，先后在多个部队担任警察侦探，然后于 2012 年 3 月被任命为沃尔沃德警察局副局长。除了他的国际经验外，1988 年他参加了与伦敦大都会警察局交流合作。之后，1996 年他以警察观察员的身份完成了联合国在波黑境内的一项任务。2004 年，他成功地完成了在 FBI 国家学院（项目）的学习。2007 年，他与米歇尔·圣－伊夫（Michael St-Yves）合作，在瑞士创建了第一个关于调查询问的继续教育培训计划。

布兰特·斯努克（Brent Snook）是纽芬兰纪念大学的心理学教授。他拥有英国利物浦大学心理学博士学位。他的研究兴趣包括决策制定、法医心理学、侦查实践（如询问）和刑事司法系统中的伪科学。除了在加拿大实施 PEACE 询问模式外，他目前的主要工作还包括对人们如何理解他们的合法权利，以及如何改进 PEACE 询问模式不同部分的有效性的研究。

米歇尔·圣－伊夫（Michel St-Yves）是加拿大魁北克省行为分析处的法医心理学家。他还教授魁北克警察学院调查询问的心理学，并且是蒙特利尔大学犯罪学系的讲师。他参与了创建瑞士关于调查询问的第一个继续教育培训计划，并从 2007 年起担任培训教员。他还担任了国际调查询问研究组织（iIIRG）科学委员会副主席。他出版的各种著作都有法文和英文版本。

娜葛丝·塔瓦索利安（Nargess Tavassolian）是一名在伦敦工作的法律研究员兼法律事务通讯员。她拥有伦敦大学亚非学院法学博士学位、加拿大麦吉尔大学国际刑法硕士学位和伊朗德黑兰沙希德贝赫什迪大学法律学士学位。她曾在各种法律制度（国际人权法、伊朗法和伊斯兰法）、宗教智识主义（与思想自由和表达、妇女权利、少数民族权利和伊斯兰惩罚有关的领域）以及英文和波斯文的伊朗法律制度等领域对与思想和言论自由及其范围有关的各种主题进行了研究，并撰写论文和书面报告。

马基恩·范·比克（Martjin van Beek）是荷兰警察学院的侦查心理学家。自 2014 年起，他一直担任犯罪调查硕士课程的讲师。自 2008 年到 2014年，他是调查询问培训项目的讲师。范·比克经常就心理学方面的问题向荷兰国家警察提供咨询服务，如询问证人和犯罪嫌疑人。

米特·范德海伦（Miet Vanderhallen）于 2007 年完成了关于"警察询问工作联盟"的博士学位。目前，她在比利时安特卫普大学担任心理学和法学助理教授，并担任荷兰马斯特里赫特大学犯罪学助理教授。此外，她还是比利时鲁汶大学的附属高级研究员。她在法学院教授心理学和法学、犯罪学和实证研究方法。她的主要研究兴趣为调查询问。她对有关建立融洽关系和犯罪嫌疑人陈述（证据）价值的研究特别感兴趣。在 Salduz 判例法之后，她参与了各种（包括国际性的）关于警察局法律咨询的研究。除了研究活动外，她还参加了国家警察学院犯罪调查和地区警察学院的许多（高级）调查询问培训项目。她的最新项目涉及对警察局询问人员的监督以及询问人员和律师的联合培训。米特·范德海伦已经出版了几篇关于国内和国际的调查询问的文章和书籍章节。

格尔特·威尔瓦艾克（Geert Vervaeke）是比利时鲁汶大学法学院的心理学与法学全职教授，法学院的刑法和犯罪学系主任，"司法管理"项目官员。他是比利时司法高级理事会前主席和欧洲司法委员会网络执行委员会成员。他正在心理学和法学等广泛的领域进行研究和培训，如警察审讯、司法决策、解释性犯罪模式以及法官和检察官的选拔。

雷纳特·沃尔伯特（Renate Volbert）是德国柏林夏洛特医院法医精

神病学研究所的研究员以及德国柏林自由大学心理学系的教授。她获得了比勒费尔德大学的心理学文凭，柏林技术大学的博士学位和柏林自由大学的教授资格。她持有法律心理学专家资格。沃尔伯特教授是德国心理学协会心理与法律部执行委员会成员（1999～2009）和主席（2007～2009），目前（自2014年起）担任欧洲心理和法律协会主席。她的主要研究兴趣是可信度评估、易受暗示性、二次受害和虚假供述。她经常以法院任命的专家证人的身份出庭进行可信度评估。

和智妙子（Taeko Wachi）是日本国家警察科学研究所的高级研究员，也是日本国家警察学院的讲师。从2005年开始与日本警方合作以来，她一直参与严重刑事案件的犯罪画像（侧写）。最近，她对调查询问进行了研究，并一直在帮助日本警方对他们的调查询问进行培训和提供建议。妙子在迈克尔·E. 兰姆（Michael E. Lamb）教授的指导下在剑桥大学获得了心理学博士学位。她撰写的关于日本讯问的博士论文荣获2013年美国心理-法律学会的优秀论文奖（第一名）。

渡边和美（Kazumi Watanabe）是日本国家警察科学研究院侦查支援科、犯罪和行为科学系的部门负责人。她从东京医学和牙科大学获得法医精神病学博士学位，成为临床心理学家。她在侦查心理学和警察心理支持领域拥有超过20年的工作经验。渡边最近参与制定了国家警察机关关于基于心理学研究结果的警察询问和审讯基本技能的培训手册。

尼娜·J. 韦思泰瑞（Nina J. Westera）是一名研究员，她的研究考察了如何将心理学上的理解用于改善刑事司法实践。她的专业领域是调查询问和刑事侦查，特别关注在性暴力和暴力犯罪案件中对成年控告人进行调查和证据性询问。尼娜的职业生涯始于在新西兰警察局担任警官，在那里她调查了严重犯罪，并采取了以证据为基础的策略和做法询问证人和嫌疑人。她曾向警官、律师和法官提供有关调查询问的辅导和建议。

吴玉宁（Yuning Wu）是密歇根州底特律韦恩州立大学刑事司法系的助

理教授。她的研究兴趣包括：公民对犯罪和刑事司法的看法、警察的行为和态度、受害人等的恐惧。她最近的研究成果已刊载在"司法季刊""英国犯罪学杂志""犯罪与少年犯罪杂志"和"刑事司法杂志"等刊物上。她是国家司法研究所的 W. E. B. Du Bois 奖学金获得者（2014～2015）。2015 年，她还获得了刑事司法科学学院的多罗西亚·布鲁斯/贾尼斯·约瑟夫少数民族和女性新学者奖。

马文·扎尔曼（Marvin Zalman） 是密歇根州底特律韦恩州立大学刑事司法学教授。他与朱莉娅·卡拉诺（Julia Carrano）合著了"错误定罪和刑事司法改革：制造正义"［劳特利奇出版社（Routledge），2014 年］。他是一名许多同行评议论文的编辑、作者和合著作者，撰写有关于犯罪和刑事司法问题的章节。

安杰洛·扎帕拉（Angelo Zappalà） 是一名心理学家、临床犯罪学家、认知行为治疗师和都灵未成年人法庭名誉法官。他还是意大利都灵 SSF 雷博登戈犯罪实验室的犯罪心理学教授，以及意大利亚历山德里亚大学的调查犯罪学教授。此外，安杰洛还是埃博学术大学 LEPA（法律心理学研究组织）的成员，以及 HYPOTHESES（法医心理学咨询）的联合创始人和成员。

萨宾娜·加加（Sabina Zgaga），博士，2006 年毕业于斯洛文尼亚卢布尔雅那大学法学院，论文题目为《宪法与刑事诉讼理论模式之间的关系》。她在同一学院攻读刑法学博士的研究期间，专注于国际刑法，特别是其总则方面。为此，她两次被马克斯·普朗克法医和国际刑法研究所授予奖学金。她于 2011 年 4 月完成的博士论文（《国际刑法中的紧急避险与被迫行为》）获得了联合国斯洛文尼亚协会的奖项，重点研究了在国际刑法、比较刑法和斯洛文尼亚刑法中关于紧急避险和被迫行为的规则（以及其他相关问题，如自我防卫、军事必要性原则以及上级命令）。目前，她在斯洛文尼亚马里博尔大学刑事司法与安全学院担任高级讲师。她的研究工作集中在国际刑法、刑事实体法和程序法。

致　谢

感谢英国德比大学（University of Derby, UK）的工作人员安娜·戴（Anna Day）为本书出版付出的辛勤努力，从编写本书的项目开始，她就一直帮助主编及章节作者跟上时间节点，并最终顺利完成了这两本书的编写。此外，必须要特别感谢英国纽卡斯尔大学（Newcastle University, UK）的工作人员米莉·富勒（Millie Fuller），她帮助我们顺利完成了编写这两册书的项目。同样需要感谢马克·毕斯乔普（Mark Bisschop），瑞德商务资讯公司（Reed Business Information）以及英克·里斯彭斯（Imke Rispens），他们慷慨许可我们在本书的第 13 章翻印使用以前公开出版过的资料。最后，感谢劳特里奇出版社（Routledge）的工作人员海蒂·李（Heidi Lee），她的工作确保了主编们按照规定的相关流程完成了本书的编写。

目 录
CONTENTS

北美地区

导 言

导 言

询问和询问犯罪嫌疑人实践的国际发展

艾莉森·D. 雷德利克 (Allison D. Redlich)

戴维·沃尔什 (David Walsh)

加文·E. 奥克斯伯格 (Gavin E. Oxburgh)

特朗德·麦克里伯斯特 (Trond Myklebust)

无论是在调查犯罪还是在实现正义的方式方面,调查询问都具有重要作用。尽管询问和讯问对于全球的执法机构而言都是非常重要的,但令人惊讶的是我们对于世界各地所使用的技巧与习惯做法知之甚少。在过去的一个世纪里,警方当然已有所改变,但是我们大多数人对询问和讯问的了解主要是从电视节目或电影中一成不变的表演中得来的。显然,在受害人、证人及犯罪嫌疑人被执法调查人员询问时真正发生了什么,通过电视节目或电影这种方式了解到的很多内容是不可靠的。我们中间那些在警察及警察科学、心理学、犯罪学、法学和其他学科领域的人都看到了一个迫切的需要,即提供有关执法机构使用的各种技巧的对称信息。

在对受害人、证人及犯罪嫌疑人的询问中,执法机构面临着一项具有挑战性的任务。无可争议的是,记忆会随着时间的推移而消失,犯罪通常在有碍准确及完整地回忆事件的情况下发生,同时人们有许多的理由不愿意提供信息(特别是犯罪嫌疑人)以及不愿意与执法机构进行谈话。但是,受害人、证人及犯罪嫌疑人分享他们经历的需要——被询问或被讯问——一直并仍将是至关重要的。尽管法庭科学技术进步很快,但依赖人的提问和询问/讯问对象回答的需求还是不太可能减少的。因此,获取关于犯罪事件精确的、全面的和最新信息的能力依然是非常重要的。

在这本书中，与询问及询问犯罪嫌疑人相关的，有效提问技巧的重要性最近被美国参议员情报委员会 2014 年 12 月发布的"酷刑报告"带到风口浪尖上。该报告记录了许多有争议的——大多数人认为是无效的——讯问技巧，包括模拟死刑执行，睡眠剥夺，通过水刑濒临溺毙。正如通过对本书的阅读你将推断出的那样，许多国家已经放弃并公开谴责酷刑审讯策略的使用。事实上，一些国家已经禁止心理强制审讯技术。然而，在全球范围内，一些国家仍旧使用身体和心理强制技术，有些合法、有些不合法，正如即将开始的章节所展现的那样。这就会出现一种情况：全球范围内询问/讯问范式（paradigm）转移正在进行，从强调劝说犯罪嫌疑人坦白供认的传统讯问模式，转向强调从被询问者那里寻找真相并收集准确可靠信息的调查询问模式。

在这两册书中，编者及各章的邀稿作者旨在为您提供必要信息，以了解世界各地执法机构如何在刑事案件中从受害人、证人及犯罪嫌疑人那里获得有价值的信息。为此，我们从全世界超过 25 个国家（包括亚洲、大洋洲、欧洲、北美洲和南美洲）组织了一组优秀的作者，荟萃了多年的专家知识和实践研究成果。我们相信这本书会给读者提供关于世界各地所使用的各种询问及讯问技巧的深度报告，同时考虑了两种主要类型的法律体系：对抗制和纠问制。

对抗制与纠问制法律体系的比较

国家与国家之间，在收集法庭所用的可靠信息过程中有许多——有时是大量的——法律差异。纠问式诉讼是法院积极参与调查案件事实的一种模式。法国就是一个实行纠问式或者非对抗式①诉讼的国家。纠问式诉讼的主要特点在于对犯罪的审讯或调查中，那些负责调查严重犯罪或复杂询问的"审查

①　一些法学家认为纠问式具有误导性而更倾向于非对抗式这个词［格兰登（Glendon）等人，2008：101］。

或调查法官"具有重要作用。法官可以询问受害人、证人及犯罪嫌疑人，下令搜寻证据，公布最终裁决并决定刑罚。他们不是起诉被告人，而是收集事实以争取正确的裁决，就他们的职责本身而言是寻找任何及所有有罪的或无罪的证据。

与之相反，在对抗式诉讼中，法官专注于法律及程序问题，并在由被告律师和检察官提起的辩论中扮演裁判者的角色。有时候，陪审团根据法律要求对提出来的事实问题做出决定。检察机关将对被提交给法院的案件负责。然而，在国家与国家之间，检察机关的职责是不同的。对于大多数国家来说，检察机关是在警察之外被组织起来的，在英格兰和威尔士，美国和南非就是这样。在英格兰和威尔士，警方立案启动调查，并在案件调查完成后将案件移送至皇家检控署，后者依据是否有现实的定罪可能以及是否需要基于公共利益而继续推进起诉来做出决定。又如，在瑞典，在将案件移送至负责决定是否需要进一步调查的检察官处之前，警方启动立案调查并进行初步询问。在挪威的刑事司法体系中，警方与检察机关代表——负责该案的正式领导——一起开始调查。本书现在并不打算表明是否对抗式体系比纠问式体系就"更好"，但是，在此阶段，重要的是向读者强调，一个国家的态度很可能会影响询问实践在那个国家的建立。

在世界范围内，在如何进行调查询问或讯问的基本区别方面，有关调查的法律架构将会是其中一个变量。在不同国家之间，实践方面的其他区别可以通过一系列因素来解释，这些因素可能包括经济、政治、文化、宗教、社会哲学及历史传统，这些因素在任何特定区域内独立地或共同结合在一起塑造着调查人员实践的发展。此外，在我们对受害人、证人及犯罪嫌疑人如何回忆、详述和选择性揭露事件的理解中，科技进步在重新定义询问及讯问方法上已经发挥了非常大的作用。但是，在这两册书中将逐渐明确的是，各国意识到科技进步的程度是不同的；尽管一些国家的政策似乎并未注意到相关研究文献成果，而其他国家的政策却是依据文献研究成果发展并确立起来的。

编者要感谢撰稿人在揭示世界各地当代询问及讯问实践方面的努力。许多章节之前从未受到广泛地讨论（一些章节之前完全没有被讨论过）。他们的文稿使读者能够对犯罪调查这个重要领域在世界范围内的发展产生一种国际性和比较的视角，同时为实现正义作出自己的贡献。

▌参考文献▌

❶ Glendon，M. A.，Carozza，P. G. and Picker，C. B.（2008）*Comparative Legal Traditions*. St Paul，MN：Thomson-West.

亚 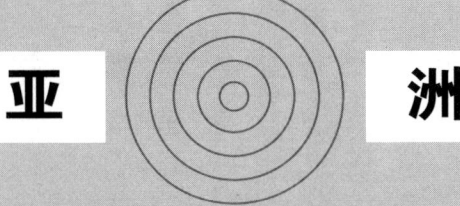 洲

第01章

中国对犯罪嫌疑人的讯问

马文·扎尔曼 (Marvin Zalman)

吴玉宁 (Yuning Wu)

▌简介▐

这一章描述和解释了在中华人民共和国（PRC）对犯罪嫌疑人的警察讯问。我们将在它的社会、制度、法律及政治背景下考察讯问。与刑罚一样，审讯是一个"复杂的文化过程" [布朗热和萨拉特（Boulanger and Sarat），2005]，其有助于描述及解释深植于其中的体系要素。警察审讯与刑讯逼供在背景方面的交叉包含了犯罪控制与正当程序的平衡，中国刑事司法体系的结构特点，警察部门的组织特性以及国家推动法治的努力。

审讯实践及禁止刑讯逼供

在 1996 年《刑事诉讼法》（CPL）已经生效的情况下，麦康维尔等人（McConville 等，2011）分析了 2002 年至 2006 年分布于中国 13 个地点的初级和中级法院审理的 1144 个普通刑事案件样本。通过案件卷宗而非直接观察对警察审讯实践进行评估。他们发现在所有的案件中都进行了讯问，产生了非常高的供述比率：92.1% 的完全供认和 5% 的部分供认，只有 2.8% 的案件记录了否认有罪。在麦康维尔等人的研究中，该 1144 起案件中有 51 起案件的数据缺失。相比之下，美国和英国的已有研究发现，犯罪嫌疑人的供述比率范围是 60% 到 80%（麦康维尔等，2011）。

1996 年《刑事诉讼法》严格禁止通过刑讯逼供、威胁、引诱及欺骗以获取供述。依据 1996 年刑事诉讼法的规定，要求一名以上警官进行讯问，并且第 93 条规定犯罪嫌疑人"对侦查人员的提问应当如实回答，"附有但书"对与本案无关的问题，他有拒绝回答的权利"。初次讯问期间律师不在场，且犯罪嫌疑人被告知只有在案件被移送至起诉（检察院）后才有权获得律师辩护。警方依照法律授权通常对律师与犯罪嫌疑人的会见进行监视（monitor）①〔见麦康维尔等，2011：67 - 70；马（Ma），2003：502〕。依据 2012 年修正案对 1996 年法律的修改，出现了一些关键变化：（1）反对强迫自证其罪得到承认；（2）更有力的非法证据排除规则被制定；（3）开始了全面录音录像记录整个警察讯问过程。此外，犯罪嫌疑人如今有权在第一次警方讯问（questioning）或者拘留时获得律师辩护。② 现在警察必须在他们第一次讯问或拘留时告知犯罪嫌疑人有获得律师辩护的权利。律师会见犯罪嫌疑人不应受到警方的监听（Fan，2013）。

　　高供述率可以用中国的职权式刑事司法程序的结构特点来解释，即非常重视由警方（侦查卷宗）、检察人员（即检察官）（刑事诉讼程序卷宗）及法庭（庭审卷宗）构成的卷宗。"其中，侦查卷宗主要包括文书卷及证据卷"，且是"在案件的裁决中起到实质作用"的证据卷（Zuo，2008：2）。事实上，所有证据都由国家提供，且多数供述是标准化的。供述占了 1/3 的卷宗项目〔左（Zuo），2008；陈（Chen），2011b〕。与此相反，卢和麦斯（Lu 和 Meithe，2003）的一项早期研究，从公开报告挑选的案例中抽取了 1009 起完整案件的非随机性样本，发现 1996 年刑事诉讼法之前判决的案件有 23.8% 没有供述，在刑事诉讼法修订后则有 33.1%。供述——划分为真诚的、悔恨的

---

　　① 作者此处的介绍和总结是不准确的，1996 年刑事诉讼法第 96 条规定的是：犯罪嫌疑人在被侦查机关第一次讯问后或者采取强制措施之日起，可以聘请律师为其提供法律咨询、代理申诉、控告。犯罪嫌疑人被逮捕的，聘请的律师可以为其申请取保候审。涉及国家秘密的案件，犯罪嫌疑人聘请律师，应当经侦查机关批准。受委托的律师有权向侦查机关了解犯罪嫌疑人涉嫌的罪名，可以会见在押的犯罪嫌疑人，向犯罪嫌疑人了解有关案件情况。律师会见在押的犯罪嫌疑人，侦查机关根据案件情况和需要可以派员在场。涉及国家秘密的案件，律师会见在押的犯罪嫌疑人，应当经侦查机关批准。（译者注）
　　② 刑诉法的规定：第一次讯问或采取强制措施之日起，有权委托律师辩护。（译者注）

或自发性的——减少了刑罚的数量及/或长度。这一研究并未分析是否存在警察使用过度暴力的问题。

麦康维尔等人（2011：69－70）援引一位匿名学者的话，将警察侦查描述为以犯罪嫌疑人的供述为中心以至于"……没有犯罪嫌疑人的供述，案件就不能视为已被查明"。讯问及侦查，"在一个封闭环境中运行"，有两份证人证言的供述就被视为得到充分地证实。另外一个鼓励供认的因素是许诺且事实上对那些表示悔恨的人宽大量刑处理（卢和麦斯，2003；麦康维尔等人，2011）。

第02章

印度尼西亚、菲律宾及斯里兰卡的调查询问

——来自实践者和犯罪嫌疑人的考察

简·古德曼-德拉哈蒂（Jane Goodman-Delahunty）

▌简介▐

印度尼西亚共和国、菲律宾共和国和斯里兰卡民主社会主义共和国这三个国家的一个共同特点是，所有这三个国家在过去几十年里都经历了在规模上超过其他大部分国家的本土恐怖主义袭击。这些国家由于需要获得高价值的在押人员和线人的合作，以及需要用不会适得其反的方式与他们沟通，他们对全球最佳询问实践的关注一直在加强。本章记录了这些国家在调查询问方面的最新进展。

很多关于讯问研究的局限在于，它们的关注点几乎完全在警察样本上，没有考虑犯罪嫌疑人的看法［霍姆博格和克里斯蒂安森（Holmberg and Christianson），2002］，或者询问人员与犯罪嫌疑人之间询问交流的相互作用方面［古德曼-德拉哈蒂等人（Goodman-Delahunty et al.），2014］。本章从询问中抽取原始数据是非随机进行的，是有关警务实践者及涉嫌来自阿布萨耶夫组织（Abu Sayyaf Group）（菲律宾）、泰米尔猛虎解放组织（Liberation Tamil Tigers of Eelam）（斯里兰卡）的恐怖分子以及巴厘岛（Bali）爆炸的恐怖主义袭击者（印度尼西亚）的刻意样本。通过对询问人员及犯罪嫌疑人同时取样，我们可以更为全面地掌握关于这些国家的当代讯问实践状况。此

外，在印度尼西亚和斯里兰卡对暴力极端分子实施非激进化（去除过激思想）询问的从业者也会就这个方面在警务实践中的新趋势被提问。总之，这些询问提供了在交互过程模式（Interaction Process Model）框架内关于有效和无效询问策略的独特视角［莫斯顿（Moston）等人，1992］。

印度尼西亚、菲律宾和斯里兰卡的询问历史和实践

一个普遍的共识是，犯罪分析的焦点是过去的事件而情报工作则关注未来的威胁和风险［鲍尔（Ball），2007］。在实践中，这些区分由于关于这些职能的管辖权差异而更加复杂。先介绍一下印度尼西亚、菲律宾和斯里兰卡的政府部门履行警务和情报职能的概况，有助于详细说明主要负责对犯罪嫌疑人进行犯罪调查询问的部门，以及那些负责通过实施人力情报（HUMINT）或对其他消息来源者和线人进行情报询问的情报分析部门。

◆ 印度尼西亚共和国

印度尼西亚共和国国家警察局（POLRI）负责逮捕和询问犯罪嫌疑人。自其 1999 年从军队中独立以来，POLRI 的特殊部门，如 88 反恐特遣部队（Brigade Mobil and Detachment 88），承担了维护法律执行以及抵御本国恐怖主义的非军事性警务职能。巴丹国家情报局（Badan Intelijen Negara）（一个国家情报机构）是印度尼西亚的主要情报机构。其职责是处理和形成所有情报信息，协调所有的情报机构，并向总统和议会报告。

88 反恐特遣部队［卷云 88（Densus 88）］是 POLRI 反恐队伍中的特殊力量，组建于 2003 年，得到了美国及澳大利亚的持续资助和支持。与印度尼西亚旨在脱离战争的反恐措施一致［怀特（White）等人，2014］，88 特遣部队的警官单独开展为取得证据而进行询问和非激进化访谈（怀特等人，2014）。由于对他们的违法行为缺少处罚［菲茨帕特里克（Fitzpatrick），2008］且法律允许在没有控告的情况下对犯罪嫌疑人羁押 6 个月，所以在对待犯罪嫌疑人方面的广泛法律保障被削弱了。迄今为止，该部队已经杀死超过 90 名犯罪嫌疑人并逮捕了超过 900 人。在过去的五年里，已经有多份关于

88 特遣部队侵犯人权的报告，包括在法律职权外杀害犯罪嫌疑人和普通公民的指控［科德尔（Cordell），2012］。虽然管理该队的警察局长承认存在针对恐怖主义犯罪嫌疑人的非法、暴力策略，但 2013 年关于一名恐怖主义犯罪嫌疑人在投降后被射杀的录像带导致伊斯兰组织呼吁对 88 反恐特遣部队做进一步调查［普利亚马里斯基（Priamarizki），2013］。

◆ 菲律宾共和国

菲律宾的情报部门被分为四个主要机构：司法部的国家调查局（NBI）、菲律宾缉毒署、国家反恐行动小组以及国家情报协调局（NICA）。NBI 负责处理和侦破关乎国家利益的案件，情报机构与 NBI 相互协作，承担打击恐怖主义分子及威胁国家安全的有组织犯罪的国内安全行动，NICA 是政府的主要情报和分析部门，有权实施包括拘留和逮捕潜在恐怖主义分子的调查。菲律宾国家警察局（PNP）与情报部门分离，其主要作用是通过法律规定的调查程序预防和控制国内犯罪。

自 2001 年起，美国联合互助小组和美国派遣菲律宾联合特种作战特遣队为菲律宾提供针对打击国内恐怖主义的训练和指导，这种恐怖主义很大程度上被认为是源于贫穷及经济的边缘化（怀特等人，2014）。在询问获取供述方面菲律宾国家警察局缺乏询问技巧和信任的糟糕名声导致其职责从国家反恐怖主义部门转换成专门培训菲律宾武装部队的平民情报人员和行动单位（怀特等人，2014）。这些从业者曾接受过英国的询问培训。尽管有反酷刑法案（共和国法案 9745）禁止对被认为有安全威胁的犯罪嫌疑人和个人实施酷刑或虐待，但许多犯罪嫌疑人已经被监禁长达十年而没有被起诉。

◆ 斯里兰卡民主社会主义共和国

斯里兰卡的执法机构与专业单位和部门相结合。这些部门每个都负责一项特别的重点，但无论是刑事犯罪调查还是恐怖主义调查或者其他，他们都受到法律防止酷刑的制约［汉普森（Hampson）等人，2009］。斯里兰卡警察局（SLPS）是全国性的警察力量，负责执行刑法、维护和平、处置平民百姓的控告、轻微犯罪以及国内性质的反恐怖主义调查。从斯里兰卡警察局分出的特遣队包括犯罪调查局（CID）和恐怖主义调查局（TID）。CID 开展的调查包括强奸、谋杀和有组织犯罪等严重犯罪，并且有时候包括与国家安全有关的国内犯罪。在这些案件的调查中，禁止虐待的防范措施通常是失败的，并且在被告发时，也不会受到调查（汉普森等人，2009）。TID 负责恐怖主义和宗派主义的调查。除了这些特殊的部门以外，斯里兰卡拥有一个整合了来自陆军、海军、空军及警方情报单位的国家情报机构，以调查包括国内和国外的事务。斯里兰卡武装部队对于国内外威胁有着自己的短期和长期的防御性策略目标，但通常都不进行调查询问。

近期，斯里兰卡军队中高级别官员，CID、TID、军方、军方情报机关以及警方的成员被牵扯入一起有 40 名独立宣誓证人的陈述中，该陈述报告了对过去与 LTTE（斯里兰卡泰米尔猛虎解放组织）有关联的泰米尔人在战后实施绑架、折磨虐待和性暴力侵害［苏卡（Sooka）等人，2014］。这种性质的报告记载了在由警方、军队或情报机构管理的拘留和康复中心里，警察和安全部队实施的虐待，这导致美国发起了一份人权理事会的决议，呼吁调查斯里兰卡的战争罪［豪伊（Howie），2013］。

总之，就实施询问的目的（搜寻信息 vs 证据），最常使用的询问模式或方法（调查性 vs 指控式）以及执法机构的管辖权（国际 vs 国内）这些方面而言，这三个国家存在着多变性。

理论和实践背景：询问方法和模式的应用

关于调查询问方法的研究已经确认了多达 71 种的询问策略［凯莉（Kelly）等人，2013］。两种主要的询问模式被明确区分开来：（1）更具强制性的指控式方法，在该方法中犯罪嫌疑人受到犯罪指控，目的是诱导出可以在法庭上使用的证据；以及（2）一种强制性较小，使用鼓励犯罪嫌疑人说话的开放式提问的信息收集策略（莫斯顿等人，1992）。审查特定的法律规定、身体强制、认知方法和交际策略的一个有效方法就是将他们置于一个关于强制性的统一体中，如表 2－1 所阐释。

表 2-1　关于交际、认知、法律规定和身体强制的询问实践

	询问策略的类型			
	交际策略	认知策略	法律规定	身体强制
强制性的询问实践	言语威胁，敌意，控制，威权式	假装有证据或知道得更多，使之面对证据，突然袭击	假定有罪，指控性的，最小化犯罪或者概述法律后果的严厉	蒙住眼睛，使用约束措施，令人不适的高温或低温，殴打，隔离
非强制性的询问实践	建立融洽关系，友好，礼貌，尊重，善解人意，互惠	提供解释，运用记忆方法，运用辅助手段，使用证据确认	获取犯罪嫌疑人的陈述，收集信息，开放式提问，保持中立	舒适的询问环境，提供食物和饮品，时常休息，柔软的室内陈设

注：改编自古德曼-德拉哈蒂等人（2014）。

注意：出于研究的目的，这些区别可能无法反映出非法强制或酷刑折磨的法律定义。

最佳实践：对非强制性询问策略的支持

从事询问实践的工作人员赞同在询问犯罪嫌疑人过程中运用各种非强制性和建立融洽关系的策略，这已被证实为是有效的〔例如，艾莉森（Alison）等人，2013〕。从某种程度上来说，这是因为犯罪嫌疑人对这种方法的反应被认为是可靠性更高：

如果不用强制也可以从犯罪嫌疑人那里引出信息，那么被提供出来的信息就是以事实为依据、以真相为基础的。（印度尼西亚，询问人员7）一次成功的询问具有的特征是：尊重，没有压力、武力或者强制。（印度尼西亚，询问人员6）

在印度尼西亚、菲律宾和斯里兰卡，受到询问的犯罪嫌疑人证实了非强制性策略的有效性，并为询问人员提供了如下这些建议：

讯问人员应当举止沉稳和友好，并且不时与犯罪嫌疑人开玩笑或使

用幽默。（印度尼西亚，犯罪嫌疑人 23）询问人员不能是严厉苛刻的，他们一定要说话温和，因为人们往往被说话温和的人所说服。（菲律宾，犯罪嫌疑人 71）审讯人员提问应当避免伤害他们的心理和他们的情感。有那么多人受到影响，没有参与那些行为的人那么多，所以他们应当尊重每一个人。（斯里兰卡，犯罪嫌疑人 60）

一位使用建立融洽关系的策略鼓励犯罪嫌疑人交流思想以及自由交谈的询问人员认为：

我通常所做的第一件事就是让被询问者放松，或许氛围是轻松的。没有压力，你对待此人就是对待真正意义上的个体，让他们觉得你在这里实际上只是交谈而已。互相交谈，谈论任何你可以谈论的事，他将不会感觉到他实际上正在被审讯。大概就是这样，仅仅是分享信息和类似的东西。（菲律宾，询问人员 8）

一位印度尼西亚的审讯人员将自己定位成某个想要学习、了解宗教的人，并称自己需要从犯罪嫌疑人身上学习，因为他比自己更加了解宗教。（印度尼西亚，询问人员 14）

另一位询问人员则警告称，向犯罪嫌疑人展现优越感将不会导致合作：

我的能力是把自己放在他的位置上，因为如果你是一个有教养的人，或者一个聪明的人，而你用使让他感到非常自卑的方式对待他，那么你是不会从询问对象那里得到合作的。但是，如果你把自己放在和询问对象同样的层级上，那就是我的本领之一——把我自己放在询问对象的层级上，但并不必然会失去我作为询问者的地位（菲律宾，询问人员 1）

积极倾听以及极大的耐心被认为是必不可少的技巧：

如果你倾听，你就会认识到这是在建立一种关系，而这就是人与人之间的联系纽带。即使面对的是恐怖分子，或者任何人——这也是人与人的联系纽带。（斯里兰卡，询问人员 7）

互惠是交际说服中最普遍的方式，被应用于依靠社会习俗培养互惠关系，该习俗即得到恩惠或赠予的犯罪嫌疑人会产生回报的想法［恰尔蒂尼（Cialdini），2001；古德曼－德拉哈蒂和豪斯（Howes），2014]。来自于一名被拘留者的建议也认可了这种方法的效果。

> 如果你想要和他们交朋友并设法得到信息，那就提供好的食物给他们吃。不要伤害他们或给他们钱。告诉他们："别担心，让我们互相帮助，"或者"我会帮助你找工作"。然后，这些人就会自愿地提供秘密信息。（菲律宾，犯罪嫌疑人73）

印度尼西亚询问人员的报告称，通过提供经济和社会福利，比如住宿、医疗看护、受教育的机会和家庭探访，与被拘留者建立起信任和融洽关系。得到这些好处的犯罪嫌疑人可能会更倾向于透露信息，并且提供这种实质性的东西也可以作为善意的标志，向犯罪嫌疑人证明他们之间的融洽关系是真实的。

在亚太地区询问人员实施的询问有一个显著的特征，就是建立融洽关系的策略可以导致询问人员与被拘留者之间发展真实的友谊。询问人员的报告称，真诚且不间断地接触犯罪嫌疑人，同时不赞成假装融洽关系以促成合作或行为改变。例如，一位询问人员强调"你不要说谎。你永远不能说谎"（斯里兰卡，询问人员9）。一名犯罪嫌疑人强调了说谎对互惠的不利影响，他坦率地说：

> 是的，当然我给他们的信息有些是不真实的……因为我确信他们在对我说谎，我也编造一些谎话。（菲律宾，被拘留者77）

一名询问人员进一步强调了在与犯罪嫌疑人沟通时警察诚实的重要性，他说道：

> 不要给予任何人任何虚假的承诺——不是真实的——你必须是真诚可信赖的。你绝不应该对某些人许诺你不能兑现的事情……被拘留者必须觉得你是真心的。（斯里兰卡，询问人员10）

这个观点与一些西方审讯人员的观点立场相反，后者注重假装类似的样子去建立融洽关系，将其作为一种合法的手段去实现询问目标。

新兴的实践：从暴力极端主义中脱离

研究人员指出，已经在暴力极端主义分子中观测到，激进化进程不仅能够被停止而且能被逆转［波特和凯贝尔（Poter and Kebbel），2011］。"去激进化"是指远离暴力极端主义，并以思想和态度的实质性改变为目标［诺依曼（Neumann），2010］。四种主要的去激进化的矫正模式已经被区分开来：宗教或意识形态的、心理的、社会的和职业的［古纳拉特纳（Gunaratna），2011］。

然而，去激进化项目在许多国家只是警察的辅助物，而且在印度尼西亚、菲律宾和斯里兰卡的监狱中执行得最为频繁［国际危机组织（International Crisis Group），2007；琼斯（Jones），2014］，由于担心恐怖主义犯人会招募和"激进化"主流的囚犯，或监狱体制将会削弱在监狱中实施的矫正改造计划［约翰斯顿（Johnston），2009］，这些国家的警察接受培训以实施既能取得证据同时又能去激进化的询问（古纳拉特纳，2013）。

在印度尼西亚和斯里兰卡，对高价值的被拘留者进行询问的一个主要目标就是使其从恐怖主义相关的活动中脱离或者放弃过激的立场。在这个过程中一个重要的因素就是与犯罪嫌疑人发展融洽关系并形成一种信任、相互尊重的关系［达尔加德－尼尔森（Dalgaad-Nielson），2013］。

融洽关系是至关重要的，因为如果建立并且成功获得这种关系，你就能说服这个人。来到你面前的这个人，也有着各种各样的好恶，就像我一样。他喜欢舒适的地方、拥有身体健康和美好的家庭，以及诸如此类的东西。你与这个人建立了一种新的联系。因此，我认为融洽关系是最重要的，融洽关系对这个人的进一步改造是首要的。（斯里兰卡，询问人员9）

曾经也有那么几次，我已经建立了一种关系，因为我想要维持和继续那种联系，所以我们能够把他们拉向另一面（脱离暴力极端主义）。（斯里兰卡，询问人员5）

实施去激进化的询问人员报告了根据被询问者的个人情况调整询问方法，把握好提问的时机，对被拘留者的情绪状态表现出敏感性，以及避免对抗性提问的重要性。这些方法与最佳实践指导方针一致，那就是抵制"一刀切"的方法（全球反恐论坛，2012：2），鼓励对被拘留者做出个性化的考虑，同时强调仓促的介入对去激进化过程可能会产生反作用［海达亚与国际反恐中心（Hadayah and ICCT），2013］。

许多实施去激进化的询问人员提到了一个询问人员应当富有同理心的必要性：

> ……表现出我们是感同身受的。因为成为一个罪犯有时候也是别无选择。有时候，某人不得不实施犯罪行为，当他在生活中别无选择，所以我们应当在开始时给予他们同情。（印度尼西亚，询问人员6）

> ……审讯人员应当对发生的事情感到同情，也必须理解。还要同情犯罪嫌疑人的状况，不仅是对犯罪嫌疑人表示同情，也包括同情犯罪嫌疑人的家庭情况。（印度尼西亚，询问人员9）

> ……或者一个人陷入某些邪教组织，你必须理解，特别是对恐怖分子或极端主义者，你必须首先要了解是什么促使他变成那样，这将会使你的询问获得成功。（斯里兰卡，询问人员1）

询问人员对询问对象的同情能够促进被拘留者行为改变的重要性得到科学研究的支持，研究表明，患者感受到他们的治疗师的同情是改变的一种重要机制［沃森（Watson）等人，2014］。例如，治疗师的同情提升了患者内在的自我表征，以及他们的安全感和更为紧密的人际关系（沃森等人，2014）。

在斯里兰卡，政府实施、警方支持的康复项目，是由经过心理学培训，并正式地将认知行为治疗技术与激励性询问结合在一起的专业人员来设计的：

> 因为无论你在何时询问某个人，你都必须做一种所谓的激励性询问……激励性询问就是在你的问答过程中，你必须激励他，他已经做了一些坏事，他需要成为一个好人……（斯里兰卡，询问人员10）

就如实质性的诱因被有效地运用于促成与犯罪嫌疑人的合作，他们对于以前被拘留过的人员在重建和发展新的社会身份上起着至关重要的作用，也就是说，社会经济方法优先于宗教或意识形态方法（国际危机组织，2007；约翰斯顿，2009）。康复和去激进化活动的成功已被记录在以前被拘留过的人员为他们自己创造的新生活中。这些活动包括在民防组织中工作，帮助年轻人提供就业机会，以及在自愿和专业的基础上在去激进化小组中工作——甚至在他们的国家队中代表斯里兰卡的是一名前泰米尔猛虎解放组织的神枪手［德哈米（Dhami）等人，2014］。一名印度尼西亚的前恐怖分子在国际和平建设协会的帮助下，在中爪哇省经营一家成功的餐厅，该协会为以前从事过恐怖活动的人员提供工作场所并帮助其发展新的技能［奥克托法尼（Okto-fani），2012］。

在以去激进化为目标询问被拘留者时，特定技巧的使用仍然是一种新兴的实践和研究的主题［全球反恐怖主义论坛（Global Counter-Terrorism Fo-rum），2012；汤姆森（Thomsen），2012；维恩伯克（Weilnböck），2012］，而且需要系统性地评估（国际危机组织，2007）。

未经证实的实践：心理支持和身体舒适

从事询问实践的人员描述了两种还未曾受到实证或者实验评估和验证的策略，也就是做像恐怖主义犯罪嫌疑人这样的被拘留者的良师益友，以及控制实体询问环境以使被拘留者尽可能地感到舒适。

◆ 做高价值被拘留者的良师益友

在印度尼西亚和斯里兰卡，警察对涉嫌恐怖主义犯罪的被拘留者实施了一种被他们形容为良师益友型调查人员的模式。从一开始，被拘留者就被提供持续的心理支持：

> 在恐怖主义犯罪嫌疑人被逮捕后，他会被分配一名指导老师。该导师是警方调查人员中的一员。这名警察负责成为恐怖主义分子的密友。警方这一方法的重点在于"赢得人心和改变思想"。换言之，康复和去

除过激思想是询问人员的目标。（斯里兰卡，询问人员3）

一位询问人员描述了他如何在一名年轻的自杀式炸弹袭击者被捕后的头两天无时不刻地陪伴其左右，在整个工作日里断断续续地和他说话，问他过得怎么样等等。在这个期间，被拘留者变得更放松了，并告诉警察说他想起来了之前忘记告诉询问人员的一些事情，而且还透露了另外的重要信息。（斯里兰卡，询问人员2）

对被指导者提供支持的时间长达18个月，并可能包括医生上门和提供对被拘留者家庭成员的照顾。为了确保持续的个人接触，指导老师更喜欢让被拘留者待在警察总局而不是放他们到监狱系统（约翰斯顿，2009）。斯里兰卡警察用这个模式在恐怖主义案件中贡献了较高的有罪答辩比率，因为它鼓励被拘留者透露信息而不是用否认来做回应。

◆ 实体询问环境的影响

所有三个国家的询问人员都有报告称，实体环境对于询问对象的影响是一个需要考虑的重要事项。例如，舒适和轻松的环境能够促进询问者和被询问者之间的融洽关系，并有助于使被询问者对回答提问感到更自在：

首先，询问环境必须非常舒适。你必须一直用最大的友好和尊重来对待被拘留者，提供食物、教育、咖啡、果汁——无论他需要什么，要尽量让被拘留者感到舒适。我觉得如果你不那样做，你就无法与被拘留者建立起一种良好的联系，而这种良好关系是一次有效询问的关键所在。（斯里兰卡，询问人员10）

其他询问人员强调了不应当有干扰或者使人分心的事：

当我进行审讯时，首要的事就是审讯要在一个特定的房间进行。我说的特定房间的意思是，没有除审讯以外的其他活动，犯罪嫌疑人和讯问人员之间的互动不会受到打扰。（印度尼西亚，询问人员4）

为犯罪嫌疑人建立一个物理上安全的环境也是很重要的：

在他坦率地说话之前要花一些时间。我能看到他在最初的几天里是有疑虑的，所以我们必须得到他的信任。我抓住他需要安全感的机会；我充分利用了这种需要。我让他处在我们的监视之下，我想他会感激这种做法，并且他在几天后开口说话了。（菲律宾，询问人员40）

实践中的禁忌：强制性做法和缺乏责任追究

◆ **敌意和威胁**

在菲律宾，尽管支持建立融洽关系的技巧，但强制性策略的使用，例如威胁，因为"危害较轻"被一些询问人员认为是合情合理的，或者是因为"为了正当目的可以不择手段"。

有人会同他们谈话，恐吓（他们）。而后，另一个人将会非常友好，就像"唱红脸和唱白脸"。（菲律宾，询问人员2）你应当设法向他传达，如果你选择不与警方合作，"我也将最大限度地通过合法手段让你的生活变得悲惨"。（菲律宾，询问人员6）

一位菲律宾军方的询问人员利用警察的声誉进行身体上的强制：

我告诉他，"你最好同我合作，因为如果进行这次审讯的人是警察……"稍稍给予他一些恐惧，那就是警察是会动手的人。（菲律宾，询问人员31）

◆ **持久的询问、反复的讯问以及没有受到指控的拘留**

菲律宾的询问人员和犯罪嫌疑人做出的关于询问平均持续时间的报告揭示了询问是持久的，平均为12个小时；然而，在印度尼西亚和斯里兰卡对犯罪嫌疑人的询问通常持续许多天，进行多次询问。重复的询问是可以实行的，因为法律允许长期拘留犯罪嫌疑人。在菲律宾，一些犯罪嫌疑人未经指控就被拘留长达十年。

询问记录

执法部门询问的一个重要成果就是询问记录，这通常是释放或者为了刑事起诉而继续拘留一名犯罪嫌疑人的基础。逐渐地，警方对犯罪嫌疑人的询问采用电子化的视频和/或音频记录［指宿（Ibusuki），2015］。警方、检察官、辩护律师和法官已经对实证证据达成共识，对警察询问实施强制性电子记录减少了询问中警察的不当行为，以及能够防止警察的压迫和强制性行为，例如，言语威胁、攻击和违反本意的供述［狄克逊（Dixon），2007］。创建一个对警方询问的同步电子记录或者准确地以提问－回答的次序［德凯瑟（de Keijser）等人，2012］做书面记录的规程，包含了对于促进犯罪嫌疑人和警察两方公正的最佳实践，同时，对于在询问中发生了什么和辅助证据的质量方面，减少了推测和怀疑的空间［西瓦萨布拉马尼亚姆（Sivasubramani-am）等人，2014］。

当前，在印度尼西亚、菲律宾和斯里兰卡并没有要求用录像或录音记录对犯罪嫌疑人的询问，尽管有一些询问人员个人出于他们个人使用的目的而制作：

> 首先你必须准备好一个房间……接下来的事情就是，在这个房间里应该有录音录像（印度尼西亚，询问人员7）

通常，一位或几位询问人员通过一次或多次询问制作的手写记录要符合单一类型的审讯报告或证词。这种回顾性的总结没有反映出问题和回答的顺序或逐字逐句地转述犯罪嫌疑人的回答，或者提供对询问过程的深入观察。用于指控一名犯罪嫌疑人的正式"询问"，通常被安排在一系列可能持续数天的警察对犯罪嫌疑人的审讯后，这时候在犯罪嫌疑人的法定代理人在场的情况下，犯罪嫌疑人被要求在审讯报告上签名。即使在这些地方推行强制性使用录像记录，非正式的或"预先录制"的警察与犯罪嫌疑人的交谈仍可能持续，除非这些程序被标准化（狄克逊，2007）。

酷刑折磨或虐待的强制供述

有关通过酷刑折磨诱出供述的报告是从所有三个国家的恐怖主义犯罪嫌疑人那里获得的。许多菲律宾犯罪嫌疑人描述了在军方审讯人员手下受到的虐待。一名犯罪嫌疑人报告称，他在超过九天的时间里几乎没有被给予食物或水，而且受到酷刑折磨虐待。

我被绳子绑着，并且当我爬的时候，他们就往后拉我。我最不能忍受的就是电刑……我的身体受到炎症和肿胀的折磨……他们把我拖到房间外面，躺在烈日下……我的眼睛由于毒打而几乎睁不开……他们其中一人说，"我们所做的再正确不过了"。（菲律宾，犯罪嫌疑人76）

其他人则被殴打至做出供述：

他们用木质的棒球棍和枪托殴打我们。他们不会打我们的头部，但会打我们的全身，包括我们的腹部和腿……当他们不满意我们的回答时，就暴打我们。他们希望我们回答的答案是他们想要听到的。（菲律宾，犯罪嫌疑人69）

假如我不能回答出他们想要的东西，他们就会伤害我。我认为他们会杀死我，因为自从我被逮捕以后他们就打我。他们打我的背部和腹部。有时候我倒下了，他们会让我再坐起来……我感到震惊的是，每次他们对我的回答不满意时，他们就踢我揍我。我几乎想去自杀了。（菲律宾，犯罪嫌疑人73）

一位印度尼西亚的犯罪嫌疑人报告了他遭受到的极端的酷刑和心理虐待：

我被警官们蒙住双眼并被暴打，他们放了两把枪，我的每只耳朵旁各放一把，接着他们朝上开枪。之后我被带到一座山，在那里被强迫认罪。我被暴打，接着被推进带刺的灌木丛。我被放进一个审讯室并且在那里被审讯了 36 小时。这个房间空调被调到一个极低的温度。我感到冻得难受……他们不允许我睡觉……我被打了大约五次并被电击七次。在

被施以电刑以后，我被带到一个污水坑，然后我的脸被淹在水里面。（印度尼西亚，犯罪嫌疑人 21）

犯罪嫌疑人指出，他们向审讯人员提供不可靠的信息以避免进一步的不适：

假如（询问人员）使用身体接触，或者酷刑，那么人们将什么也不会说。（菲律宾，犯罪嫌疑人 69）

我被带去另一个专门折磨人的房间。每次，当我被施以电刑后，我会被带到一个水池而后我的脸被浸到水下。警官告诉我说这是一种电休克后恢复知觉的疗法……我被问到是否了解这个爆炸计划。我改变了我的回答，因为我被电昏迷了。于是我就编造了一个。我告诉他们我了解这个计划。（印度尼西亚，犯罪嫌疑人 17）

犯罪嫌疑人和警察都进一步承认，身体强制询问方法损害了警民关系，并且会激起报复性的相反效果：

首先，他们在其工作上必须是专业的。第二，不能有侮辱的思想观念。[实施逮捕的警官]自大和过度使用暴力被媒体报道，这只会激起对警察的愤怒、仇恨和报复。这就是当下印度尼西亚警员被杀害或枪杀的原因。（印度尼西亚，犯罪嫌疑人 24）

我们需要维持那种良好的关系。这样，例如，即使犯罪嫌疑人已经受到了惩罚，并且在监狱里面，我们依旧可以将他作为我们的线人来使用。最重要的事情就是该犯罪嫌疑人不会憎恨警察。（印度尼西亚，询问人员 9）

强制性的做法可能导致被拘留者在将来的某个日子里撤回其非自愿的供述。一位询问人员称：

成功的审讯在于目标得以实现，而且犯罪嫌疑人在他们被带到法庭时不会撤回他们的陈述。（印度尼西亚，询问人员 6）

印度尼西亚、菲律宾和斯里兰卡的询问培训

印度尼西亚、菲律宾和斯里兰卡的大部分询问人员是在工作中学习他们的询问技巧，并且偏爱实践教学而非课堂讲课。其他一些人参加了海外的培训课程，如来自加拿大皇家骑警，或者在印度以及美利坚合众国的课程。印度尼西亚的培训由前美国特种部队人员、美国中央情报局（CIA）、美国联邦调查局（FBI）以及美国特勤局（US Secret Service）提供。自2003 年以来，印度尼西亚国家警察学院的雅加达执法合作中心已经得到来自澳大利亚联邦警察局的大量资金，该警察局负责提供犯罪调查培训，正如英国大都会警察局所做的那样。因此，印度尼西亚的询问人员同时受到美国指控式方法和澳大利亚及英国所运用的信息收集型方法中询问技巧的影响。菲律宾的询问人员曾接受美国联合互助小组以及美国联合特别行动小组的培训。因此，菲律宾的询问人员很受美国指控式方法的影响，只是在最近才受到英国信息收集模式的影响。一些斯里兰卡的高级询问人员报告称在美国参加过培训课程。此外，澳大利亚联邦警察局对他们的斯里兰卡同行提供培训的同时还提供资源，例如情报、车辆以及监控设备［路文斯顿（Loewensten），2014］。考虑到这些历史影响，在这些国家，若对其询问风格进行定性分析，依据由询问实践人员提供的关于他们所使用的询问技巧的描述，得出其询问风格属于一定范围内强制性和非强制性询问策略相结合的结论或许就并不奇怪了。

对研究、政策和实践的启示

很少有执法机构拥有足够的资源来开展他们自己的对询问实践的研究，因此他们往往依赖本地或国际的学术研究者来获取这些信息。利用外部的国外学者来研究可能会与警方询问人员造成语言上的、逻辑上的以及制度上的障碍，而且可能产生不够全面的成果。因此，本地询问实践人员与学者合作

的研究是更为可取的。

在印度尼西亚、菲律宾和斯里兰卡对询问和审讯实践的批判集中在对身体强制的方法上，这包括有关酷刑的报告，缺少用以提高询问过程的透明度和责任感以及报告成果质量的电子记录程序。考虑到这些语境因素，上述对当前询问实践的考察通过专业的询问人员揭示了一个重点，就是非强制性交际策略（social strategies）更加有效。能力突出的询问人员和犯罪嫌疑人证实了在高风险的询问中展现程序正义以及像建立融洽关系和社交说服（古德曼－德拉哈蒂等人，2014）这样的非强制性策略（古德曼－德拉哈蒂等人，2013）的有效性。该共识证实了一个询问实践人员的转变，从强制性、指控式的做法转向在不同的法律制度和文化交汇的治安环境中依靠非强制性交际策略实施询问。关于去激进化和康复性询问的创新项目采用了同样的专业技术和策略。对这些项目的系统性评估是不可或缺的。

在印度尼西亚、菲律宾和斯里兰卡，政策制定者可以因为得到这些国家中经验丰富的询问人员的普遍认可而感到欢欣鼓舞，也就是交际询问策略引出了可靠的证据，包括有罪供认，并且这些策略充分地遵守了尊重犯罪嫌疑人人权的国际最佳实践和标准。

致　谢

研究得到美国司法部联邦调查局高价值审讯小组（授权号 J－FBI－10－009）通过得克萨斯大学艾尔·帕索（El Paso）分校法律和人类行为中心的资助（授权拨款号 26－3002－4125 和 26－3002－4130）。亚历桑德拉·罗纳根（Alexandra Lonergan）和梅丽莎·马丁（Melissa Martin）为研究提供了帮助。

▌参考文献▌

❶ Alison，L. J.，Alison，E.，Noone，G.，Eintib，S.，and Christiansen，P.（2013）"Why tough tactics fail and rapport gets results：observing rapport-based interpersonal techniques（ORBIT）to generate useful information from terrorists," *Psychology*, *Public Policy*, *and Law*, 19（4）: 411 –431.

❷ Ball, J.（2007）"Rethinking intelligence to integrate counter terrorism into the local law enforcement mission", March. Retrieved from http: // www. dtic. mil/cgi-bin/GetTRDoc? AD = ADA467414.

❸ Cialdini, R. B.（2001）"The science of persuasion", *Scientific American*, 284（2）: 76 –81.

❹ Cordell, M.（2012）"Our money helps kill, intimidate and torture", New Matilda, 23 March. Retrieved from https: //newmatilda. com/2012/03/23/our-money-helps-indonesia-kill-intimidate-and-torture.

❺ Dalgaard-Nielsen, A.（2013）"Promoting exit from violent extremism: themes and approaches", *Studies in Conflict and Terrorism*, 36: 99 –115.

❻ de Keijser, J. , Malsch, M. , Kranendonk, R. , and de Gruijter, M.（2012）"Written records of police interrogation: differential registration as a determinant of statement credibility and interrogation quality", *Psychology Crime and Law*, 18（7）: 613 –629.

❼ Dhami, M. K. , Goodman-Delahunty, J. , and Martschuk, N.（2014）*Rapport and Trust as a Key to Deradicalization* Poster presentation at the Annual Conference of the European Association of Psychology-Law, St Petersburg, Russia.

❽ Dixon, D.（2007）*Interrogating Images: Audio-visually Recorded Police Questioning of Suspects.* Sydney: Sydney Institute of Criminology.

❾ Fitzpatrick, P.（2008）*Law as Resistance: Modernism, Imperialism, Legalism.* London: Ashgate.

❿ Global Counter-Terrorism Forum（2012）*Rome Memorandum on Good Practices for Rehabilitation and Reintegration of Violent Extremist Offenders.* Retrieved July 2013 from: http: //www. thegctf. org/documents/10295/19359/Rome + Memorandum + on + Good + Practices + for + Rehabilitation + and + Reintegration + of + Violent + Extremist + Offenders.

⑪ Goodman-Delahunty, J. and Howes, L M.（2014）"Social persuasion to develop rapport in high stakes interviews: qualitative analyses of Asian-Pacific practices", Policing and Society: *An International Journal of Research and Policy*. Retrieved from: http: //www. tandfonline. com/doi/full/10. 1080/10439463. 2014. 942848.

⑫ Goodman-Delahunty, J. , Martschuk, N. , and Dhami, M. K.（2014）"Interviewing high value detainees: securing cooperation and disclosures", *Applied Cognitive Psychology*, 28: 883 – 897.

⑬ Goodman-Delahunty, J. , O'Brien, K. , and Gumbert-Jourjon, T.（2013）"Police professionalism in suspect interviews: cross-cultural endorsement of procedural justice", *Journal of the Institute of Justice and International Studies*, 13: 65 – 82.

⑭ Gunaratna, R.（2011）"Terrorist rehabilitation: a global imperative", *Journal of Policing, Intelligence and Counter Terrorism*, 6（1）: 65 – 82.

⑮ Gunaratna, R.（2013）"Countering extremism and building social resilience through community engagement, in R. Gunaratna, J. Jerard, and S. M. Nasir（eds）", *Countering Extremism: Building Social Resilience Through Community Engagement*. London: Imperial College Press, pp. 1 – 19.

⑯ Hampson, F. O. , Sevon, L. , and Wieruszewski, R.（2009）*The Implementation of Certain Human Rights Conventions in Sri Lanka: Final Report*, 30 September. Retrieved from: http: //reliefweb. int/report/sri-lanka/implementation-certain-human-rights-conventions-sri-lanka-final-report.

⑰ Hedayah and the International Centre for Counter-Terrorism（ICCT）（2013）*Building on the GCTF's Rome Memorandum: Additional Guidance on the Role of Psychologists/Psychology in Rehabilitation and Reintegration Programs*. Retrieved from http: //www. icct. nl/download/file/Hedayah-ICCT% 020 Psychology% 020Good% 20Practices. pdf.

⑱ Holmberg, U. and Christianson, S.（2002）"murderers' and sexual offenders' experiences of police interviews and their inclination to admit or deny crimes", *Behavioral Sciences and the Law*, 20: 31 – 45.

⑲ Howie, E. (2013) Sri Lankan boat migration to Australia: Motivations and dilemmas. Economic and Political Weekly. http://www.epw.in/authors/emily-howie.

⑳ Ibusuki, M. (2015) Comparative study of interview recording law: A concept for analysis of the legal framework. Presentation at the Eighth Annual Conference ofthe International Investigative Interviewing Research Group, Geelong, Australia.

㉑ International Crisis Group (2007) *"Deradicalization" and Indonesian Prisons*, Asia Report 142. Brussels: ICG.

㉒ Johnston, A. K. (2009) "Assessing the Effectiveness of Deradicalization Programs on Islamist Extremists. Unpublished Master's thesis", Naval Postgraduate School, Monterey, California.

㉓ Jones, C. R. (2014) "Are prisons really schools for terrorism? Challenging the rhetoric on prison radicalization", *Punishment and Society*, 16: 74 – 103.

㉔ Jones, C. R. and Morales, R. S. (2012) "Integration versus segregation: a preliminary examination of Philippine correctional facilities for de-radicalization", *Studies in Conflict and Terrorism*, 35: 211 – 228.

㉕ Kelly, C. E., Miller, J. C., Kleinman, S. M., and Redlich, A. (2013) "A taxonomy of interrogation methods", *Psychology*, *Public Policy*, *and Law*, 19 (2): 165 – 178.

㉖ Loewenstein, A. (2014, July) When it comes to persecution, we've given Sri Lanka plenty of help. http://www.theguardian.com/commentisfree/2014/jul/16/when-it-comes-to-persecution-weve-given-sri-lanka-plenty-of-help

㉗ Moston, s. J., Stephenson, G. M., and Williamson, T. M. (1992) "The effects of case characteristics on suspect behaviour during police questioning", *British Journal of Criminology*, 32 (1): 23 – 40.

㉘ Neumann, P. R. （2010） *Prisons and Terrorism：Radicalisation and De-radicalisation in* 15 *Countries.* London：International Centre for the Study of Radicalisation and Political Violence. Retrieved from：http：//icsr. info/wp-content/uploads/2012/10/1277699166PrisonsandTerrorismRadicalisationand Deradicalisationin15Countries. pdf.

㉙ Oktofani, E. （2012） *Cooking Up a Clean New Life*, 24 November, Khabar Southeast Asia Retrieved from：http：//khabarsoutheastasia. com/en_GB/articles/apwi/articles/features/2012/11/24/feature – 02.

㉚ Porter, L. E. and Kebbell, M. R. （2011） "Radicalization in Australia：examining Australia's convicted terrorists", *Psychiatry, Psychology and Law*, 18：212 – 231.

㉛ Priamarizki, A. （2013） *Counter-terrorism in Indonesia：* The End of Special Detachment 88? Retrieved from：http：//legatuspropraetor. wordpress. com/2013/04/11/counter-terrorism-in-indonesia-the-end-of-special-detachment – 88/.

㉜ Sivasubramaniam, D. , Goodman-Delahunty, J. , Martin, M. , and Fraser, M. （2014） "Protecting human rights in Australian investigative interviews：The role of recording and interview duration limits", *Australian Journal of Human Rights*, 20 （2）：107 – 132.

㉝ Sooka, Y. , The Bar Human Rights Committee of England and Wales and the International Truth and Justice Project, Sri Lanka. （2014） *An unfinished war：Torture and sexual violence in Sri Lanka* 2009 – 2014. http：//srilankabrief. org/2014/03/report-torture-and-sexual-violence-in-sri-lanka-2009 – 2014/

㉞ Thomsen, M. H. （2012） *Deradicalisation-Targeted Intervention：Report on Danish Pilot Experience with Deradicalisation and Prevention of Extremism.* Helsingor：Mhtconsult. Retrieved from：http：//www. sm. dk/data/Dokumentertilpublikationer/Publikationer% 202012/Afradikalisering_ og_ malrettet_ intervention/Analyserapport_ uk. pdf.

㉟ Watson, J. C. , Steckley, P. L. , and Mcmullen, E. J. （2014） "The role of empathy in promoting change", *Psychotherapy Research*, 24 (3): 286 – 288.

❸❻ Weilnböck, H. (2012) *Anti Hate Crime and Deradicalisation Interventions-in Prison and Community: The Results of Recent Good Practice Studies in Germany and Internationally.* Berlin: Violence Prevention Network. Retrieved from: http://www. nacro. co. uk/filestore/documents/hate_ crime_ project_ papers/09_ Anti_ Hate_ Crime_ and_ Deradicalisation_ Interventions. pdf.

❸❽ White, G., Mazerolle. L., Porter. M. D., and Chalk, P. (2014) "Modelling the effectiveness of counter-terrorism interventions", *Trends and Issues in Crime and Criminal Justice*, 475: 1 – 7.

第03章

伊朗对犯罪嫌疑人的审讯

娜葛丝·塔瓦索利安 (Nargess Tavassolian)

穆罕默德·希达亚提－卡克基 (Mohammad Hedayati-Kakhki)

亚历桑德拉·R. 哈灵顿 (Alexandra R. Harrington)

卡米尔·阿拉 (Kamiar Alaei)

▌简介▐

这一章审视伊朗关于审讯犯罪嫌疑人的法律实践。在讨论审讯的程序方面之前,本文通过纵览伊朗的法律史记述了这些实践的发展。这些实践是广泛的,要求对于在这类情况下适用的法律水平有细致的了解。此外,本章提供了关于伊朗刑事司法体系中那些专职调查人员所受培训的深入了解。

首先,必须说明的是伊朗的法律严重依赖于伊斯兰法,或者伊斯兰教教法。像其他伊斯兰国家一样,他负有将伊斯兰教教法编纂成法典并在社会中应用——正如《古兰经》(*the Qur'an*) 所指示的那样——的责任 [英特萨 (Entessar), 1988:95]。① 换言之,单单凭借伊斯兰政府为基础,新的法律可能

---

① 伊斯兰法以上帝的律法或者伊斯兰教教法 (*shari'a*) 著称,其按字面翻译的意思是"朝圣之路"(正如先知穆罕默德揭示的那样,是上帝意志的总和) [米尔·侯赛尼 (Mir-Hosseini, 2006)]。传统上,伊斯兰并没有将宗教与世俗生活进行区分。因此,伊斯兰教教法不但涉及宗教仪式,也涉及日常生活、政治、经济、银行业、商业或合同法,以及社会问题的诸多方面。伊斯兰教教法这个术语本身,起源于动词 *shara'a*,他与精神法律的观念及神法体系相关联。伊斯兰教教法拥有被认为是神命规定的、具体的,并且在所有相关情形下永恒的特定法律(例如,禁止饮用致醉的液体)。

无法由国家创建，而只是颁布实施。此外，有必要指出的是，伊朗的法律体系是按照民事和刑事法律体系这两个独立的方面来运行的。

为了提供这一章的语境，有几个额外的要点需要考虑。伊斯兰法律下的犯罪以他们的处罚方式为基础被划分为四个类别：（1）固定刑（hadd）[复数，侯杜德（hudud）]——处罚的理由、种类、数量及执行的条件被详细列举在神圣的伊斯兰教教法中的犯罪；（2）酌定刑——数量和类型没有被伊斯兰教教法详细列举的犯罪；（3）同态复仇（qisas）——故意的人身犯罪；（4）抚恤金（diyya）——无论固定或不固定，依据神圣的伊斯兰教教法，货币金额由法律规定，而且必须是针对生命、肢体以及能力的非故意的人身犯罪，或者无论什么原因不适用同态复仇的故意犯罪时进行给付（伊斯兰刑

（接上页）

伊斯兰教教法以四个主要来源为基础：（1）《古兰经》（the Qur'an）；（2）圣训（the ha-dith）或传统；（3）公议（ijma'）或法学家的共识；（4）'aql – 即理智或逻辑（英特撒，1988：94）。《古兰经》是所有伊斯兰教教法基本的法律渊源；什叶派伊斯兰教教法也很看重在他们的法律体系形成过程中伊玛目（Imams）的意见和观点（英特撒，1988：94）。

圣训，翻译成"传统"，指的是由先知及伊玛目的同伴记录并编纂的，关于先知及伊玛目的主张、行为和所说的话（英特撒，1988：94）。公议和理智被认为是什叶派法律的第二个渊源，前者描述的是什叶派学者的观点，这些学者是伊玛目的亲密伴侣，后者描述的是基于纯粹的和实践的理性做出的裁判，宗教法能够从中被推论出来（英特撒，1988：94）。

伊斯兰法学理论被称为伊斯兰教法学 [直译为菲格赫（figh）]（意指"理解"），指的是学者从伊斯兰教法原理中总结出来的关于伊斯兰法规的推论。伊斯兰教法学被米尔－侯赛尼（Mir-Hosseini，2006）描述为从伊斯兰神圣源头辨识并提炼出来的（即古兰经和圣训），被分为两个部分：对来源及方法的学习 [乌苏勒·菲格赫（usul figh），"法律的根源"] 和修行规则 [弗鲁尔·菲格赫（furu figh），"法律的分支"]。法学学者希望伊斯兰教教法和伊斯兰教法学始终协调一致，但在任何指定的情形下都不能得到保证。

尽管伊斯兰教法学作为主观的理解，像其他形式的法律体系一样，能够在后来随着时间而改变（米尔－侯赛尼，2006），但伊斯兰教教法是"神圣的、万能的、永恒的"。最后需要考虑的是，伊斯兰教法学是常用的，但很多是错误的（米尔－侯塞尼，2006：632）。

法典，2013）。① 这些犯罪的不同类别影响了对犯罪嫌疑人的处理方式。某些特定的犯罪会引起审前拘留而其他犯罪不会。而且，犯罪的类别还影响了证人的种类以及必须对案件作证的数量。尽管在伊斯兰法中报应和赔偿是重要的考虑因素，但伊斯兰法律支持宽恕是最重要的，因为这被认为是神所喜悦的（英特萨，1988）。而且，报应仅仅被认为对于同态复仇犯罪是可接受的，这些犯罪包括谋杀、非预谋恶意杀人、致残和殴打。受害人的家庭（在受害人死亡的情形下，否则这是受害人的权利而不是他/她家庭的权利）可以选择对行凶者施加伤害，这种伤害与受害人所受的伤害是同等的（英特萨，1988）。

历史发展

关于在伊朗对犯罪嫌疑人审讯，其实践的发展必须被放到 3000 多年前一个更大的波斯文明的背景下。居鲁士大帝（Cyrus the Great）（576—530 BC）发展了一个帝国，这个帝国以平等和宽恕为基础，形成了一种多样化的宗教信仰、文化和语言的文明。他被认为是第一份《人权宣言》（*Declaration of Human Rights*）的作者，几乎比大宪章（Magna Carta）早 2000 年（ABC 2013）。这个时代的司法体系被认为是这样一个体系，根据法律，公民自由受到尊重，奴隶制度被禁止，不同语言和文化的人被授予同等权利和同等的

---

① 伊朗刑法典维持了伊斯兰法律中四种主要类别的犯罪：固定刑（*hudud*）、同态复仇（*qisas*）、酌定刑（*ta'zir*）和赎罪血金（*diyaat*）。

固定刑犯罪包括偷窃、抢劫、通奸、酗酒及叛教。在伊斯兰法律中，通奸被归类为能够导致产生后代的性交［雷扎（Reza），2013：21］。对固定刑犯罪的惩罚被列举在《古兰经》中，范围从以石击毙刑到致身体残疾到死刑。

同态复仇犯罪包括谋杀、非预谋恶意杀人罪、致残等。这些犯罪被认为是针对受害人的行为。留给受害人家庭斟酌决定的是，是否应当给予行凶者惩罚性的伤害，且精确等同于受害人所遭受的伤害（英特撒，1988：98）。

酌定刑犯罪在《古兰经》或圣训中没有另外规定。对这些犯罪的惩罚范围从罚金到没收财产和当众鞭刑。法官承担考虑世俗文化与社会公众利益以决定适当惩罚的责任（英特撒，1988：98）。

赎罪血金，或者血金，描述的是补偿（赔偿）的一种方式而非一种惩罚种类。作为同态复仇（报应）的替代，受害人的家庭可以选择从行凶者那里寻求赔偿。伊朗刑法典已经将赎罪血金编纂进去并分配给许多犯罪（英特撒，1988：98）。

宗教信仰表达［哈斯（Haas），2008］。该《人权宣言》保护个体免受国家和受官方委托的人的伤害，保护人民免受恣意逮捕、酷刑，以及其他不公正待遇。

在 7 世纪，伊斯兰教在为人所熟知的那个年代开始传播到波斯。在这段时间，伊斯兰法律或伊斯兰教教法的根据——《古兰经》和《逊奈圣训》（Sunnah）成为这个国家的法律基础，它将个人权利编集成典并对人们的违法应做何处理提供准则。《古兰经》中明确表达了，不可转让的个人权利是受到尊重的，并且没有适当的证据就没有人应当承担责任。伊斯兰发展了全面的证明标准，包括供述、证人证言、证据和法官的认知等。

在中世纪，伊朗被两个连续的伊斯兰王朝所统治，统治时间最长的是萨非王朝（1501～1722），在这段时间，有很多人转向信仰什叶派学说，即逊尼派之后在伊斯兰的第二大学派。什叶派信仰的基本教义导致一批有影响力的什叶派教士的稳定发展，这些教士发挥着他们的影响力，特别是在法律和司法领域。与对犯罪嫌疑人的审讯实践有关，在这个时代，大量的附属性规定得到发展，这些规定为《古兰经》中没有明确提及的、有必要处理的社会违法提供了一个规则体系。它们包括法学家的共识（公议）、类推（类比推理）、独立推理（独立判断）以及地方传统（习惯）。除了《古兰经》中所叙述的和先知穆罕默德的教导（圣训）以外，所有这些次要来源都是面对审讯和审判时处理犯罪嫌疑人的依据。需要注意的是，自从伊斯兰开始统治波斯，宗教和传统司法制度得以共存。这就造成了这样一种划分，即习惯法法院适用传统的习惯法，而宗教法院则使用伊斯兰法律作为他们裁判的基础。宗教机构主要处理侵权行为，尤其是如果该行为与家庭法事务相关的话（百科全书，伊朗篇）。有必要指出的是，不管怎样，习惯法仅在其不直接与伊斯兰的教法法律相抵触时才具有强制力。

在后萨非（Safavid）时代，宗教司法的影响变得不太明显。直到 19 世纪中到后期，伊朗的司法制度才开始现代意义的改革。在卡札尔（Qajar）王朝期间尤其是在纳赛尔－丁·沙（Nasseral-Din Shah）国王的领导下，大量受西方影响的改革被介绍进来，包括司法制度在内。传统（习惯）和伊斯兰（伊斯兰教教法）法院之间缺乏一致性以及他们司法管辖权的范围被明确地提出来。教士的地位和权利以及诉讼中情况证据（circumstantial evidence）的重要性也受到了挑战。在 1905 年 9 月的宪法性改革期间司法改革的压力增强了。紧随这麻烦时期之后，国家发展了法典化的法律体系，该体系采用了来自欧洲的法典，尤其是受到法国民事法律体系的重要影响。在 1907 年对宪法做出修改时考虑到在这个国家法律体系中由来已久的宗教影响，规定了双层结构——世俗的和宗教的——通过设立一个中央办公室来决定哪些案件送到伊斯兰教教法法院。它们重申了对司法酷刑的禁止，限制绞刑和枪决的执行，并承诺尊重司法独立和被告在受审时的权利。

对伊朗的法律结构及其对待犯罪嫌疑人处遇的改革，1910 年开始了更进一步的努力，但并没有导致实质性的改变，直至 1925 年礼萨·沙（Reza Shah）国王执政。他开始彻底地改造传统的伊朗刑事司法体系，引进一系列新法，将重点从伊斯兰传统根源转向西方现代法律实践［沙希杜拉（Shahidullah），2012］。在这个时期，一个类似法国机构的现代检察官办公室被建立起来（1939）。对犯罪嫌疑人的界定、被指控人的权利、审讯的方法、提问的方式、证据收集的方式以及检察官办公室的基本结构与法国的实践几乎完全相同［马德隆和达夫泰利（Madelung and Daftary），2007］。

1979 年的伊朗革命结束了这个国家的自由主义尝试，1906 年 7 月的宪法就是明证。一部新的宪法几乎立即被采纳，而且伊斯兰教被公开宣布为该国唯一的法律渊源。这对刑事法律产生的影响是显著的，因为一部新的伊斯兰刑法典①替换了先前以权利为基础的制度体系，重新定义了犯罪类型并引入一套新的与伊斯兰教相应的刑罚。② 从这次发展来看，显然，在革命后时代犯罪嫌疑人的权利实质上恶化了。

---

① 紧随 1979 年革命之后是没有伊斯兰刑事法律的。《伊斯兰刑法典》（IPC）是伊斯兰刑法法律的重要组成部分，与刑事诉讼法典中列举的程序一样。第一部伊斯兰刑法典是在 1982 年 5 月 22 日通过的，并于 1982 年 12 月 15 日实施。第二部伊斯兰刑法典 1991 年通过。1996 年酌定刑犯罪作为一个新的部分被添加到该法典中。最新版本的伊斯兰刑法典在 2013 年颁布并在不久后实施。
② 此外，以伊斯兰教法法律为基础，许多新的犯罪被纳入其中，如禁止饮酒和婚外性行为。另外，包括鞭刑和截肢在内的肉刑作为日常惩罚方式重新回到刑事司法体系中。

伊朗刑事司法体系的结构及其对犯罪嫌疑人的影响

由于对犯罪嫌疑人的审讯和他们受到的处置都由伊朗法院进行，因此，对伊朗法院体系的程序、运作和等级分类的构架有所了解是至关重要的。同样，界定在伊朗所理解的词语"犯罪嫌疑人"和"审讯"也是非常重要的。根据定义，一个人被认为有罪或罪行的话就被视为犯罪嫌疑人。仅仅是怀疑，甚至在没有具体的犯罪证据时，都将不属于犯罪嫌疑人的范围之内。

出于犯罪调查的目的进入私人房产（如住所、营业场所、仓库等）必须通过法院命令方可行动。同样地，讯问有嫌疑的个人、查找不是明显犯罪的对象，必须以法院命令为基础（《刑事诉讼法典》，第 55 条，2014）①。司法机关必须严格地适用法院命令，并避免批准对无关场所的检查或者对无嫌疑个体的讯问（《刑事诉讼法》，第 56 条）。

根据伊朗宪法第 32 条，② 除非存在确定的、界定明确的情形，任何人不受拘留或逮捕。被告人如果被逮捕，将确保享受到明确且特定的，警察及拘留官员（被指控人在审判前可能接触到的）有义务遵守的权利。诉讼案件的双方当事人都有权在所有的法庭中获得律师，如果他们由于经济制约无法委托一名律师，对于最为严重犯罪，必须安排向他们提供法律顾问（规则 1 - 3，2004 年《公民权利与合法自由法》）。

无罪推定

无罪推定被载入了伊朗宪法中。第 37 条规定："无罪是被推定的，且任何人不得被确定有罪，除非他或她的罪行被有资格的法院证实。"实践中，

---

① 这一法律正式的名称为"公共和革命法庭刑事诉讼法"。不同的作者和学术传统提到它时使用的术语略有不同。例如，阿斯利（Asli）（2006）把它称为"常设法庭和革命法庭在刑事事项上的程序法"，简称"刑事程序法"。本书中这部法律将被称为"刑事诉讼法"，并将考虑其最新版本，该版本于 2014 年制定并在不久后施行。如果涉及该法典先前的版本，在引用时将会包含其实施的年份。

② 1979 年 12 月批准并于 1989 年修订。

尽管有这样的法律保障，审讯的实施通常伴随着有罪推定，并且是一个从犯罪嫌疑人那里逼取信息和供述的过程（免受酷刑报告，2013）。例如，在某些案件中，刑事被指控人或者被告人在审讯中的前几天会遭受酷刑［拉西（Raeisi），2010］。

此外，在审讯中提出的问题必须清楚，有用且与已经提出的指控相关。对家庭或个人隐私的好奇心以及对过去无关问题或行为的调查被禁止（子条款1—9，2004 年关于尊重合法自由及公民权利的条例）。[①] 事实上，审讯人员并没有认真执行这些原则，而且有时候他们会混入关于被指控人私生活的问题，以便使被指控人相信他或她的生活处于审讯人员控制之下并受到完全的监视［巴哈里（Bahari），2011］。

审前调查

在每个地方行政区的检察官办公室，都有大量被称作审讯员（baz-pors）和副审讯员的调查法官在副检察官（dadyar）的监督下工作。这些调查法官通过控制调查的方向来主导调查，如在对犯罪嫌疑人的审讯中指定要提问的问题，或者在调查证人时，会向执法人员提供如何收集有关归罪证据的指导。如果调查对象被要求来到调查机关，利用的首要途径就是传票的签发。

传唤被指控人接受审讯

在犯罪调查中传唤被指控人必须通过由司法机关签发的传票来执行（规则1，2004 年公民权利与合法自由法）。在正式的传票中提及被指控人的完整姓名是必须的，就在传票上关于该传唤的地点、时间及缺席讯问的法律后果这些具体细节的旁边（《刑事诉讼法典》，第 169 – 170 条）。

签发传票的原因在传票中必须被明确地指出，除非存在司法机关对被

---

① 该条例只有一个条款和15 个子条款。

指控人（审判前）的名声有严重担忧或者违反社会公德和公共安全的情况。在这样的情形下，传讯的原因将不会在传票上提到；不过，被指控人可以向司法机关询问这些原因。此外，送达传票和被指控人来到调查人员处接受审讯之间的时间间隔不得少于 5 天（《刑事诉讼法典》，第 170 - 171 条）。

在检察官办公室，调查法官应该先询问犯罪嫌疑人以确定他或她的身份和地址。他也会警告犯罪嫌疑人谨慎对待他或她自己的陈述，并会将指控罪名和指控的原因告知该犯罪嫌疑人。随后他将开始审讯。应该注意的是，初步审讯应当秘密进行，除非符合法律明确规定的案件（《刑事诉讼法典》，第 91 条）。

对犯罪嫌疑人的审讯

审讯应该与询问区分开来，询问是一种调查方法，是在没有掌握到有罪证据，该对象仅仅可能实施了犯罪或者可能拥有有助于发现犯罪的信息时采用的一种调查方法。在着手对犯罪事实的初步调查时，对调查行为和程序负责的官方机构是公共和革命检察官办公室。在伊朗使用的刑事司法制度是纠问制。在这个制度中，法官扮演着立案并积极参与认定事实的角色，与抗辩制截然相反，在抗辩制中法官的角色仅仅是公正的裁决者。[①]

在审讯中提出的问题应当明确且与案件的主题直接相关。禁止强迫性和欺骗性的问题，如果讯问对象拒绝回答问题，这一拒绝将被记录在卷。所有对问题的回答都必须进行记录，记录过程中，讯问对象的回答必须被准确地表达且不得带有任何修改、曲解或改变。受过教育的犯罪嫌疑人可以自行书写他们的回答（刑事诉讼法典，第 129 条）。

---

① 国家委任的检察官办公室的职权范围是承担对犯罪的审前调查，如果一起案件符合成功获得有罪裁决的标准，签发起诉书并将争议事实移交公共法院系统的刑事部门。如果该案属于革命法庭管辖，该司法机构将通过他们所指派的检察官办公室的分支开展调查。

对调查和审讯中酷刑的防范[①]

依据伊朗宪法（第22条及第38条）[②]，为得到供述或套取信息而使用任何形式的酷刑都是禁止的。任何通过暴力行为获取的供述或者证据都是无效的（沙希杜拉，2012：426）。禁止酷刑这个问题在伊斯兰刑法典和刑事诉讼法典中都有涉及。[③] 伊斯兰刑法典（IPC）认为对被拘留者进行肉体虐待是犯罪，并规定如果"司法机关的雇员或者政府的非司法分支机构通过使用肉体折磨或者任何形式的报复来强迫犯罪嫌疑人供述，他们将被处以六个月到三年监禁的刑罚"（伊斯兰刑法典，第578条）。

◆ 调查的秘密性

初步审讯是秘密进行的，除了法律规定的情形（刑事诉讼法典，第91条）。在某些类别的犯罪审讯中，如性犯罪，要求特定的情形，例如"任何对于通奸、鸡奸以及有伤风化的相关犯罪的调查或起诉都是禁止的，并且任何人都不应该因为这些问题被调查，除了该犯罪公开可见或者有原告的情形"。在这些情形下，起诉和调查都将限于控告的范围或者能由审判法官判断的明显情况（刑事诉讼法典，第102条）。

◆ 犯罪嫌疑人保持沉默的权利

对于被指控犯罪的个人而言，所享有的诉讼权利中最为重要的权利之一

---

① 尽管伊朗还没有加入联合国反酷刑公约，但禁止酷刑已经写入伊朗的宪法（第22条和第38条）和其他法律中。

② 第22条规定，"个人的尊严、生命、财产、权利、住宅、职业是不受侵犯的，除了法律允许的情况"。第38条直接强调了禁止酷刑。其规定："禁止任何形式的、以套取供述或者获取信息为目的的酷刑。强迫个人作证、供认或者发誓都是不允许的；在胁迫下取得的任何证词、供认或者誓言是缺乏价值和可信度的。依据法律违反这一条款的应当受到惩罚。"

③ 根据刑事诉讼法典第60条，在审讯中强制或胁迫被告人，或者使用诋毁的言词，或者误导性、欺骗性和与主题无关的提问都是禁止的；因此，对这种类型提问的回答，或者在强制或胁迫下所做的陈述是无效的。审讯的日期、时间和持续时间应当在审讯表格中提到，且被告人的签名和手印要记录在案。

就是保持沉默的权利。这意味着被告人有权保持沉默并且拒绝回答提问。在这种情况下，法庭官员无权强迫他说话，他们必须只能提及在审讯中被告人的沉默状况，并使用其他的方法来发现真相。在被指控人还没有得以会见他/她的律师，或者被指控人对他/她的权利不熟悉的情况下，沉默权的重要性会更大。根据以前的《公共和革命法庭刑事诉讼法典》（1999）的一些规则，有观点争论说立法者和法官含蓄地接受了这个权利，所以法官和调查人员有义务在初次调查时尊重该权利。尽管如此，新《刑事诉讼法典》（2014）已经在第197条明确承认了沉默权。因此，如果被指控人拒绝回答或者拒绝在陈述上签字，那么在法庭记录中必须提到被指控人的拒绝。

◆ **犯罪嫌疑人获得律师辩护的权利**

　　在调查阶段犯罪嫌疑人能够聘请律师。在审讯过程中有权获得律师帮助是公正审判的要求之一[①]。此外，"剥夺诉讼当事人在审判中获得律师的权利是违法的，且这么做的那些法官将面临行政处分"（1991年诉讼当事人选择律师法，第2条）。根据前述法律第3条的规定，辩护律师必须享有职业尊重及豁免权，这是实现他们的辩护代理所必须的。然而，在实践中，律师在获取案件材料方面几乎总是面临许多障碍，尤其是在严重犯罪或者政治控告中，因为在伊朗司法制度中初步调查被视为一个秘密的步骤。

　　律师不得干扰审讯，而是通过提供书面证据，以及根据法律的相关规定在初步调查完成后为他们的委托人辩护来协助法官。对于危害国家安全及妨碍公共道德的犯罪，法律允许调查法官不批准律师在场或者限制其直至调查程序的一个特定阶段（《宪法》第35条；《刑事诉讼法典》，第128条）。例如，那些被指控有组织犯罪，危害国家安全犯罪，抢劫罪，贩运毒品，将会被处以严酷肉刑的犯罪如死刑、截肢或者将会终身监禁惩罚的犯罪，以及需要支付全部或三分之一赎罪血金的犯罪的犯罪嫌疑人，在他们被拘留的第一个星期不能与他们的律师会见（《刑事诉讼法典》第48条及第302条）。遗

---

① 这一权利已经为不同的法律规定，例如伊朗宪法，《刑事诉讼法典》（2014），《公民权利与合法自由法》（2004）。

憾的是，几乎所有意识形态性或政治性的被指控人通过上述的例外已经被彻底地剥夺了他们的基本权利，同时，普通的被指控人通常在调查期间也无法享有合法权利。

◆ **犯罪嫌疑人获得公设辩护人的权利**

正如第190条规定的那样，"法定刑是报应、死刑、石刑或者终身监禁的犯罪，以及如果被指控人在初步调查期间没有见到他或她的律师，那么对于法庭而言为他/她指定一个公设辩护人是必须的"。根据第347条的规定，"被告人可以在初次庭审时要求法庭给他或她分派一个辩护律师。如果被告人无力聘请律师，法庭将给被告人提供法律顾问，并向律师支付报酬。"

此外，对于那些法定刑是死刑、终身监禁或者致残的犯罪，以及那些用支付全部或三分之一赎罪血金（diyya）作为惩罚的犯罪，没有辩护律师出席将不得举行庭审（《刑事诉讼法典》第348条）。

执法机构发现犯罪的程序

出于完备性目的，一个执法机构（纪律部队/警察，或者其他类似主体）在发现犯罪时会使用独立的程序。在此情况下，他们将主动地负责调查和获取证据，而无须从检察官办公室那里获得事先批准。他们可以依据自己的职责审讯和拘留某个人，但扣留限制在24小时以内，除非能够获得延长扣押时间的司法许可（从检察官办公室）。被授权的实体包括警察（在内政部及司法部门指导下工作）、安全部门（情报和信息部门的一部分）及巴斯基民兵（Basij）。①

调查法官的作用

在调查的最后，如果调查法官确信已经收集了足够的信息以证实犯罪嫌

---

① 由司法机关授权，拥有逮捕权力的志愿性民兵组织。

疑人有罪，并且有合理的起诉成功预期，那么他可以起草起诉书，致函法庭并正式地指控被指控人。起诉书应当详细列举被告人的个人信息，简要叙述所犯的犯罪行为以及在这些行为中构成所面临指控之理由的基本信息。另外，起诉书应当强调被告人行为所违反的法律条款并要求法庭根据这些条款追究被告人的责任。

在审前调查中发挥组织者和领导者的作用，但在起草起诉书之前，调查法官也应当公布有关犯罪的初步结果（Gharar-e Mojremiat），这一结果不是"定罪"而是在这个阶段上的专业认定。该行政区的检察官和副检察官应当批准这个决定，且只有这个决定被批准后，起诉书才能被签发。如果事实上收集了足够的证据可以制作起诉书，那么这个案件，会与检察官办公室的决定一起，被送到刑事法庭/革命法庭这样的机构。该机构随后将给该案分配特定的法庭分支，法庭分支接着会将该案列入审理清单。

在专业人员培训方面的缺口

初步调查不仅在决定被指控人的最终命运上，还在实现受害人权利及建立公正①上起到至关重要的作用［卡拉特巴里（Khalatbari），1964］。在伊朗的刑事司法体系中，初步调查仅限于司法官员或调查法官的法律措施，他们负责收集要么不利于被指控人，要么对他或她有利的实物证据，发布刑事安全令状以避免被指控人潜逃、隐匿或者毁灭证据，以及审查判断犯罪嫌疑人有罪和/或无罪［阿舒里（Ashori），2000；阿昆迪（Akhondi），2006］。

在审前拘留以及处罚后拘留的情况下，监狱官是或可能是在恰当处理囚犯们方面未经培训的。通常，这些人正在履行义务兵役制，并且还没有在恰当处理囚犯和审前被拘留者方面接受过培训。在后一种情况下，监狱官每天都和被指控人直接接触，而且在转移囚犯时，有更大的机会做出侵害被指控人权利的行为。

---

① 《刑事诉讼法》第 90 条规定："初步调查包含一系列措施，这些措施被要求发现犯罪并保护证据，及从案件开始就尝试指控直至案件被交至司法机关。"

唯一值得一提的审讯标准是调查人员所提问题的有效性。在这种情况下，酷刑，虽然是被法律所禁止的，但在执法拘留中心一直在被频繁地使用（国际特赦组织报告，2014）。此外，一些实践做法，例如在被指控人已经被链条锁住手和脚时还遮住其眼睛，根据政府的宪法义务及其致力于推动的国际人权公约①都是不能被原谅的［莫泽萨迪根（Moazenzadegan），2007；哥达斯特（Goldust），2007；哈莱（Khaleghi），2008］。《刑事诉讼法典》（第53条和第60条）并没有明确规定审讯的具体时间和长度。只有《刑事诉讼法典》第183条主张禁止在晚上提讯，除非基于调查人员的判断是紧急事项。

　　依据已经提到的来源，"根据《刑事诉讼法典》第168条②和第195条③，以及伊朗司法机关的评注解释，指控被告人犯罪必须有合理根据及可靠证据。"此外，正如兰格卢迪（Langeroudi，1980）主张的那样，根据伊斯兰法律，被指控人的权利④必须得到考虑和尊重。照这样，提讯必须明确且迅速地预防针对无罪推定的任何潜在危害［阿德比利·摩萨维（Ardabili Mosavi），1988］。女性被指控人应当由女司法官员审讯，而在青少年司法制度中审讯未成年人应当只能由专业的调查人员进行（《刑事诉讼法典》，2014，第42条和第285条）。尽管有这些事实，在伊斯兰刑事司法制度中，调查人员，作为政府权威的主要代表，与被指控人个人之间的对抗，只是在重复传讯—逮捕—审讯—审判—定罪这一流程［玄鲁·艾哈迈迪（Shamloo Ahmadi），2004；亚格乌比（Yaghobi），2003；穆哈吉里（Mohajeri），2002］。

---

　　① 伊朗伊斯兰共和国宪法提到部分这些权利，例如第38条（见前述注释10）。此外，第39条也主张："根据本法，所有对被逮捕、拘留、监禁或驱逐的人的尊严和名誉进行的侮辱，无论他们采取何种形式，都是被禁止的并应当受到处罚。"提到的处罚以新伊斯兰刑法典（2013）第578条为基础。但是，这一条款只涉及肉体虐待而没有涉及精神虐待。

　　② 除非有传讯或逮捕的正当理由，否则法官不应传讯或逮捕任何人，因此，对犯罪嫌疑人的审讯必须以具有正当理由的证据为依据。

　　③ "司法官员应当先提醒被告人对他的陈述保持谨慎。然后，他将解释指控的原因和明确的理由。司法官员将告知被告人与警方合作能够减轻罪责，接着他将开始调查。提问应当明确且有用。禁止情绪性、欺骗性、勉强的、强制性的问题。"实际上，司法官员并不会口头警告被告人，因为在正式审讯信笺的最前头对被告人叙述的书面警告。但是，在新的刑事诉讼法中，违反者会受到规定的法律惩罚。关于在调查中提到有获得律师的权利也存在同样的问题（《刑事诉讼法》，第190条）。

　　④ 在不同的司法体系中，为被告人确认了各种权利，包括沉默权和告知被传讯理由的权利。在伊朗刑事司法体系中，只有沉默权得到含蓄地认可（《刑事诉讼法》，第197条）。

结论

伊朗已经发展了一个彻底现代化、全面的法律体系，在这个体系中，犯罪嫌疑人在被逮捕时以及在被执法部门官员审讯期间，其权利理论上是受到保护的。然而，这些法律实际上是否被实施仍旧被质疑，因为存在大量可靠的、包含各种关于这些规定被滥用的例子的人权报告。已经知道的包括，延长拘留时间的限制，对那些已经被拘留的人施加压力以获取供述，以及拒绝给予医疗救助、剥夺获得律师辩护的权利、恣意逮捕等。

伊朗法律确实在刑事调查中规定了被指控人的权利和相关的法律保障；然而，在实践中，这些规定许多并未得到尊重，尤其是关于意识形态的/政治性的犯人，这似乎是故意而非过失造成的。

在刑事调查的初始阶段，伊朗司法体系通常运用纠问制。在这个体系中，调查犯罪的科学方法缺乏足够的关注，相关规定的严格执行和法律保障都存在严重的问题。

致谢

没有作者娜葛丝·塔瓦索利安、穆罕默德·希达亚提－卡克基、亚历桑德拉·R.哈灵顿和卡米尔·阿拉，这一章就无法完成，他们每个人都提供了他们数十年共同的学术和职业经验，去解释和融入伊朗刑事司法体系关于对待犯罪嫌疑人的背景和当前的实践。迈努什·卡里米·安度（Mehrnoosh Karimi Andu）、雷扎·雷西（Reza Raeesi）以及纳基萨·贾汗巴尼（Nakissa Jahanbani）也对这章的写作、调查和翻译做出了必要的贡献。

┃参考文献┃

❶ ABC News："Before Constitution, Magna Carta, the Cyrus Cylinder Was Model of Tolerance." Retrieved from：http：//cyruscylinder2013. com/2013/03/abc-news-magna-carta-cyrus-cyliner/（last accessed 27 November 2014）.

❷ Abdul Hashem, Y. (2003) *The Investigation of Crimes on Judicial Trials*. Tehran: Ferdowsi.

❸ Act of Choosing a Lawyer by the Litigants of the Islamic Republic of Iran (1991).

❹ Act of Civil Rights and Legitimate Freedoms (2004).

❺ Akhondi, M. (2006) *The Regulations of Penal Prosecution*, *Vol.* 5. Tehran: Majd Publishing.

❻ Ali, K. (2008) *Ayin dadrasi keyfari* [*Criminal Procedure Law*]. Tehran: Shahr-e Danesh.

❼ Ali, M. (2002) *The Trial Procedure*. Tehran: Fekr sazan.

❽ Amnesty International (2014) *Torture in* 2014: 30 *Years of Broken Promises*. Retrieved from: http://www. amnestyusa. org/sites/default/files/act40004 2014en. pdf.

❾ Ardabili Mosavi, S. A. (1988) *Figh Al-Ghaza*. Qom: Amir Al-Momenin Publications.

❿ Arsalan, K. (1964) "Sherkat-e vakil dar tahghighat-e bazporsi" ["The presence of defense attorney in the interrogations"], *Magazine of the Iranian Bar Association*, 92.

⓫ Ashori, M. (2000) *Criminal Procedure Law*, Vol. II. Tehran: Samt Publications.

⓬ Asli, M. R. (2006) "Iranian criminal justice system in light of international standards relating to victims?" *European Journal of Crime*, *Criminal Law*, *and Criminal Justice*, 14: 185 – 207.

⓭ Bahari, M. (2011) *Then They Came for Me*. New York: Random House.

⓮ Constitution of the Islamic Republic of Iran (1979). Available at: http://www. refworld. org/docid/3ae6b56710. html (accessed 14 December 2015).

⓯ Criminal Code of Procedure for Public and Revolutionary Court (1999) Available at: http://www. ghavanin. ir/detail. asp? id = 11610.

❻ Criminal Code of Procedure for Public and Revolutionary Courts（2014）Available at：http：//www. shenasname. ir/didgah/2329-aeen. html.

❼ *Encyclopaedia Iranica*，"Judicial and Legal Systems iv Judicial System from the Advent of Islam Through the 19th Century. " Available at：http：//www. iranicaonline. org/articles/judicial-and-legal-systems-iv-judicial-system-from-the-advent-of-islam-through-the-19th-century.

❽ Entessar，N. （1988）"Criminal law and the legal system in revolutionary Iran，"*Boston College Third World Law Journal*，81：91 – 102. Retrieved from：http：//awdigitalcommons. bc. edu/twlj/vol8/iss1/8.

❾ Freedom from Torture Report（2013）"We will make you regret everything. " Available at：http：//www. freedomfromtorture. org/sites/default/files/documents/iran% 20report_ A4% 20 – % 20FINAL% 20web. pdf（last accessed 20 November 2014）.

❷⓿ Goldust，R. A. （2007）*Principles of Criminal Procedure Law*. Tehran：Jangal Publications.

❷❶ Haas，M. （2008）*International Human Rights*：*A Comprehensive Introduction*. London：Routledge.

❷❷ Hasan Ali，M. （2007）"The legal guarantees of accused rights in primarily investigations and interrogation"，*Magazine of Law and Policy Research*，28：301 – 30. Available at：http：//www. sid. ir/fa/VEWSSID/J_ pdf/74013892811. pdf.

❷❸ IHRDC，Criminal Code of Procedures for Public and Revolutionary Court（1999）. Available at：http：//www. iranhrdc. org/english/human-rights-documents/iranian-codes/1000000026-english-translation-of-the-islamic-republic-of-irans-criminal-code-of-procedure-for-public-and-revolutionary-courts. html#. VGqntuNb2pE. link.

❷❹ Islamic Penal Code of the Islamic Republic of Iran（2013）

❷❺ Jafar，M. L. （1980）*The Encyclopedia of Islamic Law*：*Comparative and Scientific Study*，1. Tehran：Ganj-e Danesh.

❷❻ Khalatbari，A. （1964）"The presence of the defense attorney in interrogations," *Iranian Bar Association Journal*, 92.

㉗ Khaleghi, A. （2008） *Criminal Procedure Law*. Tehran: Shahr-e Danesh Publications.

㉘ Langeroudi, M. （1980） *The Encyclopedia of Islamic Law: Comparative and Scientific Study*, 1. Tehran: Ganj-e Danesh Publications.

㉙ Madelung, W. and Daftary, F. （2007） "Interrogators（bazpors）", in W. Madelung and F. Daftary（eds）, *Encyclopaedia Islamica*. Leiden: Brill Academic. Available at: http://referenceworks. brillonline. com/browse/encyclopaedia-islamica.

㉚ Mahmood, A. （2006） *The Regulations of Penal Prosecution*, *Vol.* 5. Tehran: Majd.

㉛ Michael, H. （2012） *International Human Rights: A Comprehensive Introduction*. London: Routledge.

㉜ Mir-Hosseini, Z. （2006） "Muslim women's quest for equality: between Islamic law and feminism", *Critical Inquiry*, 32: 629 – 645.

㉝ Moazenzadegan, H. （2007） "The legal guarantees of the accused's rights in primary investigations and interrogations", *Law and Policy Research Journal*, 28: 301 – 30. Retrieved from: http://www. sid. ir/fa/VEWSSID/J_pdf/74013892811. pdf.

㉞ Mohajeri, A. （2002） *The Trial Procedures*, Vol. 1. Tehran: Fekr Sazan Publications.

㉟ Nader, E. （1988） "Criminal law and the legal system in revolutionary Iran", *Boston College Third World Law Journal*, 81: 91 – 102. Available at: http://lawdigitalcommons. bc. edu/twlj/vol8/iss1/8.

㊱ Raeisi, G. （2010） "Respecting Human Dignity During Preliminary Investigation. " Dissertation, Tehran University.

㊲ Rajab-Ali, G. （2007） *Koliyat Ayin dadrasi keyfari* [*The Principles of Criminal Procedure Law*]. Tehran: Jangal.

㊳ Reza, S. （2013） "Due process in Islamic criminal law", *George Wash-*

ington International Law Review, 46: 1 – 27.

㊴ Sadiq, R. (2013) "Due process in Islamic criminal law", *George Washington International Law Review*, 46: 1 – 27.

㊵ Shahidullah, S. M. (2012) *Comparative Criminal Justice Systems*. Burlington, MA: Jones & Bartlett Learning.

㊶ Shamloo Ahmadi, M. H. (2004) *Prosecution and Initial Investigation*, *Vol. I*. Isfahan: Dadyar Publications.

㊷ Statute of Respecting Legitimate Freedoms and Protecting citizens' Rights (2004).

㊸ Yaghobi, A. H. (2003) *The Investigation of Crimes on Judicial Trials*, *Vol. VI*. Tehran: Ferdowsi Publications.

第04章

以色列对被指控犯罪嫌疑人的调查询问

——一切都与年龄相关

卡米特·卡茨（Carmit Katz）

▌简介▌ ··

在以色列，对犯罪嫌疑人询问实践的研究表明，对 14 周岁以下儿童的询问实践和对 14 周岁以上儿童、青少年及成年人的询问实践之间存在巨大的差异。在以色列，14 周岁以下儿童受到 1955 年制定的一部特别法的保护，即证据修正法（保护儿童）[the Law of Eviedence Revision（Protection of Children）]。这部法律要求所有作为犯罪嫌疑人的儿童都由专门的从业者 ["儿童司法询问员"（a child forensic interviewer）] 进行询问，而且这个询问员是唯一能够接近孩子的人。儿童司法询问员在编制上是福利办公室的一部分，尤其是专门的调查询问部。其他对于理解该实务操作非常重要的立法是，以色列的刑事责任年龄是 12 周岁，这意味着无论哪种犯罪，如果犯罪嫌疑人在 12 周岁以下，她/他将不得被提起刑事指控。

这部法律不适用于超过 14 周岁的孩子，超过 14 周岁的犯罪嫌疑人由警方一个被称为"青少年调查员"的特殊单位进行询问。这个特殊单位的目的是询问和处理以色列的青少年犯罪案件。必须注意的是，这些询问不会被录像记录，虽然其档案通常由青少年调查员完成。此外，需要重点强调的是，在以色列询问被指控的青少年并没有标准化的做法，并且在这个群体的司法询问方面，已发表的研究都没有得到实现。18 周岁以上的青年和成年人由经培训成为调查员的警官进行询问。与青少年的司法调查方式相似，询问的档案由警官完成，没有询问的最佳实践标准和已发表的研究。在以色列，当犯罪嫌疑人被指控安全方面的犯罪时，调查由特殊安全部门进行，但在那个领域是无法找到公开信息的。

需要重点强调的是，立法方面的区别不仅仅是在编制上。儿童司法询问员是社会工作者，是对下述观念的回应，即儿童不能仅仅是一个犯罪者，任何这个年龄段的、涉嫌被指控事件的儿童都是一个"处境危难"的儿童。相反，青少年调查员和警方调查员专属于执法部门，因此代表了犯罪侦查的思维方式。这种差异造成了实践中的巨大差距，这可能是由于投入实践的资源不同而形成的结果。强调在以色列对犯罪嫌疑人司法调查这方面缺乏研究是极其重要的，因为没有关于青少年和警方调查员做法的公开信息，而且很少有关于对被指控的儿童进行司法调查的研究。

以色列对被指控的犯罪嫌疑人询问实践的发展

询问被指控性侵犯罪案件的、14 周岁以下的儿童犯罪嫌疑人的实践就是 NICHD（国家儿童健康与人类发展研究所）询问方案。这个方案的使用反映了以色列的这样一种观念，即使在司法调查将其视为犯罪嫌疑人时，儿童都应被假定为是受害者并得到相应的处理。因为 12 周岁以下的儿童不负刑事责任，对他们询问的方法与虐待案所称的受害者完全相同。

NICHD 询问方案［兰姆（Lamb）等人，2008；奥巴赫（Orbach）等人，2000］的结构完整且覆盖了调查询问的各个阶段。在引导阶段，询问人员介绍自己，阐明该儿童的任务（儿童需要真实且详细地描述所经历的事件），以及解释询问基本规则和预期的事情（在适当的时候该儿童能够并应当说"我不记得""我不知道""我不明白"或者纠正询问人员）。在建立融洽关系阶段包括 2 个部分：首先是设计一个结构化的、开放式的部分以鼓励儿童提供其本人的有价值的信息；在第二个部分，推动儿童详细描述其最近经历的事件以训练恢复其情景记忆，并进一步发展与询问人员之间的融洽关系。除了建立融洽关系的功能，询问的这个阶段被设计用来模拟在实质性阶段使用的开放式调查策略和技巧，以及向儿童展示他们所期望的详情的特殊程度时，询问人员和儿童之间互动的相关模式。

在询问的实质性部分之前和实质性部分之间的过渡阶段，开放性的提示被用于确定正在调查的目标事件。如果儿童在回答开放性提示时未透露任何信息，询问人员继续逐渐缩小提示，此时可以根据需要提及先前透露过的、关于身体标志的或其他必要证据等可用信息。当儿童做了一份陈述的时候，司法询问员将在焦点式的提示之后（如，"它在哪里？"）使用开放式提示（如，"告诉我关于它的更多信息"）要求儿童进一步详细说明这份陈述，并被要求避免使用任何暗示性的提问（如，"我猜你害怕了，是吗？"）。

下面这个案例研究的目的是阐明对 12 周岁以下儿童进行的司法调查。

◆ 对 12 周岁以下被指控的儿童进行司法调查的阐释性案例研究

Y 是一名 10 岁的儿童，在他的邻居投诉其性虐待他们 7 岁的儿子之后被司法调查。根据他们的投诉，Y 触摸他们儿子的阴茎并强迫其亲吻狗的生殖器。Y 在儿童司法询问人员的办公室被询问；他的父母陪同他一起到办公室并在房间外等候他。Y 没有任何困难地进入了房间并配合询问人员。

询问人员以介绍作为开始，践行了和他交流的规则，然后转入建立融洽关系阶段。Y 非常配合，回答了所有针对他提出的开放性引导问题，并提供了关于他所喜欢的活动，他在学校发生的事情以及他和他的朋友们踢足球的比赛活动这些个人信息。司法询问人员继续进入实质性的陈述阶段，在这个阶段她向他提问了一系列问题以确定他是否是任何性行为的受害人。接下来司法询问人员与该儿童的互动重点在于将该儿童视为所谓的受害者进行询问和将视其为犯罪嫌疑人进行询问之间的冲突。

> 询问人员："正如我之前告诉你的那样，今天我到这来是和你谈一谈发生在你身上的事情。你知道今天我为什么想要和你谈话吗？"
>
> 儿童："不知道。"
>
> 询问人员："有什么人伤害你吗？"
>
> 儿童："我和我的朋友们打架，他们其中一个人踢了我。"

询问人员："有人触摸你吗？"

儿童："在他们用拳头打我的时候吗？"

询问人员："有没有人触摸了你身体的私密部位？"

儿童："没有。"

询问人员："好的。我还想问你是否看过关于性方面内容的电影？"

儿童："你指的是什么意思？性方面的内容？"

询问人员："你是否看过有赤身裸体的人的电影？"

儿童："裸体？没有。"

询问人员："你是否曾在电脑上看过类似的东西？"

儿童："没有。"

询问人员："好的，你有没有触摸过别人身体的私密部位？"

儿童："没有。"

询问人员："那你是不是让某些人亲吻他的狗？"

儿童："是的，有一天我放学回来，我看到这个男孩，他实在让我感到心烦，因为他嘲笑我，所以我推他去亲吻他的狗。"

该儿童提供了一份关于被指控事件的陈述，并详细地描述了在他开始触摸和攻击该男孩之前发生的事以及他们之间的互动。使用开放性提示的询问人员，让他进一步详细描述他的故事，这个孩子配合并详细描述了这个事件。然后该询问人员再次尽全力了解 Y 如何会有这些想法：

询问人员："我在这里并非就任何事情指责你；我只是想知道你是如何产生对他做这些的想法的？"

儿童："我不知道，他让我心烦，所以这个想法在我心里冒出来，不要给其他人说我干了这事。"

询问人员："有人曾经对你做了类似的事情吗？"

儿童："没有。"

询问人员："你是否曾经在电影或电脑里看到过类似这种事情？"

儿童："没有。"

这个说明性案例强调了对儿童犯罪嫌疑人的司法询问多么具有挑战性，以及询问人员如何需要在他的脑子里保持对该儿童的两种矛盾立场，一个是把该儿童当做所谓的受害者，另一个是把他视为犯罪嫌疑人。重点强调的是，在这种类型的调查中，也就是对 12 周岁以下的儿童，司法询问员不需要向警方报告他们的结论，只需要向福利体系做出评估和治疗方案。相比之下，对于 12 周岁以上的儿童，实践中警方参与是显而易见的，并对儿童司法询问员产生了独特的挑战，正如下面的个案研究所阐释的那样。

◆ 对 12 岁半被指控的儿童进行司法调查的阐释性案例研究

M 是一个 12 岁半的男孩，关于他对他的老师性骚扰的控告到了警方那里后，M 被司法调查。报告称，他进入教师的房间，关上门并脱下他的裤子。然后他在她面前手淫，并告诉她，她很性感漂亮。M 抵达儿童司法询问员的办公室并独自进入房间。这个案例强调了询问 12 周岁至 14 周岁的犯罪嫌疑人时适用 NICHD 询问方案。第一阶段仍然是介绍，但它融入了一个对儿童的正式警告：

"你不需要告诉我任何事；根据法律，任何对别人进行侮辱的犯罪嫌疑人都可以选择沉默。"

"如果你决定和我谈话，我必须将你的证词移交给警方以作进一步的调查。如果审判开始，今天你跟我说的所有话都可能在法庭上用作不利于你的证据。"

"如果你决定不告诉我任何事情，这可能会对你不利，因为在面对其他不利于你的证词或证据时，这可能导致缺少你的证词。"

"另外，对你而言知道这个非常重要，即根据我们的经验，如果你准确地告诉我们发生了什么，法律程序会变得比较容易，这样我们能够为你提供正确的处遇。"

"你是否明白我告诉你的所有事情？"

一旦该儿童表示他理解这个警告，询问人员就会根据 NICHD 询问方案从沟通规则和建立融洽关系阶段开始。下一步，他向该儿童介绍控告的性质：

询问人员："好的，所以你知道为什么我今天到这来。我希望你会尽你所能，告诉我你和你的老师发生的所有事情。"

儿童："我进入她的房间，一不小心关上了门，突然我的裤子意外地掉了下来。"

询问人员向 M 提出开放性提示以鼓励他详细描述他的故事。M 坚持所有的事情都是一个无意的过失：

儿童："裤子刚好掉下来，可能它太大了……我的内衣刚好掉了，可能它太大了……我的阴茎勃起是因为我的衣服掉下来让我感到尴尬……我摸我的阴茎是因为它很痒。"

过了一会儿，司法询问员开始质问 M。

询问人员："你的裤子和内衣都掉下来，这可能吗？……她说你在关门的时候还对她微笑，表明她没能离开房间。你如何解释这个？……"

M 不愿意对这个事件负任何责任。

儿童重复道："我向上帝发誓，你得相信我，我没有任何意思，这是一个意外，因为我的衣服太大了。"

司法询问员问该儿童在他的生活中他是否是类似这种行为的受害者时，当 M 说不是时，调查就结束了。询问员告诉该儿童，如果他想和询问员更进一步讨论任何事情都可以，他母亲已经有询问员的电话号码。这个案例研究进一步强调了犯罪嫌疑儿童的司法询问员在他们的实践中所面临的冲突局面。甚至在调查 12 周岁以上可能负刑事责任的儿童时，询问员的基本立场也应当是该儿童处于危险境地中。

儿童司法询问员所面临的挑战在过去两年与日俱增，因为随着特别立法的颁布，该法要求对涉嫌被指控事件的无责任能力人（所有年龄）的询问也由儿童司法询问员进行。这个立法没有给儿童司法询问员做准备的时间就通过了，他们如今需要将他们所遵循的 NICHD 询问方案用于实践来实施这种询问。接下来这个案例研究就阐明了这种挑战。

◆ **对无能力的被指控人进行司法调查的阐释性案例研究**

N是一个被诊断为中度精神发育迟滞的40岁男人。在受到控告后——控告内容是他性虐待几个男孩，他脱掉他自己的衣服，在他们面前手淫并试图脱掉他们的衣服，N被从警察那里移交给司法询问员。N和他的父亲一起抵达以接受司法询问，询问在司法询问员的办公室进行。询问的结构与对12周岁至14周岁儿童的询问类似。询问以来自警方的警告为开始，然后转移到告知交流规则和建立融洽关系，接着是指控阶段，引入控诉人提出的不利于他的指控。

询问人员："那么，我们这儿有从几个孩子那里接到的一个控告，他们称你对他们做了一些事情。"

N："我后悔这么做；我并没有打算做什么坏事。我喜欢孩子。我只是想和他们玩。"

询问人员向N做了开放性提示以详细描述该事件；然而，在询问中出现了两个主要困难：第一个问题是N在回答开放性问题上难以提供答案，一旦询问人员发现这些困难，他就会向N提出焦点性和封闭性问题，N也才会提供额外的信息。第二个困难是N在他的叙述中无法将不同的事件和不同的孩子进行区分。相反，N提供了关于所有被指控事件的一般细节，而且完全地承认控告中的所有事情。

询问人员："跟我说说你某次脱一个孩子衣服的事。"

N："我追赶他们。"

询问人员："然后发生了什么？"

N："什么？"

询问人员："然后你做了什么？"

N："我脱掉我的衣服，触摸我的阴茎，然后开始追赶他们，试图触摸他们的阴茎。"

这个案例研究中提出的挑战要求在调查儿童和被诊断为发育和智力残疾的成年人时，进一步探索以加强儿童司法询问员的询问实践能力。依据这三个案例的研究，表4.1阐释了在询问实践方面的异同。

表 4.1　询问 12 周岁以下儿童、12～14 周岁儿童及无责任能力成年人时，

儿童司法询问员在实践方面的异同对比表

相同点与不同点	对 12 周岁以下儿童的司法调查	对 12～14 周岁儿童的司法调查	对被诊断为发育和智力残疾的人的司法调查
询问开始	告知交流规则和建立融洽关系	提出来自警方的警告，然后是告知交流规则和建立融洽关系	提出来自警方的警告，然后是告知交流规则和建立融洽关系
指控阶段	提问主要是要先将儿童视为受害者，接着才是将被控告事件作为特定问题提出	提问首先将被控告事件作为目标，接着才是对其是受害者可能性的特定问题	针对被控告的事进行提问
对抗	没有对抗，询问人员把儿童视为所谓的受害人来处理	需要时以控告的内容为基础进行对抗性询问	需要时以控告的内容为基础进行对抗性询问

　　作为犯罪嫌疑人的儿童与作为受害人和证人的儿童受到的询问实践是一样的，这个事实在对儿童司法询问员的培训机制中也是显而易见的，在该机制中没有专门针对询问儿童犯罪嫌疑人的独有课程。儿童司法询问员主要接受 NICHD 询问方案使用方面的培训。显然，需要额外的努力以增强针对犯罪嫌疑人的询问实践和培训。在研究中缺乏重视也是明显的，因为在以色列迄今为止只有一项探讨关于对犯罪嫌疑人的调查询问的研究是已经完成的［赫斯考维茨（Hershkowitz）等人，2004］。那项研究提供了对 72 名 9～14 周岁（平均年龄 12 周岁）被指控的犯罪者的分析。主要研究结果涉及回答不同类型的提示引出的细节数量。总的来说，细节的数量不会随着年龄或者儿童是否完全或部分承认该指控而改变。至于不同的提示类型对于儿童的叙事之贡献，结果表明使用开放性提示比封闭性、选择性或者暗示性提示能引出的信息更多。研究者认为，开放性提示的使用应被推荐用于对被指控犯罪者的司法调查，尽管他们的证词基本上是不情愿的。

对研究、政策和实践的启示

关于以色列对被指控犯罪嫌疑人的司法询问实践进行的探究揭露了几个亟需解决的关键问题。与实践中差距有关的第一个问题主要是由犯罪嫌疑人的年龄而产生的。正如先前所阐述的那样，14 周岁以下的儿童被特别法保护，并由社会工作者使用 NICHD 询问方案（全世界公认最好的）进行询问。在以色列对儿童的这种观念可以通过文化背景来解释。在以色列，有几个趋向于高度保守的文化群体：阿拉伯人和正统派犹太人。这两个群体都被认为是集体主义社群，在这里无论如何家庭都会寻求整体性［本－阿里耶（Ben-Arieh）及哈吉－叶海亚（Haj-Yahia），2006；莱谢姆（Leshem）及罗尔－斯特里尔（Roer-Strier），2003］。此外，在以色列和犹太教中儿童被认为是非常重要的，而且是保持家庭安全的关键因素，这或许有助于解释立法上的分歧。

实践中将重点放在差异上，强调询问实践缺乏透明度也是非常重要的。对于儿童和无责任能力人的司法询问而言，所有调查过程都会被录音录像。然而，由青少年调查员和警察所进行的询问，对于司法询问没有透明化或者任何评估。也许这种透明度的缺乏可以用于解释在那个领域研究缺乏的原因。研究应当探索以色列对犯罪嫌疑人的司法询问，以便促进在那个领域的最佳实践。

要重点强调的是，儿童司法询问员已经提供了关于运用他们的实践指南（NICHD 询问方案）所需要的持续的反馈信息，以便更好地适应对犯罪嫌疑人的司法调查。这里还有一个来自该领域的要求，为了改进询问儿童和无责任能力人——作为犯罪嫌疑人正在被询问的人——的实践指南。在那个领域显然需要更进一步的研究。

目前这章强调了在以色列对犯罪嫌疑人的司法调查是一个缺乏研究的领域，这个领域需要进一步探索以便加强对犯罪嫌疑人司法调查实践并促进对这个人群所能够实现的正义。

｜参考文献｜ --

❶ Ben-Arieh, A. and Haj-Yahia, M. M. （2006）'The geography of child maltreatment in Israel: findings from a national data set of cases reported to the social services', *Child Abuse and Neglect*, 30: 991 – 1003.

❷ Hershkowitz, I., Horowitz, D., Lamb, M. E., Orbach, Y. and Sternberg, K. J. （2004） *Child Abuse and Neglect*, 28: 423 – 38.

❸ Lamb, M. E., Hershkowitz, I., Orbach, Y. and Esplin, P. （2008） *Tell Me What Happened: Structured Investigative Interviews of Child Victims and Witnesses*. Hoboken, NJ: Wiley.

❹ Leshem, E. and Roer-Strier, D. （eds）（2003） *Cultured Difference as a Challenge for Human Services*. Jerusalem: Magnes Press（in Hebrew）.

❺ Orbach, Y., Hershkowitz, I., Lamb, M. E., Sternberg, K. J., Esplin, P. W. and Horowitz, D. （2000）'Assessing the value of structured protocols for forensic interviews of alleged child abuse victims', *Child Abuse and Neglect*, 24: 733 – 52.

第 05 章

日本询问犯罪嫌疑人的当前实践

和智妙子 (Taeko Wachi)

渡边和美 (Kazumi Watanabe)①

▌简介▌

在日本,② 大约有 293 100 名警务人员被雇用,其中 7700 名是为国家警察厅 (National Police Agency, NPA) 效力的人员 (2100 名警官、900 名警卫兵,以及 4700 名文职人员),285 400 名是县的警员 (257 100 名警官和 28 300 名文职人员) (NPA,2014)。然而,根据日本国家警察厅 (2008) 发布的白皮书,在 2006—2015 年,每年将有近 10 000 名警员退休,这意味着在这个期间大约有 40% 的警力需要被替换。同一份白皮书中同时认为日本的警察部门迫切需要经验丰富的警官向更年轻的警官分享他们的技能,尤其是他们的询问技能。根据一份对侦查人员的调查,1431 名侦查人员中多达 78% 的人相信讯问方法和技巧必须通过年长者向年青一代来传授 (NPA,2008)。

然而,日本警察部门只是在最近才开始提供专门的关于询问方法的全国性、系统性的培训课程。③事实上,警官通常简单地通过观察有经验的警官的询问,从经验丰富的警官那里听取先前的案例,从他们的同事那里听到各种案例,以及在职培训 (OJT) 来学习这些方法和技巧。但是,上面提到的最

---

① 在这篇文章中对于事实和评价的主张仅仅是作者自己的观点。这些主张不能反映日本政府的正式立场。

② 日本自 1952 年开始就已经成为国际刑事警察组织 (INTERPOL) 的成员,日本的国家中心局位于国家警察厅内 (国际刑事警察组织,2014)。

③ 国家警察厅在 2013 年 7 月开始全国性和全面的培训计划,见标题为"培训"的部分。

近大范围的退休实际上已经使年轻警官失去了参与和观察由经验丰富的警官实施的讯问的机会。因此，整个警察部门和警官个人都非常关心他们在询问技能方面专业知识的减少。

由此，审讯的环境形势正在迅速地发生变化。这一章的第一部分将探讨当前日本在有关审讯规则方面的变化。在第二部分，我们将评论最近在日本进行的研究。第三部分将解释当前日本的实践（包括有益的和新兴的实践活动），以及培训进程。最后讨论对研究和实践的启示。

在此，在讨论日本的情况之前，我们先解释调查（torishirabe）这个术语，亦即日本的审讯或询问。自从引进"和平"方法（PEACE）后，在英格兰和威尔士调查性询问（investigative interview）这个术语已经被用来替代了审讯（interrogation）[米尔恩及布尔（Milne and Bull），1999]。前者并不是专注于从犯罪嫌疑人处套取供述，而是专注于从他/她那里收集信息[索卡拉（Soukara）等人，2009]。但是，这个定义是否能够应用于日本的询问或调查还尚未清楚。因此，整个这一章都使用调查性询问和审讯这一术语。

当前审讯实践的历史回顾

◆ 审讯在犯罪调查中的作用

现行日本刑事诉讼法受到美国法极大的影响，并自 1949 年后就已生效[田口（Taguchi），2009]。受《刑事诉讼法典》（1948）的限制，刑事诉讼程序的主要目的是"揭露案件事实真相并迅速且适当地应用和实现刑事法律和规范，同时确保维护公共利益和对个人基本人权的保障"（第 1 条）。根据这个条款，审讯的目的是在确保通过正当法律程序严格保护基本人权的同时揭露事实。

在 2010 年，国家公共安全委员会①当时的主席主张，审讯在日本的刑事调查中比在其他国家所起到的作用重要得多，且在许多情况下没有口供而去查明真相或者逮捕被告人将是不可能的［重松（Shigematsu），2013］。在日本，权威性的调查方法如在其他国家被使用的对各种犯罪的窃听，②是被禁止的，这限制了我们收集证据的能力（重松，2012b）。因此，供述与审判一起，长期以来在日本的刑事调查中是最重要的一项证据。

据上野及松井（Ueno and Matsui，2012）所说，在日本刑事诉讼中，审讯的作用可以被概括为下列五点。第一，获得犯罪嫌疑人的陈述（承认或者否认该犯罪），并在对犯罪嫌疑人的调查中发现有关该事件的事实。在审讯中，警员获得犯罪嫌疑人的陈述，通过进一步的调查对他们的陈述进行查证，以确定是否有犯罪行为发生，并评估该犯罪嫌疑人是否有罪。这样，日本警察的询问目的不仅是获得供述，还是在犯罪嫌疑人无辜的时候查明该事实［菅直人（Kan），2012］。

第二，通过审讯揭露犯罪行为的主观方面。依据日本法律之规定，检察官应当探究被指控罪行的主观方面，如犯罪动机、犯罪故意和共谋。

第三，从犯罪者那里揭露关于案件的事实。在日本，刑事被害人和他们的家庭对犯罪者有强烈的意愿，想要他们说说他们的犯罪动机并解释他们的犯罪行为［内阁办公室（Cabinet Office），2014］。例如，在一起谋杀案中，丧失亲人的家庭说他们不能接受他们女儿的死，除非他们了解到罪犯为什么杀她（援引自上野及松井，2012）。像这种来自丧失亲人家庭的声明经常被媒体报道。此外，在这些案件中公众也希望犯罪者说出真相。审讯通过帮助犯罪者详细地记述他们的犯罪案件来满足这种公众的兴趣。

第四，获取关于犯罪组织的信息。在对犯罪组织成员的审讯过程中，讯问者不但能获取关于每个犯罪行为的信息，还包括犯罪组织的信息，从而确定有组织的犯罪或者/并根除犯罪组织。

第五，审讯有助于对罪犯的改造和感化，避免他们重新犯罪。在揭露真

---

① 国家警察厅在国家公共安全委员会的权限范围内运转，这样确保警察系统的中立性（NPA，2012）。

② 在日本只能用于特定形式的有组织犯罪（上野及松井，2012）。

相时，罪犯不时需要克服他们对未来判决的恐惧，面对他们的罪行，表现出自责与悔恨，这给他们提供了改造和自新的机会①（上野及松井，2012）。

因此，日本的审讯在刑事调查中起到上述几个作用。但是，上野及松井（2012）已经指出，审讯在其他国家中更可能专注于获取犯罪嫌疑人的陈述，较少可能考虑其他作用，如上面列举的第二种到第五种作用。

◆ 与审讯有关的规则正在变化

日本的警察体系最近经历了关于审讯实践与政策的迅速变化。2001 年，司法体制改革委员会向内阁提交了一份关于司法体制改革②的书面意见。根据露木（Tsuyuki，2009）的描述，这份书面意见建议采用书面形式记下对犯罪嫌疑人审讯的细节，以确保在公民陪审制度广泛推进的情况下审讯的恰当性。按照这份建议，日本警察开始对每一次审讯的细节制作书面报告，包括讯问的日期、时间、审讯的地点、讯问人员的名字，以及犯罪嫌疑人的陈述是否被记录等（露木，2009）。这样一来，旨在确保审讯恰当性的政策与司法体制改革一起被付诸实施。

然而，2007 年出现了两起误判案件，被称为冰见（*Himi*）案③和志布志（*Shibushi*）案④。严厉批评的结果，导致国家警察厅在 2008 年发布了"在警方调查中确保审查适当的政策"（重松，2008，2012b）。该政策强调了在审讯期间加强监督和限制审讯持续时间的重要性［重松（Shigematsu），2008］。为了执行这项政策，"关于确保对犯罪嫌疑人进行适当审查的监督条例"被

---

① 一些学者主张，当犯罪嫌疑人未被定罪时，要求犯罪嫌疑人反省他们过去的行为是不允许的，但其他人主张罪犯的悔恨作为审讯的一种结果，其作用不应被忽略［部长研究小组（Daijinken-kyukai），2012］。

② 司法体制的改革包括公民陪审制度（陪审团制度）的引进。"关于在刑事审判中加入陪审团制度的法律"于 2004 年公布并且自 2009 年起生效（法务省，2004）。经过 5 年的新制度准备期后，第一起适用公民陪审团的审判于 2009 年 8 月 3 日在东京地方法院举行。

③ 在冰见案中，X 先生被判在 2002 年犯 2 起强奸案并被判处 3 年监禁。他于 2005 年被释放。然而，真正的强奸犯在 2007 年被逮捕并起诉。此后，检察官办公室请求对 X 先生进行重审，法庭做了无罪判决（重松，2012b）。

④ 在 2003 年，15 人因违反《公职选举法》被逮捕。15 人中的 12 人被起诉。在多达 54 次的庭审中，所有被告人都否认该指控。他们最终在 2007 年被无罪开释（重松，2012b）。

制定出来，并且《刑事调查法典》（1957）被相应地修订［阿久津（Akutsu），2008］。

公民陪审制度在 2009 年 5 月被引入日本。为了在公民陪审情况下的审判中有效且高效地支撑被告人供述的可信度（重松），有 5 个县于 2008 年 9 月在试点的基础上开始以电子形式记录审讯。从 2009 年 4 月起，这些做法就被探索性地扩展到整个日本。这种情况下，在犯罪嫌疑人供述的最后阶段，并入含有一个简短总结及每个犯罪行为核心要素的陈述，这些在采用公民陪审制度审判的案件中被记录下来（重松，2013）。

另一起误判案件，被称为足利（*Ashikaga*）案①发生在 2010 年。这个案件再次导致了公众对警察调查体制的强烈批评。通过研究这些情况并争取不降低公众安全而实现对审讯活动的电子记录，从 2010～2012 年，国家公共安全委员会主席带领了一个研究小组来探讨犯罪调查和刑事审讯的未来，包括扩展有关电子记录审讯实践的试验（菅直人，2012；重松，2013）。

国家警察厅正式宣布"推动调查方法和审讯发展项目"以实施上述研究小组在 2012 年 3 月做出的建议（重松，2012a，2013）。这个项目包括扩大用电子形式记录审讯实践。2012 年 4 月，整个日本的警察队伍开始记录，除记录对已经供认的犯罪嫌疑人的审讯之外，对部分否认不法行为或保持沉默的犯罪嫌疑人所进行的审讯也记录，尤其是在采用公民陪审制审判的案件中。此外，从 2012 年 5 月开始，电子记录被扩展到各个阶段，例如一系列审讯的开始、中期和/或最后部分，以及对有智力障碍的犯罪嫌疑人进行的审讯（菅直人等，2012；重松，2013）。

作为这个项目的一部分，进一步地努力随后被引入，以确保对犯罪嫌疑人审讯的适当性，同时通过考察其他国家的实践及利用心理学研究成果来提高审讯技巧（重松，2012a，2013）。尤其是国家警察厅的目标在于增强警员从心理学领域具有科学基础的研究结果中学习的程度。它同样试图为警员提供适应日本警方实践和以心理学研究结果为基础的系统性、实践性的培训，

---

① Y 先生在 1991 年因谋杀一名 4 岁女孩被逮捕，依据的是他的供述和 DNA 证据。他在 2000 年被判处无限期监禁。但是，2009 年，遗留在犯罪现场的 DNA 证据与提供给东京高等法院的 Y 先生的 DNA 无法匹配。2010 年，在重审中他被发现是无辜的（重松，2012b）。

代替先前传统的将在职培训作为学习调查性询问技巧的主要方法（重松，2012a）。重松（2013）强调了从各种角度来研究日本警察审讯的重要性，例如罪犯的看法，以便更多地了解日本警察的审讯。

2012 年 12 月，国家警察厅公布了一份关于调查性询问的基本训练手册（见命名为"有益的实践"的部分）。2013 年 5 月，一个新的中心也在国家警察学院启动。建设这个中心用来提供对整个日本警员的国家级培训，同时进行与有效培训开发相关的心理学研究，以及评估培训项目的效果。2013 年 7 月，这个新的中心提供了一次在调查询问方面国家级的全面培训课程，有大约 10 名高级警官参加。其后，该中心每年都在国家警察学院提供 6 场为期 8 天的高级警官培训课程，这些课程包括讲授关于询问、询问实践和情况报告的心理学研究成果（见本章后面名为"培训"的部分）。

因此，与日本的审讯紧密联系的客观环境正在迅速变化。尤其是国家警察厅的高级警官已经开始意识到审讯心理学知识对于实施适当审讯的重要性。然而，在日本很少进行关于审讯的研究。正如重松（2013）所指出的，简单地从其他国家引进询问方法是没有用的；从对日本警察实践的研究中得到的结论将有助于提供恰当的、为日本警方定制的培训。

在日本进行的相关研究文献

关于犯罪嫌疑人供述的心理学研究大多数一直在西方国家开展；因此他们的研究结果可能无法推广到文化与警务实践相异的国家。日本和西方国家之间法律的差异或许会影响警察询问在犯罪嫌疑人供述中扮演的角色。但是，有少数关于日本审讯的实证研究已经在开展。渡边（Watanabe）和他的同事20 世纪 90 年代调查日本的审讯［例如，渡边和横田（Yokota），1999］，但是这些研究只关注于谋杀或盗窃案件，且样本范围很小。由我们的团队近来开展的更加系统化，大规模的研究在这里加以评述。下面的研究表明，日本警察的询问风格更倾向于从有罪的嫌疑人那里套出供述；问卷的自评量表由日本的警员、囚犯和普通民众提供。

为了调查用于讯问重刑犯的普遍性调查询问技巧以及询问风格与供述之

间的关系，对审讯人员进行的调查指定的是严重犯罪［和智（Wachi）等人，2014］。在这项研究中，一份详细的调查问卷由 276 名负责询问重罪案件犯罪嫌疑人的警官完成，这些嫌疑人都是犯有严重罪行的，如谋杀、抢劫、纵火、强奸、强制猥亵或者绑架。为了从整个日本警员那里收集数据，我们给每个地区都分配了特定数量的参与者，与其在 2006 年因犯上述罪行而被逮捕的罪犯数量成比例。对他们关于询问技巧的回答采用了因子（要素）分析法，结果，询问技巧被划分成如下 5 个因素：展示证据、对抗、积极倾听、建立融洽关系，以及对犯罪的讨论。展示证据与在审讯中证据的使用有关；对抗包括审讯人员与犯罪嫌疑人对抗时的技巧；积极倾听包括关于警员仔细倾听犯罪嫌疑人陈述的技巧；建立融洽关系包括警员在尝试建立与犯罪嫌疑人间的信任关系时的技巧；对犯罪的讨论包括直接讨论该犯罪需要的技巧。以这 5 个因素为基础，可将询问风格确定为以下 4 种：以证据为中心、以对抗为中心、以关系为中心以及无差别式。当审讯人员使用以关系为中心这种风格时强调积极倾听、建立融洽关系和讨论犯罪，犯罪嫌疑人更容易彻底坦白；与之相比，当审讯人员使用以证据为中心这种风格时，强调展示证据和积极倾听，犯罪嫌疑人更可能做部分坦白（和智等人，2014）。

随后的一项研究（和智等人，审稿中）集中注意力于囚犯对于他们所经历过的审讯的看法。总共 291 名已经被判处谋杀、抢劫、纵火、强奸、强制猥亵或绑架的成年男性囚犯完成了调查问卷的自评量表。使用和智等人获得的 5 个因素，4 种询问风格被确定下来：证据对抗式风格，以关系为中心式风格，无差别程度高风格（Undifferentiated-high），无差别程度低风格（Undifferentiated-low）。询问风格的效果是有差别的，这取决于囚犯之前的决定：如果他在审讯之前已经决定坦白，那么询问风格与他们供述的性质无关。但是，如果他们没有决定要坦白（或者已经决定要否认），那么当他们经历了无差别程度高风格的询问或者以关系为中心风格的询问，他们更可能彻底坦白。在无差别程度高风格的询问中，警察使用了在这项研究中所有受到检测的调查询问技巧：他们积极倾听犯罪嫌疑人的陈述，尝试建立良好的关系，讨论了犯罪嫌疑人所犯的罪行，同时展示了证据并与犯罪嫌疑人对质。在以关系为中心风格的询问中，警察专心地倾听罪犯的陈述，试着建立良好的关系，并与犯罪嫌疑人直接讨论犯罪。

在另一项研究中，和智（2013）审查了日本成年大学生近来在警察（和智等人，2014）和囚犯（和智等人，审稿中）当中进行的研究的观点，他们的研究对象是明显使用同样 5 种因素的讯问技巧。和智的研究表明，注重积极倾听的参与者，更有可能从有罪的犯罪嫌疑人那里套出真实供述，而且从无罪的犯罪嫌疑人那里套出虚假供述的可能性最小，这是最为可取的技巧。和智与兰姆（2013）用同样的术语描述审讯技巧，在成年的普通民众当中进行了一次在线调查，得到了相同的结果。这些研究对于确定最恰当的审讯方法和技巧以确保供述在公民陪审制度下能够被承认具有非常重要的意义。

当前的审讯实践和培训

◆ **当前实践**

国家警察厅进行了一项调查以考察日本的审讯模式（2011）。该调查考察了对 397 名犯罪嫌疑人使用的询问方法，这些嫌疑人都是在 2011 年 2 月已被检方羁押并通知了他们案件（不包括违反交通规则的犯罪）最终决定的人。该样本包含了 26 名涉嫌重罪罪行的人，90 名涉嫌盗窃罪的人，以及 47 名涉嫌利用职务便利犯罪（白领犯罪）的人。

对这些案件审讯的天数、持续的时间以及审讯次数的平均值分别是 5.7 天、15 小时 15 分钟以及 10.1 次。该样本包括了重罪案件，重罪案件审讯的天数、持续的时间以及审讯次数的平均值（分别为 9.2 天、25 小时 25 分钟及 18.2 次）都比其他犯罪的大得多（例如，盗窃罪分别是 5.5 天、16 小时 7 分钟和 9.5 次，利用职务便利犯罪是 7.5 天、20 小时 4 分钟和 12.2 次）。

关于犯罪嫌疑人的供认，57 名（占 14.4%）犯罪嫌疑人否认对他们的指控，直至检方做出最终决定。总共 279 名犯罪嫌疑人（占 70.3%）在审讯的第一天就供认，61 名犯罪嫌疑人（占 15.3%）在审讯的第二天或第二天后供认。更确切地说，相比 92.2% 的盗窃罪供认率和 87.2% 的利用职务便利犯罪的供认率，那些涉嫌重罪的犯罪嫌疑人中仅有 65.4% 供认。因此，那些涉嫌严重犯罪的人供认的可能性更小。

在前面部分讨论的和智等人（2014）的研究中，调查了用于审讯重刑犯的一般询问技巧。警方的报告称下列询问技巧是最为常用的：

——"对犯罪嫌疑人采取坚决的态度"

——"将犯罪嫌疑人作为人来尊重"

——"尝试说服犯罪嫌疑人考虑该罪行的含义"

——"唤醒犯罪嫌疑人的良知"

——"密切注意犯罪嫌疑人的言词"

相比较而言，在囚犯中进行的调查（和智等，审稿中），由囚犯报告的最常用的技巧是"把你当作人来尊重"，"倾听你的生活故事，例如个人经历"，"强调了你实施的犯罪的严重性质"，"仔细听你的话"以及"对你友好"。因此最常用的技巧包括倾听罪犯的故事并且人道地对待他们。

正因如此，警官和囚犯都一致认为在日本"将犯罪嫌疑人作为人来尊重"是询问严重犯罪行为常用的一种技巧；但是，囚犯报告中所称的有效技术，则是倾听他们的陈述更为常用。

有益的实践

如上所述，2012年12月，"审讯基础手册"（Basic Manual for Interrogation）发布。这份手册，在与心理学家合作方面有所发展（作者），是为整个日本的警察机构提供统一手册的初次尝试。它主要关注如何以这样的一种方式询问证人及合作的犯罪嫌疑人，以从他们那里获取广泛、准确的信息而无须污染他们的记忆和破坏犯罪嫌疑人供述的可信度。为创制这份手册，为国家警察厅效力的警官和首席心理学家（第一作者）访问了澳大利亚和英国，以获得关于他们当前审讯实践和培训计划的相关信息，尤其是和平询问方法（PEACE）的培训（包括认知询问）。因此，这份手册吸收了在西方国家已经被应用于警察实践的心理学研究成果。该手册主要由两章组成。第一章以心理学的记忆、认知询问和虚假供述为基础，第二章则解释了提问方式，例如开放式提问（自由报告，5WH 问题）①、封闭式提问（多种选择和是非问）和诱导性提问，以及在实际审讯中如何使用（或规避）它们。

自从该手册被发布，这些方法和技巧被作为培训课程和讲座的一部分向整个日本的警官传授，以便在日常警务实践工作中实施。

◆ **新兴的实践做法**

正如在前面部分所讨论的那样，自 2008 年以来，日本的警察机关已经在实验的基础上用电子的方式记录部分审讯。国家警察厅报告了 2012 年 4 月 1 日至 2013 年 3 月 31 日关于电子记录的趋势（2013）。从 2012 年 4 月开始，用电子方式记录在公民陪审制度下受审的案件得到扩展，被记录案件的数量每月增长 100～200 起。此外，所有在公民陪审制度下受审的案件中（一年 2637 起），大约 77% 的案件被记录。被记录的案件中，32% 涉嫌抢劫（造成伤害），26% 涉嫌谋杀，11% 涉嫌纵火。在同一时期，有 178 起犯罪嫌疑人拒绝审讯被记录的案件，相比之下，在 2011 年 4 月 1 日至 2012 年 3 月 31 日有 39 起。在 2012 年 4 月 1 日至 2013 年 3 月 31 日，256 起案件实行了审前开示程序，而视频证据在审判中被审查（通过播放 DVD）的只有 2 次。

2014 年 4 月 30 日，日本法务省向立法会特别委员会——法务省的顾问团——递交了一份提案，建议在原则上规定用电子方式记录对犯罪嫌疑人的全部审讯。根据该提案，由公民陪审员审理的案件，例如谋杀、抢劫、强奸和纵火案，要由警方进行电子记录。特别委员会在 2014 年夏天最终确定了该提案。法务省随即将有关议案提交给议会，并且 2015 年 5 月该议案开始在众议院全体大会上辩论。这样日本的电子记录制度发生了巨大的变化。

培训

2013 年 5 月，一个新的培训中心在国家警察学院成立。这个新的"调查

---

① "5WH" 指 why、what、where、when、who 以及 how。（译者注）

询问和审讯技巧研究培训中心"的作用是为警官提供培训，对新型培训机制的发展进行研究，并评估培训计划的影响。新的全国性的全面培训课程在2013 年 7 月被引进该中心。自开放以来，该培训中心已经为总督察和来自县警察局的督察们提供每年 6 次的培训课程，总督察和来自县警察局的督察在他们辖区内对由一线警察实施的审讯进行监督。每次课程持续 8 天并有大约10 名警官参加。在该课程期间，参与的警官使用新的手册学习心理学方面的询问，这份手册于 2012 年公布，尤其专注于记忆心理学、虚假供述和提问方式，并通过角色扮演将他们的新知识付诸实践，包括在小组讨论后模拟对证人和犯罪嫌疑人的审讯。每位受训者还带来一份在其辖区内实施的审讯录像用于讨论其长处和弱点。该中心还在地区警察局提供 7 天版本的培训，由督察参加。这种培训课程与国家警察学院的课程非常相似。这些培训课程由国家警察学院研究培训中心的工作人员提供。

因此，日本的培训实践在近几年扩展迅速。通过遵循由前述国家公共安全委员会主席组织的研究小组的建议，新的培训课程强调将心理学知识融入审讯中，这对日本警察机关而言是突破性的。

对研究和实践的启示

关于日本审讯方面的实证研究只是实施了很少的数量。大部分研究包含了自评量表调查，但在日本没有关于真实审讯实践的观察性研究。自从日本警察机关开始在实验基础上对部分实际的审讯进行电子记录后，亟需对这些用视频记录的审讯进行研究，以便调查真实的审讯实践及审讯人员与犯罪嫌疑人之间的相互关系。此外，必须研究在审判时被审查的审讯，以便确定公民陪审员认为可接受的审讯的类型，尽管目前只有极少数的案件由公民陪审员审理。最后，我们必须评估培训计划并以评估结果为基础对其进行改进。

为了支持以证据为基础的实践发展，作为研究人员，我们应当提供警方所需的心理学研究成果。例如，警察机构想要知道哪种审讯技巧对累犯、黑社会成员和精神错乱的罪犯有效，对这些人无论在日本还是在其他国家都少有研究。因为审讯的周边环境正在迅速变化，研究人员应该对警察机构的需求敏感一些，并改进他们的研究以向警察机关提供更加有用的信息。

▌参考文献▌

❶ Akutsu，M.（2008）"'Higisya torishirabe tekiseika notameno kantoku ni kansuru kiroku' oyobi 'hanzaisousakihan no chibu wo kaiseisuru kisoku' no seitei ni tsuite"［"'Regulations of Supervision for Ensuring Propriety of Examination on Suspects' and 'Amendment of the Criminal Investigation Code'"］，*Journal of Police Science*，61（6）：63 – 97.

❷ Cabinet Office，Japan（2014）*Measures for Crime Victims.* Retrieved from：http：//www8. cao. go. jp/hanzai/whitepaper/w – 2014/pdf/zenbun/pdf/1s5s1＿ 01/pdf.

❸ Daijinkenkyukai（2012）*Sosasyuho torishirabe no kodoka wo hakarutameno kenkyukai：saisyu hokoku*［*Final Report of the Study Group for Sophisticating Investigation Methods and Interrogations*］. Retrieved from：http：//www. npa. go. jp/shintyaku/keiki/saisyuu. pdf.

❹ Interpol（2014）*Japan.* Retrieved from：http：//www. interpol. int/Member-countries/AsiaSouth-Pacific/Japan.

❺ Kan，J.（2012）"Sousasyuho torishirabe no kodoka wo hakarutameno kenkyukai niyoru saisyuhokokuni tsuite"［"Final report of the study group for sophisticating investigation methods and interrogations"］，*Journal of Police Science*，65（7）：21 – 46.

❻ Kan，J.，Tsutsumi，H.，Ogasawara，M.，and Katano，S.（2012）"Keisatsu ni okeru torishirabe no rokuon rokuga no shiko no kakuzyu ni tsuite"［"The expansion of the trial scheme for electronic recording of police interrogations in Japan"］，*Journal of Police Science*，65（7）：47 – 72.

❼ Milne，R. and Bull，R.（1999）*Investigative Interviewing：Psychology and Practice.* Chichester：John Wiley & Sons.

❽ Ministry of Justice（2004）*White Paper on Crime.* Tokyo：Ministry of Justice.

❾ Ministry of Justice（2014）*Jimutokyoku shian*［*Proposal by the Head Office*］. *Retrieved from*：*http*：//*www*. moj. go. jp/content/000122699. pdf.

❿ National Police Agency（NPA）（2008）*White Paper on Police.* Tokyo：National Police Agency.

⓫ National Police Agency（NPA）（2011）*Keisatsu niokeru torishirabe no zitsujo ni tsuite*［*Current Situations About Police Interrogations*］. Retrieved from：http：//www. npa. go. jp/sousa/kikaku/20111020 – kekka. pdf.

⓬ National Police Agency（NPA）（2012）*White Paper on Police.* Tokyo：National Police Agency.

⓭ National Police Agency（NPA）（2013）*Keisatsu niokeru torishirabe no rokuon rokuga no shiko no kensyo ni tsuite*［*Evaluation of the Trials of Electronic Recording of Police Interrogations*］. Retrived from：http：//www. npa. go. jp/sousa/kikaku/record/1 – 2. pdf.

⓮ National Police Agency（NPA）（2014）*Police of Japan* 2014. Retrevied from：http：//www. npa. go. jp/english/kokusai/2014POJcontents. htm.

⓯ Shigematsu，H.（2008）"Keisatsu niokeru torishirabe tekiseikashishin ni tsuite"［"Policy on ensuring propriety of examination in police investigations"］，*Journal of Police Science*，61（6）：18 – 62.

⓰ Shigematsu，H.（2012a）"Sousasyuho torishirabe no kodoka purogramu no sakutel ni tsuite"［"The National Police agency's program for sophisticating investigation methods and interrogations" 1，*Journal of Police Science*，65（7）：1 – 20.

⓱ Shigematsu，H.（2012b）"Higisyatorishirabe womeguru saikin no doko to kongo no arikata（1）"［"The interrogations of suspects（1）：recent movement and framework in the future"］，*Journal of police Science*，65（12）：1 – 24.

⓲ Shigematsu，H.（2013）"Higisyatorishirabe womeguru saikin no doko to kongo no arikata（2）"［"The interrogations of suspects（2）：recent movement and framework in the future］. *Journal of Police Science*，66（1）：48 – 115.

⓳ Soukara，S.，Bull，R.，Vrij，A.，Turner，M.，and Cherryman，J.（2009）"What really happens in police interviews of suspects? Tactics and confessions," *Psychology, Crime and Law*, 15：493 – 506.

⑳ Taguchi, M. （2009） *Keiji sosyo hou* ［*Law of Criminal Procedure*］, 5th edn. Tokyo：Koubundou.

㉑ Tsuyukl, Y. （2009） *Keisatsukan no tameno keijis hihoseido kaikaku kaisetsu* ［*The Commentary of the Reform of the Criminal Justice System for Police Officers*］, 2nd edn. Tokyo：Tachibana syobo.

㉒ Ueno, M. and Matsui, Y. （2012） "Syogaikoku niokeru keijishihoseido no tyosakenkyu：sokatsu" ［"Criminal justice system in foreign countries：summary"］, *Journal of Police Science*, 65 （1）：120 – 139.

㉓ Wachi, T. （2013） "Torishirabe nitaisuru daigakusei no iken" ［"University students' opinions on interrogations"］, *Acta Criminologiae et Medicinae Legalis Japonica*, 79：44 – 54.

㉔ Wachi, T. and Lamb, M. （2013） *Public Opinions of Japanese Interrogation Techniques and Their Effect on Penalties.* Paper presented at the 6th Annual Conference of the International Investigative Interviewing Research Group, Maastricht.

㉕ Wachi, T. , Watanabe, K. , Yokota, K. , Otsuka, Y. , Kuraishi, H. , and Lamb, M. （2014） "Police interviewing styles and confessions in Japan," *Psychology, Crime and Law*, 20：673 – 694.

㉖ Wachi, T. , Watanabe, K. , Yokota, K. , Otsuka, Y. , and Lamb, M. （under review） "Japanese interrogation techniques from prisoners' perspectives" .

㉗ Watanabe, S. and Yokota, K. （1999） "Hininhigisyano zikyonitaru shinri：hininno shinri" ［"Psychological factors that facilitate denying suspects to confess：psychology of denial"］, *Reports of the National Research Institute of Police Science*, 39：136 – 143.

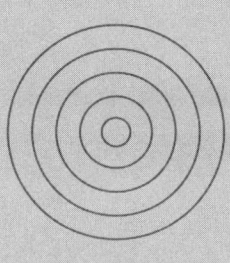

澳　洲

第06章

澳大利亚和新西兰对犯罪嫌疑人的询问

阿曼达·凯恩（Amanda Cain）

尼娜·J. 韦斯特拉（Nina J. Westera）

马克·凯贝尔（Mark Kebbell）

▌简介▐

自21世纪初期，对于询问犯罪嫌疑人的警务实践，澳大利亚和新西兰就已经历了实质性的改革。要了解这些改革，最重要的首先是了解这些国家的背景。澳大利亚是一个由6个州和2个领地组成的，拥有23.4百万名居民和47000名警察的广袤大陆。大部分人口位于这些地区的城市群，其他人则生活在难以到达的偏远地区（澳大利亚犯罪学研究所，2006）。每个州或领地都有自己的刑事司法系统和警务部门，澳大利亚联邦警察局负责处理跨司法管辖区的犯罪和国际性犯罪。相反，新西兰是一个拥有4.4百万居民和1个警察组织的小国家，该警察组织在只有约12000名雇员的单一治理结构下运转（新西兰警察局年度报告，2014）。英国在18世纪后期（澳大利亚）和19世纪早期到中期（新西兰）在这些国家建立殖民地，因此其法律制度和维持治安的方法与英格兰及威尔士的类似。警察局长管理各个警察局并对有管辖权的政府负责，同时是一个负责实施执法决定的独立组织。在这些国家，许多当代的调查询问实践做法也是从英格兰及威尔士使用的方法中适应性地改进而来。

在这一章里，在开始考察澳大利亚的实践之前，我们将先考察新西兰对犯罪嫌疑人询问的实践。我们选择这样的次序是因为新西兰的改革有更多的记录文件，而且这些对犯罪嫌疑人询问实践的全面修改发生在诸多澳大利亚类似的司法改革之前。但首先，我们会考察在这两个国家中的法律背景。

询问犯罪嫌疑人的法律背景

在澳大利亚和新西兰法律中，对询问犯罪嫌疑人的法律要求起源于英国普通法系［芬德利（Findlay）等人，2009］。犯罪嫌疑人被推定是无辜的直至其被证明有罪。如果一个犯罪嫌疑人被指控犯罪，除非他或她答辩认罪，否则无论是法官独自审理，还是通常适用于较严重犯罪的陪审团审理，都将举行对抗式审判。对犯罪嫌疑人有最初来源于英国的《法官规则》（*the English Judges' Rules*）（以下简称《规则》）的法律保障，《规则》为法官考虑决定犯罪嫌疑人的陈述（询问）是否作为证据被采纳时提供参考。在澳大利亚的所有司法辖区和新西兰，涉嫌犯罪的人享有沉默权和向律师咨询的权利，同时其有权被告知这些权利。实践中，虽然许多犯罪嫌疑人可能咨询律师，但这经常是通过电话完成的，在询问犯罪嫌疑人期间辩护律师很少在场（尽管这更可能发生在被指控严重犯罪的案件中）。

澳大利亚的司法管辖区可以拘留犯罪嫌疑人进行询问并设置时间期限，该时间期限依司法辖区而定［例如，在昆士兰，警察可以拘留犯罪嫌疑人长达 8 小时，在这个时间内允许提问时间达到 4 小时（芬德利等人，2009）］。新西兰法律的一个独特之处在于，犯罪嫌疑人不得因调查的目的而被拘留，但是，一旦被逮捕，他须在合理可行的时间内尽快被带到法庭（1990 年《新西兰权利法案》）。这限制了在犯罪嫌疑人不愿意留下来与警察一起时，警察长时间及分多次询问犯罪嫌疑人的能力。

自 20 世纪 90 年代早期以来，在澳大利亚的一些司法辖区和新西兰，用视频记录对犯罪嫌疑人的询问已经是一种惯常做法［思科勒姆（Schollum），2005］。新西兰警方依据政策自创了采用视频记录对犯罪嫌疑人的询问（思科勒姆，2005），如今这已体现在对警察询问实践的指示中［见 2006 年《新西兰证据法》第 30（6）节］。它规定询问犯罪嫌疑人的首选方法是录像，除非不可行或犯罪嫌疑人选择不录像（在所有澳大利亚司法辖区都有类似要求）。在新西兰，这种询问录像通常是完整地记录（或者只是轻微地编辑）后交由事实认定者（法官或者陪审团）来处理。

新西兰调查询问实践之考察

澳大利亚和新西兰关于询问犯罪嫌疑人的警务实践，记载最多的改革发生在 2004 年的新西兰，那时他们的警察局长委托开展了一项对警察调查询问实践的全面审查［思科勒姆，2006b］。该审查的原始动力在于警方认识到他们的实践能够受益于学术研究文献和国际实践的发展。玛丽·思科勒姆（Mary Schollum），新西兰警察局的一名文职人员，被指派领导这一全面且有 3 项成果——文献综述的审查，提出了对当前警察实践的评估和建议报告。该审查对犯罪嫌疑人和证人的询问实践都做了考察，但我们的讨论仅限于当前章节的重点，即对犯罪嫌疑人的询问。

审查的第一个阶段考察了世界范围关于询问/审讯的学术研究文献和警方的政策，以确定在调查询问方面在世界上的最佳实践，并决定未来新西兰警方应当采用何种询问方法（2005）。思科勒姆所运用的方法的长处在于通过涵盖范围广泛的组织因素来确定最适合新西兰警察应当采纳的做法——关于询问的组织策略；询问方法；所用方法的道德准则基础；对询问人员的培训；询问的技术设备和设施。

该审查依据询问的主要目的确定了两种对犯罪嫌疑人询问的主要方法，第一种方法是用指控性的方式去询问，这适用于警察以获取供述为主要目的对犯罪嫌疑人的询问。例如，在北美洲普遍使用的"里德方法"（Reid technique），鼓励询问人员使用多种方法在心理上诱导犯罪嫌疑人供认罪行［英鲍（Inbau）等人，1986；英鲍等人，2005］。第二种方法是用信息收集法来询问，这适用于警察以从犯罪嫌疑人处收集关于犯罪的信息为主要目的的询问。这个方法的一个例子就是在英格兰及威尔士普遍使用的会话控制（conversation management）方法，它鼓励询问人员尽可能多地收集犯罪嫌疑人对事件的说法以及与调查有关的信息。这种方法也鼓励犯罪嫌疑人对他或她的陈述与其他证据之间的所有矛盾做出解释［谢菲尔德（Shepherd），2007］。

在文献综述中，思科勒姆（Schollum）强调了指控式询问方法的缺陷，包括此方法会加大虚假供述的危险［见梅斯纳（Meissner）等人，2012］。这些结论得到了其他国家经验研究的支持，在这些国家指控式询问方法被认为是造成误判的主要原因［见古德琼森（Godjonsson），2003］。文献综述还重点考察了询问方法需要符合伦理道德——平等地对待犯罪嫌疑人以及关于促进合作。

文献综述也确定了采用广泛的组织策略嵌入调查询问实践的重要性（思科勒姆，2005）。思科勒姆详尽地描述了英格兰及威尔士警方使用的、在调查询问中采用"和平"询问方法（PEACE）的策略。和平方法指的是所有调查询问的建议性阶段：计划和准备，建立关系和解释，陈述，结束和评估［见克拉克和米尔恩（Clarke and Milne），2001］。然而，由克拉克和米尔恩对 PEACE 方法进行的一项评估发现这个方法在实践中无法满足预期，他们建议增加对询问人员的指导性支持，对询问人员和询问的四级方法进行评估，以便鼓励询问技巧的逐步发展。英格兰及威尔士也成立了领导小组和国家战略，目的是在组织层面上纳入调查询问实践。

审查的第二个阶段使用了混合研究法来考察新西兰警方的实际政策和实践（思科勒姆，2006a）。这项审查发现对询问犯罪嫌疑人的政策和培训主要是关于确保警察遵守法律要求并且能够操作询问录像设备的。虽然新西兰警方已经正式地采用了"和平"询问法，但在实践中存在着，在询问期间，询问人员询问犯罪嫌疑人技巧展开的机会不恰当，或者缺乏关于如何从犯罪嫌疑人那里引导出信息的指导（例如，提问方法，如何组织安排询问）。

在由思科勒姆对 279 名新西兰警官所做的调查中，警官们报告称对开展视频询问有信心（79% 的人要么是"有信心"，要么是"非常有信心"）。但是，只有 58% 的犯罪调查部门（CIB）的警官和 21% 的制服警官（巡警）报告称使用了视频记录他们对犯罪嫌疑人的询问（思科勒姆，2006a）。研究人员从该国每个警察局随机挑选出 183 份记录询问犯罪嫌疑人的录像，与PEACE 询问框架中的会话控制模式比较分析发现，这些询问中有 45% 的询问人员被一组评估人员（包括学者和警察）评价为表现糟糕。警官在引导犯罪嫌疑人陈述、提问和结束询问方面是最弱的。

对新西兰的建议

在该审查（思科勒姆，2006b）的最后阶段，报告对新西兰警方的调查询问从管理、资源、政策、标准、培训和评估等方面提出了 24 项建议，力图把新西兰警方的调查询问导向以证据为基础的实践。这些建议在很大程度上以 "和平" 询问方法为模型，并吸收了在英格兰及威尔士实践中得到的经验教训加以改进（例如，来自克拉克和米尔恩的研究，2001）。第一项建议是在 2007 年年末实现三人小组（调查询问改革小组，包括负责政策、指南、标准和培训的作者 NW）的建立，该小组向国家犯罪控制部门负责人提交报告。这个小组负责管理和实施调查询问的国家战略。

从 2007 年至 2011 年，这个小组实施了几乎所有余下的建议。10 项道德准则被采纳用以支持和促进信息收集型询问方法而非指控式询问法的询问实践（见思科勒姆，2006b）。信息收集型询问方法被认为更加合乎道德准则且为当前新西兰法律提供了一个更好的选择。在指控式询问法中使用的一些技巧有可能被法庭认为是压迫性和不公平的，例如使犯罪嫌疑人对证据的性质产生误解，这会导致询问结果被裁定为无效（不具有可采性）及实施询问的警官受到纪律处分。

适用于犯罪嫌疑人的主要询问模式是会话控制。这种方法的引进被认为是为警察在询问期间从犯罪嫌疑人那里引导出陈述提供了一个构架，也是在审查中被发现的一个薄弱领域。"调查询问规则"（Investigative Interviewing Doctrine）和 "对犯罪嫌疑人的调查询问指南"（Investigative Interviewing Suspect Guide）得到开发，在同行评审后公布，用于为询问人员在这些程序和相关政策方面提供官方性的正式指导（新西兰警察局，2007，2008a）。

会话控制方法包括通过重点审查从调查中获得的信息以及了解如何组织询问以引导出与这些问题相关的信息，来为询问提供更充分的组织计划和准备。询问的主要步骤是与犯罪嫌疑人建立融洽关系；解释询问程序和法律权利；从犯罪嫌疑人那里引导出关于他或她对事件的详细描述，包括所有对调查来说具有重要意义的话题；质疑犯罪嫌疑人在他或她的陈述与证据间存在的所有矛盾；结束询问（更详尽地说明见克拉克和米尔恩，2001）。在这个流程中的技巧是提问、积极倾听、使用恰当的非语言交流、归纳总结、要求犯罪嫌疑人画草图，以及对于该流程有一个灵活的结构安排。

会话控制方法起初是通过从业者（实践者）向这个领域有影响力的学者咨询后开发的，例如，雷·布尔（Ray Bull）和埃里克·谢菲尔德（Eric Shepherd）（布尔，2013；谢菲尔德，2007），但直到现在还未测试过。如今很多研究认为使用这些方法增加了从犯罪嫌疑人那里获得全面陈述和发现他或她是否在欺骗的可能性［例如，丹多（Dando）等人，2015；哈特维希（Hartwig）等人，2005；梅斯纳等人，2012；沃尔什（walsh）和布尔，2010］。

在这个基础上，新西兰警方逐步实施了针对询问人员的4级分级培训结构的前3级［第1级：基础；第2级：高阶；第3级：专业化的询问；第4级：顾问（Advisory）①］。为了有助于实现这个计划，在皇家新西兰警察学院设立了3个全职性的国家调查询问培训师职位。该计划的一个基本原则就是使用以证据为基础的方法（evidence-based methods）来学习询问的知识和技巧［例如，埃里克森（Ericsson）等人，1993；哈蒂（Hattie）等人，1996；哈蒂及廷珀利（Timperley），2007；鲍威尔（Powell）等人，2005］，被应用于不同等级的该原则依赖于组织性的资源优先分配。

询问培训的每个等级都有国家标准，包括学习该方法的基础知识和参加面对面的培训项目，该项目包含带有专家反馈的技能实践（新西兰警察局，2008b）。一旦该培训完成，参与者进入继续学习和在职评估项目以获得在那个等级上的认证。这个过程包括提交实地询问的证据并向指定的评估员完成对询问的自我反思性评估。这个程序的目的在于建立全国一致的标准，并为询问人员提供技能发展的专家反馈。评估员对照国家标准评估每个询问和自我反思记录，并提供能力评估和关于如何改进实践的反馈。"尚未通过"的询问人员与培训师制订一个计划以解决出现的问题，并且必须随后提交针对评估的进一步记录。虽然在广义结构方面是相同的，但每个等级的能力项目的细节都会随着更高等级增加的强度而变化。

---

① 第4级还未实施。

能力培训项目

◆ 第 1 级：询问犯罪嫌疑人的基础培训

等级 1：基础性询问旨在让所有的警察都掌握技能以便对有优先性和大量犯罪的证人及犯罪嫌疑人实施询问（新西兰警察局，2008b）。培训试点的成功为地方警察局提供了动力，从 2007 年至 2011 年，为督察以下级别的所有宣誓警察提供了培训。由于新西兰缺乏专家，培训师都是从英国（分 3 次）签约来培训新西兰的教员，这些教员由新西兰警察局 12 个辖区分别推荐。该培训套餐，以学习源自英国的材料为基础，由 NW 在一名学习开发者的帮助下开发。

在实施初期，7500 名职员接受了第一级培训。培训课程的内容包括学习有关记忆和交流的知识，并花费 2 天时间学习询问犯罪嫌疑人的技巧。该培训课程有 12 名参与者和 2 名培训师，培训时间通常超过 5 天。参与者的指导老师通常会对参与者所做的 2 次视频记录的询问做出现场评估。自 2009 年以来，第 1 等级培训被纳入新警培训中并通过国家的培训师推广，因此所有的新进人员现在都得到了这一级的培训。

在实施全国性第 1 级培训期间，新西兰警方评估了如何在实践层面上使用询问模式［坎宁安（Cunningham），2010］。2010 年年底之前所做的一项研究，分析了整个新西兰不同级别的 677 名警方询问人员的意见，还从这些样本中的职员里开展了各种各样的专题研究。当时所有行政区职员的 81% 已经完成了和平询问方法第 1 级的培训，但是只有 9% 的人成功地完成了随后的评估程序。警察们认为和平询问法带来了更好的询问计划和准备，更好的询问构架以及用视频记录询问的增加。但是，警察们对调查问卷的回答表明，他们在努力理解评估程序的相关性以及许多指导者并不具备实施评估的技能或者没有评估时间。尽管这项研究提供了对警察们如何看待和平询问法框架有助于询问的一些考察，但其只是再次提供了从警察自己那里得到的主观性报告，而且基本没有揭示在询问室发生了什么。

◆ 第 2 级：询问犯罪嫌疑人的高阶课程

2009 年，新西兰警方实施了第 2 级高阶询问课程培训，向参加培训的人员提供扮演具有技能的调查人员角色，询问证人及严重犯罪的犯罪嫌疑人。参加培训的优先权被给予调查人员，特别是那些已经被推荐为向询问的专业化级别发展的人。在第 2 级中，询问人员通过更多的情境（例如，对青少年犯罪嫌疑人询问，有律师在场的询问）学习运用会话控制。该培训通常由 2 名国家培训师对 12 名参与者讲授 5 天以上的课程，并遵循与第一级相似的现场评估。为了克服在该等级培训中现场评估这一环节在评估员技能和积极性方面的缺陷，第 2 级的培训师实施了这个评估。这个培训项目最初的设想并不是作为调查人员培训计划的一部分，但许多行政区已经在犯罪调查部门用这级课程内容培训警察。

◆ 第 3 级：专业化的询问犯罪嫌疑人

2012 年，新西兰警方实施了第 3 级培训：专业化询问犯罪嫌疑人，以培养一批国家级的、能够胜任针对重大犯罪案件（例如，谋杀、性侵犯、其他严重的暴力行为、暴力抢劫等）的犯罪嫌疑人进行询问的专家级人才。目前已有一批国家级的约 50 名专业询问人员。每个地区挑选参与者（通常也受过侦探培训）参加一个为期 10 天的、寄宿制的国家级询问培训课程。在新西兰的全国性培训师（那些已经在西约克郡参加过询问犯罪嫌疑人培训第三级的人）以及 NW 和一名教育工作者的努力下，该培训得到发展。盖里·肖（Gary Shaw），英格兰及威尔士询问培训的全国负责人，为培训的开发提供了咨询并领导了第一次对全国性培训师的培训。这个培训如今由全国性培训师传授，得到了已获得询问犯罪嫌疑人第三等级认可的询问人员的帮助。8 名参与者学习了有关询问方法的心理学和调查基础，以及这些技巧的实践，并从培训师那里收到反馈意见。

澳大利亚调查询问实践之考察

与新西兰的情况类似，在过去的十年间，澳大利亚的大部分州和属地询问犯罪嫌疑人的实践已经经历了相当大的变革。在一些司法管辖区，这些变革纯粹是由警察单纯地为改进实践而发起的，而在其他一些司法管辖区，误判案件推动了改革。例如，在西澳大利亚州，导致错误定罪［马拉德诉女王案（*Mallard V. The Queen*），2005］的一份强迫供述对西澳州警方造成了压力，推动了询问犯罪嫌疑人方法的改革。当丹特·阿瑟斯（Dante Arthus）就性侵一名儿童所做的一份受强迫供述被裁决为不具有可采性时，这种压力增加了。因为这使他未受到处罚而获得自由，并且使他能够接着又杀害了一名年轻女孩，索菲娅·罗德里格斯－乌鲁希亚·舒（Sofia Rodriguez-Urrutia Shu）。西澳州警方的侦探们调查这起谋杀案，随后从阿瑟斯那里强迫获取了另一份供述，但这份供述也被裁定为不具有可采性［阿瑟斯诉西澳大利亚州（*Arthurs* v. *The State of Western Australia*），2007］。但在其他的一些司法管辖区，研究表明，对于强迫性供述更多的是持放任态度。例如，莫斯顿（Moston，2009）指出，若强迫性的询问做法，如殴打犯罪嫌疑人，被维多利亚州警方的警察廉政办公室调查后发现，但维多利亚州很少有公众关注询问犯罪嫌疑人方面，因此也就没有什么改变。

司法管辖区的划分意味着在整个澳大利亚询问犯罪嫌疑人有各种各样的方法。2011 年，除一个地区外，每个司法管辖区都派代表参加了由昆士兰州警方主持的研讨会。每个代表都介绍了他们自己所在的司法管辖区内的现状，讨论表明，几乎所有的司法管辖区都已经采用了英格兰及威尔士的"和平询问法"来询问证人。但每个机构运用这个方法的程度都不尽相同。一些机构只是采用了大致框架并将其整合到侦查培训中，而其他的则是采用了更多更全面的方法。但是，几乎没有证据表明存在超越培训和指导范围的更广的组织改革，包括管理和资源。令人惊讶的是，一线的警官们压倒性地认可询问的重要性［希尔（Hill）和莫斯顿，2011］。例如，在对 2769 名昆士兰警察所做的一项调查中，超过半数的人说调查询问"非常重要"（占 58.1%），另外还有三分之一（33.6%）的人认为是"重要"的。

对和平询问法的采用意味着新西兰和澳大利亚的司法管辖区之间有着相当多的重合之处。例如，昆士兰警方对于调查询问进行了全面的改革。回顾同时期新西兰的询问实践，发现他们几乎都完成了以"和平询问法"为基础的、相似的四级能力框架。因此，双方的机构在工作上紧密合作，由于昆士兰警方开始实施的时间稍微晚些，新西兰分享了许多他们的指引和学习成果，并培训了一些澳大利亚的培训师。这些机构还分担了从英国聘请顾问以帮助培训当地培训师的成本。昆士兰警方还和其他澳大利亚警察机构（如北方领土地区、西澳州的警察机构）的受训成员分享了他们的学习成果。虽然这是以一种特定方式出现的，但这样分享资源意味着在实践方面整个司法管辖区都存在一定的一致性，尽管每个组织机构在实施上存在差异。其他大部分司法管辖区最近进行了或者正在进行询问犯罪嫌疑人实践的改革，但是受本书章节的限制，我们无法对每个司法管辖区进行详细的说明。例如，维多利亚警察部门最近实施了一个关于询问涉嫌性犯罪的犯罪嫌疑人的项目，澳大利亚联邦警察局则正在基于"和平询问法"对询问实践实施广泛的改革措施。

无论如何，由各警察局局长为代表组成的澳大利亚和新西兰警务咨询机构（ANZPAA）如今已经在这两个国家开发了调查询问的标准。该标准建议使用"和平询问法"询问犯罪嫌疑人。

对研究和实践的启示

在新西兰，关于询问犯罪嫌疑人的伦理道德，对法律的遵守，培训和监管都得到了重视。类似的模式出现或正出现在澳大利亚几乎所有的地区。这些改革中有很多是以证据为基础的。对于那些鲜有实施全面变革的司法管辖区，由于没有任何评估所以很难知道发生了什么。然而，先前关于学习询问犯罪嫌疑人技能的困难确实表明，在政策与现实之间很可能存在着巨大的差异（参见，如克拉克和米尔恩，2001）。

用"和平询问法"询问犯罪嫌疑人的有效性需要进行评估。对此方法的唯一一次评估是2001年由克拉克和米尔恩完成的，该评估表明，这个方法难以实现我们的预期。自那时起就已经有很多改革措施，例如，实施分层法（tiered approach）和对询问效果进行评估。除非进行适当的评估，否则不可能知道这些昂贵的改革在实践中能否引起改善。例如，格里菲斯（Griffiths）等人（2011）认为那些接受了犯罪嫌疑人询问技能高阶培训的询问人员确实展现出了更高的询问技巧，但仍在与"和平询问法"运用过程更复杂的部分做斗争（例如，如何质疑犯罪嫌疑人）。有关这种类型的更多的评估研究有助于警察决定如何以最具成本效益的方式执行实践。

需要更多地来自学者的研究以进一步发展以证据为基础（evidence-base）的方法来满足警务实践的需要。对犯罪嫌疑人询问实践的研究正取得进展，但有必要调查警察在日常工作中涉及的常见场景，并确定询问活动如何才能适应以满足实际工作需要，如果某事真的发生的话。违法者通常很可能在言语方面存在困难、受教育程度有限或者是文盲（古德琼森，2003），而且询问环境通常会引起高度焦虑［凯贝尔（Kebbell）等人，2006］。复杂的任务，如理解含有专业法律术语的法律权利，对于很多犯罪嫌疑人而言可能是困难的。随着国际上要求更具道德性的询问［例如，凯贝尔等人，2006；波瑟和米尔恩（Poyser and Milne），2011］，法庭将来有可能在这方面开始更为严格的要求，尤其是在犯罪嫌疑人被视为易受伤害的情况下［纳皮尔和亚当斯（Napier and Adams），2011］。

如何最好地从不同类型的被询问人那里引出陈述也要求进行更多的研究。例如，对询问活动是否适用于询问青少年或澳大利亚（土著居民和托雷斯海峡岛上居民）和新西兰（毛利人）的土著民族知之甚少。很多犯罪嫌疑人也可能因其他原因而易受伤害，如患有精神病或智力障碍。这些弱势群体开始做虚假供述时是最危险的，但目前在如何处理这些不同类型的群体方面少有研究。关于如何最好地以证据为基础的询问涉嫌性犯罪的嫌疑人的询问方法在发展中，但关于其他类型犯罪的嫌疑人了解得较少［奥克斯伯格（Oxburgh）等人，2012；里德（Reid）等人，2009］。这里有一些证据，例如，与性犯罪的罪犯相比，对一些凶手询问可能需要不同的方法［霍姆博格和克里斯蒂安森（Holmberg and Christianson），2002］。

总之，关于询问犯罪嫌疑人在新西兰和澳大利亚有大量建设性的东西。

虽然改革的步伐各个司法管辖区不尽相同，但都在根据科学证据所建议的那样朝着正确方向发展。事实就是一线警察已经认可对犯罪嫌疑人询问的至关重要性，并且已经接触了以证据为基础的询问方法，一线警察对这种方法的积极反应意味着改革发展应当继续。

参考文献

❶ *Arthurs* v. *The State of Western Australia*（2007）WASC 209（31 August 2007）.

❷ Australian Institute of Criminology（2006）*Composition of Australia's Police Services as at* 30 *June* 2006. Canberra. Retrieved on 5 May 2014 from：

http：//www. aic. gov. au/statistics/criminaljustice/police_ services. html.

❸ Bull，R.（2013）'When in interviews to disclose information to suspects and to challenge them?'，in R. Bull（ed.），*Investigation Interviewing*. New York：Springer，pp. 67 – 181.

❹ Clarke. C. and Milne，R.（2001）*National Evaluation of the PEACE Investigative Interviewing Course*，Police Research Award Scheme Report No. PRAS/149. Institute of Criminal Justice Studies，University of Portsmouth.

❺ Cunningham，S.（2010）*Evaluation of the Implementation of Investigative Interviewing Training and Assessment*. Wellington：New Zealand Police.

❻ Dando，C.，Bull，R.，Ormerod，T. and Sandham，A.（2015）'Interviewing suspects：using information tactically to increase cognitive demand and detect deception'，*Legal and Criminological Psychology*，20：114 – 128.

❼ Ericsson，K. A.，Krampe，R. T. and Tesch-Romer，C.（1993）'The role of deliberate practice in the acquisition of expert performance'，*Psychological Review*，100（3）：363 – 406.

❽ Findlay，M.，Odgers，S. and Yeo，S.（2009）*Australian Criminal Justice*. Melbourne：Oxford University Press.

❾ Griffiths，A. Milne，B. and Cherryman，J.（2011）'A question of control? The formulation of suspect and witness interview question strategies by advanced interviewers', *International Journal of Police Science and Management*, 13 (3): 255 – 267.

❿ Gudjonsson, G. H. (2003) *The Psychology of Interrogations and Confessions: A Handbook.* Chichester: Wiley.

⓫ Hartwig, M., Granhag, P. A., Stromwall, L. A. and Vrij, A. (2005) 'Detecting deception via strategic disclosure of evidence', *Law and Human Behavior*, 29 (4): 469 – 484.

⓬ Hattie, J. and Timperley, H. (2007) 'The power of feedback', *Review of Educational Research*, 70 (1): 112 – 281.

⓭ Hattie, J., Biggs, J. and Purdie, N. (1996) 'Effects of learning skills interventions on student learning: a meta-analysis', *Review of Educational Research*, 66 (2): 99 – 136.

⓮ Hill, J. A. and Moston, S. (2011) 'Police perceptions of investigative interviewing: training needs and operational practices in Australia', *British Journal of Forensic Practice*, 13: 72 – 83.

⓯ Holmberg, U. and Christianson, S. (2002) 'Murderers' and sexual offenders' experiences of police interviews and their inclination to admit or deny crimes', *Behavioral Sciences and the Law*, 20: 31 – 45.

⓰ Inbau, F. E., Reid, J. E. and Buckley, J. P. (1986) *Criminal Interrogation and Confessions*, 3rd edn. Baltimore MD: Williams & Wilkins.

⓱ Inbau, F. E., Reid, J. E., Buckley, J. P. and Jayne, B. C. (2005) *Essentials of the Reid Technique: Criminal Interrogations and Confessions.* Sudbury: Jones & Bartlett.

⓲ Kebbell, M. R., Hurren, E. and Mazerolle, P. (2006) *An Investigation into the Effective and Ethical Interviewing of Suspected Sex Offenders*, Trends and Issues in Crime and Criminal Justice No. 327. Canberra: Australian Institute of Criminology.

⓳ *Mallard* v. *The Queen* (2005) HCA 68.

⓴ Meissner, C. A., Redlich, A. D., Bhatt, S. and Brandon, S.

（2012）*Interview and Interrogation Methods and Their Effects on True and False Confessions*，Campbell System Reviews No. 13.

㉑ Moston，（2009）'Investigative interviewing in Australia'，in B. Milne，S. Savage and T. Williamson（eds），*International Developments in Investigative Interviewing.* Cullompton：Willan.

㉒ Napler，M. R. ，and Adams，S. H. （2002）'Criminal confessions：overcoming the challenges'，*FBI Law Enforcement Bulletin*，71：9 – 15.

㉓ New Zealand Police （2007）*Investigative Interviewing Doctrine.* Wellington：NZP.

㉔ New Zealand Police（2008a）*Witness Guide.* Wellington：NZP.

㉕ New Zealand Police （2008b）*Investigative Interviewing. Accreditation Policy.* Wellington：NZP.

㉖ New Zealand Police （2014）*Annual Report：NZ Police* 2013/1014. Wellington：NZP.

㉗ Oxburgh，G. E. ，Ost，J. and Cherryman，J. （2012） 'Police interviews with suspected child sex offenders：does use of empathy and question type influence the amount of investigation relevant information obtained?'，Psychology，*Crime and Law*，18（3）：259 – 273.

㉘ Powell，M. B. ，Fisher，R. P. and Wright，R. （2005） 'Investigative interviewing'，in N. Brewer and K. Williams（eds. ），*Psychology and Law：An Empirical Perspective.* New York：Guilford，pp. 11 – 42.

㉙ Poyser，S. and Milne，R. （2011） 'Miscarriages of justice：a call for continued research focusing on reforming the investigative process'，*British Journal of Forensic Practice*，13：61 – 71.

㉚ Read，J. M. ，Powell，M. B. ，Kebbell，M. R. and Milne，R. （2009） 'Investigative interviewing of suspected sex offenders：a review of what constitues best practice'，*International Journal of Police Science and Management*，11：442 – 459.

㉛ Schollum，M. （2005）*Investigative Interviewing：The Literature.* Wellington：NZP.

㉜ Schollum，M.（2006a）*Investigative Interviewing：The Current Situa-tion.* Wellington：NZP.

㉝ Schollum，M.（2006b）*Investigative Interviewing：The Recommenda-tions.* Wellington：NZP.

㉞ Shepherd，E.（2007）*Investigative Interviewing：The Conversation Management Approach.* Oxford：Oxford University Press.

㉟ Walsh，D. and Bull，R.（2010）'What really is effective in interviews with suspects? A study comparing interviewing skills against interviewing out-comes'，*Legal and Crimino logical Psychology*，15：305 – 321.

欧 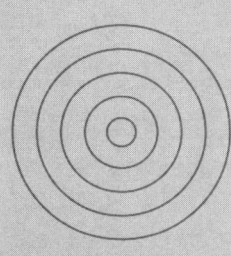 洲

第07章

比利时对犯罪嫌疑人的询问

米特·范德海伦 （Miet Vanderhallen）

亚历桑德拉·德·荣 （Alexandra de Jong）

格尔特·威尔瓦艾克 （Geert Vervaeke）

▌简介▌

与其他国家如英格兰和威尔士及荷兰不同，比利时的法律主要专注于一般的警察询问。询问模式也是如此，其形成了大部分培训项目的基础，对于受害人、证人及犯罪嫌疑人一样适用。只是在询问犯罪嫌疑人时，在这种一般性方法之后有几个特殊的注意事项。

虽然比利时在警察询问方面的法律适用于法兰德斯（Flanders）和瓦勒尼亚（Wallonia）地区，但是在这些地区，培训计划和实践之间在理论、培训和实践方面仍可能出现差异。

如果审视比利时的警察构成，这种差异就不会令人惊讶。2001 年以前，比利时的警察由三个独立的警察机构组成：（1）宪兵队，国家警察力量；（2）附属于检察机构的司法警察；（3）市政警察［恩赫斯和庞萨尔斯（En-hus and Ponsaers），2005］。由于 20 世纪 80 年代至 90 年代的几起司法失职，尤其是迪特鲁案（*Dutroux* case）①，警察机构进行了重大改革。不同的警察

---

① 迪特鲁案与 1995 年至 1996 年发生的一系列绑架、强奸和谋杀年轻女孩案件有关，马克·迪特鲁（Mac Dutroux）因此案在 2004 年被判处终身监禁。比利时民众批评不同的警察部门之间缺乏协作，且法官素质不足——直到那时候法官都是由政客安排。比利时让有过失的警察和司法系统为女孩们的死亡负责。这个案件也是比利时警察改革的直接原因，改革在 1998 年使警察形成两级结构（联邦和地方）。

机关之间缺乏合作，被认为在一定程度上要对这些令人注目的案件负责，改革的结果产生了一个由两个层级构成的"协调统一的警察部门"，即联邦和地方警察①，包括 194 个警区。联邦一级由警察总部和 27 个司法警察部门构成，与地理上的司法结构并行。从 2014 年 6 月 1 日开始，这些分散的联邦一级警察部门在司法改革之后被减少到 14 个②。尽管不同的警察部门一直保持着政策和实践方面的实质性自主权，但在这两个层级之间，已经结构性地建立了连接点以促进整合功能［弗斯特拉滕（Verstraeten），2005］，从而影响培训领域。

虽然已经有一些研究（见下文），但在培训和实践中导致差异性的另一个因素能够在比利时传统性地缺少对警察询问方法的研究兴趣方面找到。这种对询问科学关注的缺乏或许已经刺激警察去获取国外的见解。多年来，将加拿大和美国作为灵感来源但并没有受到太多批判性的反思，以至于询问技巧的范例被植入不同的司法体系。这导致了对不同技巧的实施和支持，一方面有更多的指控式方法，另一方面有信息收集方法［范・德・普拉斯（Van De Plas），2007］。在过去的二十年里，对某些操控性技巧的潜在风险不断增加的认知已经催生了额外的努力，推动着进一步加强信息收集策略而不是以供述为中心的策略的发展。

虽然缺乏对询问方法科学研究的关注，但近年来，比利时在实践中已经在整体上越来越多地采用以证据为中心的警察询问方法，自实施 PEACE 询问方法以来，还受到英国询问实践和研究结果的启发。然而，源自更具指控式色彩的各种询问方法似乎仍在被使用［博科斯塔莱（Bockstaele），2008a；庞萨尔斯（Ponsaers）等人，2001；范德海伦（Vanderhallen），2007］。这可能表明，实践者、学者和指导教师并未和谐一致，不仅在这几者之间如此，在这些群体内部也一样。

最后，差异性及缺乏统一性可能是警察学院的结构所致。除了联邦警察学院和与各省相关的地方警察学校外，培训高级警官的全国性学校同时也是

---

① Wet 7 december 1998 tot organisatie van een geïntegreerde politiedienst, gestructureerd op twee niveaus【警务综合法律】，政府公报，1999 年 1 月 5 日。

② http：//www.polfed-fedpol. be/org_ dgj_ pilierjudiciaire_ nl. php（2014 年 5 月 15 日）。

全国性的侦探学校，它在联邦层面上提供了多种关于询问的培训。抛开一些基本的正式指南，这些学院在发展他们的教育计划上拥有实质性的自主权。

培训[①]

由于比利时警察和警察学院在联邦制和分权式层面上的结构，关于培训的规定也是不统一的。例如，培训课程在关注询问犯罪嫌疑人的程度方面有所不同。很少有课程仅关注对犯罪嫌疑人的询问。大部分课程在单独的模块中包括对受害人和证人的询问，这和对犯罪嫌疑人的询问一样。由于本章关注的是对犯罪嫌疑人的调查询问，故只讨论后者。

◆ 培训项目

询问方面的培训项目由比利时警察学院以及外部机构提供，后者是由私营机构或者当地警察机关发起的、雇用非警务人员的机构组织，做特定的培训。在比利时警察学院内提供的培训被称为正式培训项目。

◆ 正式培训项目：三种类型

正式培训项目可以被划分为三种类型，包括基础培训、功能性培训和高阶培训。

基础培训——尽管有"基本"的概念——是在不同的层级上提供的，这些层级以专业的技能和知识为基础，要求一定的地位或等级，归入三种管理层级，即基本级、中级和高级管理员级别。每一个层级的特定课程都必须完成设定的询问模块。基本和中级管理级别的培训由 9 个省的警察学院和 3 个联邦学院提供。后者还在高级警官级别提供基础培训。

如果警官想要在横向层级上提升到某个特定的位置，功能性培训包含所要求的课程。着眼于询问培训的目的，功能性的司法课程是相关联的。刑事

---

① 培训概述以源自比利时警方的官方网站和各种警察学院的信息，以及源自国家犯罪调查学校和林堡（Limburg）警察学院（PLOT）的文献资料为基础。此外，作者访谈了两个警察学院的教育协调员，以便勾勒当前询问（犯罪嫌疑人）方面的教育环境。

犯罪调查员（督察或督察长）有责任学习这种课程，在此他将接受关于法医学调查方法、犯罪分析和询问技巧的额外和深入的培训。国家侦探学校专注于提供有关这些主题的培训，而联邦警察学校和国家高级警官学校提供关于其他主题的功能性培训。

高阶培训在于技能和知识的保持及特定主题的专门培训，包括警察询问在内。由此，警察被要求通过参加有关各种主题的高阶培训，每年获得若干教育绩点。联邦和地方警察学校提供各种各样与调查询问不同方面有关的高阶课程。但是，一些特定的、更深入的课程只有在联邦学校中才能获得。

表7-1提供了比利时培训计划和课程的一个概览，二者直接关注或者涉及对犯罪嫌疑人询问的某些方面。在高阶培训的分类中，培训项目的列表是说明性的，并提供了来自不同警察学院的随机选择内容，目的是表明培训所涵盖的方面的差异性。被强调的课程指的是包含询问犯罪嫌疑人的一部分或者主要涉及询问犯罪嫌疑人的课程。

该课程的目标是增强询问方面的知识，教授新的技巧或者改进当前的技巧。但是，在基本管理级别中，只会提供最少的询问培训，因为这个级别的警官不会经常询问证人、受害人或者犯罪嫌疑人，并且当他们这样做时，只会与轻微犯罪有关。在警察等级系统中随着职责的提升，所要求的培训课程的深度也提高了，高级警官需要更为广博的知识和专业性的技巧。

在高阶培训里，联邦警察学校和一些地方警察学院最近引进了一种询问指导方面的后续追踪课程，该课程源自于斯梅茨（Smets，2012）的一项研究。这项研究表明，遵循个别辅导的后续追踪课程提高了人际询问能力。这些询问能力的鉴别是以早前由德·弗鲁伊特等人（De Fruyt等，2006）所做的研究为基础的。

对于所有课程，警察必须满足一组基本要求，如在管理级中完成基础培训。但在此通常不会进行参与者的进一步筛选。此外，这既不是课程结束时评估参与者的标准程序，也不是对该领域的监督[①]。因此，不但难以评估参

---

① 在这个章节，监督指的是指导的模式，在该模式中指导者可以是内部（警察）和外部专家（学者）。

与者的进度和他们技巧与知识的级别，而且研究表明，要维持态度上的转变和技巧的提高，专家监督应该紧随培训之后［例如，克拉克（Clarke）等人，2011；克罗肖（Crawshaw）等人，1998；鲍威尔（Powell）等人，2005；普莱斯和罗伯茨（Price and Roberts），2011］。持续的监督已被证明提高了先前获得的关于如何准确地应用结构化询问方案的组成部分的知识［例如，兰姆（Lamb）等人，2000；鲍威尔和斯腾伯格（Powell and Sternberg），2012］。

最后，警察机构应独立自主地设置特别培训计划。例如，同僚之间讨论询问的内部指导计划就是一个这样的计划。

表 7 – 1　比利时培训项目概览

培训种类	等级	项目及时间	关于调查询问的内容
基础培训	基本级管理人员	侦探（554 小时）	基本询问技巧
		督察（506 小时）	询问轻微刑事案件受害人和证人的基本询问技巧，以及制作笔录
	中级管理人员	总督察（754 小时）	各种（专门的）询问技巧（催眠和测谎），对成年受害人、证人和犯罪嫌疑人的询问，对未成年受害人和犯罪嫌疑人的询问，视听询问，以及制作笔录
	高级警官	长官（1100 小时）	在功能性司法课程中模块化的询问/列队辨认（见下文）
功能性培训		功能性司法课程（320 小时）：模块化询问/列队辨认（34 小时）	各种询问技巧、记忆、谎言识别、视听询问以及萨尔杜兹（Salduz）询问
		功能性培训：行为分析（240 小时）	在系列案件中进行画像，行为分析，风险分析，辅导警察询问
		功能性培训：测谎（385 小时）	利用计算机测谎的原理，审讯和陈述分析

续表

培训种类	等级	项目及时间	关于调查询问的内容
高阶培训		课程	
		复习基本询问技巧（8 小时）	关于询问证人、受害人和犯罪嫌疑人的基本技巧及适当行为
		询问技巧（32 小时）	询问技巧，沟通技巧，对受害人/证人和犯罪嫌疑人的询问
		提问期间识别谎言（言语或非言语信号）（16 小时）	当前在识别谎言方面的发展，说谎时的言语和非言语信号，行为观察问题（BOQs）和科学内容分析（SCAN）
		调查询问技巧（60 小时）	沟通技巧，询问的准备，询问受害人、证人和犯罪嫌疑人，特殊询问技巧，以及制作笔录
		利用视听设备询问成年犯罪嫌疑人（56 小时）	法律构架，准备，行为观察问题（BOQs），对成年受害人、证人和犯罪嫌疑人询问模式的原理，设备操作
		对测谎仪的介绍（12 小时）	基本原理，操作，法律构架和询问的过程
		对性犯罪者的询问（18 小时）	性犯罪的理论方面，警察在审讯和调查期间陈规陋习和情绪的影响
		精神障碍和警察的态度（12 小时）	一般病理表现和对陈述的解释
		利用视听设备询问未成年犯罪嫌疑人（33 小时）	法律构架和沟通策略
		萨尔杜兹（Salduz）询问（28 小时）	概念和立法，萨尔杜兹（Salduz）询问的准备和实施，最好的做法
		询问辅导（104 小时）	系统性辅导人际询问技巧

◆　**外部培训项目**

除了由警察学院提供的正式培训项目外，还有一系列所谓的外部项目。这种分类包括了由警察学院提供，共同发起的正式项目。这些外部项目可以由警察或者其他公共或私人组织发起。

一些当地警察机构已经扩展了其自身的自主权以改进关于询问犯罪嫌疑人的知识和技巧，如外部监督计划（范德海伦等人，2013）。地方警察机构聘请专家来提供量身定做的培训，如关于不同类型的犯罪嫌疑人的询问。此外，一些询问培训方面的课程也已经被引入私营部门。例如，有对精神病患者（Politeia）的讯问课程以及关于科学内容分析①的课程（警察研究中心）。

内容、教材和教师

关于正式培训项目的内容，差异是关键。如果我们着眼于（主要）关注询问犯罪嫌疑人的培训项目，例如，调查询问技巧方面的普通课程和关于利用视听设备询问成年犯罪嫌疑人的课程，两者在定位上是大相径庭的。第一种课程涉及基本的询问策略和源自这些策略的沟通技巧；第二种课程介绍的则是争论性询问技巧的使用（见下述"在询问犯罪嫌疑人方面的立法与当前实践"部分）。这也与在询问犯罪嫌疑人方面缺乏统一的观点及培训教材有关。

统一的课程教材只在基础培训项目中能够得到。这些教材充当了针对从业者的询问手册基础（博科斯塔莱，2008a，2008b）。警察学院和学院教师没有义务使用这些教材，而且他们可以制定他们自己的教材。然而，基本询问策略通常构成了大部分询问课程的基础［沃尔卡特（Volckaert），2005］。关于培训项目诠释的这种自主性的结果就是工作作风同样是有差别的。后者有时导致在基础培训的相似培训项目之间存在着理论与实践的占比截然不同，

---

①　科学内容分析（Scientific Content Analysis，SCAN）是一种由萨丕尔·艾薇罗南（Sapir Avino-am）开发的测谎工具（http：//www.isiscan.com）。

例如，大部分培训项目重视将练习与角色扮演一起纳入其中，根据鲍威尔等人（2005）的观点，这是有效培训的关键要素之一。

关于指导教师的选择，并没有官方的任职资格要求，学院被允许挑选任何他们认为有资格的人。因此，更难权衡和比较不同学院提供的培训项目的质量。

自2008年起，国家侦探学校和一些地方警察学院引进了由2位指导教师教授的询问课程，一位是学术专家，另一位是行业领域专家。借助多样化的教学团队，理论和实践都能够被融入培训中。与学术领域合作以共同地开发培训项目是一个新的趋势。例如，在林堡的地方警察学院，提供一项与萨尔杜兹（Salduz）案有关的询问（见下文）技巧培训项目，该项目就是几所大学和有经验的警官合作的结果。

在关于联合培训最近的改革中，询问培训均有律师和警官参与，以便互相学习。研究表明，这种类型的培训受到比利时国内外专业人士的赞赏［布莱克斯托克（Blackstock）等人，2014；范德海伦等人，2014］。

培训项目小结

比利时提供的询问培训显示，就可获得的项目、课程内容和教材，以及教师来说，缺乏统一性。此外，即使该课程确实包括对犯罪嫌疑人的询问，但总的来说还是没有专门研究对犯罪嫌疑人进行审讯的高阶培训，这导致课程的不完整。如果检查课程内容，可以发现存在着在理念和技巧方面并不总是一致的差异性。因此，在询问犯罪嫌疑人的方法方面，警察可能会面临着矛盾。在询问培训中，协作、效率和连续性的结构是不可或缺的，因此，尽管是在比利时，它们正是在询问犯罪嫌疑人方面缺乏实际可行课程的因素。

在询问犯罪嫌疑人方面的立法与当前实践

询问实践上的变革并不仅来源于自上而下的规范性功能。虽然询问实践受司法框架的规制，但是这些规则会受到时间拖延的限制。新的规制启动通常从事件（如迪特鲁案）或者判例法［如萨尔杜兹（Salduz）案］引申出来。但是，有时候来自实践的倡议同样也能形成规制的必要性，这被看作自下而上的方法。

◆ **历史视角下的立法**

数十年来，在警察询问方面的专门立法是非常有限的。与询问有关的初期立法改革的基本框架在 1998 年以所谓的"弗朗西蒙特"（Franchimont）法①被引入，这部法律被认为是关于警察询问的一般原则、处置，以及询问受害人、证人和犯罪嫌疑人等方面的专门法律依据。与询问有关的新规则开始实施了，其中一个关于警告（"你所说的话将可能成为呈堂证供"）的精妙描述是重要革新之一。此外，自从这些法律规则应用于所有的被询问者，询问的一般观点再一次被选中。

关于视听询问的法律在 2002 年实施，②借助远程的、利用视听设备记录的询问（如视听会议）是受到约束的。与其他规则相比，这个法律源自实践。在实施关于对犯罪嫌疑人进行视听询问的指南③和国家犯罪调查学院进行相应的培训项目后，有必要对其进行规制（博科斯塔莱，2002）。

在过去的几年里，欧洲人权法院的判例法（萨尔杜兹案），对犯罪嫌疑人的询问受到了极大的关注。被称为萨尔杜兹法的法律在 2012 年 1 月 1 日的实施被认为是在警察询问方面④最为深入的发展。紧接在该法之后，总检察长签发了具有法律约束力的指南，要求按照这些新的法规促进和优化警察实践。主要的修改涉及实施法律援助及告知犯罪嫌疑人权利的相关信息。关于第一次询问，被拘留的犯罪嫌疑人有与律师进行保密咨询的权利，该律师在

---

① 【关于刑事调查改革的法律】，政府公报，1998 年 4 月 2 日。
② 【关于视听记录询问的法律】，政府公报，2012 年 9 月 12 日。
③ 这种利用视听手段对犯罪嫌疑人进行的询问不涉及被记录的对犯罪嫌疑人的传统询问，而指的是那些询问者无法书面记录陈述，但整个询问被视听化记录并事后被转录的特殊询问。此外，专家同行们可以待在监控室——如果有必要和方便的话——以便给询问者（们）建议。
④ 【为包括被逮捕犯罪嫌疑人在内的人提供法律援助的法律——萨尔杜兹法（Salduz Law）】，政府公报，2011 年 9 月 5 日。

询问期间也可以在场。① 询问人员不但有义务告知所有犯罪嫌疑人其有获得法律援助的权利，还要告知其有保持沉默的权利和（在未宣判前）不可被宣判为有罪的权利，以及其他事项。尽管该法不只关注犯罪嫌疑人，但就犯罪嫌疑人的地位而言，萨尔杜兹法确立了最大的改变。因此，这部法律对警察产生了相当大的影响。其回应从"抵制"到接受其为一个"契机"，再到提高询问的质量。尽管如此，抵制和不安被认为是最普遍的感受（范德海伦等人，2014）。考虑到统一性，一个解释了新程序和实践的全国性课程在 2011—2012 年启动，同时，关于萨尔杜兹询问的一种新模式被植入现有的培训项目中。此外，一些警察学院提供了单独的关于询问和法律援助方面的培训项目。

最近，由于萨尔杜兹法，目的在于利用视听手段记录询问犯罪嫌疑人过程的一种新做法从警察部门产生，仅从记录询问的角度而不是从视听询问（没有必须签名的书面记录，在监控室内，诸如此类）的角度。这种实践反映了先前总检察长签发的指南②，而且这也是关于适用萨尔杜兹法的警察指南所要求的［阿拉尔兹（Allaerts），2012］。然而，由于缺乏设备、合适的询问室等原因，目前看起来只有少数警察部门能够视听记录询问。

目前，在对萨尔杜兹法（的实施）做了全面评估后，一项调整正在准备中，以便扩展比利时的法律援助。

◆ **询问模式和技巧：理论探索**

在准备制定弗朗西蒙特法的同时，来自前面三个警察部门成员组成的一个工作小组在 1999 年开发了一种新的询问模式［范·德·普拉斯（Van De Plas），2007］。与该法律（弗朗西蒙特法）的修改相一致，这种被称为"基本询问技巧"的模式面对询问受害人和证人时，都与询问犯罪嫌疑人一样（范·德·普拉斯，2000）。总检察长出于教学目的批准了这种询问模式，其也被认为是许多培训项目的基础。

基本询问技巧于 2000 年首次出版（范·德·普拉斯，2000），该模式体

---

① 获得法律援助的权利同样适用于被逮捕后 24 小时内的询问，以及随后将逮捕延长至 48 小时情况下的询问。

② 这些指南被记载于先于 Salduz 法的通函 COL 8/2011 中。

现了趋向于以询问而不是以审讯为重点的信息收集型询问风格。2007 年的第二个版本强化了更多以证据为基础的方法：提供了额外的，在观察力、记忆力和确定偏见方面可行的理论机制和实证依据（范·德·普拉斯，2007）。

基本询问技巧与和平模式（PEACE Model）① 相似，充满了智慧。根据其结构，比利时的模式由 3 个方面构成：准备、实施和评估（范·德·普拉斯，2007）。准备阶段（涉及计划和准备）包括思想准备（如对案件档案的了解，目标……）和切实的准备（如地点、材料……）。实施包括由 5 个步骤组成的流程：引言（与询问对象建立关系和解释）、自由回忆（陈述）、提问（陈述）、转述性的书面记录陈述以及终止（终止）。评估阶段既包括对询问效果的评估，也包括对询问过程的评估。

基本询问技巧关注询问的总体框架，且仅关注一般技巧，例如，基本的沟通技巧，以及像介绍证据或者指出陈述中的矛盾之处这样的中性对抗。这可能就是为什么在培训过程中，很多其他与获取供述更为相关的技巧，尤其是询问犯罪嫌疑人方面的技巧被提出的原因。就这一点而言，对更多争议性的技巧［例如，合理化、最小化、归咎他人（projection）］加以描述，并在全部三种类型的正式培训和除此之外的各种培训项目中教授（博科斯塔莱，2008a）。

因此，尽管实施了标准化的询问模式（基本询问技巧），各种具体的询问技巧、从基本沟通技巧到旨在改变对供述态度的技巧，都能够在比利时关于询问的文献中找到。

两个工作小组（由询问专家、法官和学者组成）的就任和询问协调员的任命都不能填补这些差异化的看法和理论视角之间的不同。

◆ **实践中的询问**

考虑到培训和所应用的原理的多样性，审视比利时的警察询问实践是很有趣的。考虑到询问过程被视听记录的有限程度，直接审查多半是无法进行的。这样在询问室中发生的事情不仅在实证研究中只能部分地阐明，而且对

---

① 和平模式的内容：计划和准备，建立关系和解释，陈述、澄清和质疑，终止以及评估。

其考察也通常只能源自调查和询问，以及由此提供的从业者的感知。只有少数研究关注了对犯罪嫌疑人的询问（视听记录）。

在过去的二十年里，只有少数综合性研究专门调查了警察询问实践并概括地阐释了询问的实践或者专门地阐明了对犯罪嫌疑人的询问。①

2001 年的一项研究（庞萨尔斯等人，2001）关注了在 360 名询问人员中对询问技巧的调查。大多数询问人员指出"收集可核实的信息"是询问的目标。当问及他们对 105 个询问技巧的使用情况时，依据收集信息的目标发现了一些引人瞩目的结论：关于在询问中对证据的介绍，大约 28% 的询问人员谈到他们经常提起那些实际上被认为是不确定的证据，而且大约 9% 的人提到了并不存在的证据。尽管在向一种收集更多信息的询问模式转变，但 37% 的询问人员显示出他们时常深信犯罪嫌疑人有罪。

在 2007 年进行了一项关于工作联盟（working alliance）在 126 起警察询问中角色的研究，研究通过警察询问人员和被询问人员填写问卷调查的方式实施（范德海伦等人，2011）。结论表明：尽管询问人员没有报告不同之处，但与受害人和证人相比，犯罪嫌疑人感到询问风格更具控制性 [见霍姆伯格（Holmberg），2004]。与受害人和证人相比，工作联盟也被认为对询问犯罪嫌疑人不太有效，而询问人员还是没有报告不同之处。这种在被询问人员和询问人员之间的看法上的对比也被认为与被询问者的身份有关。与 46.8% 的被询问人员受到询问人员暗示其是犯罪嫌疑人不同，只有 31.7% 的被询问者意识到他们自己是犯罪嫌疑人，这表明犯罪嫌疑人——除了其他的解释——可能不会总是意识到他们的身份。但是，好的工作联盟被认为是能够预测出对询问人员在询问犯罪嫌疑人的结果和过程方面有较高的满意度。

针对萨尔杜兹法评估的最后一项研究收集了定量和定性数据。结果显示：法律援助的实施存在一些难题性特征，但事件的数量相当少且在一段时间之后逐渐减少 [佩恩（Penne）等人，2013]。例如，该研究表明询问的时间（在夜间）存在困难，询问过程中律师的作用（消极和积极相比较），等待律

---

① 接着这些研究，许多专家的论文研究了询问实践的不同方面，但是考虑到通常只有有限的数据收集，这些论文不包括小规模的研究在内。

师到达警察局的时间（导致刑事调查的迟延）以及律师出场的时间。

这些研究表明，许多比利时的询问人员似乎仍然采用的是控制性询问风格，且与犯罪嫌疑人的工作联盟有待改进。

除了对调查询问实践的研究考察外，一些研究关注了警察询问周边的特定方面。在这方面，斯梅茨（2012）调查了一种新的个别辅导的询问培训方法，该方法展示了在询问中52%的参与者的询问能力得到提高。另外的实验研究运用了视听会议中翻译人员的特殊职位，比较了不同的方法［巴洛格和赫托格，（Balogh and Hertog），2012］。这一比利时的研究在更大的欧洲项目EVIDICUS的议题之下进行。研究表明，面对面地翻译对于相关当事人最为可取，但是如果犯罪嫌疑人在稍远一点的距离接受询问，那么翻译人员和警察站在一起比站在犯罪嫌疑人旁边更好。

现在，有三项对真实询问过程（的录像带）进行观察的研究项目仍在进行中。其中两项研究审查对青少年犯罪嫌疑人的询问，目的是提供关于询问弱势犯罪嫌疑人的意见。① 最后一项研究聚焦于法官对犯罪嫌疑人所做陈述的证据评估［特萨哥（Tersago），准备中］。在这项研究中，对有律师在场的询问将依据与律师介入相关的询问风格和技巧予以分析。

◆　**当前根据证据和支持度讨论的实践**

由于在比利时少有关于询问犯罪嫌疑人的研究，过去十年里的培训和实践通常以国际研究为基础，这反映了比利时以证据为基础进行询问的趋势。这一趋势反映在学者和从业者之间日益增强的协作上。这种协作的例子可以在由各种各样的教学团队（见上文）提供的培训中找到。此外，后续的倡议如指导和监督已经作为实证结论的成果而被引入［斯梅茨，2012；多米森特（Dommicent）等人，2008］。最近的例子就是关于询问犯罪嫌疑人的从业者指南的出版，在该指南中，来自各个国家的学者和从业者共同评述相关主题，例如，与询问对象融洽关系的发展，不适当的压力，律师在场下的询问，对

---

① 一项研究比较了比利时和美国的实践，并由布鲁塞尔自由大学进行（VUB）。另一项研究是得到欧盟资助的国际研究（JUST/2011/JPEN/AG/2909），由五个国家进行，并由马斯特里赫特大学（Maastricht University）协调。

合作的鼓励以及使用证据的策略［施林恩和斯科尔滕（Schellingen and Scholten），2014］。然而，由于研究未能完全阐明哪些特殊技巧是有效的，哪些技巧对造成虚假供述有潜在危险，一些技巧和做法还在讨论中，这就导致在一些培训项目中推荐有争议的技巧，而在其他培训项目中则将这些技巧排除在外。一些线索基本上被遗漏，例如，在询问准备的效能方面，准备的不同方法对获取准确信息有多大作用；其他正在研究中的一般性主题是引入证据以获取准确的陈述，其是否应该具有策略性，渐进使用证据还是最后进行。关于其他主题，实践方面可接受的操作性不足。尽管对建立融洽关系的重要性有着强烈的共识，但问题还是出现在如何建立融洽关系以及维持融洽关系是否始终重要［范德海伦和弗瓦克（Vanderhallen and Vervaeke），2014］。研究表明，融洽关系的维持对于询问的结果而言是重要的，但是询问人员必须对融洽关系的维持进行改进［沃尔什和布尔（Walsh and Bull），2012］。然而，在实践中，就这一点而言，如何使用镜映（mirroring）和自我表露是不确定的。类似问题出现在是否需要询问对象自由回忆的程度全面？以及在介绍更多的"个人化"问题之后，要达到何种程度询问人员才被允许介入自由回忆，如通过随声附和，等等。

然而，其他颇具争议性的询问技巧，甚至可能导致有争议的实践，例如，合理化技巧/最小化技巧/归咎他人技巧，行为观察问题（BOQ）和科学内容分析（SCAN）。就最小化技巧而言，科学研究表明这种技巧增加了虚假供述的风险［例如，卡辛和基切尔（Kassin and Kiechel），1996；卢萨诺（Russano）等人，2005］。因此，专业文献建议只有在犯罪嫌疑人的罪行有很大的可能性，为了促使犯罪嫌疑人说出发生了什么的时候，才由询问人员使用非指令性的最小化询问技巧（博科斯塔莱，2008b）。但是，这种方法至今仍未经过比利时的研究检验。

类似地，行为观察问题本身也还没有得到实证检验，但行为分析询问（BAI）方面的研究——依据行为观察问题（BOQ）进行的——表明，假定通常是不能得到证实的［例如，卡辛和方（Kassin and Fong），1999；瓦里吉（Vrij）等人，2006］。在比利时，有人认为BOQ没有在这些假定的基础上使用，只是为促进犯罪嫌疑人的合作而使用。其是否是个有效的策略这个问题仍然没有答案。

至于 SCAN，现有研究［例如，纳哈瑞（Nahari）等人，2012］表明存在的主要问题是其可靠性和有效性，但比利时是其中一个继续组织使用这种方法进行培训的国家。

关于这些技巧的使用存在着分歧，不仅在学者和专业人员之间，在专业人员之间也是如此。如最大化和说服的技巧在少数询问中被使用（庞萨尔斯等人，2001；特萨哥，准备中）。类似的技巧似乎被用于对青少年犯罪嫌疑人的询问（特萨哥，准备中）。总而言之，在比利时的实践中，询问犯罪嫌疑人或多或少地具有在使用可接受的、不明确的和争议性技巧的特征。

对研究、政策和实践的启示

在英格兰及威尔士，由克拉克（Clarke）和米尔恩（Milne，2001）开展的大规模研究表明，培训并不一定能提高对所有犯罪嫌疑人询问的质量，但建议对于某些特定技巧的使用，如最小化，应减少甚至不再使用。这些结论被后来的研究所证实［格里菲斯（Griffiths）和米尔恩（Milne），2006；沃尔什和布尔，2010］。因此，在实践中使用的技巧，其明确性和一致性应当在所有培训项目中都已经被设置好。然而，这只是一种条件，而不是一种保障，而且警察政策也应当调整。

与英格兰、威尔士及荷兰相比，比利时直到现在还未曾遇到被发现司法误判的争议性案件。这类案件在其他国家已经成为关乎整个犯罪调查程序，尤其是询问犯罪嫌疑人的根本性改革的一个动力。这或许是为什么比利时的询问实践仍以指控式和信息收集的询问技巧为特征的另一种解释，这同时反映了向彻底搜寻真相和自愿供述的转变是相当艰难的。这种观察结果表明了对一致性的需要。技巧的多样性是适当的做法，但技巧应当是以证据为基础并遵循信息收集的询问模式。因此，无论是在日常实践中还是在判断陈述准确性和自愿性所需的询问技巧上都需要更多思考。

致谢

作者感谢林堡地区警察学院（PLOT）提供了对比利时培训结构的深刻见解以及对包括询问培训课程在内的分析。我们还要感谢国家侦探学校提供了综合性看法、深入的观察以及课程资料。

参考文献

❶ Allaerts，D.（2012）'De leidraad voor de politie bij de toepassing van de Salduzwet'［'The guidance for police when applying the Salduz law'］，in F. Goossens，H. Berkmoes，A. Duchatelet and F. Hutsebaut（eds），*De Salduzregeling. Theorie en praktijk，vandaag en morgen.* Brussel：Politeia，pp. 95 – 106.

❷ Balogh，K. and Hertog，E.（2012）'AVIDICUS comparative studies-part II：traditional，videoconference and remote interpreting in police inter-views'，in S. Braun and J. Taylor（eds），*Videoconference and Remote Interpreting in Criminal Proceedings.* Guilford：University of Surrey，pp. 119 – 136.

❸ Blackstock，J.，Cape，E.，Hodgson，J.，Ogorodova，A.，Spronken，T. and Vanderhallen，M.（2014）*Inside Police Custody. Training Framework on the Provision of Suspect's Rights.* Antwerp：Intersentia.

❹ Bockstaele，M.（2002）'Het videoverhoor van volwassenen'［'video-recorded interviewing of adults'j，in P. Ponsaers（ed.），*Vernieuwing in de recherche.* Antwerp：Maklu，pp. 47 – 84.

❺ Bockstaele，M.（2008a）*Handboek verhoren* 1［*Handbook of Police Interviewing* 1］. Antwerp：Maklu.

❻ Bockstaele，M.（2008b）*Handboek verhoren* 2［*Handbook on Police Interviewing* 2］. Antwerp：Maklu.

❼ Clarke，C. and Milne，R.（2001）*National Evaluation of the PEACE Investigative Interviewing Course*，Report no. PRAS/149. London：Home Office.

❽ Clarke. C. Milne. R. and Bull, R. （2011）　'Interviewing suspects of crime：the impact of PEACE training, supervision and the presence of a legal advisor', *Journal of Investigative Psychology Offender Profiling*, 8：149 – 162.

❾ Crawshaw, R., Devlin, B. and Williamson, T. （1998）*Human Rights and Policing Standards for Good Behaviour and a Strategy for Change*. Den Haag：Kluwer International.

❿ De Fruyt, F., Bockstaele, M., Taris, R. and Van Hiel, A. （2006） 'Police interview competencies：assessment and associated traits', *European Journal of Personality*, 20：567 – 584.

⓫ Dommicent J., Vanderhallen, M., de Wiest, H., Bastiaens, M., van de Plas, M. and Vervaeke, G. （2008）'Interviewing children in Belgium：an evaluation of practices', *Police Journal*, 81（3）：248 – 261.

⓬ Enhus, E. and Ponsaers, P. （2005）　'Onmacht tot cultuurverandering. Politiehervorming in België, ［'Incapacity to change culture. Police reform in belgium'］, *Tijdschrift voor Criminologie*, 47（4）：345 – 354.

⓭ Griffiths, A. and Milne, R. （2006）　'Will it all end in tiers?', in T. Williamson （ed.）, *Investigative Interviewing：Research Rights and Regulation*. Cullompton：Willan, pp. 167 – 189.

⓮ Holmberg, U. （2004）*Police Interviews with Victims and Suspects of Violent Sexual Crimes：Interviewee's Experiences and Outcomes*. Stockholm：Stockholm University, Department of Psychology.

⓯ Kassin, S. M. and Fong, C. T. （1999）'I'm innocent! Effects of training on judgments of truth and deception in the interrogation room', *Law and Human Behavior*. 23：499 – 516.

⓰ Kassin, S. M. and Kiechel, K. L. （1996）　'The social psychology of false confessions. Compliance, internalization and confabulation', *American Psychological Society*, 7（3）：125 – 128.

⓱ Lamb, M. E., Sternberg, K. J., Orbach. Y., Hershkowitz. I., Horowitz, D. and Esplin, P. W. （2000）'Is ongoing feedback necessary to

maintain the quality of investigative interviews with allegedly abused children?',
Applied Developmental Science, 6（3）：14 – 25.

⑱ Nahari, G., Vrij, A. and Fisher, R. （2012）'Does the truth come out in
the writing? SCAN as a lie detection tool', *Law and Human Behavior*, 36：68 – 76.

⑲ Penne, H., Raes, A., Deveux, E., Deladriere, A., De Keulenaer,
S., Franssens, M. and Decramer, K（2013）*Evaluatie Salduz wet. Eindrapport*
［*Evaluation Salduz Law*：*Final Report*］. Brussel：Dienst voor het Strafrechtelijk
beleid.

⑳ Ponsaers, P., Mulkers, J. and Stoop, R. （2001）*De ondervraging*：
analyse van een politietechniek［*Questioning*：*Analysis of a Police Technique*］.
Antwerp：Maklu.

㉑ Powell, M. B. and Steinberg, R. （2012）*Overcoming barriers to best
practice interviewing*', II-RP, 4（1）：5 – 9.

㉒ Powell, M. B., Fisher, R. P. and Wright, R. （2005）'Investigative
interviewing', in N. Brewer and K. Williams（eds）, *Psychology and Law*：*An
Empirical Perspective*. New York：Guilford Press, pp. 11 – 42.

㉓ Price, H. L. and Roberts, K. P. （2011） 'The effects of an intensive
training and feedback program on police and social workers' investigative inter-
views of children', *Canadian Journal of Behavioral Science*, 43（3）：235 – 244.

㉔ Russano, M. B., Meissner, C. A., Narchet, F. M. and Kassin, S. M.
（2005）'Investigating true and false confessions within a novel experimental par-
adigm', *American Psychological Society*, 16（6）：481 – 486.

㉕ Schellingen, R. and Scholten, N. （2014）*Het verdachtenverhoor*：*meer
dan het stellen van vragen*［*The Suspect Interview*：*More Than Asking Ques-
tions*］. Mechelen：Kluwer.

㉖ Smets, L. （2012）*Police Investigative Interviewing*. A New Training
Approach, Reeks Politiestudies No. 3. Antwerp：Maklu.

㉗ Tersago, P. （in preparation）'*De bewijswaarde van verdachtenverklarin-
gen*'［'*Evidential Value of Suspect Statements*'］. Antwerp：Antwerp University.

㉘ Van De Plas, M. （2000） *Handboek politieverhoor Basistechnieken* ［*Handbook on Police Interview：Basic Techniques*］. Brussel：Politeia.

㉙ Van De Plas, M. （2007） *Handboek politieverhoor Basistechnieken* ［*Handbook on Police Interview：Basic Techniques*］. Brussel：Politeia.

㉚ Vanderhallen, M. （2007） ‘*De werkalliantie in het politieverhoor*’ ［‘*The working alliance in police interviews*’］. Unpublished Phd dissertation. Leuven：Catholic University of Leuven.

㉛ Vanderhallen, M. and Vervaeke, G. （2014） ‘De ontwikkeling van een werkrelatie met een verdachte’ ［‘Development of rapport with suspects’］, in R. Schellingen and N. Scholten （eds）, *Het verdachtenverhoor：meer dan het stellen van vragen* ［*The Suspect Interview：More Than Asking Questions*］. Mechelen：Kluwer, pp. 111 – 134.

㉜ Vanderhallen, M. , Vervaeke, G. and Holmberg, U. （2011） ‘Witness and suspect perceptions of working alliance and interviewing style’, *Journal of Investigative Psychology and Offender Profiling*, 8 （2）：110 – 130.

㉝ Vanderhallen, M. , Vervaeke, G. , Mulleners, F. and Michaux, E. （2013） ‘Experiences from training and supervision in real （video-recorded） suspect interviews in Belgium：pitfalls and opportunities, *II-RP Journal.* 5 （1）：36 – 45.

㉞ Vanderhallen, M. , de Jong, A. , Nelen, H. and Spronken, T. （2014） *Toga's in de verhoorkamer. De invloed van rechtsbijstand op het politieverhoor* ［*The Toga in the Interview Room. The Influence of Legal Assistance on Police Interviewing*］. The Hague：Boom Lemma Uitgevers.

㉟ Verstraeten, R. （2005） *Handboek strafvordering* ［*Handbook of Criminal Procedure*］. Antwerp：Maklu.

㊱ Volckaert, M. （2005） ‘*Verhoor in de basisopleiding voor inspecteur van politie*’ ［‘*Interview in the Basic Training for Inspectors*’］. Unpublished dissertation. Leuven：Catholic University of Leuven.

㊲ Vrij, A. Mann, S. and Fisher, R. （2006） ‘An empirical test of the behavior analysis interview’, *Law and Human Behavior.* 30：329 – 345.

㊳ Walsh, D. and Bull, R. （2010） 'What really is effective in interviews with suspects? A study comparing interview skills against interviewing outcomes', *Legal and Criminological Psychology*, 15: 305 – 321.

㊴ Walsh, D. , and Bull, R. （2012） 'Examining rapport in investigative interviews with suspects: does its building and maintenance work?', *Journal of Police and Criminal Psychology*, 27: 73 – 84.

㊵ Wet 7 December 1998 tot organisatie van een geintegreerde politiedienst, gestructureerd op twee niveaus [Law Integrated Police], *Government Gazette*, 5 January 1999.

㊶ Wet 12 maart 1998 tot verbetering van de strafrechtsbedeling in het stadium van het opsporingsonderzoek en het gerechtelijk onderzoek [Law Improvement of Criminal Investigation], *Government Gazette*, 2 April 1998.

㊷ Wet 2 augustus 2002 over het afnemen van verklaringen met behulp van audiovisuele media [Law audio-visual Recorded Interviewing], *Government Gazette*, 12 September 2012.

㊸ Wet 13 augustus 2011 tot wijziging van het Wetboek van Strafvordering en van de wet van 20 juli 1990 betreffende de voorlopige hechtenis, om aan elkeen die wordt verhoord en aan elkeen wiens vrijheid wordt benomen rechten te verlenen, waaronder het recht om een advocaat te raadplegen en door hem te worden bijgestaan [Law to Provide Rights to Arrested Suspects Among Others the Right to Legal Assistance-Salduz Law], *Government Gazette*, 5 September 2011.

第08章

英格兰和威尔士对犯罪嫌疑人的询问

科林·克拉克（Colin Clarke）

丽贝卡·米尔恩（Rebecca Milne）

▌简介▐

在推行 1993 年关于询问受害人、证人和犯罪嫌疑人的和平模式（PEACE Model）之前，英格兰及威尔士（英国）的警察很少或者没有接受过关于这个方面工作的指导。询问技巧经常是从一个警察传递到另一个警察那里，有时则是通过那些在军队接受过特殊培训的警察，这些途径形成了一系列似乎会产生供述的技巧［麦肯齐（McKenzie），1992］。然而，这些技巧通常包含了某种形式的强制，尽管心理学家们认为它们是徒劳的［哈斯勒（Hassler），1930；佩肖托，（Peixoto），1934］。事实上，在 1981 年出版的由皇家刑事程序委员会所做的一项研究中，欧文（Irving，1980）发现警察使用了各种各样操纵性和说服性的手段以获取供认。另外，当时英国一名现役警察沃克利（Walkley，1983）调查了侦探们对于在进行询问时使用强制力的看法，他发现，超过半数的人认为警察不应使用强制力，有 10% 的人承认过去使用了强制力以获取供述。人们说的自己所做的事和实际上所做的常常并不完全是一回事。

英国的警察与学者主要是与心理学家合作以改进他们的询问实践，这已有悠久的历史。为了解决上述有关问题，在 20 世纪 90 年代初期，警察局长协会（ACPO）和内政部（负责警务的政府部门）把经验丰富的侦探组建成一个小组，为警方开发新的询问方法培训。于是和平模式诞生了，和平模式以当时心理学家们［如需进一步了解，见布尔（Bull）2014］新近的文献综述成果和关于调查询问最新发展的原理（内政部通告第 22 号，1992）为基础开发，成为适用于询问架构和相关培训课程的一种辅助记忆方法（a mnemonic）（包括计划与准备、建立关系和解释、陈述、结束与评估）。和平模式在其他地方已经得到充分的阐述［见格里菲斯和米尔恩（Griffiths and Milne），2006；米尔恩等人，2008］。在对和平模式的培训课程进行积极的试验和评估之后［麦格克（McGurk）等人，1993］，政府向英国所有的警察发放了 2 本关于提供和平询问指南的小册子：《询问指南》（A Guide to Interviewing）和《询问规则手册》（The Interview's Rule Book）（CPTU，1992a 和 1992b）。

这些发展得到汤姆·威廉姆森（Tom Williamson）的推动，他当时是一名高级警官，是一名倡导警察对犯罪嫌疑人进行合乎伦理的询问的拥护者和积极的研究人员［莫斯顿（Moston）等人，1992；威廉姆森（Williamson）等人，2009］。威廉姆森还是那些对警察实践的各个方面，尤其是在早期对调查询问相关方面开展应用性研究的警察群体的成员之一。后来，在整个英国的警察当中，一种具有很强传统的实务工作研究者得到发展，这些人中很多将在下面的讨论中被提到［如克拉克，格里菲斯，奥尼尔（O'Neill）］。这种传统的好处包括能够对警察对犯罪嫌疑人实施的真实询问有一个非常深刻的理解，无障碍地接近警察和警察对犯罪嫌疑人的临场询问实践，由此促进了生态上的有效研究在该领域得到开展。

推行和平模式标志着在英国对犯罪嫌疑人的询问有两个重要变化。第一，警察部门首先开始了最大范围的培训项目，以培训所有参加工作五年以下的警察（后来这个培训被扩展到所有警察）使用和平模式的框架询问犯罪嫌疑人、受害人和证人。第二，证实了和平模式是一种合乎道德的询问方法，它聚焦于用调查询问的方法代替审讯这一术语，力图改变在职警察中的思维定式，尤其是，随着理念的变化，询问焦点从获得供述转变为收集和检验证据。但是，在五年内，许多警察的研究发现，和平模式的培训可能没有产生麦格克等人（1993）在报告中所说的那种积极效果。

2001 年，作者依据克拉克和米尔恩（2001）一项关于在英格兰及威尔士和平询问方法培训的为期三年的研究做了报告。这项工作的结果表明，尽管斯托克戴尔（Stockdale，1993）早前就有建议，但由于对此种询问活动的监督不力，警察对涉嫌犯罪的人（犯罪嫌疑人）的询问方式几乎没有提升。斯托克戴尔认为，尽管源头上有要求，但调查询问的监督对于保持和提高询问质量是很重要的，其无法通过培训监督者和管理者（单独地）实现，而是会同时要求组织上和文化上的变革（斯托克戴尔，1993：v）。作为这项工作的结果，克拉克和米尔恩提出，警察们过去被期望学习太多的关于和平询问模式方面的课程，建议使用分层分级的方法培训询问人员，这种培训方法是一种贯穿于调查人员职业生涯的不断发展的询问培训方法。这个建议已经被英国警察局长协会和其他许多国家（如澳大利亚、新西兰）完全采纳（ACPO，2005）。自上述报告以来已经有十多年了，这一章为作者提供了一个考察当前英国关于询问犯罪嫌疑人的研究和实践的机会。调查该问题将是非常有趣的事：我们走了多远？我们的首要焦点将放在 21 世纪，主要是 2001 年以来的相关研究和实践。

我们通过对实地询问的分析发现，受过培训的警官进行询问的时间比起那些未受过培训的同事们明显要更长（克拉克等人，2011）。但这是否导致询问的水准比以前看到的要更高［如鲍德温（Baldwin），1992］？结果是复杂的。从积极的一面来说，我们发现了一些证据，询问人员：（1）一直在改进他们的询问计划；（2）已经提高了他们在询问犯罪嫌疑人时对法律要求的遵守程度；（3）在整个询问过程中使用了更具逻辑性的架构；（4）更少被打断；（5）更少使用诱导性提问；（6）鼓励犯罪嫌疑人提供他们对事件的描述。总体来说，根据样本，一种更合乎道德准则要求的询问风格的明显变化是可以被确定的。但是，也有迹象表明询问缺乏计划，并且尽管加强了对法律要求的遵守，但询问人员仍坚持少做对询问目的的解释。当他们的沟通仍然主要使用封闭性提问时，询问人员们就无法探究、总结或者质疑犯罪嫌疑人陈述的方方面面。简而言之，根据询问样本，几乎没有证据证明有会话管理（CM）［谢菲尔德（Shepherd）和格里菲斯（Griffiths），2013］或者认知询问［费希尔（Fisher）和盖泽尔曼（Geiselman），1992］的询问风格（和平询问模式培训中的一个必不可少部分）。相反，询问人员一直以一种僵硬的方式收集证据，使用他们的技巧和提问模式去"主导询问并让被询问者集中在话题上"（克拉克和米尔恩，2001）。因此我们建议：

——进修培训应当针对沟通技巧；

——在一场询问结束时，总结犯罪嫌疑人陈述的必要性应当包含在备忘录中；

——监督应当针对进修培训期间所涵盖的主题；

——询问培训的分层级方法应当在整个英格兰及威尔士扩展；

——询问监督方面国家认可的政策应当得到执行。

为了推动询问技巧的发展，ACPO 根据我们的报告实施了许多报告中的建议，尤其是关于分层级的培训方法（ACPO，2005）。但是，一项对调查询问进行监督的独立的且国家认可的政策并没有被采纳。相反，该部门将询问监督整合到调查项目专业化中（PIP）。如此一来，这种监督是含蓄而非明确的。也就是说，它被整合进调查程序更为广泛的监督之中，而不是由那些对调查询问与和平询问法有深入了解的人来进行专门监督。因此，我们必须问问自引进这些倡议以来发生了什么。事实上，这是一个很重要的问题，因为很多国家已经采用了和平询问法，或者采用了和平询问法的变体，尽力将他们自己国家的调查询问专业化（如挪威、澳大利亚）。

令人遗憾的是，在英国仍然只有很少的关于实际询问犯罪嫌疑人的研究。沃尔什和米尔恩（Walsh and Milne，2008）及沃尔什和布尔（2010）审查了由反欺诈调查人员实施的对犯罪嫌疑人的实地询问，这些调查人员中有些接受过和平询问法的培训，其余的则没有。他们使用了与我们的全国性评估类似的方法，检测结果表明，培训后询问能力的提高是有限的。格里菲斯和米尔恩（2006）评估了侦探们事前和事后的实地询问，这些侦探已经接受过为期三周的关于询问犯罪嫌疑人的高阶询问课程（第 3 级）培训，有经验的侦探报告称该培训"与经验同等（不亚于）重要"［索卡拉（Soukara）等人，2002：109］。高阶培训被发现能够同时改进询问的技术（即对法律要求的遵守）和交际性沟通（融洽关系的建立，主题展开）两个方面。尽管如此，一年后格里菲斯和米尔恩发现与交际性沟通（如融洽关系）相关的更为复杂的询问行为开始减少。索卡拉等人（2002，2009）报告了一系列研究，这些研究考察了实际询问过程，以确定在询问犯罪嫌疑人期间"策略"的使用，其结论将在本章加以讨论。奥克斯伯格（Oxburgh）和同事们进行了一系列研究，以审查对重罪犯罪嫌疑人进行的询问中的情感内容、共情和提问的使用。与其说这是审查与和平询问法有关的询问，不如说奥克斯伯格等人研究的是关于调查询问质量的构成是什么，得出的结论是"一场高质量的询问应当是人道的（共情的）询问风格得到使用，适当的（富有成效的）问题得到提出"（2010：262）。

在一项针对性犯罪嫌疑人实施的询问所做的审查中，奥克斯伯格等人（2006）发现（与他们的预期截然相反），自己没有询问过受害人的询问人员，在询问犯罪嫌疑人时，比起那些已经先询问过受害人然后再继续询问犯罪嫌疑人的询问人员使用了更多的消极情绪词汇。他们推测已经询问过受害人的询问人员相信他们自己掌握了所有信息或者懂得保持公正的需要。英国对调查询问的指南［金泰克斯（Centrex），2004］建议询问人员发展共情（empathy），但是没有明确或者提供应当如何完成这种共情。事实上，关于共情是什么，相关文献并没有提供解释（奥克斯伯格等人，2015），所以在询问中缺乏共情也就不足为奇了。在调查中，关于警察对犯有严重罪行的那些犯罪嫌疑人的共情的认知，奥克斯伯格等人（2015）发现，近半数（43%）的调查对象不会表现出共情，或者认为在重罪案件中对犯罪嫌疑人表示共情是一件困难的事情。通过对询问记录（奥克斯伯格等人，2010）和实际询问（奥克斯伯格等人，2014）的调查，到目前为止还没有发现在共情与调查相关信息或者 IRI（即发生了什么，如何实施犯罪，涉及的人员，犯罪在何时及何地发生，以及实施该犯罪行为过程中使用的任何物品）的质量之间存在联系（奥克斯伯格等人，2010：263）。但是，使用更为适当的提问则导致显著地获得了更多的 IRI（奥克斯伯格等人，2010；奥克斯伯格等人，2014）。一方面，适当的问题更可能在共情性的询问中被提出，而且更可能在那些涉嫌对儿童性虐待的犯罪嫌疑人所进行的询问中找到（奥克斯伯格等人，2014）。后者表明问题的使用可能对不同犯罪类型具有一定的作用。另一方面，国际研究已经发现，当询问人员展示一种人道的和开放的方法时

［霍姆伯格和克里斯蒂安森（Holmberg and Christianson），2002；瑞德（Read）等人，2014］，尽管警察可能会觉得很难做到，犯罪嫌疑人更有可能提供信息。

最后，莱希－哈兰德等人（待发表 a 和 b）调查了在对那些涉嫌严重犯罪的嫌疑人所实施的询问中的询问开始和结束阶段（莱希－哈兰德等人，待发表 a），问题的使用、犯罪嫌疑人的回答及中断（莱希－哈兰德（Leahy-Harland）等人，待发表 b）。这些调查表明，研究已经开始关注高阶询问，即对涉嫌严重犯罪的询问。同时，也已经有根据 IRI 的获得情况和询问的不同特征，包括共情和使用的策略，来审视询问实践的趋向。从这些或其他相关研究得出的结论现在会被在和平询问法的各个相关阶段予以考虑。

计划和准备（Planning and preparation）

尽管在其他研究中（奥尼尔和米尔恩，2014），计划被认为是不太重要或价值甚微的，但在调查时，警官们都认识到了事先准备询问的重要性（索卡拉等人，2002）。相反地，索卡拉等人（2002））发现：40% 的侦探相信"充分证据"（我们的引用）的存在会减少对准备的需求——尽管可能有人会认为确定"充分证据"本身就是计划和准备（奥尼尔和米尔恩，2014）。但是，询问人员说的他们会做的事并不总是会转化为实践。

在 2001 年的原始报告中，我们强调了在视听记录中评估"计划和准备"的困难。自那时以来，沃尔什和布尔（2010）已经中肯地提出，当有经验的评估员评估询问人员对涉嫌罪行理解的质量和广度并展示要被证明的法律事项知识的时候，计划的技能是能够被评估的。沃尔什和布尔还建议，充分的准备被证实为通过了对任何潜在的减轻刑罚之辩护（包括合法或非法的）的考虑，并且已经为这些准备了应急回答，同时确保了证据和要展示的证据唾手可得（已经事先考虑了它们的披露次序）。通过评估提问期间出现的战术和策略的质量，计划的好坏还是显而易见的（沃尔什和布尔，2010）。用这种方法，沃尔什和米尔恩（2008）发现，关于计划和准备的证据少于我们研究的样本均值，表明计划和准备并不符合询问的目的。虽然如此，对于那些确实花时间做了计划和准备的人，这与获得全面的陈述是有某种联系的。沃尔什和布尔（2010）发现，充分的计划和准备技能与整体询问质量及获得供述或全面陈述的更大可能性有所关联。这些研究支持了询问这个阶段的重要性。

建立关系和解释（Engage and explain）

"建立关系和解释"这个阶段即询问人员为询问定下基调并开始使用他们最重要的社交和沟通技巧（索卡拉等人，2002；奥尼尔和米尔恩，2014）。在这一阶段询问人员必须遵守各种法律要求，包括告知犯罪嫌疑人他们有保持沉默的权利（警告），获得法律咨询的权利等（见莱希 – 哈兰德等人，待发表 a），同时解释询问的目的和规程。在英国开展对犯罪嫌疑人的询问由《1986 年警察和刑事证据法》规定，并与执业守则相结合（规则 C：内政部，2008；规则 E：内政部，2010）。在我们 2001 年的评估中，我们评估了与法律要求相关的 13 种因素和包括融洽关系在内的这个阶段的 5 个程序因素。我们发现询问人员普遍遵守了法律要求（与莱希 – 哈兰德等人所做的一样，待发表 a），一般通过备忘录卡片提供信息，但他们在解释询问的目的和程序方面存在困难。另外，沃尔什和布尔（2010）质疑提出警告的方式通常是在单独一组信息中提供，认为以这种方式提出警告无助于帮助询问对象理解。实际上，他们发现只有 16% 的询问人员彻底地检查了犯罪嫌疑人对警告的理解，这对弱势犯罪嫌疑人而言尤其成为问题［理查德斯（Richards）和米尔恩，待发表］。

建立和维持与犯罪嫌疑人融洽关系的基础工作开始于询问的这个阶段，近年来日益增多的国际性文献已强调了我们对融洽关系组成部分认识的提高。然而，我们起初将融洽关系形容为"与被询问者的一种职业上的关系"（克拉克和米尔恩，2011：36），迪科尔 – 德格能（Tickel-Degnen）和罗森塔尔（Rosenthal）（1990）关于融洽关系的理论模式已经成为一种广为接受的架构［如沃尔什和布尔，2012；阿贝和布兰登（Abbey and Brandon），2013；霍姆伯格和迈德森，2014］。这包括相互关注、积极性与合作。但是，沃尔什和米尔恩（2008）继续发现和平询问模式培训在"建立关系和解释"阶段的影响微乎其微。在7项能力检测中，受过培训的询问人员只在提出警告时执行和平询问法的标准［5级量表中的第3级，这被克拉克和米尔恩（2001）认为是和平询问法可接受的最低标准］，他们所做的比未接受过培训的询问人员明显更为恰当。重要的是，在这期间或者说整个询问期间几乎都没有实施建立融洽关系。在随后的一项研究中，沃尔什和布尔（2010）发现在这个阶段所有被评估者中的三分之二能够通过有关建立融洽关系、解释询问目的和检查犯罪嫌疑人对警告的理解之行为能力来加以解释，尽管这些继续以低于和平询问法的标准被执行。尽管如此，融洽关系的建立被发现会显著地影响询问的整体质量和询问的结果，融洽关系通过对询问整体质量的影响显示了其重要性。

就融洽关系的建立、询问质量和询问结果，加上维持融洽关系在询问质量和结果方面的影响这几项之间的任何联系问题，沃尔什和布尔（2012）研究了由反欺诈调查员（不是警察）实施的对犯罪嫌疑人的询问。作者连同询问人员的一般行为一起，研究了横跨询问的"建立关系和解释""陈述""结束"阶段的25种融洽关系建立行为。在"建立关系和解释"阶段，为建立融洽关系，那些按照或者高于和平询问法标准被评估的询问与那些低于和平询问法标准被评估的询问之间，有显著的差异。另外，按照或者高于和平询问法标准被评估的那些询问比那些低于和平询问法标准被评估的询问明显花费了更多的时间来开展这个阶段。但是，这个阶段中的融洽关系建立与整体询问结果之间并没有什么显著关系。询问人员在"陈述"阶段的融洽关系行为通常对许多错失的机会把握不好，尽管在整体询问质量与那些"陈述"阶段融洽关系的建立按照或者高于和平询问法标准执行的被评估的询问之间有着很强的联系。总体来说，尽管有40%的询问在陈述阶段的融洽关系有少量提高，但有70%的询问人员被认为需要在融洽关系的建立方面接受进一步的培训。被划分为令人满意的或者擅长维持融洽关系的询问人员也展示出娴熟或非常娴熟的行为规范（表现出平等的样子，表现出冷静和共情等）。

我们最初的评估发现，通常在询问人员无法解释询问的目的，询问将如何进行或者如何确保犯罪嫌疑人理解警告的时候，"建立关系和解释"阶段中的融洽关系建立就很少。沃尔什和布尔（2012）指出，这些活动为发展融洽关系提供了机会，而询问人员对这些活动将如何有助于发展融洽关系知之甚少，犯罪嫌疑人和询问人员之间的形成的共识也很少。相反，询问人员关注的是对犯罪嫌疑人进行管理和询问的法律方面，因此无法达到迪科尔－德格能和罗森塔尔（1990）设定的关于融洽关系的标准：相互关注、积极性和合作。

陈述（Account）

在这个阶段，犯罪嫌疑人应当被给予机会以对事件做出他们自己的陈述，询问人员可以随后根据他们所掌握的其他证据弄清楚和/或者进行质疑。语言学研究证明了"陈述"阶段应如何被使用，以便用一种能够为法官所接受的格式获得关于"该事实"［约翰逊（Johnson），2008，原引］的分享陈述［约翰逊（Johnson），2006］。

和平询问法为实施询问的这个阶段提供了两种询问模式：会话管理（CM）和认知询问（CI），后者通常被用于持合作态度的犯罪嫌疑人。不过，CM 是在英国询问犯罪嫌疑人时使用的主要模式，并且在过去十年里已经出现了关于该模式更为清晰的描述（米尔恩和布尔，1999；谢菲尔德和格里菲斯，2013）。尽管如此，只有一项实证研究对 CM 的有效性进行了研究［克利福德和乔治（Clifford and George），1996］，这项研究将询问证人时培训警方调查人员使用 CI、CM 或者 CI + CM（和平询问法）的效果与对照组相比较。克利福德和乔治发现，与对照组相比，只有在 CI 组的询问人员从现实的证人那里获取了明显更多的信息。有趣的是，CI + CM 组并没有比 CI 组本身表现得更好。

我们的评估（克拉克和米尔恩，2001）发现，尽管 30% 的询问中不存在使用 CM 的迹象，但 23% 的样本中有效地运用了 CM。只有 6 起主要关于侵犯人身案的询问中确定有使用 CI 的证据。在 42% 的案件中询问人员做出了很大的努力鼓励犯罪嫌疑人做出陈述，尽管没有对那些陈述进行探究，而且确实已经进行的探究普遍缺乏组织性和逻辑顺序。在 66% 的询问中确定存在对犯罪嫌疑人的陈述进行质疑，其中19%被认为是以专业的方式进行并使用证据展开的，同时，处理难题的沟通技巧，如积极倾听，被认为是以和平询问法的标准或者高于和平询问法的标准来实施的。最后，使用五级递增评估量表（在这里5分制用于表达技能的娴熟程度）来评价，总体来说，提问技巧的使用是低于和平询问法标准的（即3分，但评价所得平均值＝2.8）。依据对提问类型的统计，克拉克和米尔恩发现，虽然封闭式提问（平均值＝15.4）仍然是主要的提问类型，但对开放性提问已是"良好"的运用（平均值＝13.1），只存在少数诱导性问题（平均值＝3.8）（对这种提问类型的解释，见奥克斯伯格等人，2010）。

询问犯罪嫌疑人不可或缺的一部分就是探究在那些正在调查的犯罪中需要证明的细节，找出实施该罪行的动机并问明犯罪嫌疑人是否实施了此罪行。我们发现，有76%的询问人员曾提问犯罪嫌疑人是否实施了某罪行，然而，对证明犯罪细节的提问低于和平询问法的标准，而且只有30%的询问采用了综合性方式进行探究。整体上，探究犯罪嫌疑人的作案动机处于和平询问法的标准之下，只有25%的动机被以综合性方式加以探究。因此，大部分询问都是低于和平询问法标准的，即并不符合目的所需。

随后，沃尔什和布尔（2008）发现，受过培训的询问人员比他们那些未受过培训的同事明显更可能去鼓励犯罪嫌疑人提供对事件的描述，为进一步探究而发展主题，调查研究信息，使用暂停和沉默，并且更适当地处理难题。然而，根据我们的评估，在这些样本中几乎没有证据表明询问人员在探究细节以证明犯罪、寻找犯罪嫌疑人动机或者进行概括总结。此外，格里菲斯等人（2006）发现，即使是高级（等级3）询问人员也觉得在一段时间内维持复杂的技巧，如发展主题，是很困难的。

提问是任何询问人员都需要掌握的关键技巧。研究已经持续表明，对于从包括证人和犯罪嫌疑人在内的所有类型的被询问者那里获取最大量且最高质量的信息［鲍威尔和瓜达诺（Powell and Guadagno），2008；奥克斯伯格（Oxburgh）等人，2010］，以及对于减少犯罪嫌疑人因语言局限性理解不足的风险［瑞德等人，2009］，开放式提问更为理想。同样地，通过整个调查询问过程来评估不同类型提问的使用是实验性研究和应用性研究的一致特征。

但是，研究者通常对同一类提问使用不同的描述，这种情况最近由奥克斯伯格等人（2010）从心理学和语言学角度加以解决。他们强调了对提问的界定由不同的来源产生：研究者、警察培训人员和政府部门；每一种方法都专注于提问类型的不同功能。心理学视角趋向关注信息提取、伦理和欺骗，而语言学家认为询问是那些关于语境、行为人、规范、结果等必须进行考虑的言语事件［见纽伯里和约翰逊（Newbury and Johnson），2006；约翰逊，2008］。

不过，研究已持续地表明，受过培训的询问人员相比引入和平询问法之前（或者培训中）而言更多地使用开放式提问和适当的封闭性提问（此处"适当"指的是那些要求对已经提供的信息进行确认的提问），并且更少地使用诱导性提问和表述；然而，不恰当的封闭式提问（即应当提出开放性问题的场合）仍继续在询问中占据支配地位（沃尔什和米尔恩，2008）。格里菲斯和米尔恩（2006）建议，提问的使用应当在相关语境中加以考量，而不是被当作一个简单的提问总数或者与言词相关的问题类型的百分比。为此，格里菲斯（2008）研发出格里菲斯提问图（Griffiths Question Map，GQM），以推动 8 种类型提问按照两个大类进行绘制和编码：（1）富有成效的提问；（2）无效的提问。格里菲斯和米尔恩（2006）演示了 GQM 作为一个贯穿整个询问的重要事项，其作为循环的模式和询问阶段，是如何让提问使用的可视化成为现实，从而促进提问使用的情景驱动分析。纽伯里和约翰逊（2006）从语言学角度分析了警察提问的作用，使用了两种宏观层次的分类：确认性提问和信息搜寻性提问。他们认为，信息搜寻性提问以需求信息的数量为基础可以进一步分类，而确认性提问根据他们强迫犯罪嫌疑人承认的程度不同可以被区分开来。不管提问如何分类，研究需要的做是开始考察如何让实践者使用开放性提问。伊等人（Yii 等人，2014）已经开始用两个创新研究启动了这个进程，他们的研究打算使用一个将知识介绍与实用性法规、问题生成练习和模拟询问结合在一起的培训设计，培养询问人员对开放性提问的了解。他们发现识别开放性提问的能力是在模拟询问中使用开放性提问的一个很好的指标。这个培训方法与获得专家演示方面的文献以及在关于一个主题或任务的特殊方面刻意练习的作用相一致［埃里克森（Ericsson）等人，1993]。

克拉克和米尔恩（2001）对询问这个阶段进行的评估的最后一个部分与询问人员的特质有关；在和平询问法开放性思维的等级上，这个部分以高于和平询问法对明确度和信心的标准被加以评估，但基本没有灵活性方面的证据。沃尔什和米尔恩（2008）发现，虽然受过培训和未受过培训的询问人员在整个询问过程中都达到了和平询问法的标准，但在依赖培训的询问人员性格方面并没有差异。在询问人员当中也还存在着持续的有罪推定。有趣的是，沃尔什和布尔（2010）认为沟通技巧和灵活性是这个阶段询问质量（达到和平法标准或高于和平法标准）的主要观测指标。这些结论与警察在确定询问结果方面归因于社交/沟通技巧的重要性相一致（索卡拉等人，2002）。总体来说，沃尔什和布尔（2010）发现，大部分在"陈述"阶段被评估为技巧有限的询问人员普遍被看作较差的询问人员，然而，在这个阶段对技能更为熟练的运用是与全面的陈述或坦白有联系的。沃尔什和布尔（2010：317）推测，在"陈述"阶段熟练技能的运用"可能在决定询问的结果方面产生重要的影响"。询问人员的个体差异问题稍后会再次讨论。

策略（Tactics）①

对犯罪嫌疑人关于事件的陈述进行合乎逻辑的质疑要求精心地计划或者运用战略，也就是要讲求策略。自和平询问模式被引入英国以来，策略的使用受到的关注很少，部分是因为对关于询问人员行为强制性的认知，同时也是与询问的目的是取得供述而不是获得犯罪嫌疑人的陈述有关。但是，一系列研究（索卡拉等人，2002；索卡拉等人，2009；布尔和索卡拉，2010）已经对和平法询问中的策略使用进行了调查。一项对侦探的调查表明，他们将披露证据确定为其主要策略（索卡拉等人，2002），这随后得到对实地询问的一项分析的支持（索卡拉等人，2009）。但是，一项关于警察询问的国际

---

① 在 PEACE MODEL 中，"A"阶段包括有叙述、澄清和质疑三个内容，此处原文中使用的是"Tactics"，可以理解为用于解释其中运用到的策略。（译者注）

性调查发现，关于披露证据的最佳时间，尤其在司法证据领域，是缺乏了解的［史密斯（Smith）和布尔，2013］。事实上，史密斯和布尔确认，有必要在司法认知和视情况而定的披露证据的适当策略方面进行培训（沃尔什、米尔恩和布尔，印刷中）。

其他策略的使用以犯罪的类型及严重性和/或犯罪嫌疑人的性格和行为为基础（索卡拉等人，2002）。他们对实地询问的评估也将（1）披露证据，（2）开放性提问，（3）诱导性提问，（4）重复提问确定为整个样本中在一定程度上使用的策略（索卡拉等人，2009：500）。披露证据和提供一个不同的观点可以用于鼓励犯罪嫌疑人对事件再次情境化并达成对犯罪嫌疑人行为的共识性理解（约翰逊，2008）。索卡拉等人（2009）没有发现存在不道德策略的证据——最小化（minimisation）、威胁（intimidation）或者情境徒劳（situational futility）——这是在《1984 年警察和刑事证据法》、司法指导和培训施行之后可以被预料到的。他们还调查了策略使用和供述之间的关系，发现询问人员在犯罪嫌疑人坦白的询问中比在犯罪嫌疑人没有坦白的询问中使用更少的开放性提问且披露更少的证据。此外，在犯罪嫌疑人没有将陈述从否认转到坦白时，询问人员更多地强调了反驳犯罪嫌疑人的陈述并质疑其陈述。总体来说，坦白和不坦白的询问之间的主要区别在于，不坦白的询问中增加了关于强调矛盾点、重复性提问和质疑犯罪嫌疑人陈述的运用。这种询问中有一个常识性要素，询问人员更倾向于严格地审查犯罪嫌疑人的否认，以尽可能地确保当犯罪嫌疑人不提供或者提供了对事件的不同陈述时，分辨出他们认为是对的那个。索卡拉等人（2002）持续强调了这些结论与英国当前符合道德要求的询问理念有关，特别是他们发现极少有使用不道德策略的证据，如威胁、罪责最大化/最小化以及情境徒劳。

在对犯罪嫌疑人的询问中，策略的使用并不局限于询问人员——犯罪嫌疑人能够且事实上也在使用策略。在这个领域很少有研究。但是，纽伯里（Newbury）和约翰逊（2007）提供了一份关于警察询问连环杀手哈罗德·希普曼（Harold Shipman）的精彩的语言学分析。作者展示了这个聪明且能说会道的男人是如何使用"争论、申斥、回避和拒绝"（p. 214）的策略对抗询问人员的，并记录下希普曼试图通过避免彻底的对抗或不合作的行为而将自己表现成具有合作性的人（合作是融洽关系的关键特征之一）。例如，一方面，对于确认性问题的回答，他用"你说了算"作为回复，而不是通过说"是的"；另一方面，当使用专家证据、病理学家的结论质疑希普曼时，他用名词和代词概括医学意见，并避免使用病理学家的名字，或者"我"和"结论"这样的词。类似地，约翰逊（2008）展示了希普曼如何通过暗示来表明他是在保护他的兄弟以减轻其罪行。这些以及像它们一样的策略应当被纳入对司法询问人员的培训和进一步的研究中。

结束（Closure）

这个阶段为询问人员概括总结他们对询问的理解提供了机会，为犯罪嫌疑人补充、修正或者纠正他们的陈述提供了机会，以及提供了关于接下来会发生什么的信息。总结询问为犯罪嫌疑人提供了一个机会以确定询问人员可能会存在的任何误解，因此应当为其补充、修正或者纠正他们的陈述提供机会。实际上，这能够导致询问恢复或者回到"陈述"阶段。然而，英国的法律顾问能够且确实在反对这个做法，因为他们认识到存在询问人员的记忆和概括结果的准确性问题。我们发现，这个阶段很难进行并且实际的实施是低于和平询问法标准的。随后的研究发现，询问人员不适当地实施了询问的这个阶段（沃尔什和米尔恩，2008；沃尔什和布尔，2012；莱希－哈兰德等人，待发表a）。也就是说，这些研究发现，不考虑培训，询问的结束阶段是低于和平询问法标准的，尽管这些研究素材许多都是通过备忘录来提供的（沃尔什和米尔恩，2008）。虽然沃尔什和布尔（2010）依靠培训，通过对"结束"阶段行为的评估确定了差异，但他们还是建议应当谨慎地看待这些结论。似乎"结束"阶段通常是被漏掉或仓促完成的，而且没有从询问过程的其他领域提供的针对性研究中获益。"这种结束阶段平均持续时间少于2分钟，而且80%的结束阶段持续的时间少于1分钟"，这一发现加强了人们的担忧。

评估（Evaluation）

　　"评估"是和平询问法的一个阶段，此阶段很少或者没有受到调查研究，据我们所知，还没有对和平询问法的这个阶段进行过实证研究。评估被纳入和平询问法中的目的是强调询问人员通过反省他们在询问期间的表现，确定询问中进展顺利的方面和那些他们可能会做出不一样举措的方面，加上对已取得/没有取得的信息之证明力所做的评估，使调查人员成为反思性实践者[肖恩（Schön），1984]。这些主题涉及和平询问法的培训，但并没有被充分探讨。这种关于已获得/未获得的信息之证明价值（probative value）可能是个问题，因为近期工作已经强调了询问人员对证明价值的理解和对诉讼证据的使用方面的弱点（史密斯和布尔，2013）。事实上，在我们的一项关于行为锚定评级量表（BARS）（克拉克，2005）的评估中，我们发现，一些评估员，和询问人员一样，对证明犯罪所要求的谨慎和法律要点理解不足（另请参阅鲍威尔等人，2005）。

　　这个阶段的最后一个要素涉及由监督者对询问过程进行的评估，目的是帮助询问人员进步并作为一种质量控制手段。在对学习的迁移进行现场监督的重要性方面有相当多的文献，并且自和平询问法引进以来这已成为共识（斯托克戴尔，1993；克拉克和米尔恩，2001；鲍威尔（Powell）等人，2010）。事实上，正如前面提到的，监督询问的重要性正是我们建议的主题之一。针对反欺诈调查员，沃尔什和米尔恩（2008）提出了一个类似的建议。尽管在 PIP 项目中，我们的建议已通过融入询问监督得到执行，但逸事证据表明这还是行不通的，部分原因是在英国监督询问方面的培训未能广泛地提供给督察，最近的经济环境和公共开支的缩减，以及随之而来的整个英国警察机构培训预算减少，这些复杂的因素都加剧了这种情况。虽然有一项国际性研究表明，在关于调查询问和非诉讼环境如医疗保健中[尤伊特霍夫（Uitterhoeve）等人，2010]，专家反馈/监督具有积极影响[奥巴赫（Orbach）等人，2000；鲍威尔等人，2005；鲍威尔等人，2010；普莱斯和罗伯茨（Price and Roberts），2011]，但这种类型的支持还是昂贵的。事实上，在最近一项对询问儿童的警察进行的调查中，不到一半的人表示他们接受过任何反馈，且被提供的反馈大部分都与案件有关，而非与询问质量有关（拉·鲁伊（La Rooy）等人，2011）。

对调查询问现场监督的效果进行应用性研究在英国是很稀少的。我们最初的评估（克拉克和米尔恩，2001）所得出的结论不一。一方面，监督政策的采用（无论是否得到全面执行）似乎在实践中做了一些改进；另一方面，我们对 BARS 的试验性评估发现，当监督者使用提供了明确行为范本的量表评估同一个询问时，其一致性是有限的。海文等人（Heaven 等人，2006）报告了一项医疗保健方面的研究，该研究发现临床监督对于将沟通技巧转换到实际工作中产生的影响是有限的，虽然他们暗示这可能要归因于研究的不足与四个星期的设计，并建议更长时期（18 个月）可能更容易接受。这些研究结果明确地确认了支持好的询问技能向实际工作转换的最好方法需要做进一步研究的必要性（见上文，伊等人，2014）。鉴于需要符合成本效益的解决方案，这种研究必须包括对评估司法询问的新技术的使用。这样的技术已经被开发应用于分析对儿童（伊等人，2014）的询问、分析对沟通有困难的人［田中（Akker）等人，2013］的询问，以及对询问犯罪嫌疑人的分析方面，以帮助询问培训的发展。

询问人员的特质

对警方侦探公认的看法和调查（索卡拉等人，2002）表明，询问人员的特质会对所有司法询问的结果产生影响。在我们最初的研究中，我们对询问人员的特质进行了初步考察，正如先前所提到的，考察结果与鲍德温（1992）关于软弱和愚笨的原始结论不同，样本中侦探们普遍被认为是自信且思想开明的。

在最近一份关于有助于成为一名优秀询问人员的特质的已知文献综述中，布尔（2013）得出结论，在必要的技能和能力方面有着良好的国际共识。然而，试图估量这些差异的研究却没有形成一致的结论。在一项对来自英国的警察询问人员进行的调查中（奥尼尔，2012；奥尼尔和米尔恩，2014），使用人格量表（NEO PI-R）中的人格五因素模型得出的平均数，利用瑞文标准推理（Raven's Standard Progressive Matrices）测验的智力或者用人际反应指针量表（Interpersonal Reactivity Index）评估的共情能力（empathy），高效和低效的询问执行者之间没有明显差别。另外，在美国，奥诺（Ono）等人（2011）报告了一项研究结果，该研究发现培训期间联邦执法人员的效能表现与责任感（conscientiousness）有关；关于后者研究结果的深入探讨不在这一章节范围之内。尽管我们相信优秀询问人员的特质将成为未来调查询问发展的一个越来越重要的因素，进一步的研究仍有必要考察该问题：每个人都能进行询问吗？

结论

总而言之，沃尔什和米尔恩（2008）得出结论，尽管和平询问法培训的转化度（转换为询问实践）不理想，但通过样本可以看到，询问中使用合乎伦理要求的询问方法已经是显而易见的了，尽管"只是在较简单和询问对象抵制较少的询问中尤为明显地改进了询问"（p.54）。值得注意的是，沃尔什和布尔（2010）发现，达到和平询问法标准的询问人员明显地更可能获得充分、全面的陈述或者供述。尽管如此，格里菲斯（2008）发现，即使是高阶询问人员的技能，在他们接受培训一年之后也会表现出一些退步，尤其是在复杂技巧中，如对提问的使用和主题的发展，因此，专业性的复习进修训练是关键。积极的方面是，对英国警察询问进行的研究已经增强了我们对融洽关系的建立，询问那些涉嫌特定犯罪的嫌疑人的不同挑战，以及询问人员个体差异对询问效果的不同影响之了解。沃尔什和米尔恩（2008）对不甚理想的询问技能转化假定了几个可能的解释，如这样的观点：5天的和平询问法培训课程包含了太多内容［彻里曼（Cherryman），2000］，询问人员回到工作单位后又恢复了他们原先的询问习惯/方式，可能是由于在工作单位里缺乏询问监督。格里菲斯和米尔恩（2006）赞成继续培训和对询问进行监督。另一种解释是关于和平询问法培训的设计没有充分融合培训复杂的认知任务的原则［帕斯和梵·高格（Pass and Van Gog），2009］。伊等人（2014）已经开始用他们关注的实践研究来证明这一点，研究涉及与开放性提问有关的技巧与知识的发展。与从专业文献的发展中进行刻意训练的理念相一致的学习模式是必需的［埃里克森等人，1993；沃德（Ward）等人，2007］。

不过，尽管在过去的十年里关于询问的认识和实践得到了改进，但我们仍需继续报告询问人员收集 IRI 的能力："我们没有任何放松的余地并且必须总是'在比赛中保持领先地位'"［奥克斯伯格和丹多（Dando），2011∶141］。

▌ 参考文献 ▌ --

❶ Abbe，A. and Brandon，S. E. （2013）'The role of rapport in investigative interviewing：a review'，*Journal of Investigative Psychology and Offender Profiling*，10（3）∶237–49.

❷ Akker，R.，Bruijnes，M.，Peters，R. and Krikke，T. （2013） 'Interpersonal stance in police interviews：content analysis'，*Computational Linguistics in the Netherlands*，3∶193–216.

❸ Association of Chief Police Officers，Central Police Training and Development Authority（Centrex）（2005） *Practice Advice on Core Investigative Doctrine.* Camborne∶National Centre for Policing Excellence.

❹ Baldwin，J. （1992） *Video Taping Police Interviews with Suspects-An Evaluation*，Police Research Series Paper 1. London∶Home Office.

❺ Bordin，E. S. （1994） 'Theory and research on the therapeutic working alliance：new directions'，in A. O. Horvath and L. S. Greenberg （eds），*The Working Alliance：Theory，Research and Practice.* Chichester∶John Wiley & Sons，pp. 13–37.

❻ Bull，R. （2013） 'What 1s "believed" or actually "known" about characteristics that may contribute to being a good/effective interviewer'，*Investigative Interviewing Research and Practice*，5（2）∶128–43.

❼ Bull，R. （2014） 'When in interviews to disclose information to suspects and to challenge them?'，R. Bull （ed. ），*Investigative Interviewing.* New

York: Springer, pp. 167 – 182.

❽ Bull. R. and Soukara, S. (2010) 'Four studies of what really happens in police interviews', in G. D. Lassiter and C. A. Meisner (eds), *Police Interrogations and False Confessions: Current Research, Practice, and Policy Recommendations.* Washington, D. C. : American Psychological Association, pp. 81 – 95.

❾ Central Police Training and Development Authority (Centrex) (2004) *Practical Guide to Investigative Interviewing.* London: Central Police Training and Development Authority.

❿ Cherryman, J. (2000) *Police Investigative Interviewing: Skills Analysis and Concordance of Evaluations.* Doctoral thesis, University of Portsmouth, UK.

⓫ Clarke, C. (2005) *A National Evaluation of PEACE Investigative Interviewing.* Doctoral thesis, University of Portsmouth, UK.

⓬ Clarke, C. and Milne, R. (2001) *National Evaluation of PEACE Investigative Interviewing Course*, Report No. PRAS/149. London: Home Office.

⓭ Clarke, C., Milne, R. and Bull, R. (2011) 'Interviewing suspects of crime: the impact of PEACE training, supervision and the presence of a legal advisor', *Journal of Investigative Psychology and Offender Profiling*, 8: 149 – 62.

⓮ Clifford, Band George, R. (1996) 'A field evaluation of training in three methods of witness victim investigative interviewing', *Psychology Crime and Law*, 2 (3): 231 – 248.

⓯ CPTU (1992a) *A Guide to Interviewing.* Harrogate: Central Planning and Training Unit.

⓰ CPTU (1992b) *Interviewers Rule Book.* Harrogate: Central Planning and Training Unit.

⓱ Ericsson, K. , Krampe, R. and Tesch-Romer, C. (1993) 'The role of deliberate practice in the acquisition of expert performance', *Psychological Review*, 100 (3): 363 – 406.

⓲ Fisher, R. P. and Geiselman, R. E. (1992) *Memory-enhancing Techniques for Investigative Interviewing: The Cognitive Interview.* Springfield, IL:

Charles C. Thomas.

⑲ Griffiths, A. and Milne, R. (2006) 'Will it all end in tiers? Police interviews with suspects in Britain', in T. Williamson (ed.), *Investigative Interviewing: Rights, Research, Regulation.* Cullompton: Willan, pp. 167 – 89.

⑳ Griffiths, A. and Milne, R. (2008) 'The Griffiths Question Map (GQM): A Training Manual', Unpublished.

㉑ Hassler, A. (1930) *Föreläsningar över den Svenska kriminalprocessen.* Stockholm: A. B. Nordiska Bokhandeln i Distribution; cited in U. Holmberg (2004) *Police Interviews with Victims and Suspects of Violent and Sexual Crimes: Interviewee's Experiences and Interview Outcomes.* Doctoral thesis, University of Stockholm, Sweden.

㉒ Heaven, C., Clegg, J. and Maguire, P. (2006) 'Transfer of communication skills training from workshop to workplace: the impact of clinical supervision', *Patient Education and Counseling*, 60 (3): 313 – 325.

㉓ Holmberg, U. and Christianson, S. (2002) 'Murderers' and sexual offenders' experience of police interviews and their inclination to admit or deny crimes', *Behavioral Sciences and the Law*, 20: 31 – 45.

㉔ Holmberg, U. and Madsen, K. (2014) 'Rapport operationalized as a humanitarian interview in investigative interview settings', *Psychiatry Psychology and Law*, 21: 591 – 610.

㉕ Home Offce (1992) *Principles of Investigative Interviewing*, Circular No. 22. London: Home Office.

㉖ Home Office (2008). *PACE Code C: Code of Practice for the Detention, Treatment and Questioning of Persons by Police Officers.* London: Home Office.

㉗ Home Office (2010) *PACE Code E: Code of Practice on Audio Recording Interviews with Suspects.* London: Home Office.

㉘ Horvath, C. W. (1995) 'Biological origins of communicator style', *Communication Quarterly*, 43 (4): 394 – 407.

㉙ Irving，B.（1980）*Police Interrogation. A Case Study of Current Practice Study Number* 2. *Royal Commission on Criminal Procedure.* London：HMSO.

㉚ Johnson，A.（2006）'Police questioning'，*Encyclopedia of Language and Linguistics*，2：661－672.

㉛ Johnson，A.（2008）'"From where we're sat"：negotiating narrative transformation through interaction in police interviews with suspects'，*Text and Talk-An Interdisciplinary Journal of Language and Discourse Communication Studies*，28：327－349.

㉜ La Rooy，D.，Lamb，M. E. and Memon，A.（2011）'Forensic interviews with children in Scotland：a survey of interview practices among police'，*Journal of Police and Criminal Psychology*，26：26－34.

㉝ Leahy-Harland，S.，Bull，R. and Milne，R.（in preparation a）'Getting the basics right：examining the use of the special warning and the opening and closing stages of real-life suspect Interviews'.

㉞ Leahy-Harland，S.，Bull，R. and Milne，R.（in preparation b）'Police questioning in real-life serious crime suspect interviews'.

㉟ McGurk，B. J.，Carr，M. J.，and McGurk，D.（1993）*Investigative Interviewing Courses for Police Officers：An Evaluation*，Police Research Series Paper 4. London：Police Research Group，Home Office.

㊱ Mckenzie，I.（1992）*Torture，Tactics and Technology：The Past，Present and Future of Police-Suspect Interactions.* Paper presented at the Conference on the Police Questioning of Suspects. Westminster，London，11 December.

㊲ Milne，R. and Bull，R.（1999）*Investigative Interviewing Psychology and Practice*，Chichester：John Wiley & Sons.

㊳ Milne，B.，Shaw，G. and Bull，R.（2008）'Investigative interviewing：the role of research'，in D. Carson，R. Milne，F. Pakes，K. Shalev and A. Shawyer（eds），*Applying Psychology to Criminal Justice.* New York：John Wiley & Sons，pp. 65－80.

㊴ Moston，S.，Stephenson，G. M. and Williamson，T. M.（1992）'The

effects of case characteristics on suspect behaviour during police questioning ', *British Journal of Criminology*, 32 (1): 23 – 40.

㊵ Newbury, P. and Johnson, A. (2006) 'Suspects' resistance to constraining and coercive questioning strategies in the police interview ', *International Journal of Speech, Language and the Law*, 13: 213 – 240.

㊶ O'Neill, M. (2012) *What Makes a Successful Volume Crime Investigator?* Doctoral dissertation, University of Portsmouth, UK.

㊷ O'Neill, M. and Milne, R. (2014) 'Success within criminal investigations: is communication still a key component?'. in R. Bull (ed.), *Investigative Interviewing*. New York: Springer, pp. 123 – 146.

㊸ Ono, M., Sachau, D., Deal, W., Englert, D. and Taylor, M. (2011) 'Cognitive ability, emotional intelligence, and the "Big Five" personality dimensions as predictors of criminal investigator performance ', Criminal Justice and Behavior, 38: 471 – 491: cited in R. Bull (2013) 'What is "believed" or actually "known" about characteristics that may contribute to being a good/effective interviewer?', *Investigative Interviewing Research and Practice*, 5 (2): 128 – 143.

㊹ Orbach, Y., Hershkowitz, I., Lamb, M. E., Sternberg, K. J., Esplin. P. W. and Horowitz, D (2000) 'Assessing the value of structured protocols for forensic interviews of alleged child abuse victims ', *Child Abuse and Neglect*, 24 (6): 733 – 752.

㊺ Oxburgh, G. E. and Dando, C. J. (2011) 'Psychology and interviewing: what direction now in our quest for reliable information?', *British Journal of Forensic Practice*, 13: 135 – 144.

㊻ Oxburgh, G., Myklebust, T. and Grant, T. (2010) 'The question of question types in police interviews: a review of the literature from a psychological and linguistic perspective ', *International Journal of Speech, Language and the Law*, 17: 45 – 66.

㊼ Oxburgh, G., Ost, J. and Cherryman, J. (2012) 'Police interviews with suspected child sex offenders: does use of empathy and question type infuence the amount of investigation relevant information obtained?', *Psychology, Crime and Law*, 18: 259 – 273.

(48) Oxburgh, G. E., Williamson, T. and Ost, J. (2006) 'Police officers, use of negative emotional language during child sexual abuse investigations', *International Journal of Investigative Psychology and Offender Profiling*, 3: 35 – 45.

(49) Oxburgh. G., Ost, J., Morris, P. and Cherryman, J. (2015) 'Police officers' perceptions of interviews in cases of sexual offences and murder involving children and adult victims', *Police Practice and Research: An International Journal*, 16: 36 – 50.

(50) Paas, Fand van Gog, T. (2009) 'Principles for designing effective and efficient training of complex cognitive skills', *Reviews of Human Factors and Ergonomics*, 5: 166 – 194.

(51) Peixoto, A. (1934) 'The interrogation and confessions in the Judiciary process', *Revista de Criminologia Buenos Aires*, 21: 383 – 95; cited in U. Hulmberg (2004) *Police Interviews with Victims and Suspects of Violent and Sexual Crimes: Interviewee's Experiences and Interview Outcomes.* Doctoral thesis, University of Stockholm Sweden.

(52) Powell, M. and Guadagno, B. (2008) 'An examination of the limitations in investigative interviewers' use of open-ended questions', *Psychiatry, Psychology and Law*, 15 (3): 382 – 395.

(53) Powell, M., Wright, R. and Clark, S. (2010) 'Improving the competency of police officers in conducting investigative interviews with children', *Police Practice and Research: An International Journal*, 11: 211 – 226.

(54) Powell, M., Fisher, R., Wright, R., Neil, B. and Williams, K. (2005) 'Investigative interviewing', in N. Brewer and K. D. Kipling (eds.), *Psychology and Law: An Empirical Perspective.* New York: Guildford Press, pp. 11 – 42.

(55) Price, H. L. and Roberts, K. P. (2011) 'The effects of an intensive training and feedback program on police and social workers' 'investigative inter-

views of children', *Canadian Journal of Behavioural Science/Revue Canadienne des Sciences du Comportement*, 43: 235 -244.

(56) Read. . M. Powell. M. B. Kebbell. M. R and Milne, R (2009) 'Investigative interviewing of suspected sex offenders: a review of what constitutes best practice', *International Journal of Police Science and Management*, 11: 442 -459.

(57) Read, J. Powell. M., Kebbell. M., Milne, B. and Steinberg, R. (2014) 'Evaluating police interviewing practices with suspects in child sexual abuse cases', *Policing and Society*, 24 (5): 523 -544.

(58) Richards, I. and Milne, R. (in preparation) 'Do people from the higher end of the autism spectrum understand the police caution?', *Autism.*

(59) Schön, D. A. (1984) *The Reflective Practitioner: How Professionals Think in Action.* New York: Basic Books.

(60) Shepherd, E. and Griffiths, A. (2013) *Investigative Interviewing: The Conversation Management Approach*, 2nd edn. Oxford: Oxford University Press.

(61) Smith, L. and Bull, R. (2013) 'Exploring the disclosure of forensic evidence in police interviews with suspects', *Journal of Police and Criminal Psychology*, 29: 81 -86.

(62) Soukara, S., Bull, R. and Vri, A. (2002) 'Police detectives aims regarding their interviews with suspects: any change at the turn of the millennium', *International Journal of Police Science and Management*, 4 (2): 101 -114.

(63) Soukara, S, Bull, R, Vrij, A. Turner, M. and Cherryman, J. (2009) What reallyhappens in police interviews of suspects? Tactics and confessions', *Psycholog Crime and Law*, 15: 493 -450.

(64) Stockdale, J. (1993) *Management and Supervision of Police Interviews*, Police Research Series Paper 4. London: Home Office.

(65) Tanaka, H., Sakti, S., Neubig, G. Toda, T. and Nakamura, S. (2013) 'NOCOA: a computer-based training tool for social and communication skills that exploits nonverbal behaviors', *Journal of Information and Systems in Education*, 12: 19 -26.

(66) Tickle-Degnen, L. and Rosenthal, R. (2009) 'The nature of rapport and its nonverbal correlates', *Psychological Inquiry: An Internationa/ Journal for the Advancement of Psychological Theory*. 1: 285 -293.

(67) Uitterhoeve, R. J., Bensing, J. M., Grol. R. P., Demulder, P. H. M. and van Achterberg, T. (2010) 'The effect of communication skills training on patient outcomes in cancer care a systematic review of the literature', *European Journal of Cancer Care*, 19: 442 -457.

(68) Walkley, J. (1983) 'Police Interrogation: A Study of the Psychology, Theory and Practice of Police Interrogations and the Implications for Police training'. Unpublished MSc dissertation, Granfield Institute of Technology.

(69) Walsh. D. and Bull, R. (2010) 'What really is effective in interviews with suspects? A study comparing interviewing skills against interviewing outcomes', *Legal and Criminological Psychology*, 15: 305 -321.

(70) Walsh, D. and Bull, R. (2012) 'Examining rapport in investigative interviews withsuspects: does its building and maintenance work?', *Journal of Police and Criminal Psychology*, 27: 73 -84.

(71) Walsh, D. and Bull, R. (2015) 'Interviewing suspects: examining the association between skills, questioning, evidence disclosure, and interview outcomes', *Psychology Crime and Law*, 21: 661 -680.

(72) Walsh, D. and Milne, R. (2008) 'Keeping the PEACE? A study of investigative interviewing practices in the public sector', *Legal and Criminological Psychology*, 13 (1): 39 -57.

(73) Walsh, D., Milne, R. and Bull, R. (in press) 'One way or another? Criminal investigators' beliefs regarding the disclosure of evidence in interviews with suspects in England and Wales', *Journal of Police and Criminal Psychology*.

(74) Ward, P., Hodges, N. J., Starkes, J. L. and Williams, M. A. (2007) 'The road to excellence deliberate practice and the development of expertise', *High Ability Studies*, 18: 119 -53.

(75) Williamson, T., Milne, B. and Savage, S. (eds.) (2009) *Interna-*

tional Developments in Investigative Interviewing. Cullompton：Willan.

❼ Yii, S. L. B. , Powell, M. B. and Guadagno, B. （2014）'The association between "investigative interviewers" knowledge of question type and adherence to best-practice interviewing', *Legal and Criminological Psychology*, 19：270 – 281.

第09章

爱沙尼亚对犯罪嫌疑人的询问

瑞沃·奥皮克（Raivo Öpik）

克里斯蒂安·卡斯克（Kristjan Kask）

▌简介▐

　　爱沙尼亚共和国自 1991 年从苏联处恢复独立以来，在刑事诉讼程序方面已经取得了较大的发展。截至 2004 年，其审前程序和审判程序在《刑事实践法典》（Code of Criminal Practice）下得以实施。以《刑事程序法典》（Code of Criminal Process）为基础，该法在爱沙尼亚苏维埃社会主义共和国时期生效，但在宣布独立后被改变和修正，以符合国家以法治为基础的原则。然而，该法典是纠问式的，据此，审判程序的实施主要以源自审前程序的刑事卷宗为基础，例如，犯罪嫌疑人的陈述被认为是独立的证据。

　　在 2004 年对刑事程序的改革中，先前的程序模式被修改为对抗式，目的是确保任何人在未经证实有罪之前不得被宣判有罪。这次改革改变了审前程序期间获得的犯罪嫌疑人陈述的作用——如今它不再是独立的证据［康古尔（Kangur），2008］，据此，如今询问犯罪嫌疑人的目的更多的是关注犯罪情景和依赖于所有收集到的证据。基于法律规定和诉讼程序的改变，在询问犯罪嫌疑人时，调查人员使用的策略也已经受到培训调查人员所用的新方法和他们在新刑事诉讼程序框架内的经验的影响。

　　在本章中，将会介绍爱沙尼亚当前对犯罪嫌疑人进行询问的实践。首先给出的是历史回顾和对当前询问实践的审视，其次是关于当前询问实践的一些相关文献综述。再次描述的是在爱沙尼亚对调查人员的培训。最后指出对研究、政策制定和询问实践的一些建议。

爱沙尼亚询问犯罪嫌疑人的历史回顾

在刑事诉讼程序中，犯罪嫌疑人的陈述是最为常用的证据类型，因此，从爱沙尼亚独立（爱沙尼亚从 1918 年到 1939 年是一个独立共和国）开始，询问中的主要注意力就集中在询问策略和规则上，包括询问人员的人格特质。奥古斯特·里特（August Liit）是数本关于警察方面书籍的作者，在 1927 年写道：

> 询问的艺术不是以相似的方式应用于每一个人。不同的特征是重要的——实践经验，迅速准确地评估一个人性格的能力，沟通的自然之道，逻辑推理，对案件的浓厚兴趣和完全的公正。（Liit，1927：10）

里特补充道，低效的询问人员是那些通过垄断询问阻止犯罪嫌疑人说话的人，他们既不愿意倾听，也不能使其方式适用于犯罪嫌疑人。那时，询问的规则规定在《刑事诉讼法》（LCP）中，根据该法，由法庭调查人员实施审前程序，询问犯罪嫌疑人。警察负责调查，但不会将任何人当作犯罪嫌疑人来询问。在制订 LCP 时有了这样的规定：不能允许警察询问，因为在决定提出控告时必须了解法律，并确信实际上已经犯下罪行，而这是超越警察权限之外的，因为这种决定的做出要求有良好的法学教育和实体法知识［马托（Matto），1934］。然而，实际情况是，虽然警察不指控任何人，但并不意味着警察没有权力询问被指控人。拉戈（Rääago）已经解释过调查并非总是要求存在一个正式的"犯罪嫌疑人"，而且，就此而言，在调查过程中和由 LCP 第 168 节规定的明确诉讼身份这一节点之前的审前程序期间，任何人都可能处于一种模棱两可的角色，第 168 节规定的节点是指某人已经可以被警方作为被指控人询问。

一般而言，警察无权强迫某人接受询问。但第 60 段（paragraph）很快被增补到 LCP 中，该段规定：如果某人涉嫌犯罪，那么警察可以使用武力带走此人使其接受询问，询问应当立即进行；除非被逮捕，否则犯罪嫌疑人被询问后应当被释放［马蒂（Märdi），1943］。由于立法将注意力集中到确立犯罪嫌疑人的权利上，因而在那个方面会给予警察适当的指导。当时一些关于最佳实践的通知会被发布在警察期刊上。犯罪嫌疑人有权了解他/她涉嫌的是何种罪行，而且这些信息应当被清楚地介绍给犯罪嫌疑人以避免虚假供述，尤其是当证据薄弱时（里特，1924）。犯罪嫌疑人不需要接受宣誓询问，尽管根据 LCP 第 141 节的规定没有宣誓的陈述是应当受到惩罚的，但这不包括犯罪嫌疑人［派（Pae），1942］。

亦有文献讨论了询问人员如何能够促使犯罪嫌疑人坦白但同时不侵犯他们的沉默权。有人指出，"真诚的坦白可以洗涤罪恶并因此减少应受的惩罚"（里特，1927）。基于此，如果询问人员使用那些未被法律宣布为不合法的方法，那么调查人员可以更容易地帮助犯罪嫌疑人坦白，且此后不会受到责备。但是，调查人员要注意避免采取明显违反法律的策略（如在没有掌握证据时谎称已取得了证据）［林德梅茨（Lindmets），1992］。

此外，诸如犯罪嫌疑人如何对询问不利之类的问题也有文献有所讨论，如在询问之前或询问期间装病。里特（1927）认为，一个犯罪嫌疑人的突发或急性的疾病，精神病或癫痫、晕厥或听觉障碍都可能发生在询问期间。还有人［卡克拉（Kahkra），1935］提到犯罪嫌疑人的完全沉默几乎从未出现过。更多的时候犯罪嫌疑人会提供（或真或假的）不在场证明。

里特（1927）的研究集中关注了那些即使在现在也具有重大意义的主题。例如，当犯罪嫌疑人开始供认时，询问人员应当让犯罪嫌疑人先自由陈述，再开始提出与动机和证据有关的问题；该陈述还应当包含某些只犯罪嫌疑人才会知道的细节。询问记录（protocol）应当不仅包括犯罪嫌疑人的言词，还包括关于这些言词的正确含义。里特（1924）指出："询问记录的可信度应当通过询问人员对询问对象的细节所做的评价以及他/她的行为来评估。"

在 1945—1991 年苏联占领期间，对犯罪嫌疑人的询问首先受到俄罗斯苏维埃社会主义共和国《刑事诉讼法典》的约束。1961 年爱沙尼亚苏维埃社会主义共和国《刑事诉讼法典》开始实施，据该法典的规定（第 102 条第 1 款），犯罪嫌疑人是指那些因涉嫌犯罪而被拘留或者在提出指控前，对其适用预防性措施的人。在同一条的第 6 款规定询问犯罪嫌疑人应当依据询问被告人的规则进行。该法典还规定了犯罪嫌疑人有权了解他/她涉嫌何种犯罪，但由于法律没有详细规定，在这些规定应当被说明的时候，既可以在询问的开始也可以在询问过程中的任何时候向询问对象告知［林德迈（Lindmäe），1972：80-2］，这取决于询问人员所使用的询问策略。

在文献中，也有些提供了与询问犯罪嫌疑人有关的策略性建议，有学者指出，坚定而冷静的沟通应当与开放的心态一起被使用［卡拉齐夫（Karachev），1969］。在 20 世纪 50 年代和 60 年代，文献表明，反对使用外国的询问策略［例如，询问人员对犯罪嫌疑人的行为做出解释并感到非常同情［卢兹金和闵可夫斯基（Luzgin and Minkovsky），1959］。20 世纪 80 年代这种立场有所改变，在文献中有一些新的策略性方法被提及，例如，逐步增加反驳，展示证据，自认有罪在审前程序被认可的看法增多，在情绪上影响犯罪嫌疑人并提供一个"故事"（如犯罪嫌疑人对已发生的事情的解释）（林德迈，1981）。

对当前实践的描述

不同的问题影响着对犯罪嫌疑人的询问，例如在诉讼程序中他/她的特定身份（如诉讼程序中特定的权利和特定的义务）以及调查人员在使用不同的策略方法和组合运用时的知识与经验［另参见克鲁格（Krüger），2008］。根据《刑事程序法典》（CCP）第 33 条规定，犯罪嫌疑人的身份能够以两种方式取得，如果该人已经因涉嫌刑事犯罪而被拘留，或者如果有充分依据怀疑其犯有刑事罪行。

在审前程序中询问犯罪嫌疑人的目的在于找到新证据或者将陈述作为证据使用（这种情况极少发生，因为犯罪嫌疑人被认为到了出庭的时候会改变他们的陈述，就这点而论，这些新陈述比起最初的更为重要）。在询问中使用的策略依赖于环境、证据以及犯罪的严重程度。询问的效率可能取决于准备（收集关于犯罪嫌疑人的个人资料）。如果犯罪嫌疑人在犯罪后不久就被逮捕，那么他/她应当在规定的时间内被询问（通常是 48 小时，尽管很少有时间对该人的资料做一个初步的收集）。但是，如果该人具备犯有更多罪行或者企图逃避刑事追诉的可能性，这种拘留可以延长到 6 个月。

首先，收集犯罪嫌疑人的个人资料，并告知他/她的权利与义务。其次，在尝试获取关于犯罪嫌疑人的性格、生活、价值观、对犯罪的态度、任何牵涉的其他人以及犯罪过程方面的信息时，提问犯罪嫌疑人。这些信息或许能够使调查人员预测如何运用相关策略进行询问。

随后向犯罪嫌疑人提出有关指控的内容（这使他/她能够为自己申辩）。该内容应当在犯罪嫌疑人做出陈述之前做出。有时候支撑指控的所有事实情节在询问的时候并不清楚。因此调查人员不应展示可用的所有证据，而只需要（展示）足够使犯罪嫌疑人自辩（的证据）即可。此后犯罪嫌疑人的权利和义务被加以介绍——调查人员应当确保犯罪嫌疑人正确地理解这些问题。需要明确提及的是，他/她有权什么都不说，但另一方面，他/她有权接受询问以反驳他/她被指控的罪名。还应提到的是，一旦犯罪嫌疑人提供陈述，之后这些陈述可能被用作不利于他/她的证据［克尔甘德贝格和皮卡迈（Kergandberg and Pikamäe），2013］。犯罪嫌疑人还享有被询问时律师在场的权利［受雇于犯罪嫌疑人或者在国家的帮助下由调查人员指定——与这方面有关的进一步信息，见金特尔和苏（Ginter and Soo），2012］。

接下来，犯罪嫌疑人会被问到他/她是否犯了其被指控的罪行，然后犯罪嫌疑人被要求以自由回忆的形式就发生了何事提供他们自己的叙述（这种叙述也可以采用书面陈述的形式）。由于犯罪嫌疑人有权不做陈述，需要向其指明的是，这是一个解释情况和提供反驳证据的机会。对这个要求的回答暗示了调查人员要进一步使用哪一种策略——通常犯罪嫌疑人可能具有合作精神或者询问碰上了弱（或强）抵抗。一般来说，缺乏合作精神会被调查人员理解为犯罪嫌疑人对某些事实有所隐瞒。

在合作的情形中，犯罪嫌疑人可能充分地提供如实的陈述，承认他/她涉嫌的犯罪。但是，犯罪嫌疑人可能通过部分承认参与犯罪或者试图提供一种陈述，如将自己置于更为有利的角度，进行弱抵抗，这种情况下的对抗性情形也可能发生。根据作者的了解，在由犯罪嫌疑人选择时，这种情况在其涉嫌的犯罪无法否认或者犯罪嫌疑人推测调查人员有定罪证据时是常见的。然而，在证据不够有力或者事实还未被确认的情形下，犯罪嫌疑人可能会提供完全虚假的供述。在这样一种带有强烈抵抗的对抗性情景中，犯罪嫌疑人很可能完全否认涉嫌犯罪，提供一个虚假的不在场证明或者陈述，或者甚至可能根本不做出任何陈述。这可能发生在那些没有证人或者对该犯罪的惩罚较严厉的案件中。

在实践中，一场询问中的情况并非是恒定的，而是可以变化的。大多数询问被认为是在冲突、对抗的情况下进行的。例如，在东部地区涉及财产犯罪的一项研究中，90% 的询问以这样一种方式进行，有三分之一的案件存在拒绝提供陈述的情形［林克（Link），2013］。然而，在爱沙尼亚提供虚假陈述是不可罚的（除非这种虚假陈述导致其他人归罪）。

为了激励询问对象不断地提供陈述，可以将不同的询问策略组合使用，如说服、暗示（暗讽）、提供情景例子（暗示会发生什么）或者指出犯罪嫌疑人在说谎（例如，通过将说出的故事与已掌握的证据相对比）。如果犯罪嫌疑人决定提供陈述，那么通常会首先使用自由回忆法，然后是提出问题。但是，实践中并不总是遵循这个顺序［凯撒（Keiisa），2013］。一般来说，自由回忆是不受打断的；只有在自由回忆太笼统且没有陈述关于指控内容的事实时才这样做。因此，建议可要求犯罪嫌疑人的自由回忆更为具体。在犯罪嫌疑人结束时，他/她随后会被问到他/她是否希望对自由回忆做一些添加、补充。

在策略上，询问应当以这样一种方式构成，即犯罪嫌疑人自己揭露关于案件情况的信息。对所有的只有犯罪嫌疑人才知道的事实，应当鼓励他/她说出来，如使用积极倾听的策略。调查人员评估该自由回忆的可信度（是否有内部矛盾，也就是回忆自身，或者外部矛盾，也就是将其陈述与调查人员所了解到的证据相比较）。然后调查人员应当判定出现该矛盾是由于错误（目的是找出影响他们的因素并减少他们的影响）还是由于犯罪嫌疑人故意说谎（犯罪嫌疑人逃避提供真实的陈述）。

在犯罪嫌疑人做虚假陈述的案例里（证据强有力地表明犯罪嫌疑人极可能是有罪的），实践中的问题是如何克服犯罪嫌疑人撒谎。以证据和犯罪嫌疑人的行为为基础，作者调查得知两种不同做法将会被使用。

　　一种做法是，打断自由回忆并且使犯罪嫌疑人被迫说出真相。当有足够的证据来展示时可以这样做。也可以用另一种方法，即让犯罪嫌疑人说话，把他们做出的陈述书面记录下来，然后通过展示证据鼓励犯罪嫌疑人说出真相。后一种方法可能更困难，因为犯罪嫌疑人在他/她的最初描述中已经致力于构造一个谎言。由此，在这种情况下，他/她将不得不承认这个最初的描述是虚假的，而这是犯罪嫌疑人可能发现的难以承认的一些事情。

　　在对抗性情景中询问的主要策略方法有：

　　　　——解释做出真实陈述的法律后果（向犯罪嫌疑人解释提供真实陈述可以被认定为是减少刑期的从轻情节）；

　　　　——消除做虚假陈述的动机（如果做出虚假陈述的原因是犯罪嫌疑人害怕被监禁，那么就阐明法庭可以采用其他处罚，如附条件的监禁刑判决，如果合适的话）；

　　　　——指出所选立场是毫无意义的（向犯罪嫌疑人阐明能够用于证明他/她的陈述是不真实的方法，例如使用 DNA 专业知识）；

　　　　——对犯罪嫌疑人叙述中存在的矛盾提供明显、易懂的逻辑分析；

　　　　——提供一个"传说"（legend）（例如，就人们犯这类罪行的原因，介绍减轻情节，而且如果犯罪嫌疑人开始供认，那么在询问期间犯罪嫌疑人的陈述不会被纠正或者反驳，即使该陈述是前后矛盾的）；

　　　　——为了获取更多的真实陈述，利用共犯间的矛盾之处；

　　　　——展示调查人员对该案已经掌握；

　　　　——提出验证性问题以验证事实（即提出源自犯罪嫌疑人的问题，以验证他/她是否采用与先前询问中的陈述相类似的方式回答该问题，如果不是，那么就让犯罪嫌疑人解释这一点）；

　　　　——出示证据。只有被认为是正确的证据才能出示，但那些可能只有犯罪嫌疑人所了解的相关情节的事实信息不能被出示。证据的揭示要从轻到较严重（或反之），而且证据的出示通常是递增性地而非一次性出示。犯罪嫌疑人的陈述随后被概括性地写入书面询问记录中。

关于当前询问实践的研究文献

这一部分介绍了来自安全科学研究院和塔尔图大学的相关研究结果。卡纳（Kärner，2011）已研究了审前程序中询问犯罪嫌疑人的法律问题。他发现 CCP 对于确立犯罪嫌疑人在询问期间的基本权利方面是有效的。他的研究发现，问题更多地出现在实践中，调查人员运用这些法律的问题以及利用这些权利的可能性会改变。他指出，视频记录询问过程可以帮助解决这个问题；然而，这会对询问的质量产生影响。

莱汀（Latin，2012）研究了对质（confrontation）策略，其借助问卷调查了对质在审前程序中的应用，并对法庭案件进行了分析。他发现，越是有经验的调查人员，询问中对质的质量就越高；但是，有时候调查人员很少进行准备工作，这会导致询问的质量非常差。调查人员没有出示证据且提问的措辞贫乏——经常是同样的问题被一次又一次地重复。莱汀得出结论，有一半的案件用对抗的方式解决了主要的矛盾，他建议询问人员应当在准备如何更好地与犯罪嫌疑人进行对质方面付出更多的时间。

林克（2013）调查了东部地区调查人员在被抵抗的情况下询问犯罪嫌疑人的准备工作与询问策略并观察了真实的对犯罪嫌疑人的询问。她发现 90% 的询问存在对抗性风格，而当犯罪嫌疑人在更加棘手的案件中被询问时，所做的准备就更为细致。她的研究发现，那些以闲聊作为开始的询问，实现了与犯罪嫌疑人更好的心理接触，而且这样的早期谈论有助于调查人员选择最佳的询问策略，如何时及如何向犯罪嫌疑人出示证据。林克还指出，如果犯罪嫌疑人为调查人员所了解，那么调查人员应当联系先前的询问人员以获取关于该人的信息，从而更好地为询问做准备。

凯撒（2013）使用针对调查人员的问卷研究了关于在审前程序中未成年人犯罪嫌疑人的特殊处理。调查人员使用了与询问成年犯罪嫌疑人相类似的询问策略，如在询问之初进行闲聊。调查结果表明，调查人员在询问过程中难以通过使用停顿（pauses）来战胜抵抗。调查结果还发现，有些调查人员试图推测为什么未成年犯罪嫌疑人不说话。凯撒认为，询问未成年犯罪嫌疑人需要专业的调查人员，他们通晓更多发育心理学知识，例如，如何提出与未成年人身心发展相适应的问题。在另一项与询问青少年相关的研究中，伊萨鲁（Õilsalu，2006）发现，询问未成年犯罪嫌疑人的调查人员只有16%曾在如何询问未成年人方面受到过专门教育。与培训与未成年人有效沟通所必需的技巧一样，建议使用专门的询问室询问未成年犯罪嫌疑人。

莱恩（Laine，2003）调查了询问中视频记录的使用，得出结论，视频记录可能有助于验证陈述，并且有助于预防任何关于调查人员在获取供述时使用过度暴力的指控。库拉（Kulla，2007）研究了东部地区询问室的布局。结果发现，房间的设施、配置主要考虑了安全因素，这可能无助于形成与犯罪嫌疑人之间高质量的融洽关系。建议视频记录设备应当是便携式的，以便根据询问需要重新布置房间。库拉还发现大部分房间很小，仅适合两个人，因此需要更大的房间。在这个研究中同时也发现房间应当有更好的通风，并且需要降低背景噪声。

奥皮克（Öpik，准备中）已经分析了由警官在接受培训期间实施的60起对犯罪嫌疑人的模拟询问，他指出，自由回忆通常是不被允许的，而且询问人员倾向于直接进入对问－答模式的密集使用。那些被认为是不确定的回答会被询问人员的另一个问题打断，这些询问人员试图以一个单一的侦查假说而非全部可能的情况为基础制订一项行动计划。总而言之，这些研究表明，尽管立法方面得到了很好地确立，但缺陷出现在实践中对法律法规的适用上，也就是说，调查人员是否有足够的时间并适当地接受了培训，以遵照法律推进该程序。

对调查人员的培训

询问犯罪嫌疑人的教学包括三个方面：法律规定、心理学方面（因为询问就是人与人之间沟通的一种手段）以及策略方面。在爱沙尼亚，这些技巧在塔尔图大学法律系和安全科学研究院（ASS）中被教授。因为大学的主要目的是为律师做预备教育，因此主要教授询问法律法规、心理学的一般原理及询问策略。

安全科学研究院是一个应用型的高等教育机构，它的目的不仅是为学生提供理论知识，而且要为他们提供未来工作的技能和经验，以便使学生能够在他们以良好的专业水平毕业之后开始工作。因此，需要向学生深入地教授询问犯罪嫌疑人的技巧。在数个科目中，询问策略和方法与沟通技巧，以及在不同的情况中依据法律如何实施一起被教授。当然，这并不意味着理论背景不会被教授，课程注意力也不会仅集中在实践技能上。

在总的课程中，如心理学这样的科目是首先被涵盖的。此后更多的专业科目（惩罚性法律；在关于犯罪行为的法律规定程序中引入和建构证据；法证科学的方法论）会被教授。随后教授专项课程（建构证据的策略），在该课程中询问的技巧也会被加以教授和实践。全部课程以美国联邦调查局学院（FBI Academy）使用的方法和 ICITAP（国际犯罪调查培训援助项目）（http：//www.justice.gov/criminal/icitap/）的询问方法为基础。

该课程的理论部分以从一般到更特定级别的教学为基础。也就是说，首先是关于询问的一般心理学和询问策略方法的基础，随后是更为详细的综述，该综述包括询问犯罪嫌疑人在内的法律程序的各个阶段（也就是具体的策略方法及它们的组合）。在实际培训中，特别关注的是在受训人员中培养此类智力和心理特征，这是调查不同类型犯罪所必需的（如侵犯人身的犯罪）。在基础教育和熟练教育中都使用视频反馈以正确地解决"非典型"的情况和心理障碍境况。实践训练的实施以运用两种方式解决一个"案例"的资料为基础。

首先，有一个小组讨论形式的研讨会，在那里受训者讨论询问的法律、心理学和策略方面问题。然后，形成一个询问计划。任务之一是分析基本资料以评估不同的询问情形并形成一种解决这些情形的渐进工作步骤。在研讨会上，教师要和培训人员讨论为什么受训者打算使用所选择的询问策略。教师将注意力集中在可能从此类询问计划中出现的潜在问题和受训人员使用它们的优势，但一般而言，教师并不会说受训人员的决定正确与否——因为模拟询问一旦实施，其效果就会被揭示出来。就这一点而言，学生不会被模拟询问的经验牵着走，而是从中得到教益。

这个培训的第二部分是以视频记录为基础的一种角色扮演训练，在训练中学生实施他们在研讨会中准备的询问。该训练在一个专门设计的模拟询问室中进行。在模拟询问室里只有以案件为基础确定的询问参与者［询问人员（们）、犯罪嫌疑人、法律顾问，如果需要的话还有译员］。扮演调查人员角色的人设置好模拟询问室房间的布局。在模拟询问室中有四台教师可以控制的摄像机。在教师和犯罪嫌疑人之间还有无线电连接，以便就如何表现（何时说谎或说真话、何时制造情绪上或策略上的困境）提供建议。其他受训者也可以远距离地观察实时的情况。

一旦模拟询问进行完毕，就要讨论询问的目的是否实现以及出现了哪些情绪和困难。首先，要鼓励询问人员和假装的犯罪嫌疑人都大胆地说出他们自己的感受（以减轻任何从询问中出来后的紧张感）。假扮的犯罪嫌疑人会被问到他/她扮演该角色的感觉如何，让他揭示出操控询问人员是困难还是容易，以及询问人员的行为如何对他们产生影响。

一旦这个阶段完成，接下来就要与询问人员讨论下一个主题。首先，询问活动是否按照计划进行，结合询问过程中的困难之处或意料之外的情况，讨论是否实现了询问目标，以及哪些细节没有被问及（以及询问人员认为发生这种情况的原因）。其次，进行推测性的讨论来研究如果这些漏掉的因素已被包含在可能发生的情况内，以及如果再次进行询问会有什么不同。还要予以讨论的是这个任务与现实情况的关系（也就是，学员从这个能促进实践发展的模拟询问中学到了什么）。最后，举行一次综合讨论，在讨论中所有学生都可以对参与者提出问题。在模拟训练任务结束后，教师不批评学员的表现，而是指导讨论并在最后提出通用观点和建议。在讨论期间，一起查看询问记录，这有助于让询问人员认识到他/她在询问期间有什么是没有注意到的（非言语信号、谈话中的矛盾之处、不合适的措辞等等）。

这个项目被用于在基础培训中训练受训人员，也可用于两个层级上的高级熟练技能培训（初级和高级）。这个课程不但被用于安全科学研究院，还被用于培训那些询问犯罪嫌疑人或者犯轻罪之人的边防警卫、税收海关局的调查人员、军方警务人员以及其他调查机构的专业人员。

对研究、政策和询问实践的启示

从法律的角度来看，在爱沙尼亚，关于在哪一点上的怀疑就足够使该人能够被视为犯罪嫌疑人的问题较少得到讨论。截至目前，这个问题已经从一个角度得到了分析，即任何人都应当受到国家保护以避免太过容易地成为犯罪嫌疑人。很少有注意力集中在那些未被当作犯罪嫌疑人来对待的人上面，在这种情况下并没有给予他们和那些作为犯罪嫌疑人来对待的人一样的此类法律保障（如保持沉默的权利）。

法律也没有明确地规定犯罪嫌疑人有着与证人同等的权利，以书面形式提供陈述。这一点应当被进一步明确，因为根据对抗式的司法体制，双方应当有平等的机会，且犯罪嫌疑人可以迅速地提供关于发生何事的解释。

至于虚假陈述可接受的范围界限有多宽也还没有统一的观点。例如，如果犯罪嫌疑人在询问或者对抗期间说的某些显然与证人或受害人相矛盾的话，那么在何种情况下会允许其作为犯罪嫌疑人的陈述，在何种情况下应当被视为制造虚假指控受到法律惩罚。

在爱沙尼亚仍然几乎没有关于询问犯罪嫌疑人是如何进行的研究。造成这种情况的一个原因是接触这样的询问仍然存在限制。就此而言，应当开展更多的研究，这些研究应当包括，如果有的话，犯罪嫌疑人受到如非言语沟通（包括调查人员和犯罪嫌疑人之间的空间距离、调查人员的肢体语言，等等）这样的因素影响到什么程度，以及在询问中特定因素（如种族和年龄）对获取可靠陈述的可能性如何产生影响。这些研究还应当考察调查人员应当使用哪种策略方法且在获得可靠陈述方面这些策略方法的效果如何。总而言之，在爱沙尼亚，询问犯罪嫌疑人方面的科学研究虽然已经迈出了第一步，但仍然处在初级阶段。

┃参考文献┃..

❶ Code of Criminal Procedure-RT I，04. 10. 2013，4（in Estonian）.

❷ Ginter，J. and Soo，A.（2012）'The right of the suspect to counsel in pre-trial criminal proceedings, its content, and the extent of application', *Juridica International*, 19: 170 – 8.

❸ Kahkra, L. (1935) 'Tunnistajad kriminaalprotsessis' ['Witnesses in criminal process'], *Eesti Politsei*, 4: 632.

❹ Kangur, A. (2008) 'Millal saab isiku kohtust väljapooltehtud avaldus olla tõendiks kohtumenetluses?' ['When does the statement done outside the court become evidence in criminal proceedings?'], *Juridica*, 1: 11 – 23.

❺ Karachev, K. M. (1969) *Osnovnye processualnye i krimialisticeskie polozenya doprosa obvinjaemogo* [*Mayor Procedural and Criminal Provisions of Interrogation of the Accused*]. Alma-Ata: [publisher unknown].

❻ Kärner, M. (2011) *Kahtlustatava ülekallamine kohtueelses menetluses.* [*Interviewing Suspects in Pre-trial Procedure*]. Bachelor thesis, University of Tartu, Tallinn.

❼ Kergandberg, E. and Pikamäe, P. (2013) *Kriminaalmenetluse seadustik Kommenteeritud väljaanne.* [*Code of Criminal Procedure: Comments*]. Tallinn: Juura.

❽ Kriisa, P. (2013) *Alaealise kahtlustatava ülekuulamise erisused kohtueelses menetluses.* [*The Specialties of Interviewing Minor Suspects in Pre-trial Procedure*]. Bachelor thesis, Academy of Security Sciences, Tallinn.

❾ Krüger, U. (2008) *Ü lekuulamine kohtueelses menetluses: Õiguslikud aspektid* [*Interrogation in the Pre-trial Procedure. Juridical Aspects*]. Tallinn: Sisekaitseakadeemia.

❿ Kulla, I. (2007) *Ruumi mõju ülekuulamisele Põhja Politseiprefektuuri näitel* [*The Effect of the Interviewing Room on the Interrogation in Northern Police Prefecture*]. Bachelor thesis, Academy of Security Sciences, Tallinn.

⓫ Laine, I. (2003) *Videosalvestus uurimistoimingutes* [*Videorecording Criminal Investigation Activities*]. Bachelor thesis, Academy of Security Sciences, Tallinn.

⓬ Latin, V. (2012) *Vastastamise taktika, tulemuste hindamine ning kasu-*

tamine kriminaalmenetluses [*Tactics of Confrontation, Evaluating Its Results and Use in Criminal Proceedings*]. Bachelor thesis, Academy of Security Sciences, Tallinn.

⓭ Liit, A. （1924）'Kuritegude jälgimine'['Following crimes'], *Eesti Politseileht*, 32：517.

⓮ Liit, A. （1927）*Kuritegude jälgimine*[*Following Crimes*]. Tallinn：Siseministeeriumi Administratiiw-ala kirjastus.

⓯ Lindmäe, H. （1972）*Uurimistaktika*[*Tactics of Investigation*]. Tartu State University.

⓰ Lindmäe, H. （1981）*Uurimistaktika*[*Tactics of Investigation*)]. Tartu State University.

⓱ Lindmets, H. （1992）*Uurimistaktika käsitlus Eesti Politsei kutseajakir-jas*[*Investigation Tactics in the Journal of the Estonian Police*]. Academic thesis, University of Tartu, Tartu.

⓲ Link, J. （2013）*Kahtlustatava ülekuulamise ettevalmistus ja taktika konfliktses olukorras.* [*The Preparation and Tactics of Preparation of Interviewing Suspects in a Conflict Situation*]. Bachelor thesis, Academy of Security Sciences, Tallinn.

⓳ Luzgin, I. M. and Minkovsky, G. M. （1959）*Obzor inostrannoj literatury po kriminalistike*[*Study of Foreign Literature of Forensic Science Vol. 2*]. Moscow：[publisher unknown].

⓴ Märdi, A. （1943）*Politseiline juurdlus*[*Police Investigation*]. Academic thesis, University of Tartu.

㉑ Matto, K. （1934）*Kriminaalkohtupidamise seadustik：kommentaaridega*[*Law of Criminal Procedure：With Comments*]. Tallinn：Uhiselu.

㉒ Õilsalu, K. （2006）*Alaealiste üilekuulamine kriminaalmenethuses, selle psüihholoogilised erisused.* [*Interviewing Minors in Criminal Investigation and Its Psychological Differences*]. Bachelor thesis, Academy of Security Sciences, Tallinn.

㉓ Öpik, R. (2009) Тренинговые прогармы по подготовкек расследовнию преступлений исползуемые в Академии Эстонии ['*Training programmes for preparation for crime investigation used in the Academy of the Ministry of the Interior of the Republic of Estonia*']. *Criminalistics and Forensic Examination*: *Science*, *Studies*, *Practice*. Vilnius: Lietuvos teismo ekspertizes centras.

㉔ Öpik, R. (in preparation) *An Analysis of the Quality of Mock Suspect Interviews in Estonia.*

㉕ Pae, V. (1942) *Valetumnistus* [*False Confession*]. Academic thesis, University of Tartu.

㉖ Penal Code-RT I, 04. 04. 2012, 1 (in Estonian) .

㉗ Räägo, R. (1937) *Kriminaalprotsessi õpperaamat* [*Textbook in Criminal Process*]. Tartu: Akadeemilise Kooperativi kirjastus.

第 10 章

法国对犯罪嫌疑人的询问

米特·范德海伦 (Miet Vanderhallen)

塞缪尔·德马基 (Samuel Demarchi)

劳伦特·德尔哈勒 (Laurent Delhalle)

▌简介▌

　　无论起源于哪个国家，在电视剧、电影和书籍中，审讯活动的表现通常传播着一种关于调查人员和犯罪嫌疑人进行着坦诚而直接的互动形象。他们清晰地表达了各种情感和情绪，调节压力，并以一种看起来比已准备的更具直觉性的方式行事。还可能出现调查人员的目标就是明确地追求供述；对抗被戏剧化地扩大了。这些显然都是虚构的演绎。

关于审讯和供述的一个历史上确定的实证观点

　　在法国，虽然我们会经常听到警察和首席调查员主张，供述不能够被孤立地看待，但是在实践和《刑事诉讼法典》（第 428 条）① 中仍保留了，只有单独一项证据，与其他的相比，它承载的证明力既不增加也不减少，是足以定罪的。

　　对审讯的控制也可以做一个比较。除了立法架构有这个程序必须尊重人

---

　　① 《法国刑事诉讼法典》第 428 条规定："口供与其他证据形式相同，交由法官自由评价。"（译者注）

类尊严的基本原则和保障享有辩护的基本权利（和视频记录询问一样）之外，并不存在关于控制和部署审讯犯罪嫌疑人组织的文件。根据法律规定，在审讯的环境下，司法警察只是对他选择的方法和他的调查行为负责。最重要的一点是，调查人员所使用的方法、技巧通过他们的同事等人被传承——"经验越多越好"。然而，许多研究强调了以适当的培训为主导，有方法、有组织和有计划的询问的必要性［例如，彻里曼和布尔（Cherryman and Bull），2000；克拉克和米尔恩（Clark and Milne），2001］，据我们所知，在法国的大学系统中，没有一个单独的科学项目来对审讯方法进行评估、审查、解读、修正和/或发展。但是，警察可以阅读从外国作家，主要是加拿大作家［格尼亚特（Guéniat）和法比奥（Fabio），2013；圣伊夫（St-Yves），2014；圣伊夫和柯林斯（Collins），2011；圣伊夫和兰德里（Landry），2004；圣伊夫和坦圭（Tanguay），2007］那里翻译成法语的几本最新书籍。其他非科学的出版物也是可用的［克莱门特（Clément），2004；波特利（Porteli）和克莱门特，2002］。

尽管如此，必须要注意的是法国国家宪兵队最近引进了 ProGREAI 方法（见下面的描述），这是一种致力于以理解为基础的审讯程序和在审讯中积极倾听的技巧。如今，未来的宪兵会接受初步的 ProGREAI 培训，接着是组织不间断的跟进课程，运用这个方法控制每一场询问。不过到目前为止，还没有关于其效能的实验性评估。

◆ 填补空白

评价项目的缺乏是关键性的，而且突显了法国在犯罪嫌疑人的询问方面未能采用标准化的一般程序，为此调查人员应当接受培训。但是，近年来有几份秘密报告建议，审讯放弃以技巧为基础的实用经验主义而改为受过测试的方法。这种变革意愿是以对犯罪、法律环境和审讯的认识的演变为导向的。

目前，以及大约十年前，法国宪兵队已经建议使用几种明显不同的方法和技巧来构建对犯罪嫌疑人的询问。调查人员必须采用一种受军事方法启发、被称为"关于推理的策略性方法"（Tactical Method of Reasoning，TMR）的推理框架。TMR 旨在强调那些可能直接影响调查过程的要素。该指南列举了应当检查的阶段和应当研究的点，但该方法不是一个仅带有调查过程重要方面的核对表的单一程序。它必须被看作一个对刑事案件进行分析的首要指导原则，一种综合与决策过程中的辅助手段，目的是使调查人员能够回答简单的总结性问题，例如：这是什么？犯罪嫌疑人将要问我的问题是什么类型的？何地？何时？为何？何事？用了什么？针对谁？等等。TMR 也被推荐以便有效地管理审讯策略。这与圣伊夫等人（2004）的以下五点建议相对应：

（1）保持客观性。书面陈述、证言、专家报告、法律文件、照片等会对调查人员必须设法克服的印象产生影响。保持客观性可以通过避免偏见，通过使他们自己的行为方式与犯罪嫌疑人之间保持距离，以及通过使用"方法论上的怀疑"来避免对假设的确认［罗森塔尔（Rosenthal），2000；罗森塔尔和罗斯诺（Rosnow），2009］。

（2）建立关系。调查人员必须在被审问之人（the heard person）的期待和意志与他/她自己的意志之间找到一个平衡点。在这种力量的游戏中，他/她必须保持专注于正在被使用的言辞、无声的评论、言语或非言语行为、情绪等。他或她还必须了解如何保持沉默以更好地倾听并收集信息，以及如何将沉默作为一种将被怀疑者置于一种不安的境地的技巧来使用，同时鼓励他们说话［格尼亚特和伯诺伊特（Benoit），2013］。

（3）"采取积极倾听"［罗杰斯（Rogers），1959］。鼓励讯问对象采用言语表达，例如，通过视觉或者言语提示（点头，"嗯，嗯"）的使用，通过重新整理犯罪嫌疑人说的话，通过谈论他的情绪，或者使用开放性提问。

（4）表现得专业。警察必须控制其自身的权威地位以便于沟通，但他/她也必须注意不要被构成警察拘留规则的法律要求所淹没。为了更好地沟通，建议花费至少几分钟去了解犯罪嫌疑人。

（5）知道如何结束。警察必须确保所有主要方面都被审查过，犯罪嫌疑人能够如愿表达自己，并告知他们关于后续（下一个程序阶段）的询问。

除了这些一般性的建议以外，宪兵队表达了结构化询问犯罪嫌疑人的意愿。在咨询国际专家并获得各种相关实践知识之后，特别是从英国和美国那里，一个关于谈话、询问和讯问（Processus Général de Recueil des Entretiens，Auditions et interrogatioires，or ProGREAI）采集的标准过程被发展起来。这是一个围绕三个基本阶段建立起来的信息架构：准备、控制询问和评估。除了这些阶段，架构是灵活的，必须适应被处理案件的特性、刑事诉讼程序和法律框架。

这个方法与英国调查机构使用的和平方法（PEACE）有一些相似之处。1992 年，英国内政部和警察协会资助了一项关于安装视听设备记录询问犯罪嫌疑人的可行性研究［鲍德温（Baldwin），1992］。这项研究除了它的主要目标外，指出了在对被怀疑的人进行询问的过程中几种有缺陷的做法。主要的缺点表现为：明显缺乏准备，没有精确且明确的方法，对有罪的强硬假定。基于这些因素，英国内政部要求警察部门在与犯罪嫌疑人谈话时遵守询问的一般架构。它旨在反驳"不惜一切代价"获得供认的观点，以及建立一种中立的调查程序来代替指控式调查程序。

PEACE 包括 7 项必须加以适用的一般原则——尽可能快地——适用于所有被询问的人，无论他们是证人还是犯罪嫌疑人（内政部通告，1992）。这些原则的其中几个被 ProGREAI 和 TMR 程序加以考虑，这在下文将用星号（*）标示出来。首先，询问必须在真正的开放态度下开展（*）。然后，获取的信息必须被系统化地核实和检验，并与先前获得的信息和要素相比对，以便确定可以和必须合理地确认的是什么（*）。此外，和那些正在办理的案件一样，在询问中警察必须尊重被询问者的特性（*）。另外，警官不需要止步于询问对象给出的第一个回答，持续的或反复进行的提问不会被认为是虐待（*）。推论可知，即使犯罪嫌疑人行使他/她的沉默权，调查人员也有权提出问题（*），就像调查人员可以自由地提出所有使查明真相成为可能的问题，除非被询问的人是被凌辱或被虐待的儿童（*）。最后，弱势的人，无论他们的身份（证人，受害人或者犯罪嫌疑人）如何，必须在特定的环境下被询问。不同于犯罪嫌疑人，在程序限制方面，《刑事诉讼法典》的条款要求受害人和证人不能被拘留。

除了上述一般架构或原则外，英国内政部还确定了对调查询问的具体限制：由 5 个步骤组成的"和平模式"（PEACE Model）。这 5 个步骤被依次融入 ProGREAI 的 3 个步骤中（见表 10 – 1）。

表 10 – 1　依据 PEACE 方法的阶段确定的 ProGREAI 方法的步骤

PEACE 方法	ProGREAI 方法		
	准备（计划）	询问	评估
计划 & 准备	*		
建立关系 & 解释		*	
叙述（澄清、质疑）		*	
结束		*	
评估			*

ProGREAI 方法

◆ 准备（计划）

在采取任何其他行为前，询问必须得到仔细地准备。这是一项关于演绎推理和思维的个体或集体工作。询问的策略在这个时候被确定下来。它是依赖于事实和对假设的确认或排除。调查人员必须依靠 TMR 技巧确定将会成为向犯罪嫌疑人所提问题对象的灰色地带。将主导询问的人必须注意抑制（或减少）所有潜在的干扰因素（如打电话等）。

◆ 询问

这是询问最重要的步骤。调查人员将依次进行非指控阶段（一般方法），没有指控的进攻阶段（运用特定方法，如提问更多细节、寻找行为反应），以及指控阶段。

在一开始，调查人员必须解释目的，为将来的互动奠定基础。然后调查人员开始处理法律事实。这是一个仅与犯罪事实有关的非指控性阶段。调查人员必须评估被询问人的可信度，以及他们的声明与假设和从调查准备过程中设法得到的所有已知因素的一致性。调查人员将鼓励犯罪嫌疑人讲出他们自己对于事实的描述并且不应当中断该讲话，即使在该讲话被证实为撒谎的情况下。调查人员随后通过再次拿出犯罪嫌疑人的说法并提问更多的细节来开始对话。这不是一种对质，而是以先前声明为基础搜寻信息，无论真假。在这个时候，调查人员可以不断地使用"激发"式问题，目的是获得有可能与动机（驱动力）、情感和对行为的意识有关联的行为反应。这些问题必须提前准备好以引导犯罪嫌疑人说出真相，同时使排除特定假设成为可能。

最后进行的是指控阶段，在这个阶段调查人员将暗示犯罪嫌疑人他/她涉嫌该犯罪。调查人员将使用旨在产生怀疑和破坏辩护的"陷阱"问题。它们与事实有关（证词、印痕等），暗示指控性证据可能存在，这并不需要询问对象做出任何回答。过一段时间后，犯罪嫌疑人和警察之间的对抗开始了。后者会详细说明他/她（调查人员）认为他/她（犯罪嫌疑人）有罪的结论，同时允许犯罪嫌疑人有提出另外一种说法的机会。调查人员还会提到可能的犯罪动机，并提问要求犯罪嫌疑人去澄清它们，如果他/她愿意的话。这个阶段的目标在于引起心理不适，从该犯罪嫌疑人身上发掘出案情真相（未必要获得一份供述）。

询问的最后一个步骤遵循 TMR 关于询问最后阶段的建议，这也与国家犯罪学院（NCF，2000）的建议相符。有必要向犯罪嫌疑人系统地解释询问后会发生什么，尽可能清楚地回答询问对象提出的所有问题，并为该刑事案件的下一步做准备。

◆ 评估

在询问之后，根据英国 PEACE 方法的实践，很有必要依据所有已知要素思考新的信息、优先考虑事实、被询问的人以及调查人员。调查人员还必须根据获得的信息分析成败得失，并评估它们的相关性和可靠性。最终，调查人员必须完成关于他的"表现"的自我评价，所有这些都是改进和培训的来源。NCF 建议这份自我评价应当在有一名同事或者长官在场的情况下完成（NCF，1996）。

ProGREAI 方法在询问犯罪嫌疑人的组织和优化方面构成了一次真正的进步［一个匿名消息来源称："ProGREAI 在成为一种技巧前是一种思想状态（a sfate of mind）。"］然而，法律架构的发展趋向是在询问中不断增加辩护，这就要求适应。就目前而言，警察是审讯过程中的"指挥者"。但是，在有律师的程序中，ProGREAI 方法的适用可能会被质疑，而且，这会是由警察进行的审讯程序的天然本质——也就是寻找证据，而非指控本身——决定的，这将会被修改。

结论

　　在法国，和其他许多国家一样，近几十年来的特点是，负责调查的公务人员有一种前所未有的渴望，即获得更为有效的询问被怀疑者的方法和技巧。ProGREAI 方法之所以被认为是一种进步，原因在于其使询问形成体系，这完全与该法采用前的经验主义观察模式相反。

　　然而，由于调查人员只是对他们使用的方法和工具负责，他们必须在其整个职业生涯中得到培训，尤其是接受 ProGREAI 方法更新发展的同步培训，以及严格遵循 ProGREAI 方法。此外，鼓励调查机构、研究组织以及大学之间协作，以便创制和提出新的方法，辨别最佳或者有害的询问实践，或者改进询问方法，以适应法国的犯罪调查法律框架。

┃参考文献┃

❶ Baldwin，J.（1992）*Video-taping of Police Interviews with Suspects-An Evaluation*，Police Research Series Paper No. 1. London：Home Office.

❷ Bull，R. and Cherryman，J.（1995）*Helping to Identify Skills Gaps in Specialist Investigative Interviewing：Literature Review*. London：Home Office.

❸ Bull，R. and Cherryman，J.（1996）*Helping to Identify Skills Gaps in Specialist Investigative Interviewing：Enhancement of Professional Skills*. London：Home Office，Police Department.

❹ Cherryman，J. and Bull，R.（2000）"Reflections on investigative interviewing," in F. Leishman, B. Loveday, and S. Savage (eds), *Core Issues in Policing*, 2nd edn. London: Longman.

❺ Clarke, C. and Milne, R. (2001) *National Evaluation of the PEACE Investigative Interviewing Course*. London: Home Office.

❻ Clément, S. (2004) L' *Entretien judiciaire*. Paris: Institut des hautes études de sécurité intérieure, Direction Générale de la Gendarmerie Nationale, centre de prospective.

❼ Guéniat, O. and Benoît, F. (2013) *Les secrets des interrogatoires et des interviews*. Lausanne: Presses polytechniques et universitaires romandes.

❽ Home Office Circular (1992) *Principles of Investigative Interviewing*. London: Home Office.

❾ National Crime Faculty (2000) *A Practical Guide to Investigative Interviewing*. Bramshill: National Crime Faculty, National Police Training.

❿ Portelli, S. and Clement, S. (2002) *L'Interrogatoire*. Paris: Sofiac.

⓫ Rogers, C. R. (1959) "A theory of therapy, personality, and interpersonal relationships as developed in the client-centered framework", in S. Koch (ed.) *Psychology: The Study of a Science. Vol. 3: Formulations of the Person and the Social Contexts*. New York: McGraw-Hill, pp. 184–256.

⓬ Rosenthal, R. (2000) "Expectancy effects", in A. E. Kazdin (ed.), *Encyclopedia of Psychology*. Washington, DC: American Psychological Association, pp. 294–296.

⓭ Rosenthal, R. and Rosnow, R. L. (2009) *Artifacts in Behavioral Research: Robert Rosenthal and Ralph L. Rosnow's Classic Books*. Oxford: Oxford University Press.

⓮ St-Yves, M. (2014) L' *Entrevue d'enquête: l' essentieal*. Montréal: Yvon Blais.

⓯ St-Yves, M. and Collins, P. (2011) *Psychologie de l'intervention policière en situation de crise*. Montréal: Yvon Blais.

⓰ St-Yves, M. and Landry, J. (eds.) (2004) *Psychology of Investiga-*

tive Interviewing：*From Research to Practice.* Cowansville， Quebec：Editions Yvon Blais.

❼ St-Yves，M. and Tanguay M. （2007）*Psychologie de l'enquête criminelle-La recherche de la vérité.* Montréal：Yvon Blais.

❽ St-Yves，M.，Tanguay，M. and Crépault，D. （2004）"La psychologie de la relation：cinq règles de base"，*Psychologie des entrevues d'enquête：de la recherche à la pratique.* Cowansville， Québec：Yvon Blais，pp. 135 – 153.

第11章

德国对犯罪嫌疑人的调查询问：界定了什么不可以做

雷纳特·沃尔伯特（Renate Volbert）

比安卡·贝克（Bianca Baker）

▌简介▐

在德国，对犯罪嫌疑人进行调查询问的法律框架被设计成使警察能够根据调查获取与犯罪相关的信息，同时允许犯罪嫌疑人对不利于他们的任何指控进行自我辩护。这种使警察面临实施询问的艰难任务的设置将确保犯罪嫌疑人能够行使他们的程序性权利，同时也能够使警察收集不利于他们的证据[莫尔（Mohr）等，2006]。这种设置的法律要求主要描述的是警察必须避免什么而不是具体地解释他们应当如何进行这些询问。尽管如此，警察仍被期望遵循一种信息收集型的询问方法，同时激发犯罪嫌疑人提供陈述和做出供述的积极性，但不要引起虚假供述。关于在实践中这些是如何做的了解甚少，因为德国在这个领域的研究是极其有限的。

法律背景

◆ 证人与犯罪嫌疑人的对比

首要的问题是，在何种时候某人变得足够可疑以致将被作为犯罪嫌疑人询问。《刑事诉讼法典》只在证人和犯罪嫌疑人之间做了区分。关于询问一个有犯罪嫌疑之人的实际规定取决于德国联邦最高法院的判决。证人（依据法律规定，在询问期间提供真实信息的人）通常被要求提供有助于侦破案件的信息，并不是因为他们被认为是犯罪者。然而，人们在其参与犯罪的嫌疑极小的时候，仍可以被视为证人。如果这种嫌疑在调查的过程中被证实，证人就变成了犯罪嫌疑人，调查人员随后就依法将他们视为犯罪嫌疑人处理并遵守相应的法律规定。如果他们的身份从证人转变为犯罪嫌疑人，那么随后犯罪嫌疑人必须被告知这种身份上的转变和他们作为一个犯罪嫌疑人享有的权利。他们先前的证词就没有证明价值且不能被用作不利于他们的证据。犯罪嫌疑人在他们拥有证人身份时所做的陈述，只有当他们在作为犯罪嫌疑人被提问过程中重复这些陈述，才能被用作不利于他们的证据（尽管该陈述仍然保留在案卷中）。另外，无论存在什么样的证据，所有被提起控诉的人必须被视为犯罪嫌疑人来处理。

◆ **对犯罪嫌疑人进行调查询问的警方议程**

德国《刑事诉讼法典》（StPO）的主要目标在于为犯罪嫌疑人提供一个机会以证明他们的无辜。该法典明确地规定，调查询问应该被设计来给予被指控人一个机会以消除当下被怀疑的理由，并维护其说出对他们有利的事实（§136 Ⅱ StPO）。

◆ **犯罪嫌疑人有权陈述**

《刑事诉讼法典》第§163a规定，如果犯罪嫌疑人愿意做出陈述，那么对犯罪嫌疑人的询问必须在做出调查结论前进行（除非调查终止）。在询问的时间方面没有限制，允许询问人员考虑何时进行询问效果最佳的策略方法。

◆ **犯罪嫌疑人的权利**

法律要求在第一次调查询问开始时告知犯罪嫌疑人针对他们的指控（§136 StPO）。

犯罪嫌疑人没有义务出现在警察面前，但如果被传唤，他们有义务出现在公诉人办公室或法庭上。

法律赋予犯罪嫌疑人回应指控或者保持沉默的权利，犯罪嫌疑人甚至可以选择在询问期间行使这项权利。如果犯罪嫌疑人选择行使他们的沉默权，法律禁止对这种沉默做任何假设且禁止将其在法庭上提出而用作不利于犯罪嫌疑人的证据。但是，如果犯罪嫌疑人在询问期间就特定问题保持沉默，这可以被作为不利于他们的证据。

犯罪嫌疑人有权获得法律辩护和法律咨询。这个权利意味着他们有获得自己选择的律师之自由。这还意味着咨询可能发生在警察询问之前或期间。尽管如此，这并不一定意味着在警察询问期间律师被允许在场。

犯罪嫌疑人有权要求调取可用作他们辩护的证据（§136 StPO），只要请求调取的证据与不利于他们的案件相关。

犯罪嫌疑人在他们第一次接受警察询问时必须被告知他们的权利。如果犯罪嫌疑人还没有被告知他们享有沉默权，或者如果稍后确定此项权利还没有被理解，那么在该询问期间收集的信息就不能被使用，除非犯罪嫌疑人在被告知他们有权隐瞒这些信息之后明确地同意使用这些信息。尽管如此，由犯罪嫌疑人自发提供的信息还是能够用作不利于他们的证据，只要这个信息不是被提供来回应警察提出的问题。关于这类自发性言词的进一步问题可能会被提出，但同样只有在犯罪嫌疑人已经被告知并理解他们的权利之后才能提出。如果犯罪嫌疑人已经要求与律师会见但这个要求被拒绝，那么其陈述和提问就不能被使用。此外，对于弱势犯罪嫌疑人，如 18 周岁以下的犯罪嫌疑人、患有精神疾病或智力缺陷的犯罪嫌疑人，并没有特殊的具体规定。

◆ 禁止使用的询问方法

禁止使用的审讯手段和方法详细列举在《刑事诉讼法典》的 §136a 中。尤其下面是这段规定：

（1）犯罪嫌疑人做出决定和表明他们意愿的自由，不允许用虐待、疲劳战术、身体伤害、使用药物、折磨、欺骗或者催眠等方法侵害。只允许在刑事诉讼法准许的范围内实施强制。禁止使用刑事诉讼法不允许的手段威胁犯罪嫌疑人，禁止提出无法律明文规定的利益许诺。

（2）禁止使用损害犯罪嫌疑人记忆力或者理解能力的措施。

（3）即使犯罪嫌疑人做出承诺（同意），第（1）款和第（2）款的禁止性规定也应适用。不得使用违反该禁止性规定而获得的陈述，即使犯罪嫌疑人同意使用。

但是，允许和禁止的询问方法之间并不总是界限分明的。例如，向犯罪嫌疑人提供错误事实（incorrect facts）属于被禁止的询问方法，但是，使用所谓的犯罪圈套和提出陷阱问题或者使用模糊语言是被允许的［迈耶－哥布纳（Meyer-Goβner），2011］。

审讯实践

尽管在调查询问不应如何实施方面有很多具体规定，但相对而言，在其应如何进行方面的要求则很少。法律框架明确建议询问应当遵循信息收集型的方法而不是指控性的方法。令人遗憾的是，德国在调查询问方面的教科书主要局限于描述与审讯的法律不可违背性相关的形式要求［哈布西克（Hab-schick），2010］。在如何进行调查询问方面并无具有约束力的建议，没有提供统一的培训，且当前在德国没有对于这个问题的重要讨论。

尽管如此，基本趋势还是能够被描述出来。虽然这并不是一个法律要求，关于调查询问的德国文献普遍建议，引出自由叙事并使用漏斗形（funnel-shaped）的调查策略在一份自由报告中是首要的，最终跟随其后的是提问更多的具体问题［例如，布罗克曼和舍多尔（Brockmann and Chedor），1999；哈布西克，2010；赫尔曼努兹（Hermanutz）等人，2005；丝塔伦贝格（Stüllenberg），1992］。这里也有以和平模式（PEACE Model）［见米尔恩和布尔（Milne and Bull），1999］为基础的系统化培训项目，该模式至少在德国的一些地区已经得到实施［伯瑞斯海姆和卡佩尔曼（Berresheim and Campellmann），2013；伯瑞斯海姆和韦伯（Weber），2003；克莱因（Klein）

等人，2005；韦伯和伯瑞斯海姆，2001〕。

虽然在对合作的犯罪嫌疑人使用开放性问题上似乎达成了共识，但当犯罪嫌疑人从一开始就不配合的时候警察应如何继续，目前尚不明确。合作的缺乏包括：（1）根本就缺乏做任何陈述的意愿；或者（2）提供虚假或者部分真实的信息。

莫尔等人（2006）已经批评了和平模式缺乏在关于犯罪嫌疑人有权保持沉默时如何增加其主动提供信息的积极性方面的讨论。他们推论，警察只有在他们能够与犯罪嫌疑人建立起一种致使犯罪嫌疑人感觉有义务合作的融洽关系时，才能顺利地从犯罪嫌疑人那里获取信息。

其他作者强调了个人效用最大化的重要性。布洛克曼和舍多尔（1999）主张，询问期间犯罪嫌疑人的行为是其个人动机和询问者提供的诱因之间相互影响的结果。当询问者知道犯罪嫌疑人的需要和目的时，他们可以利用诱因培养犯罪嫌疑人做出陈述的动机。犯罪嫌疑人拒绝做出陈述可能会有迥然不同的原因。如果犯罪嫌疑人权衡认为对其指控的证据不充分，此时，展示额外的已有证据，连同告知坦白可以减轻刑罚的信息，就可能大大增加他们的作证意愿。但是，如果犯罪嫌疑人对他的行为感到羞愧，那么让其与归罪证据对质可能就不会有这样的效果。在这种情况下，表达同情和理解被认为是刺激犯罪嫌疑人作证的更好策略。

伯瑞斯海姆和卡佩尔曼（2013）已经指出，对一名不合作的犯罪嫌疑人实施调查询问应当与询问合作的犯罪嫌疑人没有什么不同。他们建议告知犯罪嫌疑人他们的权利和询问本身的潜在好处。对无辜者的好处包括向其提供了说出相关信息辨明无罪的机会。对于有罪的犯罪嫌疑人，在询问中合作的好处包括供述后减轻刑罚的可能性。作者进一步建议，可能引起以拒绝作证或以否认的方式抵制陈述的信息应当事先被鉴别出来，而且只要有可能就应被制止。甚至，为了维持犯罪嫌疑人的合作意愿，该信息就不应被直接提及。相反，询问人员应当阐释其他主题，这些主题允许依据确实与案件有关的信息做出结论。只有在此之后，他们才应当转向直接质询（inquiry）或用现有证据与犯罪嫌疑人对质。直接质询应当只有在询问早期，并且有特别强有力的针对犯罪嫌疑人的证据时才进行。其他作者提出了审查不合作的犯罪嫌疑人的特别审讯技巧，如"齿行法"（zigzag method）。这是一种基于对不同主题快速、连续提问的询问方法，该方法已被证明可使坚持说谎变得更为困难（赫尔曼努兹等人，2005）。

需要进一步阐明的一个主要问题是，人们通常接受的是，调查询问应当给犯罪嫌疑人提供机会以使其说出与案件事实有关的全面且真实的信息，而不应以获取其坦白供认为导向（布洛克曼和舍多尔，1999）。例如，提高犯罪嫌疑人做陈述的意愿应当与提高其坦白的意愿明确区分开来，据此，被错误指控的犯罪嫌疑人可以将他们自己看作被逼提供虚假供述的。做陈述的意愿是一个内容中立的询问目标。其目的在于增加犯罪嫌疑人的参与感和主动提供信息的意愿，而不是过早地关注询问的结果。然而，做陈述的意愿和供述的意愿之间的界限显然很容易被模糊掉。即使是对这两个概念做了明确区分的莫尔等人（2006），有时候也会将这两个术语互换使用。考虑到在文献中这两个术语之间的界限经常被模糊，我们可以推测在实践中它们同样也经常被模糊。

因此，警官们经常性地表达了他们对于获得能够提高供述数量的技巧的需求。这可能也是在德国，过去有各种各样的倡议去实施以供述为导向的里德方法的原因［英博（Inbau）等人，2011］，即使该方法的使用在德国关于警察询问的文献中一直被劝阻且并不符合德国法律框架（韦伯和伯瑞斯海姆，2001）。

对犯罪嫌疑人询问的记录

电子记录询问过程在德国并不是强制性的；它们的过程必须通过书面形式记录。尽管如此，相关法律准则以这样的方式被制定出来，即允许在它们在应用中拥有相对广泛的自由度。例如，相关准则规定如下：

> 对于**询问的重要部分**，建议尽可能逐字地书面记录问题和回答。如果犯罪嫌疑人做出了供述，犯罪的细节应当尽可能地用犯罪嫌疑人自己的语言来记录。应当确保该记录包含了那些只有罪犯才可能知道的犯罪

细节。[Richtlinien für das Strafverfahren und das bussgeldverfahren（刑事和简易程序指南），45 段，黑体表示重点强调]

作为一种保障，犯罪嫌疑人被给予审讯后阅读记录的权利。他们随后被要求在每一页上签字以确认记录正确，在签字确认之前，记录的内容可以做出一些必要的更正。然而，据估计有超过 14% 的德国工龄人口可以被划分为半文盲（可能能够阅读单独的句子，但却无法从一个简单的文本中恰当地获取信息）[格罗特施琴和里克曼（Grotlüschen and Riekmann），2012]。这导致有必要质疑这种程序是否真的是一种充分的记录。

在实践中，法律要求以各种不同的方式被实施。有时候，询问以第三人称来总结（"犯罪嫌疑人说他……"）。在其他时候，它们以问答的形式被记录下来。然而，由于这些记录并不是以录音为基础，所记录的提问和回答并不能必然地反映出询问的确切过程。有时候，它们以第一人称自由叙述的方式被记录下来。但是，自由叙述通过审讯的警察被重新阐述的可能性并不能被排除，且诸如"经过警察的询问，我声明……"这样的语句经常被发现。

警察询问的相关文献也揭露了在如何记录一场询问方面并没有统一的、系统化的建议。例如，赫尔曼努兹等人（2005）及布洛克曼和舍多尔（1999）建议用视频或音频记录，至少是对复杂的询问（这样做），与此不同，其他学者建议只有在询问已经发生之后，才应当进行书面记录。莫尔等人（2006）建议，如"事实已经在所谓的初步询问中被讨论之后，才开始审讯的记录，所有的信息被逐步概括总结并用文本的形式表述出来是有必要的"。

但是，概括总结性记录可能会引起某种误导。它们可能会错误地暗示细节问题和罪犯的信息已经为犯罪嫌疑人所陈述，即使是在犯罪嫌疑人仅承认了指控时。此外，用问答形式做的记录由于没有逐字逐句地呈现出询问的过程，这可能导致一种假象，即压力下的询问被排除了。

班斯彻斯（Banscherus，1977）以 27 起由警察进行的模拟询问为基础，实证调查了记录的质量。他得出结论，警察询问记录深受使文本"坚不可摧"（bulletproof）的努力之影响。他分析的记录包含很多对原始陈述的省略和修改。尤其是有经验的警察倾向于修改信息以符合他们对事件的假设。如果该信息符合他们的假设，他们就会把其加入记录中；如果不符合，那么他们通常会修改甚至省略掉该信息。虽然部分记录与给出的回答和询问的过程都不相匹配，但它们仍然得到被询问者的签名确认。自班斯彻斯开展他的研究以来，尽管事实上已存在多年，但从那时起德国对于书面记录询问犯罪嫌疑人的情况还没有出现根本性的变化。这是一个重要问题，因为关于警察询问的书面记录对审判程序具有重要作用。检方的决定主要建立在案卷的基础之上，且案卷中就包括对犯罪嫌疑人进行询问的记录。法官也是以案卷中记录的内容为基础形成他们的第一印象，即使法官在审判中提出了他们自己的问题，他们也倾向于通过比较犯罪嫌疑人在庭审中的证词和警察对他们陈述的记录来评估犯罪嫌疑人的可信度。

最后，克莱因等人（2005）指出，在询问期间对获取的信息同步书面记录的需求与有效的交流方式之间是难以调和的。

实证研究

德国在警察询问方面的系统性实证研究很少，而且现有的研究基本上是过时的。但是，有几项研究已经讨论了犯罪嫌疑人供述的意愿。这些显示了一种有点矛盾的局面。与国际性的研究相比〔如莫斯顿和斯蒂芬森（Moston and Stephenson），2009〕，一些德国的研究显示出犯罪嫌疑人具有非常高的供述率。在 56 名被监禁的男性青少年的可追溯询问中，克拉海克 - 布莱格曼（Kraheck-Brägelmann，1997）发现，45% 的人做了完全供述，50% 的人做了部分供述。毕泊特（Bippert，2013）分析了 106 名被指控犯杀人罪的男性被告人，发现在整个诉讼程序期间，55% 的人做了完全供述，28% 的人做了部分供述。当仅考虑警察询问时，在所有的犯罪嫌疑人中，有 48% 的人在调查询问一开始就做了供述，有 19% 的人在警察询问期间供述，有 33% 的人没有招供。但是，这些研究分析的是不具有代表性的样本，并且只有那些将被进一步起诉的案件。一项对来自某个警察局一年时间内所有 743 名犯罪嫌疑人（不论这些案件是否受到进一步起诉）的供述情况的审查表明，有 35% 的人供述，15% 的人否认被指控的罪行，同时有 50% 的人没有做出陈述［克罗尔（Kroll），2012］。克莱因等人（2005）依据对 23 起随机选择的犯罪嫌疑人审讯过程的参与性观察和随后一个对警察的调查，研究了对犯罪嫌疑人的询问。以他们的研究结果和文献资料为基础，作者认为在警察局接受询问的被告人中有 60% 和将近 75% 的向警察提供信息的人做了供述。然而，由于这些研究绝大多数仅使用很少的样本和/或者特定组群的被告（如青少年、杀人犯罪），并且一些研究参考的是所有被报到警察那里的案件，而其他的则只是参考了那些被进一步起诉或者判决的案件，其结论很难具有普遍代表性。

根据毕泊特（2013）和克罗尔（2012）的研究，年轻、少有犯罪前科记录和未预先定罪似乎预示着较强的供述意愿（另请参阅克莱因等人，2005）。这与国际性的研究是一致的［皮尔斯（Pierce）等人，1998；泰普林（Teplin）等人，2002；维尔容（Viljoen）等人，2005］。毕泊特（2013）对记录的分析显示出，很大数量的供述是在警察审讯初期，还有克拉海克 – 布莱格曼（1997）的分析揭示了青少年说明他们主要的供述原因是害怕不这么做会使他们的处境更糟糕，这表明审讯技巧对于获取供述的重要性可能比通常认为的要更小。克罗尔（2012）强调了此点，他的报告得出的结论是做出供述的主要原因在于出示了强有力的证据。然而，克莱因等人（2005）发现，积极的询问环境是获得供述的第二大有力预测指标［另请参阅沃尔什和布尔（Bull），2012］。

结论

德国的法律框架包含了与询问犯罪嫌疑人有关的众多要求。但是，其重点更多地放在询问期间什么不可以做这个问题上面。因为《刑事诉讼法典》明确规定，警察询问应当给予犯罪嫌疑人机会以消除不利于他们的证据，很显然，法律体制的现状推荐的是信息收集型方法。但是，并没有关于这种方法应当如何实现的具体规定。关于警察审讯方面，已公开的准则始终推荐一种开放式的调查策略。尽管它们不具有法律约束力，但这些准则还是在对警察的培训中被参考。确实，似乎有一个明确的共识，即这是一种对询问持合作态度的犯罪嫌疑人（这是指做出陈述的犯罪嫌疑人和那些坦白的人）的适当方法。然而，关于如何处理那些不愿意做陈述或者否认不利于他们的指控的犯罪嫌疑人则很少能达成共识。问题在于，正是这些案件真正代表了对警察的主要挑战。

因此，在实践中，负责询问的警察通常需要策略去刺激不合作的犯罪嫌疑人以做出陈述甚至是做出供述（克莱因等人，2005）。德国警察询问的相关文献也强调了，当犯罪嫌疑人能够被刺激以做出陈述时，询问只能遵循信息收集型方法。尽管大多数作者补充说，询问应当在某种程度上被设计来增强犯罪嫌疑人合作的意愿而不是逼迫无辜者做出虚假供述，但是仍然存在风险，即做陈述的意愿与做供述的意愿区分并不明确。而这会因为现实情况而变得更为严重，即这两个术语有时候会被当作同义词使用，即使是在那些明确指出存在该风险的出版物中。在这个讨论背后的主要问题是行使沉默权所具有的意义。当这个权利存在的时候，警察期望刺激犯罪嫌疑人自动放弃它，那么它更多的是一个破坏性因素而非一个被尊重和被特别重视的权利。确实，时至今日，在刺激以提供陈述是否应当被使用，它们应当如何被使用，以及如何确保这些刺激不会增加虚假供述的风险等方面仍然没有形成明确的共识。

在这方面，警察现在必须满足许多期望。他们不得不采用信息收集型的询问方法，刺激犯罪嫌疑人做出陈述和可能的供述同时要避免诱导无辜者做出虚假供述，而且制作出关于提问和回答的适当笔录文档。德国的警察在实践中如何处理这些期待是鲜为人知的，因为在他们如何开展对犯罪嫌疑人的询问方面几乎没有任何实证研究。

▎参考文献▎

❶ Banscherus, J. (1977) *Polizeiliche Vernehmung: Formen, Verhalten, Protokollierung* [*Police Interviews: Forms, Behaviors, Documentation*]. Wiesbaden: Bundeskriminalamt.

❷ Berresheim, A. and Capellmann, M. (2013) "Personen mit und ohne Aussagewiderstand. Taktische Kommunikation im Rahmen der Strukturierten vernehmung" ["Persons with and without testimony resistance. Tactical communication in structured interviews"], *Kriminalistik*, 67 (2): 93 –99.

❸ Berresheim, A. and Weber, A. (2003) "Die Strukturierte Zeugenvernehmung und ihre Wirksamkeit" ["The structured interview and its effectiveness"], *Kriminalistik*, 57 (12): 757 – 770.

❹ Bippert, M. (2013) "Das Aussage-und Geständnisverhalten von Beschuldigten in Verfahren aufgrund von Tötungsdelikten" ["Suspects' Willingness to Give a Statement and to Confess in Homicide Cases"]. Unpublished diploma thesis, Freie Universität Berlin, Germany.

❺ Brockmann, C. and Chedor, R. (1999) *Vernehmung, Hilfen für den Praktiker* [*Police Interviewing. Practical Tips*]. Hilden: Verlag Deutsche Polizeiliteratur.

❻ Grotlüschen, A. and Riekmann, W. (eds.) (2012) *Funktionaler Analphabetismus in Deutschland*. Münster: Waxmann.

❼ Habschik, K. (2010) *Erfolgreich vernehmen* [*Successful Interviewing*], 2nd rev. edn. Heidelberg: Kriminalistik Verlag.

❽ Hermanutz, M., Litzcke, S., and Kroll, O. (2005) *Polizeiliche Vernehmung und Glaubhaftigkeit. Ein Trainingsleitfaden* [*Police Interviews and Credibility Assessment*]. Stuttgart: Richard Boorberg Verlag.

❾ Inbau, F. E., Reid, J. E., Buckley, J. P., and Jayne, B. C. (2011) *Criminal Interrogations and Confessions*, 5th edn. Burlington, MA: Jones & Bartlett Learning.

❿ Klein, F., Berresheim, A., and Weber, A. (2005) "Aussageverhalten von Beschuldigten und Konsequenzen fur die Fortbildung" ["Suspects' willingness to give a statement and its consequence on interview training"], *Polizei und Wissenschaft*, 1: 2 – 15.

⓫ Kraheck-Brägelmann, S. (1997) "Geständnisbereitschaft und-motivation jugendlicher Straftäter im Zusammenhang der polizeilichen vernehmung" ["Adolescent suspects' readiness to confess in police interviews"], in L. Greuel,

Th. Fabian，and M. Stadler（eds），*Psychologie der Zeugenaussage. Ergebnisse der rechtspsychologischen Forschung*. Weinheim：Psychologie Verlags Union，pp. 287 – 301.

⑫ Kroll，O. （2012）*Wahre und falsche Geständnisse in Vernehmungen* ［*True and False Confessions in Police Interviews*］. Stuttgart：Richard Boorberg Verlag.

⑬ Meyer-Goβner，L. （2011）*Strafprozebordnung*（Beck'sche Kurzkommentare，Vol. 6，54th edn）［Code of Criminal Procedure］. München：Beck.

⑭ Milne，R. and Bull，R. （1999）*Investigative Interviewing：Psychology and Practice*. Chichester：Wiley.

⑮ Mohr，M. ，Schimpel，F. ，and Schröer，N. （2006）*Die Beschuldigtenvernehmung* ［*Interviewing Suspects*］. Hilden：Verlag Deutsche Polizeiliteratur.

⑯ Moston，S. and Stephenson，G. M. （2009）"Denial strategies in the interview room"，R. Bull and T. Williamson（eds），*Handbook of Investigative Psychology*. Chichester：Wiley-Blackwell，pp. 17 – 34.

⑰ Pearse，J. ，Gudjonsson，G. H. ，Clare，I. C. H. ，and Rutter，S. （1998）"Police interviewing and psychological vulnerabilities：predicting the likelihood of a confession"，*Journal of Community and Applied Social Psychology*，8 （1）：1 – 21.

⑱ Stüllenberg，H. （1992）"Die Vernehmung" ［ "Police interviews"］，in W. Burghard and H. -W. Werner （eds），*Lehr-und Studienbriefe Kriminalistik Nr.* 4. Hilden：Verlag Deutsche Polizeiliteratur，pp. 3 – 61.

⑲ Teplin，L. ，Abram，K. ，Mcclelland，G. ，Dulcan M. ，and Mericle，A. （2002） "Psychiatric disorders in youth in juvenile detention"，*Archives of General Psychiatry*，59（12）：1133 – 1143.

⑳ Viljoen，J. ，Klaver，J. ，and Roesch，R. （2005）"Legal decisions of preadolescent and adolescent defendants：predictors of confessions，pleas，communication with attorneys，and appeals"，*Law and Human Behavior*，29（3）：253 – 277.

㉑ Walsh，D. and Bull，R.（2012）"How do interviewers attempt to over-come suspects' denials"，*Psychiatry*，*Psychology and Law*，19：151 – 168.

㉒ Weber，A. and Berresheim，A.（2001）"Polizeiliche Vernehmungen o-der：Schon aus Erfahrung gut?"［"Police interviewing Is experience enough?"］*Kriminalistik*，55（12）：785 – 796.

第12章

意大利的刑事审讯：法律程序和实践

安杰洛·扎帕拉（Angelo Zappalà）

弗朗西斯科·蓬佩达（Francesco Pompedda）

维托里奥·玛丽亚·罗西尼（Vittorio Maria Rossini）

马西莫·斯卡拉贝洛（Massimo Scarabello）

▌简介▌

询问和讯问实践取决于规制审判和调查的规则体系。在大陆法系的规则中（与英美法系不同），议会制定和颁布法规来规范刑事程序。在意大利，1988 年一部新的《刑事诉讼法典》（*Codice Di Procedura Penale*）①［官方刊物（Gazzetta Ufficiale），1988］开始生效，该法以对抗制为基础并受英美法系启发，形成了一套全新的约束审讯和证人证言的规则，但一些纠问制传统仍然影响着审判和审前调查期间收集口头陈述的方式。

询问和讯问实践：法律体系间的区别，审判的主导者和诉讼程序的不同阶段

审前阶段的目标在于收集案件成立的证据，因此，这是一个需要谨慎处理的阶段。在这个阶段中，询问和讯问活动可以发挥关键作用并显示出犯罪嫌疑人有关情况的重要结果。因此，此阶段涉及的诉讼参与人的相关活动和

---

① 专门致力于指导刑事诉讼程序所有阶段的一套规定。

行为受到严格规制，以便同时满足起诉犯罪收集证据的需要和保护犯罪嫌疑人诉讼权利的需要。

◆ **检察官和警察**

警察被授权口头审查任何可能拥有与案件事实及情况有关的信息之人（包括犯罪嫌疑人），并且他/她应当就每个这样的人的陈述制作一份独立的书面记录。被询问的人应当有义务回答向他/她提出的所有与这一起案件有关的提问，除非回答这样的提问会使他们陷入被指控的刑事犯罪中。在这种情况下，警察在继续讯问前必须给予该人一些警告。该人必须被告知：

——她/他有权保持沉默，但是该程序会继续进行；

——她/他所说的任何话都有可能被用作不利于她/他的证据；

——如果她/他指控其他人，那么她/他将有义务在对这些被指控人的审判期间作为证人如实作证。

对尚未被正式调查的人进行的审查也由警察执行，没有律师，并且可以在任何地点进行。一般来说，警察提问从确定对象的身份和使起诉正式化（展示指控罪行和证据）开始。如果他/她打算回答，警察随即应当中止询问。从此刻开始，只有在犯罪嫌疑人得到他/她的律师帮助的情况下，审讯才能继续下去。在这种情况下，意大利的刑事诉讼法典规定了有趣的规则。当犯罪嫌疑人被询问时，必须免受所有不当影响，包括心理上和生理上的。他/她必须自愿提供信息。警察和检察官都不能使用任何可能影响犯罪嫌疑人自主决定权，或者改变他/她的记忆或评价事实的能力之方法或技巧。这项权利在任何情况下都不能被犯罪嫌疑人放弃，即使他们希望如此。

该规则意味着，警察不能对犯罪嫌疑人撒谎以使其相信他们已经收集到不利于他/她的证据。根据意大利《刑事诉讼法典》，收集到的不利于犯罪嫌疑人的事实和证据必须被明确地说出，以便让他/她选择最好和最有效的辩护方式。他们不能使用催眠术（或者任何其他方法）迫使犯罪嫌疑人（或证人）回忆起发生了什么。

在意大利，使用谎言识别仪器，如测谎仪，是不会被法院采纳的。但是，一种新的工具［自传式 IAT（a IAT）］被用来确定犯罪嫌疑人的可信度。自传式 IAT［萨托利（Sartori）等人，2008］是对内隐联想测试（Implicit Association Test，IAT)①［格林沃尔德（Greenwald）等人，1998］的一种改造，且已经被开发来确定自传式记忆痕迹是否被编码进被告人的心理/头脑（见 http：//aiat. psy. unipd. it/）。A IAT 是一种计算机化的分类任务。该测试包含了归属于四个范畴的刺激项，其中两个属于逻辑范畴并且对被告用总为真（如"我正坐下来"）或总为假（如"我打算去游泳"）的句子来表示；另外两个范畴用选择性的自传式事件版本（例如，"我去都灵过圣诞"或者"我去罗马过圣诞"）来表示，其中只有一个是真的。真的自传式事件被检测到是因为在联合模块（combined block）中，当它把同样的动作反应分配给真的句子时，会导致更快的反应时间［艾古斯塔（Agosta）和萨托利，2013 年对此问题做过文献综述］。但是，使用相似方法的情况只在极少的案件中出现。在一起案件中（仍在上诉中），IAT 测试被用于测试一名证人的可信度。在那起案件中，该证人也是犯罪行为的受害人，因此他的可信度对于判定该犯罪行为是否为被指控的人所犯是至关重要的。最终法庭宣判犯罪嫌疑人有罪，因为该测试的结果确认了在调查和审判期间收集的其他证据。

在对抗制诉讼中，在任何情况下犯罪嫌疑人都不能被强迫供述。如果她/他愿意向警察或检察官坦白，这不会必然导致其被定罪，但可能在对他们的审判中作为证据被使用。然而，如果犯罪嫌疑人随后翻供，或者更改供述，那么原先的供述有可能不得再作为证据使用。上面所述的审讯属于一种特定的问答模式。尽管如此，在犯罪发生的地点和时间方面，警察能够从犯罪嫌疑人那里收集到自愿的声明。但这些陈述不能被用作不利于他/她的证据，而只是为了实现调查的目的。在这种情形中，警察不能主动地提问犯罪嫌疑人，直至他委托一名律师并被警告关于他所说的话之后果。

---

① 内隐联想测试是由格林沃尔德（A. G. Greenwald）在 1998 年首先提出的。内隐联想测验是以反应时为指标，通过一种计算机化的分类任务来测量两类词（概念词与属性词）之间的自动化联系的紧密程度，继而对个体的内隐态度等内隐社会认知进行测量。（来自百度百科，译者注）

◆ **律师**

在意大利的制度中，律师也有为了其委托人的利益，询问任何可能了解案件有关事实之人（包括被指控犯罪的人和犯罪的受害人）的资格。为了做到这些，他们必须向被询问人制作一份书面请求以要求他们同意被询问。任何接到这样一个请求的个体可能会同意被询问，但是他没有义务这么做。如果某人拒绝被询问，提出请求的律师可以要求法官或者检察官强制该个体出庭以便接受询问。来自律师对法官的该请求并不意味着律师将失去亲自询问犯罪嫌疑人的权利。在这两种情况下，被提问的人都有义务如实回答并对任何虚假陈述承担刑事责任。有必要再次强调的是，如果提问的对象是被指控犯罪的人，该法典要求询问必须在有被指控人的法律顾问在场的情况下方可进行。

这些调查询问被划分为两个类别：正式的和非正式的。

——正式询问有别于非正式询问是因为其意味着询问必须被记录下来。对询问的记录要遵循若干规定：（1）询问必须被全面且无遗漏地记录下来；（2）仅制作一份录像记录是不够的；（3）必须有对询问的书面记录和录音记录。

——非正式询问被用于一般的信息收集。如果一名律师想要在庭审期间使用来自询问的信息，该信息必须来源于一个被正式记录的会谈（session）。当一个证人的口头证词与他们在询问期间所做的陈述相矛盾时，其可能被用在审判中。如果一个非正式询问在审判期间被使用，那么严禁省略部分询问。正如其必须被全面、完全地记录，在审判期间它也必须被完整地使用。

就询问方法而言，律师与检察官和警察受到同样的限制。他们不能做任何事情去强迫某个人说出特定的事情。被询问的人必须能够在没有任何针对回答者的外部影响的条件下回答提问。

◆ **审判阶段**

刑事诉讼程序对抗制和纠问制模式之间的差异在审判阶段变得非常明显。

口头证据被收集并随后被用于证明相关事实，这个事实证明过程决定了上述差异。在纠问制中，审判一般由讯问被告人、证人和专家的主审法官控制。在对抗制中，法官的作用局限于主持当事人的证据展示。两种制度的利弊一直以来都是学术争论的对象。在某种程度上，审判模式之间的差异是技术上而非实质上的；只要，除了所有有关当事人以外，法庭有权提问证人，讯问的顺序就没有关系了。

但是，在对抗制和纠问制之间有一个基本的差别，这与二者对程序的目标之不同界定有关。纠问制的法官有责任确定一份与事实有关的完整陈述提供给法庭，这样，裁决就可以以"真相"为基础。相比之下，在对抗制中，事实的发现者决定事实依据，法官确定对当事人（对立的双方）提交的事实进行推理。无论是法庭还是陪审团都无权探究事实背景或者主动地提出证据（在大多数制度中）。这对用于提问证人或者犯罪嫌疑人的技巧产生了影响。在初步调查和审判期间犯罪嫌疑人都不是必然以真相作答，如果他/她想要回答的话。这就是被称为沉默权原则（nemo tenetur se detegere）的一个结果，这意味着，无论如何，没有人必须被强迫说一些会导致不利于他/她的指控的话。换言之，犯罪嫌疑人可以对涉及他/她自己责任的事说谎，而完全没有后果。这个重要规定，连同在这种情况下如何提问方面没有规章的事实，可以为被控告人的律师为了辩护的目的而使用，就这个意义而言，律师建议被控告人说什么都是可能的。

◆ 培训

在意大利，警察或公诉人在刑事审讯的技巧和策略方面没有接受过任何专门的培训，尽管这是由这些专业人士负责的其中一项主要工作。此外，关于开展调查询问的最好方法并没有什么程序或指南。尽管似乎有一种标准化的询问在被这些专业人士中的大部分人使用，但这并没有得到任何实证研究结果的支持。而且，这类询问的使用可能是有害的，因为这可能导致询问者使用暗示性提问或行为，并误判询问对象的某些非言语行为，并将该结果作为证据使用。

◆ 在意大利使用的讯问策略和技巧

在这个部分中，我们将报告一些在特定犯罪讯问期间为警察所使用的策略和技巧。虽然我们使用的术语、策略和技巧与警察有关，也可用来表示公诉人。在缺乏已发表研究成果的情况下，我们参考的是自己的经验和我们必须考虑的资料。由于缺乏得到实证验证的审讯技巧方面的官方培训，许多警察和公诉人对刑事审讯或调查询问期间出现的心理机制有一个天真的想法。据我们所知，虽然在意大利对刑事审讯的系统化研究尚未得到开展，但非官方和未发表的研究结果展示了几个关于在刑事审讯期间哪些是有效的典型技巧和一般做法。例如，许多警察相信有许多种暗示某人在说谎时的非言语行为模式。通常这些观点来自对保罗·埃克曼（Paul Ekman，2014）在识别谎言方面利用微表情或情绪的工作成果的学习和理解，这在意大利是非常普遍的。被认为暗示了某人正在说谎的非言语行为模式有：（1）回避眼神接触；（2）微笑；（3）转身；（4）做手势和一般而言任何精神紧张的迹象。但是，整体上对欺骗和识别谎言的非言语和言语线索方面的研究结果一直被广泛地忽视［见瓦里吉（Vrij）的对此问题的综述，2008］。之所以这样，原因在于缺乏有关刑事审讯的专业课程（正如我们将在下面"培训"的部分中看到的），以及在这个课题方面的实证研究少有传播。因此，在警察间普遍持有的关于说谎线索的知识并非以任何科学文献为基础。

同时，从逸事证据（anecdotal evidence）来看，唱"红脸和黑脸"（good cop/bad cop）技巧的使用是司空见惯的事。虽然当问及警察关于使用这种策略的效用时被予以否认，但刑事审讯的记录表明这是非常普遍的。关于刑事审讯期间的谈话模式，一项对非随机选择的未公开刑事审讯记录所做的分析揭示了，警察是多么不经常地使用开放式提问，而且出于减少犯罪嫌疑人的困惑并使他/她难以编造虚假故事的意图，警察经常打断犯罪嫌疑人的陈述。关于讯问期间证据的使用，需要注意的是当警察拥有不利于犯罪嫌疑人的证据时，他们通常会在审讯一开始就展示出来，而不考虑由格兰海格（Gran-hag）等人（2007）得出的研究结果，即他们共同建议可用的证据在审讯伊始不应当被使用。意大利的逸事案例与斯蒂芬森和莫斯顿的研究结果［斯蒂芬森和莫斯顿（Stephenson and Moston），1993，1994〕一致表明：证据的可用性影响询问所使用的策略模式（当证据被评估为弱的时候，警察使用信息收集型询问策略，不同于证据被评估为强时，询问者使用指控式的策略方法）。

在刑事审讯中最常见的技巧包括延长审讯的持续时间。主要的观点就是一个人总是能够说真话的，即使他/她非常紧张，而且紧张状态引起的疲劳会使其难以说谎。虚假供述现象和关于此问题的大量心理学文献基本上都被忽视了〔卡辛和古德琼森（Kassin and Gudjonsson，2004），对此问题的综述〕。警察们相信虚假供述可能是犯罪嫌疑人精神障碍的产物或者保护某些人的故意方法。警察们基本上忽略了或者他们严重低估了压力情境下打断犯罪嫌疑人的供述是造成虚假供述的方式。然而，值得注意的是，低估虚假供述的人不止是警察，在意大利，关于虚假供述的科学文献在心理学家和精神病学家当中也被广泛地忽视。

审讯涉嫌性犯罪的嫌疑人

在询问涉嫌对成年女性实施性犯罪的犯罪嫌疑人的案件中，常常被使用的策略就是唱"红脸和黑脸"的老一套，这里的"黑脸"指使用猛男讯问风格（macho style），而"红脸"遵循一些里德讯问法（Reid techniques of interrogation）中使用的策略〔英博（Inbau）等人，2011〕。换言之，这种策略和技巧是针对那些罪行确定或者基本确定的犯罪嫌疑人所进行的询问。警察会对该对象表示同情，通过告诉她/他，任何其他人在相似的条件或情境下可能会做出同样的事情，或者通过最小化关于他们所犯罪行的道德严重性来减少讯问对象的负罪感，或者指出原告或受害人那一方夸张的可能性或者夸大犯罪本身的性质和严重性。但是，询问人员的态度是根据犯罪嫌疑人所做的陈述而改变的。事实上，对于那些否认指控但询问人员相信他们是有罪的犯罪嫌疑人，询问风格以对抗、施压和强制为特征，而当犯罪嫌疑人承认他们的性犯罪时，询问者采用的是同情的风格〔霍姆伯格（Holmberg），1996〕。

在针对被指控性侵害儿童的人进行审讯的案件中，询问风格根据犯罪的严重性和恋童癖的种类而变化。首先需要注意的是，并非所有对儿童实施犯罪的被告人都是恋童癖——对儿童实施性犯罪的人中只有大约一半人具有这样的倾向［斯托（Seto），2008］。即使警察们忽视了这种差异，审讯风格还是根据犯罪嫌疑人是否是一个猥亵儿童者或者一个恋童癖而变化。猥亵儿童者（主要性取向面向成年人，但也可能是猥亵儿童的人）通常被警察用粗率和对抗性的方式讯问。对非接触式的罪犯（即那些看儿童色情材料的人），审讯的风格是试图与犯罪嫌疑人建立起同情的关系。对于涉嫌"接触"的恋童癖罪犯（无论是否发生性行为），审讯的风格通常以"缓和"及同情的方式开始，但如果该罪犯不承认犯罪的话，则会很快改变。需要注意的是，关于性犯罪者的认知扭曲［罪犯认为并告诉自己和其他人，该行为允许他们向自己证明其行为是正当的——参见艾贝尔（Abel）等人，1984，1989；波洛克和哈什玛尔（Pollock and Hashmall），1991；罗杰斯和迪基（Rogers and Dickey），1991；内迪迦和克洛普（Neidigha and Krop），1992；巴姆比（Bumby），1996］方面的科学文献在意大利似乎要么是不为人所知，要么是被广泛地忽视。认知扭曲包括认为犯罪行为是正当的，否认犯罪和最小化犯罪。如果这些知识警察们都知道，将提高对这类犯罪嫌疑人进行的讯问活动的质量。

普通犯罪行为的审讯

对抢劫犯、银行抢劫犯和其他普通罪犯的刑事审讯以缺乏询问者的同情，以及通常缺乏建立融洽关系这一阶段为特点。审讯通常以对抗性和"寻求供述"的风格进行，在这种风格中，讯问人员通过一连串的提问获得控制权，目的是对犯罪嫌疑人持续施加压力。

◆ 家庭暴力犯罪案件中的审讯

在涉嫌家庭暴力犯罪的案件中，审讯的风格往往根据案件的实际情况（根据虐待的严重性、被控虐待的次数、受害人的作用、犯罪嫌疑人是否经常使用毒品或酒精）而改变。当被控的虐待只有一两次，审讯风格就是一种信息收集型风格（如："那么好了，告诉我你和你的妻子之间发生事情是怎么样的吧？怎么了？我们在这里是想了解发生了什么……"）。如果犯罪嫌疑人是酒精依赖者并且/或者虐待行为的次数超过两次，审讯风格就与针对反社会人的相似：讯问人员看起来并未与犯罪嫌疑人建立融洽关系，而且审讯通常以一种对抗性的方式进行。事实上，这正是我们目前正在转向的领域。

◆ **对有组织犯罪的犯罪嫌疑人的审讯**

众所周知，在意大利，长期以来，有组织犯罪一直困扰着政治、经济和无数民众的日常生活。现在在意大利，几个本地的犯罪组织［如黑手党（the Mafia）、光荣会（the Ndrangheta）以及克莫拉（the Camorra），这里只列举这些最为著名的组织］和来自欧洲及其他大陆的新犯罪组织一样活动着。如果我们只考虑本国的犯罪组织，那么需要注意的是，每个组织都是一个意大利地区的典型（例如，黑手党在西西里岛，光荣会在卡拉布利亚，克莫拉在坎帕尼亚）。意大利的犯罪组织尤其具有以复杂的网络和数百名成员为特征的结构。此外，这些帮派的成员通过亲属关系或者有赖于荣誉像军队的士兵一样相互关联。成员们通过类似宗教仪式的礼节向组织宣誓忠心。另外，每个组织讲不同的方言并且有他们自己的礼仪、组织层级和他们自己的人类学。警察必须具有广泛地来自与网络节点有关的方言知识技巧（这是理解和被理解的关键），才能深入了解每个特定组织成员的犯罪心理。除此之外，讯问人员必须展示权威以吸引犯罪嫌疑人的注意力。和普通犯罪不同，这些组织的成员是特别难以被讯问的，这类犯罪嫌疑人有着很长的职业犯罪生涯，通常具有反社会人格障碍和其他精神变态特征。

未来的方向

在我们看来，为了提高刑事审讯的质量，有必要在公诉人和警察中间传播什么是行之有效的审讯的实证研究结果。此外，（以"在实践中学习"为基础）应当提供由经常审讯犯罪嫌疑人的专业人士讲授的培训课程。

▌参考文献 ▌

❶ Abel, G. G. , Becker, J. V. and Cunningham-Rathner, J. （1984） 'Complications, consent, and cognitions in sex between children and adults', *International Journal of Law and Psychiatry*, 7 （1）: 89 – 103.

❷ Abel, G. G. , Gore, D. K. , Holland, C. L. , and Camp, N. （1989） 'The measurement of the cognitive distortions of child molesters', *Annals of Sex Research*, 2 （2）: 135 – 152.

❸ Agosta, S. and Sartori, G. （2013） 'The autobiographical IAT: a review', *Frontiers in Psychology*, 4: 519.

❹ Bumby, K. M. （1996） 'Assessing the cognitive distortions of child molesters and rapists: developments and validation of the MOLEST and RAPE scales', *Sexual Abuse: A Journal of Research and Treatment*, 8: 37 – 54.

❺ Ekman, P. （2014） *I volti della menzogna. Gli indizi dell' inganno nei rapporti interpersonali* [*The Faces of Lies: The Evidence of Deception in Relationships*]. Florence: Giunti Editore.

❻ Gazzetta Ufficiale Italiana （1988） *Decreto del presidente della repubblica 22 settembre 1988, n.* 447. Retrieved from: http: //www. giustizia. lazio. it/appello. it/form_ onoraria/circolari/Codice% 20procedura% 020penale% 202011. pdf）.

❼ Granhag P. A. , Strömwall, L. and Hartwig, M. （2007） 'The sue-technique: the way to interview to detect deception', *Forensic Update*, 88: 25 – 9.

❽ Greenwald, A. G. , Mcghee, D. E. and Schwartz, J. K. L. （1998） 'Measuring individual differences in implicit cognition: the Implicit Association Test', *Journal of Personality and Social Psychology*, 74: 1464 – 1480.

❾ Holmberg, U. （1996） *Sexualbrottsförövares uppleveler av polisförhör*, Report Series 1996: 7. Kristianstad: Kristianstad University.

❿ Holmberg, U. and Christianson, S. -A. （2002） ' "Murderers" and sexual offenders "experiences" of police interviews and their inclination to admit or deny crimes', *Behavioral Sciences and the Law*, 20: 31 – 45.

⓫ Inbau, F. E. , Reid, J. E. , Buckley J. P. and Jayne, B. C. （2011）

Criminal Interrogation and Confessions, 5th edn. Burlington, MA: Jones & Bartlett Learning.

⑫ Kassin, S. and Gudjonsson, G. (2004)'The psychology of confession evidence: a review of the literature and issues'. *Psychological Science in the Public Interest*, 5: 2.

⑬ Leo, R. A. (1992)'From coercion to deception: the changing nature of police interrogation in America', *Crime, Law and Social Change*, 18: 35 – 59.

⑭ Leo, R. A. (1996) 'Criminal law: inside the interrogation room', *Journal of Criminal Law and Criminology*, 86 (2): 266 – 303.

⑮ Moston, S. and Engelberg, T. (1993) 'Police questioning techniques in tape recorded interviews with criminal suspects', *Policing and Society*, 3: 223 – 237.

⑯ Moston, S. and Stephenson, G. M. (1993)'The changing face of police interrogation', *Journal of Community and Applied Social Psychology*, 3: 101 – 115.

⑰ Neidigh, L. and Krop, H. (1992) 'Cognitive distortions among child sexual offenders', *Journal of Sex Education and Therapy*, 18: 208 – 215.

⑱ Pollock, N. L. and Hashmall, J. M. (1991)'The excuses of child molesters', *Behavioral Sciences and the Law*, 9 (1): 53 – 59.

⑲ Rogers, R. and Dickey, R. (1991)'Denial and minimization among sex offenders', *Sexual Abuse: A Journal of Research and Treatment*, 4 (1): 49 – 63.

⑳ Sartori, G., Agosta, S., Zogmaister, C., Ferrara, S. D. and Castiello, U. (2008)'How to accurately detect autobiographical events', *Psychological Science*, 19: 772 – 780.

㉑ Seto, M. C. (2008) *Understanding Pedophilia and Sexual Offending Against Children Theory, Assessment, and Intervention.* Washington, DC: American Psychological Association.

㉒ Vrij, A. (2008) *Detecting Lies and Deceit: Pitfalls and Opportunities*, Wiley Series in the Psychology of Crime, Policing and Law. Chichester: Wiley.

第13章

荷兰对犯罪嫌疑人的调查询问：
当前实践及历史发展

马基恩·范·比克（Martijn van Beek）

乔斯·霍肯迪克（Jos Hoekendijk）

▌简介▐ --

人们普遍认为，在荷兰，当代犯罪调查方法的开始是 2000 年斯希丹公园谋杀案（Schiedam Park Murder）余波所导致的结果。在这起案件中，犯罪嫌疑人塞斯·B（Cees B.）向警察供述他强奸并杀害了一名 10 岁的女孩，还于 2 个月前在斯希丹杜赫市的比垂克斯公园强奸并试图杀害一名 11 岁的男孩。塞斯·B 在一天后撤回了他的供述，2002 年荷兰上诉法院判处他 18 个月监禁。然而，在 2004 年，另一个男人，维克·H（Wik H.）被发现是真正的行凶者。尽管斯希丹公园谋杀案并不是荷兰 20 世纪 90 年代到 21 世纪头几年唯一的误判案件，但它可能是被审查得最为彻底的一个 ［例如，范·克彭（Van Koppen）等人，2010；克莱门特（Clément）等人，2009；波斯蒂默斯（Posthumus），2005；范·克彭，2003］。斯希丹案导致公诉机构、国家法医学和警务研究所（National Institute of Forensic and Police）制定了一个改进项目计划（荷兰公共安全与司法部，2005）。

在本章中我们将按逻辑顺序讨论下面内容：（1）关于培训荷兰侦查人员询问犯罪嫌疑人的改进项目的含义；（2）关于询问弱势犯罪嫌疑人的最新发展；（3）荷兰侦查人员接受的培训中的询问工具和策略；（4）未来发展方向。

◆ **教育**

　　关于调查询问，荷兰警察致力于改进计划所规定的几个指南。这些指南包括了，尤其是为实施准备充分的询问而进行培训（在基础和专家层级）的必要性，特别是在大案要案中；记载询问目标和策略的必要性；以及指导询问人员（听取询问报告）并向询问者做事先指导的必要性。自 2006 年以来，每个警务区都必须拟定一份协议以确保这些问题得到实施。该改进计划提到了"乌特勒支方法"（Utrecht approach），将其作为"最佳实践"的范例。这个方法指的是 1999 年由荷兰警察学院为乌特勒支地区警察制定的一个培训项目［个人沟通，德·弗里斯（De Vries），2014 年 1 月 28 日］，其在近几年已经成为调查询问方面对侦查人员进行全国性教育培训的标准。为了培训侦查人员至最高询问等级，该项目产生了 2 个课程。2013 年，这些课程被融入现有的关于询问的专业培训（PTI①）课程中。

　　PTI 是一个包含以下模块的 320 小时学习时间的培训项目：

　　1. 个人效能：有关自我反思的模块，目的是改善学习方式（态度）并认识到在询问期间询问人员自己行为的可能影响。

　　2. 改进了的证据矩阵（evidence matrix）：使用证据矩阵的基础培训。该矩阵将在本章后面讨论。

　　3. 人际导向的询问（person-oriented interview）：培训与犯罪嫌疑人（或证人）建立融洽关系并讨论个人主题。

　　4. 改进后的以案件为导向的询问（case-oriented interview）：关于与犯罪嫌疑人讨论案件相关主题的基础培训。

　　5. 强化的证人询问：关于证人询问的基础培训。

　　A 整合模块 1：通过在各自所在的警察局准备并进行一次询问，整合从模块 1 至模块 5 中学到的知识和技巧，同时接受导师和同学的监督。

　　6. 文化：在文化（跨文化）方面关于询问犯罪嫌疑人和证人的培训。

---

① 荷兰语：Professioneel Verhoor（PV）.

7. 精神病理学：关于证人和犯罪嫌疑人（可能存在的）精神疾病方面的认知培训。

8. 第三者：关于如何与询问期间在场的第三者（律师、翻译、心理医生）进行合作的培训。

B 整合模块 2：整合从模块 6、模块 7 和模块 8 中学到的知识和技巧，通过准备和进行一次受到监督的询问，询问中带有关于文化、精神病理学以及/或者第三者在场的因素。

从 2015 年开始，该课程还将包括指导同行询问人员的模块。PTI 的参与者被要求接受两次考试，以便顺利地完成所有模块的学习。在模块 1 ~ 5 和 A 中，参与者必须在角色扮演的背景下，准备并进行一次同时有证人和犯罪嫌疑人的询问；而在模块 6 ~ 8 和 B 中，同样是在角色扮演的背景下，他们必须准备并进行一次对犯罪嫌疑人的询问，犯罪嫌疑人要么有精神疾病要么是没有西方文化背景的人。参与者可以选择跟随课程直至第一次考试，并且如果他们愿意，可以将第二部分推迟到一段时间之后。

询问弱势犯罪嫌疑人

另一起在荷兰引起争议的案件是"冰激凌男子"[1] 案。这个案件涉及一名被警方询问的男子，该男子被认为隐藏了一名被报告失踪的男性尸体，目的是阻碍对这名受害人下落的调查。警方耗费了四年时间才发现尸体，与此同时，犯罪嫌疑人已经三次患脑溢血。部分警方询问的录音，展示了一个在注意力、思考和交谈方面有困难的男人，2008 年这些录音在电视上播出后，导致荷兰议会提出了关于适用于这类弱势之人的询问方法的提案（司法部，2008）。这个争论导致了一个被称为询问弱势犯罪嫌疑人的课程（IVS[2]）被引进。第一次培训（224 小时）在 2012 年举行。重点解决以下问题：

——提高对于（询问）弱势犯罪嫌疑人在法律和道德上进退两难困境的认识。

---

① 冰激凌男子：犯罪嫌疑人的别称，过去曾经卖冰激凌的男人。

② 荷兰语：Verhoor Kwetsbare Verdachten（VKV）。

——识别潜在的弱势性标志，如智力受损或者一些精神疾病，这可能导致增加易受暗示性和/或顺从的危险。

——把围绕犯罪嫌疑人的、来源于第三者的信息融入询问的准备和进行中，即监督者、律师、医生或神经病学家。

IVS 课程的内容包含了在精神病学/神经学领域或者青春期和/或认知障碍方面的实习期（32 学时），学习了解这类弱势者的相关日常生活，例如，在角色扮演的背景下询问犯罪嫌疑人。那些 IVS 课程的参与者要在角色扮演的背景下被测试，他们必须准备并实施一次对弱势犯罪嫌疑人的询问。该培训向那些已经成功完成 PTI 课程和/或已经成功完成对性犯罪案件中弱势证人进行询问之培训的侦查人员开放 [见里斯彭斯和范·德·斯伦（Rispens and Van der Sleen，2015）关于该培训的详细描述]。

询问工具和策略

培训和实践中的关键因素是证据矩阵，初次接触，人际导向的询问，以案件为导向的询问以及询问证人的通用模式。除了询问证人模式（里斯彭斯和范·德·斯伦，2015）以外，其他主题都将在本节中相继进行讨论。

◆ **证据矩阵**

证据矩阵是调查小组在询问的开始评估可用的（潜在的）归罪和辩解信息的手段（见表 13 -1）。当使用证据矩阵工作时，矩阵必须基于调查目的存档备案。表 13 -1 是此类矩阵的一个例子，在表中，调查对象涉及的犯罪可能是谋杀或者过失杀人。

正如表 13 -1 所展示的那样，一个证据矩阵包括犯罪嫌疑人被指控的刑法条款，连同 6 个纵列一起。第一列（"要素"）表示构成该条款犯罪的不同要素。根据荷兰的纠问式刑事司法体系，当每个独立的要素都有充分证据时，法官只能判定犯罪嫌疑人有罪。第二列（"含义"）解释了特定要素的含义，这个通常能在法律理论中找到。例如，预谋犯罪要求犯罪者的主观标志是

（仅是）在实施犯罪行为前"冷静且故意"。① 在第三列（"策略性线索"）中，侦查人员提出被认为是潜在的多项证据的策略性线索，该线索与刑法条款对应的要素相关。② 这将允许他/她（侦查人员）评估是否存在与特定要素有关的归罪信息，或者存在可能将犯罪嫌疑人从涉嫌的那个要素中排除出来的信息（这意味着他/她可能是无辜的或者他/她的罪行可能是另一个刑法条款规定的犯罪）。这样的方法能够强调在调查中此时会遗漏的归罪和辩解信息（在第五列中提到）。这种分析允许调查小组确立继续调查的目标（这些被写在第四列"目标"中）。务必要注意的是，矩阵本质是动态的。其指导并紧随进一步的调查，每次与结果相符的目标都是一个新的归罪或辩解策略性线索。在第六列（"行为"）中，小组可以规划那些可能用来收集满足目标需要的信息的调查行为。这些行为包括了全部的警察调查策略和战术，从询问证人到监听犯罪嫌疑人或者从专家那里寻求法医证据。

表 13-1　证据矩阵

谋杀罪（刑法第 289 条）：任何故意或预谋杀害他人之人构成谋杀罪，可处终身监禁或刑期不超过 30 年的监禁或者 67,000 欧元罚金。*					
要素	含义	策略性线索	目标	归罪或辩解	行为
任何故意或预谋杀害他人之人					

　*荷兰语：Hij die opzettelijk en met voorbedachten rade een ander van het leven berooft, wordt, als schuldig aan moord, gestraft met levenslange gevangenisstraf of tijdelijke van ten hoogste dertig jaren of geldboete van de vijfde categorie.

　表格来源：范·阿莫斯福特（Van Amelsvoort）等人（2012）。转载许可来自瑞德商务资讯公司（Reed Business Information）和英克·里斯彭斯（Imke Rispens）。

　　在理想情况下，询问犯罪嫌疑人将只会在所有或大部分其他可能的调查行为结束后方可进行。此时，在询问和潜在的辩解性线索（明显地）被其他调查行为的结果证明为虚假的时候，就有可用的归罪策略性线索去质疑犯罪嫌疑人。收集到的线索以及与仍空缺的目标有关的问题有助于询问者准备和

---

　　① 荷兰语：kalm en rijp beraad。
　　② 策略性线索（tactical clues）被定义为一份可能将犯罪嫌疑人与案件关联起来的有来源的信息［范·阿莫斯福特（Van Amelsvoort）等人，2015］。由于荷兰的纠问制刑事司法体系，荷兰警察用策略性线索这一概念代替多项证据，这些信息（最终）是否被视为证据由法庭决定。

开展询问。这一点是如何实现的问题将在本章稍后部分描述"以案件为导向的询问"时加以讨论。

◆ **初次接触**

"初次接触"是每个调查询问的开始阶段（范·阿莫斯福特等人，2015）。其有助于询问人员构建随后的询问架构并有助于被询问者适应询问情境［范·登·阿德尔（Van den Adel），1997］。询问人员解释询问的原因和法律程序。角色和职务也会被解释，而且询问人员要确保犯罪嫌疑人完全了解他/她的法律权利。自知道这些要素都是在询问的"以案件为导向部分"中策略选择的关键因素后，询问这个开始阶段的其他目的就是检验犯罪嫌疑人与询问人员（们）[1] 谈话的意愿，并观察所有关于其弱势的迹象。实现得较好的初次接触可以向犯罪嫌疑人展示询问人员的态度是一丝不苟的，而这是许多犯罪嫌疑人可能会欣赏的。这样可以为良好的合作关系提供一种激励。初次接触同样为询问人员提供了机会以回答犯罪嫌疑人可能提出的任何问题，其优点是这些问题随后不会再形成询问过程中的障碍。

◆ **人际导向的询问**

总体来说，"人际导向的询问"（POI）阶段构成了询问的一个有机组成部分，特别是它对"初次接触"阶段做了补充。它通过分析提供对犯罪嫌疑人更深入的了解。在实践中，POI 一般在"以案件为导向的询问"之前。在POI 期间，不应该有任何关于犯罪本身的讨论。压力的建立，以及用不利于犯罪嫌疑人的策略性线索质疑其陈述，原则上是不存在的。POI 力图引导一种动态的、自然的交流方式。POI 可以被细分为 3 个阶段（见表 13 - 2）。询问人员通过声明他/她首先想要谈论更多的个人主题来导入"人际导向的询问"，目的是获得关于犯罪嫌疑人的一个更加清晰的形象。通过讨论这些与个人有关的主题，几个询问策略的目标得以实现。首先是建立起融洽关系。这与一种普遍观点是相一致的，该观点认为建立融洽关系是询问成功的一个

---

① 总体来说，在荷兰，询问中等至重大犯罪案件的犯罪嫌疑人由两名侦探进行。

因素［例如，阿贝和布兰登（Abbe and Brandon），2014；范德海伦（Vanderhallen）等人，2011；沃尔什和布尔（Walsh and Bull），2012］，而且，对工作关系的感知质量与犯罪嫌疑人的谈话意愿之间似乎明显存在相关性（范德海伦等人，2014）。

通过讨论看起来并不直接与案件相关的主题，至少在犯罪嫌疑人眼里，可以邀请犯罪嫌疑人进入对话中并且能够增进询问人员和犯罪嫌疑人之间的工作关系。此外，这很可能给予询问人员一个展示他/她意图的机会，这种展示应当是值得信任且中立的。

表 13 - 2　POI 的三个阶段

阶段	行为
开始	介绍询问的目的
讨论与个人相关的主题	建立融洽关系 完善有关犯罪嫌疑人的信息 确定犯罪嫌疑人是否愿意提供陈述 其他要素：观察犯罪嫌疑人与潜在标志有关的行为，如弱势、合作或者抵抗 形成策略性线索 正常水平的紧张度 提高犯罪嫌疑人谈话的意愿
结束	解释进一步的诉讼程序并引入"以案件为导向的询问"

表格来源：范·阿莫斯福特等人（2015）。转载许可来自瑞德商业信息公司。

一方面，犯罪嫌疑人能够习惯于询问人员及他/她的提问风格。另一方面，POI 通过讨论特定主题有助于收集与犯罪嫌疑人有关的信息。这些主题应当与犯罪、犯罪嫌疑人可能的动机和/或犯罪嫌疑人的性格（间接）相关。下面的图 13 - 1 就说明了这一点，这是一张反映了一个家庭暴力案件中关于相关主题、目的和潜在纽带的思维导图。注意这张思维导图能够很容易地进入询问以帮助指导询问人员。该思维导图中所有的主题都与犯罪、可能的动机和犯罪嫌疑人的性格有关。注意这个方法可能在情感更为丰富的犯罪上尤为有效，因为犯罪行为、犯罪动机和性格之间有着强有力的联系，图 13 - 1 中的案件就是一个典型的例子。总体来说，当犯罪是由情感驱使时，像性格和态度这些方面在动机和/或作案惯用手法上的反应更为强烈。关于犯罪和情感动机之间这种联系的例子在一些系列纵火犯中可以看到，他们通常受到内心冲突和日常生活中失败经历的驱使而认人放火，将其作为一种心理不正常的缓解压力的方式［舍恩迈克（Schoenmakers）等人，2010］。可以在这类案件中部署 POI，以便从犯罪嫌疑人的视角来探索相关主题。

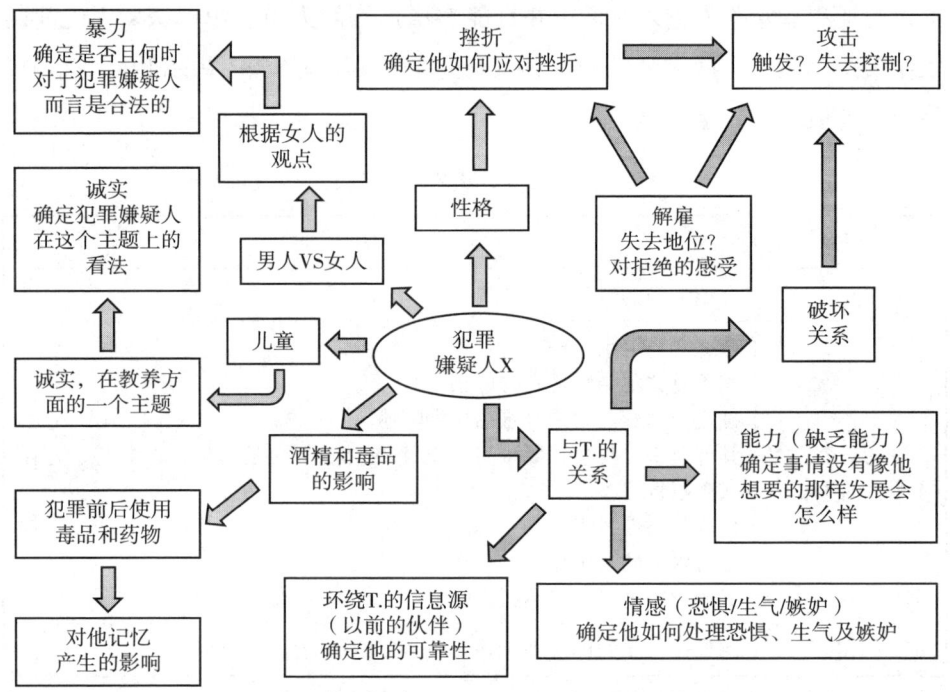

图 13 - 1　人际导向询问思维导图对于家庭暴力犯罪嫌疑人的询问规划
来源：转载得到高级警官马克·毕斯乔普（Mark Bisschops）的慷慨许可。

在图 13 - 1 思维导图中的一种技巧被称为"环绕信息源"（source encircling）。在这个例子中，受害人的证词包含了重要的策略性线索。稍后在用这些线索质疑犯罪嫌疑人之前，要检验对犯罪嫌疑人所声称的受害人是什么样的人的可靠性。从其提供的回答中，询问人员将会得到从证人陈述中获得的策略性线索所具有的价值印象，而这是从犯罪嫌疑人的角度来看待的。

POI 可以作为一种手段，用以探索犯罪嫌疑人愿意讨论什么样的主题以及他/她可能在讨论什么主题上会更为沉默。这还可以作为帮助犯罪嫌疑人解释他/她的行为的一种有用工具。德·鲁伊特（De Ruiter）和范·贝克（Van Beek）（2014）更为详细地讨论了这个问题。POI 或许有助于询问人员探索可以采取哪些询问技巧以及哪些询问技巧需要予以避免。这些指标为后续的"以案件为导向的询问"阶段充当了信息输入。

POI 源于对性犯罪的询问，在这种询问中，性这个主题本身对于被询问者而言可能是难以启齿的（即使没有在这种事上被指控为犯罪）。POI 允许询问人员有对于犯罪嫌疑人抱有的任何羞愧和不安的感觉表示理解的机会，并且该方法常常有助于使调查主题的讨论（一种已知的心理治疗方法）以及指导处理有难度的主题规范化。

在结束 POI 以后，侦查人员接下来应当按照"以案件为导向的询问"阶段的要求去思考已收集到的信息所具有的含义，以便考虑需要做出哪些（若有的话）调整，既包括询问策略，也包括询问人员对待犯罪嫌疑人的方式。最后，在 POI 中，主题的选择为增加策略性线索创造了一个机会。下面给出了关于在 POI 中增加策略性线索的例子。

一名妇女涉嫌在几年前毒害了她的丈夫。在 POI 中，包括教育和工作在内的主题被加以讨论。她告诉询问人员她已经取得护士执照，并且在她的丈夫死亡时，她已经在健康护理行业工作了几年。她对其工作职责做出了一个全面陈述。她还说明了应根据不同的症状采取相应的行动。事先，关于可用的策略性线索的一项以矩阵为基础的证据评估表明，该妇女的谋杀（《荷兰刑事诉讼法典》第 289 条）罪行可能很难被证实，所以她第二次被指控的罪名是忽视对生命危险的救助（《荷兰刑事诉讼法典》第 450 条①）。在"以案件为导向的询问"中，POI 的结果提供了足够的策略性线索去质疑她，因为线索显示受害人是在病了三天之后才死亡的，而且尽管已出现了所有的症状，但没有全科医生接到她的警报。

---

① 荷兰语：Hij die, getuige van het ogenblikkelijk levensgevaar waarin een ander verkeert, nalaat deze die hulp te verlenen of te verschaffen die hij hem, zonder gevaar voor zichzelf of anderen redelijkerwijs te kunnen duchten, verlenen of verschaffen kan, wordt, indien de dood van de hulpbehoevende volgt, gestraft met hechtenis van ten hoogste drie maanden of geldboete van de tweede categorie.

◆ **"以案件为导向的询问"阶段**

为了实施询问犯罪嫌疑人的"以案件为导向"（COI）的询问阶段，每一名荷兰侦查人员都要接受通用性（一般性）的询问策略（GIS）培训，至少具有基本水平。对 GIS 模式的深入探讨，参见克莱门特等人（2009），范·贝克和霍肯迪克（Hoekendijk）（2015），霍肯迪克和范·贝克（2015）以及范·德·斯伦（Van der Sleen，2009）。该模式在荷兰的询问手册中也被加以详细描述（范·阿莫斯福特等人，2015）。

GIS 模式由 1989 年的探索性现场实验演变而来（范·阿莫斯福特，个人沟通，2013 年 2 月 10 日）。在这项研究中（霍肯迪克和范·贝克，2015），荷兰警察学院挑选并观察了 4 名具有良好询问声誉的侦探所实施的询问，每一名侦探对犯了某些（有意安排的）轻微罪行的角色扮演演员实施四次询问。演员们自由选择他们犯罪的策略及他们在询问中的对抗策略。如果他们能够避免被发现自己是"行凶者"，那么他们会在其薪资中得到奖金。有效的询问行为，根据"真正的事实"收集信息并且没有遗漏信息或者收集错误信息这方面的操作，在这个实验中呈现出有关联性的是：（1）能够建立融洽关系；（2）用一种中立的语调揭示证据；（3）只有在已经排除犯罪嫌疑人可能给出的用来提供不在场证明或者对可用的证据进行辩解的潜在替代性选择之后才揭示证据。这些发现导致了一种看法，即一场有效的询问应当以下面的原则为基础：

——利用内部压力（与所有形式的外部压力相反）；

——尽量减少对提供陈述可能的抵触（建立融洽关系）；

——尽量增加策略性线索（排除替代性选择）；

——质疑陈述（在必要的时候）。

在 GIS 模式中，鼓励调查人员围绕策略性线索提出一组组开放式问题。这些提问有助于探索或者排除针对这些线索的可能的选择性解释（现实的选择和来自犯罪嫌疑人的辩解），而且同样也能够提高线索的价值。在每一个提问都设置好以后，犯罪嫌疑人可以被特定的线索质疑。通过将线索从轻到重排列并且首先用最轻的线索来开始提问，那么最终不愿提供陈述的比例被认为是较低的。正如关于询问的一个指南所说的那样，侦查人员应当做好准备，他/她自己应当通过在询问表中写下在这个特定的调查中应当用于该特定犯罪嫌疑人的策略。这种表的范例可以在范·贝克和霍肯迪克（2015）和范·德·斯伦（2009）那里找到。下面提供一个 GIS 模式的范例。

一名证人在犯罪现场看到一辆车与犯罪嫌疑人的车相似，恰恰就在犯罪发生之前。在询问中，询问人员首先提问犯罪嫌疑人所使用的交通运输方式是什么。询问人员随后收集精确的相关细节，例如，犯罪嫌疑人的汽车和自行车。他还要问犯罪嫌疑人是否把汽车和自行车借出，而且如果是这样的话，何时借出，借给何人。犯罪嫌疑人可能会说从来没有这样做。该证人陈述的价值现在就被提高了。当犯罪嫌疑人告诉询问人员他最近确实把他的车借给了某个人，侦查人员就可以开始提问关于这个人的问题，然后可能停止询问，并开始先对这个人进行调查。

GIS 模式符合当今人道主义，是信息收集型方法的最高典范。它和如会话控制（CM）［谢菲尔德和格里菲斯（Shepherd and Griffiths），2013］，证据的战略性使用（SUE）［格兰海格和哈特维希（Granhag and Hartwig），2008］以及证据的策略性使用（TUE）［丹多和布尔（Dando and Bull），2011］那样的模式相关。尽管 GIS 本身从未被用结构化的方法测试（即使前面引用的探索性研究也是未公开出版的），根据内部压力的概念而使用像 SUE 和 TUE 这样模式所进行的研究［虽然实施上有部分不同，见霍根（Horgan）等人，2012］，似乎显示了对其潜在效能的一些支持。然而，GIS 模式会得益于进一步的研究，尤其是在它和其他模式不同的地方。例如，即使一般认为在犯罪嫌疑人的故事里前后一致的数量可能是探知犯罪嫌疑人是在说谎还是在说真话的关键因素，SUE 和 TUE 模式也更多地针对测谎并且因此被构建来扩大说真话者和说谎者之间的差异。无论如何，GIS 模式更多地针对发现真相并且因此在理论上以这样的一种方式被构建起来，即应当为一个说谎的有罪犯罪嫌疑人开辟一条道路以停止其说谎并使其敞开心扉。

虽然荷兰的侦探自 1989 年年初以来就已经接受了该模式的培训，但其使用只是在 2005 年改进项目之后才得到了促进。尼若普和莫伊（Nierop and

Mooij，2000）援引了两个 20 世纪 90 年代末与 GIS 模式使用有关的小型研究。第一个研究在 1997 年，研究发现参与的侦查人员中只有 27% 的人说他们至少制作了一次询问表。第二个研究在 1998 年，研究发现在乌特勒支地区有 56% 的调查对象称 GIS 模式（的要素）被用于复杂的案件中。缺乏时间、缺乏了解和缺乏动力是在后一项研究中提到的不愿接受 GIS 模式的原因。

受 2005 年改进计划指南所迫，该计划要求提供更大程度的询问方法使用占比，而且伴随着受到额外培训的侦查人员数量的不断上升，该模式似乎逐渐地在实践中得到了更多的认可。至少，这是荷兰警察学院以其对荷兰全国警察评估性接触为基础所持有的印象。范德海伦等人（2014）部分证实了上述观点：12 名参与者中的重点群体［2 名警察学院的指导教师，1 名调查心理学家，3 名侦探组长（他们中的两人同时也是询问者）以及 6 名侦探］对于"欺骗"是否仍常常发生确有不同意见，但他们都赞同该 2005 年改进计划为荷兰的询问实践"开创了一个新纪元"。

另一方面，根据荷兰 95 起对犯罪嫌疑人的询问，布莱克斯托克（Blackstock）等人（2014）推断大部分被观察的警官似乎未曾接受过 GIS 的培训，尽管他们确实采用了一些 GIS 的技巧（注意布莱克斯托克等人把 GIS 称为"SIM"）。遗憾的是，严格来说，布莱克斯托克等人观察并提到的四种技巧中的两种是不属于 GIS 的（设法赢得信任和诉诸情感操控），而 GIS 一些更为重要的技巧［如环绕性问题（encircling questims）］则没有被提及，所以目前仍不清楚侦探们在被观测的询问中是否实际使用了这些技巧。

总之，这些研究结果确实强调了在荷兰对犯罪嫌疑人实施询问时，对当前 GIS 的实际使用情况做一个系统性研究的重要性。目前缺乏这种类型的研究，根据国际上的研究发现，有人可能会认为，尽管一个模式的基础知识可能被期望为大部分询问所采用，但实际上的方法是千变万化的［如布尔和索拉卡（Soukara），2010］，甚至很多受过培训的调查人员或许也无法令人满意地进行询问。

未来的方向

　　关于对犯罪嫌疑人进行调查询问，至少有 4 个未来方向是可以确定的。首先，正如本章前面讨论的那样，GIS 模式从未进行独立测试。需要充分认识什么模式的什么方面最好在什么情况下使用，尤其是 GIS 与 SUE 和 TUE 模式的区别何在。目前在荷兰的询问实践中实际使用的模式是什么都尚不清楚。

　　其次，必须进一步研究律师在场的效果如何。欧洲的规定［遵循萨尔杜兹（Salduz）案的裁定］意味着荷兰的纠问制司法体系需要给予律师更多介入的权利以尊重犯罪嫌疑人的人权［布莱克斯托克等人，2014；安全与司法部（ministerie van veiligheid en justitie），2014］。这些规定涉及在询问犯罪嫌疑人期间的律师在场问题，虽然没有（尚未）得到研究支持（布莱克斯托克等人，2014），其中的普遍观点是，由于律师在场，所以越来越多的犯罪嫌疑人在被提问时会保持沉默。侦探们想知道，当确实有可能出现犯罪嫌疑人保持沉默，询问人员无法套出任何信息的案件时，是否值得在准备和进行询问方面投入时间。如果对犯罪嫌疑人的询问仍然要进行，那么是否会有一个转变，即从信息收集的方法转为更像谈判的方法。范德海伦等人（2014）已经调查过这个问题，在以英格兰及威尔士和比利时（在那里，萨尔杜兹案的裁定已经执行）先前的发展为基础的其他结论中，已经表明在荷兰对犯罪嫌疑人进行询问并不会失去其重要性，但将"发展为询问人员和律师之间的一种战略性'斗争'"。在这第一个明显相互不信任的阶段之后，他们预言了第二个阶段，在这个阶段中，双方当事人将会走向一个更好地服务于公共利益的位置。范德海伦等人因此建议荷兰司法部支持并帮助警察经历这个过程。

　　再次，需要研究的方面是文化差异。由于诸如全球化和荷兰社会中日益增加的多样性等因素，更多的非荷兰出生的犯罪嫌疑人作为嫌疑人被询问（KLPL，2009）。这确实增加了一个问题，即以荷兰询问实践为基础的假定是否将平等地适用于外国犯罪嫌疑人。有研究表明，被用于调查询问的策略之有效性可能取决于犯罪嫌疑人的文化，布尤恩（Beune）等人（2011）的研究表明：对于使用以内容为导向，直接沟通（粗略地说就是西方文化）文化为来源的犯罪嫌疑人，合乎逻辑的理性探讨对于从犯罪嫌疑人那里套出信息是有效的；相反，对于使用以语境为导向，非直接沟通（粗略地说就是非西方文化）文化为来源的犯罪嫌疑人而言有一个倾向，即犯罪嫌疑人会向利用关系介入（如积极倾听）的询问人员提供更多的信息。为了更好地认识在询问期间什么样的策略可能增加这种文化适应性，需要更多的研究。

最后，关于如何最好地指导询问人员这个问题需要进一步研究。对犯罪嫌疑人的调查询问是一个非常复杂的认知任务［谢菲尔德和凯特（Kite），1988］，该认知任务要求一种既避免消极反馈又适当透露归罪信息的娴熟询问技巧组合（布尔，2014）。其在本质上也是动态的［德·弗鲁特（De Fruyt）等人，2006，引自斯梅茨和里斯彭斯（Smets and Rispens），2014］：没有两个询问是相同的。正如可以据此预料的那样，询问人员不仅受益于适当的培训，也受益于在工作上持续的指导（斯梅茨和里斯彭斯，2014）。虽然为了促成持续的职业化，在荷兰的实践中近来产生了几个创新，但该领域仍可能受益于讨论这个问题的科学研究，如研究什么样的指导性技巧（组合）使用得最好。

结论

概括前面提到的关于在荷兰询问犯罪嫌疑人的观点似乎可以形成如下结论：在一些冤假错案之后，包括虚假供述在内，在荷兰至少可以观察到越来越多的人意识到，熟练的询问人员应当用符合人道主义和信息收集方法要求的模式进行工作的重要性。在过去的十年里是否已经实质性地提高了对犯罪嫌疑人询问的质量仍然是不确定的，而与此同时新的挑战也正在显现。

致谢

作者要感谢阿德里·范·阿莫斯福特（荷兰国家警察局的独立高级顾问），马克·毕斯乔普（Mark Bisschops）（荷兰国家警察局），英克·里斯彭斯（Imke Rispens）（荷兰警察学院），莫妮卡·斯科尔滕（Monique Scholten）（瑞德商务资讯公司），阿伦·德·弗里斯（Arend de Vries）（荷兰警察学院）以及其他所有在本章的写作中提供了相关支持的人。

▌参考文献▐

❶ Abbe，A. and Brandon，S. E.（2014）'Building and maintaining rapport in investigative interviews'，*Police Practice and Research：An International Journal*，15：207 – 220.

❷ Beune，K.，Giebels，E.，Adair，W. L.，Fennis，B. M. and van der Zee，K. I.（2011）'Strategic sequences in police interviews and the importance of order and cultural fit'，*Criminal Justice and Behavior*，38：934 – 954.

❸ Blackstock，J.，Cape，E.，Hodgson，J.，Ogorodova，A. and Spronken，T.（2014）*Inside Police Custody：An Empirical Account of Suspects' Rights in Four Jurisdictions*. Cambridge：Intersentia.

❹ Bull，R.（2014）'When in interviews to disclose information to suspects and to challenge them?'，In R. Bull（ed.），*Investigative interviewing*. New York：Springer.

❺ Bull，R. and Soukara，S.（2010）'Four studies of what really happens in police interviews'，in G. D. Lassiter and C. A. Meissner（eds），*Police Interrogations and False Confessions：Current Research，Practice and Policy Recommendations*. Washington，DC：American Psychological Association，pp. 81 – 95.

❻ Clément，S.，Van de Plas，M.，Van den Eshof，P. and Nierop，N.（2009）'Police interviewing in France，Belgium and The Netherlands：something is moving'，in T. Williamson，B. Milne and S. P. Savage（eds），*International Developments in Investigative Interviewing*. Cullompton：Willan，pp. 66 – 91.

❼ Dando，C. J. and Bull，R.（2011）'Maximising opportunities to detect verbal deception training police officers to interview tactically'，*Journal of Investigative Psychology and Offender Profiling*，8：189 – 202.

❽ de Ruiter，R. and van Beek，M. L. J.（2014）'Het bevorderen van de verklaringsbereid-heid，in R. Schellingen and N. Scholten（eds.），*Het verdacht-enverhoor：meer dan het stellen van vragen.* Mechelen：Kluwer，pp. 163 – 181.

❾ Granhag，P. A. and Hartwig. M.（2008）'A new theoretical perspective on deception detection on the psychology of instrumental mind-reading'，*Psychology，Crime and Law*，14：189 – 120.

❿ Hoekendijk，J. W. and van Beek，M. L. J.（2015）'The GIS-model：a Dutch approach to gather information in suspect interviews'，*Investigative Interviewing：Research and Practice*，7（1），1 –9.

⓫ Horgan，A. J.，Russano，M. B.，Meissner，C. A. and Evans，J. R.（2012）'Minimization and maximization techniques：assessing the perceived consequences of confessing and confession diagnosticity'，*Psychology，Crime and Law*，18：65 – 78.

⓬ KLPD（2009）Landelijk Verdachtenbeeld 2009. http：//www. politie. nl/binaries/content/assets/politie/documenten-algemeen/publicaties-archief/2010_ 17_ landelijk_ erdachtenbeeld_ 2009. pdf.

⓭ Ministerie van Justitie（2008）*Beantwoording vragen over het verhoren van kwetsbare verdachten.* Retrieved from：http：//www. rijksoverheid. nl/documenten-en-publicaties/kamerstukken/2008/02/25/antwoorden-kamervragen-inzake-het-verhoren-van-kwetsbare-verdachten. html.

⓮ Ministerie van Veiligheid en Justitie（2014）*Besluit inrichting en orde politieverhoor.* Retrieved from：http：//www. rijksoverheid. nl/documenten-en-publicaties/besluiten/2014/02/13/besluit-inrichting-en-orde-politieverhoor. html.

⓯ Nierop，N. M. and Mooij，A. J. M.（2000）*Het verdachtenverhoor in bijzondere zaken：de relatie tussen opleiding en praktijk.* Zoetermeer：KLPD.

⓰ Openbaar Ministerie（2005）*Versterking opsporing en vervolging.* Retrieved from：http：//www. om. nl/algemene_ onderdelen/uitgebreid_ zoeken/@143544/rapport-versterking/.

⓱ Posthumus. F.（2005）*Evaluatieonderzoek in de Schiedammer park-moord.* Retrieved from：http：//www. om. nl/algemene_ onderdelen/uitgebreid_ zoeken/@ 143611/evaluatieonderzoek/.

⑱ Rispens, I. and Van der Sleen, J. （2015） 'Interviewing witnesses in the Netherlands', in D. Walsh, G. E. Oxburgh, A. D. Redlich and T. Myklebust （eds）, *International Developments and Practices in Investigative Interviewing and Interrogation: Vol.* 1, *Victims and Witnesses*. London: Routledge.

⑲ Schoenmakers, Y. , Hoekendijk, J. W. and van der Kruk, R. （2010） *Het vuur aan de schenen: seriematige brandstichtingen in de opsporing, een criminaliteitskundig onderzoek*. Apeldoorn: Politieacademie.

⑳ Shepherd, E. and Griffiths, A. （2013） *Investigative Interviewing. The Conversation Management Approach*. Oxford: Oxford University Press.

㉑ Shepherd, E. and Kite, F. （1988） 'Training to interview', *Policing*, 4: 264 – 280.

㉒ Smets, L. and Rispens, I. （2014） 'Investigative interviewing and training: the investigative interviewer apprentice', in R. Bull （ed. ）, *Investigative Interviewing*. New York: Springer, pp. 147 – 165.

㉓ Van Amelsvoort, A. , Rispens, I. and Grolman, H. （2012） *Handleiding Verhoor*, 5th edn. Amsterdam: Stapel & De Koning.

㉔ Van Amelsvoort, A. , Rispens, I. and Grolman （2015） *Handleiding Verhoor*, 6th edn. Doetinchem: Reed Business.

㉕ van Beek, M. L. J. and Hoekendijk, J. W. （2015） 'The interview table: a toolbox-approach for suspect interviewing', *Investigative Interviewing: Research and Practice*, 7 （1）: 10 – 20.

㉖ Van den Adel, H. M. （1997） Handleiding Verdachtenverhoor: *Handhaving, controle en opsporing in de praktijk*. The Hague: Vuga.

㉗ Van der Sleen, J. （2009） 'A structured model for investigative interviewing of suspects ', in R. Bull, T. Valentine and T. Williamson （eds）, *Handbook of Psychology of Investigative Interviewing*. Chichester: Wiley, pp. 35 – 52.

㉘ Van Koppen, P. J. （2003） *De Schiedammer parkmoord: een rechtspy-*

chologische reconstructie. Nijmegen：Ars Aequi.

㉙ Van Koppen，P. J. ，Merckelbach，H. ，Jelicic，M. and de Kelser，J. W. （2010）'Over de rechtspychologie'，in P. J. van Koppen，H. Merckelbach，M. Jelicic and J. W. de Keijser（eds. ），*Reizen met min Rechter. Pyschologie van het Recht.* Deventer：Kluwer，pp. 1 – 11.

㉚ Vanderhallen，M. ，Vervaeke，G. and Holmberg，U. （2011）'Witness and suspect perceptions of working alliance and interviewing style'，*Journal of Investigative Psychology of Offender Profiling*，8：110 – 130.

㉛ Vanderhallen，M. ，de Jong，A. ，Nelen，H. and Spronken，T. （2014）*Rechtsbiistand en de waarde van het verhoor：Een studie naar de te verwachten gevolgen op de verklaringsbereidheid en de opsporing en bewiisvoering in strafzaken van het verlenen van rechtsbijstand voorafgaand en tijdens het verhoor.* Retrieved from：http：//wodc. nl/onderzoeksdatabase/verhoor-en-verklaring-in-relatie-tot-andere-opsporingsmiddelen. aspx.

㉜ Visser，C. （2014）*25-progressiegerichte technieken.* Retrieved from：http：//progressiegerichtwerken. nl/25-progressiegerichte-technieken/.

㉝ Walsh，D. and Bull，R. （2010）'Interviewing suspects of fraud：an analysis of interviewing skills'，*Journal of Psychiatry and Law*，38：99 – 135.

㉞ Walsh，D. and Bull，R. （2012）'Examining rapport in investigative interviews with suspects：does its building and maintenance work?'，*Journal of Police and Criminal Psychology*，27：73 – 84.

第14章

葡萄牙对犯罪嫌疑人的询问

卡洛斯·爱德华多·佩肖托 (Carlos Eduardo Peixoto)

亚历山德拉·塞亚布拉 (Alexandra Seabra)

安东尼奥·卡斯塔尼奥 (António Castanho)

▌简介▌

　　收集信息是犯罪调查中的一个关键步骤，在复杂犯罪的调查中尤为重要，因为信息收集情况将决定调查进程的节奏和调查方向。另外，收集到的信息将揭示其他类型的证据，而这些证据将能够印证或者澄清我们已了解到的信息。在那些有时候不存在其他类型证据的犯罪案件中，陈述将会是决定犯罪调查成功与否的一个更为决定性的因素。鉴于此，心理学研究已经收集了数据并开发了相应工具，以便以一种更加有效的方式和更高质量的方法去了解并收集信息 [古德琼森 (Gudjonsson)，2003；卡辛 (Kassin)，2008；莱斯特和梅斯纳 (Lassiter and Meissner)，2010；米尔恩和布尔 (Milne and Bull)，1999；谢菲尔德 (Shepherd)，2007；谢菲尔德和格里菲斯 (Griffiths)，2013]。

　　在本章中，我们将描述在葡萄牙关于审讯犯罪嫌疑人的问题是如何处理的，以及葡萄牙现有的研究和对警察的培训及询问实践，同时我们也指出了在葡萄牙语境下询问未来的发展和面临的挑战。

葡萄牙司法体系中的询问和讯问

葡萄牙的法律，更确切地说，《葡萄牙刑事诉讼法典》（PCPC）将证词界定为关键证据。因此，其已经确立了规则和限制条件以确保证词能够被恰当地收集。事实上，PCPC 明确了污染记忆的做法是不允许的（Art. 126^0 1.b），明确规定了使用暗示性提问是不被接受的。同样，使用任何种类的胁迫、身体或精神上的侵犯，或者许诺法律上的好处在葡萄牙的犯罪调查中都是典型的不可被接受的策略。

对犯罪嫌疑人进行讯问，既包括成年也包括未成年犯罪嫌疑人，都应当由检察官（PP）依法实施。但是，PCPC 规定检察官可以将这个程序授权给负责犯罪调查的警察。在实践中，对犯罪嫌疑人的初次询问由警察进行。但这种询问要在审判中被采信，只有在检察官或法官（"juiz de instrução"）在场监督的情况下。

就少年犯而言，即使特别法有专门的关于这种类型的犯罪调查的规定［教育监护法（LTE)①］，但同样适用 PCPC 关于讯问的一般原则。但是，考虑到罪犯的年龄和犯罪的性质，LTE 规定在调查询问期间，未成年犯罪嫌疑人可以得到社会工作者或者心理学家的帮助和支持。

在葡萄牙，用书面记录陈述的形式收集证词有着悠久的传统。这种记录方法，在我们看来，已经成为实现正义方面出现一些困难的原因，尤其是在犯罪调查阶段。首先，制作一份书面陈述存在着改变询问的动态性问题。在葡萄牙，绝大多数时候书面记录是与询问同时产生的，因此询问人员不得不多次停下来以写下被询问者所说的话。这种做法有着消极后果，如在建立融洽关系和保持自由回忆式的叙事方面。在其他时候，警察在询问结束时才制作书面记录，宣读该记录并随后要求被询问者对其进行签字确认。在这种情形中，产生错误信息的风险很高，因为对于已给出的确切信息，询问人员和

---

① 这部法律只关注年龄在 12 周岁至 16 周岁的罪犯。年龄超过 16 周岁的罪犯被视为成年人处理，并适用葡萄牙《刑法典》和《刑事诉讼法典》。

被询问者在记忆上都有潜在的困难。其次，书面陈述伴随着不断地暂停和听写，增加了询问的持续时间，并因此增加了犯罪调查的持续时间。再次，书面陈述的使用也不允许对询问过程做适当评估，因为询问人员和被询问者之间的互动无法被观察到。例如，在一份书面陈述中，没有关于询问人员提问的转录，因此就没有进行自我评价和确定培训方面问题的机会。但是，2013年 PCPC 的修订允许犯罪调查人员使用录像记录对证人和犯罪嫌疑人的询问（法律第 20/2013 号，2 月 21 日）。这在葡萄牙的司法背景中会成为司法询问（forensic interview）发展方面的关键一步。研究已经表明，通过录像来记录询问在询问技能的发展（米尔恩和布尔，1992）和预防虚假供述（卡辛等人，2014；莱斯特等人，2010）方面具有的重要作用。

在询问和讯问实践方面的研究

在葡萄牙的科学文献中，对犯罪嫌疑人的询问还没有成为一个被普遍关注及研究的课题。虽然有一些关于如何询问犯罪嫌疑人的指南 [MAI，2013；玛雅（Maia），2013]，以及一些如何在心理评估的背景下询问罪犯的建议 [布拉加和贡萨尔维斯（Braga and Gonçalves），2011；贡萨尔维斯等人，2011；贡萨尔维斯和迪亚斯（Dias），2011]，但对于这个特定群体，缺乏针对询问技巧和规程的实证研究。然而，由于人们在影响调查询问的心理过程方面有着日渐增加的兴趣，近来已经有越来越多地关于在成年人中易受暗示性（suggestibility）的研究 [克鲁兹和皮尼奥（Cruz and Pinho），2014；皮雷斯（Pires）等人，2013a，2013b，2014]。

皮雷斯和同事们，在葡萄牙人群中验证了古德琼森的易受暗示性量表（GSS1 和 GSS2）之后（2013ba）观察到，在一个有 258 个来自普通人群的对象的样本中，个体性格类型在他们的易受暗示性等级方面有影响（2013b）。特别是，他们发现，以恪守常规、自控、缺乏自发性和试图取悦他人为特征的性格类型的个体有着更高的易受暗示的风险。这些发现已在现有文献中得到证实（古德琼森，2003）。

在另一项研究中，皮雷斯和同事们（2014）发现，葡萄牙囚犯的样本比普通人群中的样本更容易受暗示性影响。他们分析指出，较弱的记忆能力是他们较高的易受暗示性的可能解释。同样，即使在有反社会型人格障碍的囚犯当中，也发现了对任务的高度合作，这也能够解释易受暗示性的倾向。按照作者的说法，这种高度的合作可以通过初次指导引出，即该任务的执行对他们的情况不会有任何影响。

葡萄牙的心理学研究也已经开始关注用于警方调查的询问技巧。例如，保罗（Paulo）等人（2013）强调了在犯罪调查背景下认知询问（CI）的重要性，并提倡在葡萄牙使用它们。认知询问在 20 世纪 80 年代通过心理学家爱德华·盖泽尔曼（Edward Geiselman）和罗恩·费希尔（Ron Fisher）得以发展。他们的目标是通过应用被他们称为"普遍接受的科学记忆原则"，以增强和提高目击证人陈述的准确性及质量（费希尔等人，1989：722）。

记忆在认知询问（CI）中起着关键作用。报告一起事件的任务触发了记忆功能，因此，为了理解询问内容，理解认知和记忆的基本原则是非常重要的。为 CI 所强调的其中一项基本原则就是在提取的时候编码机制的作用。以托尔文（Tulving）的研究为基础［如托尔文和汤姆森（Thomson），1973］，认知询问流程要求，询问应当重建事件被编码进入记忆时的语境，尤其是按照费希尔和同事们的说法（1989），询问应当重新引入情绪性和认知性陈述以及目标事件的物理环境。语境重建是 CI 技巧中一个关键，而且它的使用已经证明能够增加获得的信息量［赫斯考维茨（Hershkowitz）等人，2001；梅蒙（Memon）等人，2010］。CI 要求，询问人员应当要求被询问者从感觉维度确定该事件，此时编码的背景也是很重要的。例如，询问人员可以要求描述在目标事件期间嗅到的气味或听到的声音。被询问者还应当被要求使用对目标事件的不同视角来恢复信息。因此，被询问者将会被要求按照时间先后顺序及反向地，并从该事件在场的其他人的视角来描述该事件（费希尔和盖泽尔曼，1992）。CI 也强调了在询问语境中交往的动态存在，建立融洽关系作为一种消除被询问者悲观情绪和鼓励陈述的方式，在其中具有核心作用（费希尔和盖泽尔曼，1992）。同时，被询问者将会被鼓励去控制该询问，因为他是唯一一个能够提供有关该事件信息的人。他就是这一事件的专家。依照沟通规则，认知询问方法（CI）要求被询问者说出关于该事件的所有情况

（费希尔和盖泽尔曼，1992）。被询问者应当做一个有关该事件的自由回忆，描述所有细节，即使是那些在他看起来不太重要的东西［霍利迪（Holliday）等人，2009］。

研究已经证实，与结构化询问相比较，认知询问（CI）能够获得更为可靠的信息。这些发现已经在实验研究（梅蒙等人，2010）和实证研究（费希尔等人，1989）中得到证实。在一份荟萃分析（meta-analysis）中，梅蒙和同事们（2010）指出，仍然很少有研究将这些重要特性与真正的刑事案件（处理人员）分享，就像事件与询问之间有很长的一段时间一样。梅蒙和同事们（2010）还指出，在关于 CI 应用的研究中，很少有研究使用那些拥有丰富经验的真正的司法询问人员。

在内政部（MAI）关于家庭暴力案件的警务手册中，提到了询问犯罪嫌疑人的问题。其给出了一般性建议，例如，观察犯罪嫌疑人的行为和情绪状态，或者建议使用认知询问（费希尔和盖泽尔曼，1992）。虽然该手册中对认知询问做出了全面的描述，概括总结了一些基础研究，解释了运用步骤，并就提问进行了举例，但其用于犯罪嫌疑人的特殊具体说明并未得到发展。

玛雅（2013），一名犯罪调查人员和警察教官，近来已就一些葡萄牙警察局所使用的询问和讯问技巧撰写了全面的描述。他指出，询问，即使是在犯罪调查的背景下也是一个沟通的过程。就其本身而言，询问是询问人员和被询问者之间一种信息的双向流动。由此，玛雅（2013）强调了作为与被询问者沟通的一种方式，即非言语行为的重要性。因此，按照作者的说法，询问人员应当正确处理并有意地疏离被询问者［他所称的"空间关系学"（proxemics）］，以作为确保沟通过程成功的一种方法。询问人员必须运用的其他能力就是使用并理解肢体语言和身体运动，以表达和理解情绪状态（体态语和副语言）。

在他的论文中，玛雅（2013）指出，在对犯罪嫌疑人的询问中一个重要的挑战就是，被询问者在沟通过程中缺乏参与的动机，换言之就是不愿意提供相关的信息和真实的信息。所以询问人员就不得不使用几种技巧以增强被询问者的参与动机。作者建议使用有关中性主题的问题来打破僵局，同时将其作为评估被询问者初步动机和情绪状态的方法。为了建立融洽关系，玛雅

（2013）建议使用帮助者和附和的措辞来传达他对被询问者信息的关注和兴趣。为了保证信息能够被正确地理解，询问人员也应当使用澄清和对问题的重新强调，以及归纳概括。玛雅（2013）称询问人员还应当以战略性的方式使用先前收集到的信息，如在其他询问中收集的证据，并用这些证据与被询问者对质。作者说，与被询问者对质有时候能够使他重新评估并改变他的陈述，随后提供更加准确和真实的信息。

在文章中，玛雅（2013）描述了他所谓的"倒三角询问模式"，即一种三阶段的询问。在第一个阶段，询问人员应当使用开放式提问让被询问者对正在调查的事实做一个大体的描述。在第二个阶段，询问人员使用更为直接的提问，继续进行对于已获得信息的确认过程。在第三个阶段，询问人员将用其他信息与被询问者对质，该信息与他（犯罪嫌疑人）已经提供的并不一致。玛雅（2013）称过去几年的犯罪调查经验已经表明了这种模式的有效性。

从玛雅（2013）提出的观点和对询问模式的分析来看，询问的重要方面，如肢体语言、融洽关系和漏斗式提问法，都得到了讨论。询问实际上是一个沟通过程［哈基（Hargie），2006］，并且对于一个成功的犯罪调查而言，了解、运用提问和副语言来推动被询问人并引导出信息是决定性因素（米尔恩和布尔，1999）。同时，在询问中，询问人员揭露一些他知道的相关事实信息在对质阶段是很有用的，而且有时候会激发出坦白（古德琼森，2003；卡辛和古德琼森，2004）。然而，玛雅的论文中还没有讨论诸多重要主题，例如，记忆研究及其在讯问中的影响（如费希尔和盖泽尔曼，1992），关于真实和虚假供述的心理状态（如莱斯特和梅斯纳，2010），或者像和平模式这样的具有研究基础的询问方案（如米尔恩和布尔，1999）。事实上，他声称其提出的询问模式和原则主要是通过他作为一名犯罪调查人员和询问人员的丰富经验来确定的，而且并没有进行任何实证研究。

警察培训和当前实践

作为调查犯罪和维护公共安全的一个正式机构，自17世纪以来葡萄牙就已经建立了警察部门［费尔南德斯（Fernandes），2012］。它是在宗教裁判所

（Inquisition）还有司法管辖权的时候出现的，尽管彼时政治和司法力量式微 [马尔科奇和派瓦（Marcocci and Paiva），2013]。然而，在那个时候，为了诱出信息并获得供认，警察在实践中采用了一些宗教法庭的调查技巧，尤其是酷刑的使用。

在 19 世纪，警察工作被整编成了专业的警察部门：一个是负责保障主要城市地区的公共安全，另一个是在司法部监管下工作并开展犯罪调查工作，还有一个是作为国内军事化的警察力量 [布兰科（Branco），2010]。这三个警察机构是葡萄牙三个主要警察部门的前身：公共安全警察局（PSP）、司法警察局（PJ）和国民警卫队（GNR）。

在 20 世纪的大部分时间里葡萄牙被描述为一个独裁政权，这种情况持续至 1974 年。即使在警察培训和工作方面有一些重要的改进，如创立了第一个警察培训中心，但在这个时期，暴力和酷刑的使用得到承认并且被政权视为是必要的。政治警察（Policia Internacional e de Defesa do Estado，PIDE）的创立表明了各种强制性策略都被允许用于获取信息和供述 [皮门特尔（Pimentel），2007]。

但在 20 世纪 80 年代中期和 90 年代，随着政治和司法制度的民主化革新，内部和外部机制被应用于监督警察工作，特别是应用于根除过度暴力及强制性审讯策略的使用（费尔南德斯，2012）。

正如上面所提到的，葡萄牙有三个在犯罪调查方面负有责任的主要警察部门：公共安全警察局、司法警察局和国民警卫队。公共安全警察局和国民警卫队承担着广泛的警察职能，隶属于内务部。他们的职责是多种多样的，包括很多职能，如保障公共安全、巡逻工作，以及犯罪调查，后者并不完全是司法警察局（PJ）的职能。

司法警察局专门致力于犯罪调查，主要是复杂的犯罪，隶属于司法部。像贩毒、贪污、恐怖主义、绑架、性犯罪（包括对儿童性虐待）、团伙犯罪以及谋杀这样的犯罪就是这个警察部门负责调查的。司法警察局还起到葡萄牙与像国际刑警组织和欧洲刑警组织这样的国际组织相配合的作用。

讯问和询问技巧是当前葡萄牙每个警察部门培训中的主题，但其主要在对负有犯罪调查职责的警官培训中得到进一步发展。对于来自公共安全警察局和国民警卫队的犯罪调查人员，询问培训由 8 个 50 分钟课程的模块组成，包括如下问题：询问的法律框架；人际沟通；询问和审讯技巧；激发技巧。该模块还有询问技巧方面的实践训练。特别犯罪调查小组，如国民警卫队的特殊受害人干预和支持小组，接受关于他们所调查的特殊犯罪（如家庭暴力）询问方面的最新课程培训。然而，他们在这些特殊犯罪调查中完成初次培训之后，并没有给予有关询问技巧的额外培训、监督及反馈。

司法警察局在询问和讯问技巧方面提供了更为广泛的培训。教授记忆的功能与过程，以及询问方案的使用，例如认知询问法与和平模式。司法警察局的犯罪调查人员似乎也有一些非结构化的和零星的培训，如对他们询问技巧的监督和反馈。必须注意的是，书面陈述形式记录证词的悠久历史和近来强制要求使用录音录像记录，并没有为调查询问方面的监督和反馈政策创造条件（详见下面的分析）。

对研究、政策和实践的启示

当前，关于对犯罪嫌疑人进行调查询问和讯问的研究在葡萄牙处于早期阶段。虽然心理科学界对此越来越感兴趣，这通过发表的数篇围绕询问/讯问主题的文献（如皮雷斯等人，2013），或者关于询问/讯问中重要心理过程（如易受暗示性）的文献［如保罗（Paulo）等人，2014］得以体现，但在警察培训和实践中还未见到什么影响。尽管已有这些发展，研究还是未能抓住主要问题，如虚假供述和讯问未成年罪犯。我们还建议应当着手进行更多的应用研究，着重于真实案例和真实的警察询问，而不是仅依靠实验方法学。

然而，必须要指出的是，如上所示，警察机构一直在与沉重的历史负担以及来自公众舆论的偏见做斗争，尤其是对于将他们与暴力和强制性审讯方法联系在一起的认知。事实上，只有在 20 世纪末期，葡萄牙的警察机构才有必要的条件及政治、经济环境，来进行必要的改革。例如，警察培训学校的出现和发展，其中一个这样的学校提供了一个警察工作方面的高等教育学历。与此同时，为复杂犯罪创立专门的犯罪调查单位（例如，GNR 和 PSP 调查家庭暴力，PJ 调查性犯罪）是警察机构的一个重要发展。

　　尽管看起来警察对于实施调查询问的准备有一个良好的标准，但有关其在该领域的应用则尚无明显证据。几乎没有关于警察实施调查询问前的准备方面的研究，并且关于这个问题的内部分析可能是保密的。我们从真实的案例实践中得到的印象告诉我们，警察在实施询问培训方面有着严重的困难，且大多数时间使用的是以经验为基础的非结构化策略（玛雅，2013）。同时，在警察的询问表现方面似乎并没有监督和反馈——如果有，也不是经常提供。如上所述，最近修订的关于视频记录的法规，加上书面陈述的悠久历史，在我们看来，并没有提供一个良好的环境来发展关于调查询问的自我评估和同行监督评估的动力。

　　我们预计，在科学兴趣、警察组织的动力，以及在更多复杂犯罪的背景下使用以证据为基础的手段收集信息的需要的推动下，未来几年里将会是调查询问和讯问实践的大发展时期。在调查询问方面警察工作的专业化是不可避免的。因此，要发展和提高葡萄牙警察工作的效能，创建调查询问的专家团队以及形成监督询问质量的传统是至关重要的。

致谢

　　卡洛斯·爱德华多·佩肖托得到了葡萄牙科学技术基金（FCT）（PT-DC/MHC-PAP/4295/2012）和竞争要素实施计划（COMPETE）（CCOMP－01－0124－FEDER－029554）的支持。

▎参考文献▎

❶ Braga，T. and Gonçalves，R. A.（2011）"Avaliação psicológica de jovens ofensores"，in M. Matos，R. A. Gonçalves. and C. Machado，*Manual de psicologia forense：Contextos，práticas e desafios. Braga：Psiquilibrios*，pp. 271－292.

❷ Branco，C.（2010）*Guarda Nacional Republicana-Contradições e Ambiguidades.* Lisbon：Edicoes Silabo.

❸ Cruz，M. P. and Pinho，M. S.（2014）"Sugestionabilidade em pessoas idosas：Um estudo com a Escala de Sugestionabilidade de Gudjonsson（GSS 1）", *Análise Psicológica*, 32（2）：199 – 213.

❹ Fernandes, L. F.（2012）"In search of a police system：from quadrilheiros to a democratic police system", in D. Palmer, M. M. Berlin, and D. K. Das（eds）, *Global Environment of Policing*. Boca Raton, FL：CRC Press, pp. 77 – 96.

❺ Fisher, R. P. and Geiselman, R. E.（1992）*Memory-Enhancing Techniques for Investigative Interviewing：The Cognitive Interview.* Springfield, IL：Charles C. Thomas.

❻ Fisher. R. P. Geiselman, R. E., and Amador, M.（1989）"Field test of the cognitive interview：enhancing the recollection of actual victims and witnesses of crime", *Journal of Applied Psychology*, 74（5）：722 – 727.

❼ Gonçalves, R. A. and Dias, A. R.（2011）"Avaliação psicológica de agressores sexuals", in M. Matos, R. A. Gonçalves, and C. Machado（eds）, *Manual de psicologia forense：Contextos, práticas e desafios.* Braga：Psiquilibrios, pp. 223 – 246.

❽ Gonçalves, R. A., Cunha, O., and Dias, A. R.（2011）"Avaliação psicológica de agressores conjugais", in M. Matos, R. A. Gonçalves, and C. Machado（eds）, *Manual de psicologia forense：Contextos, praticas e desafios.* Braga：Psiquilibrios, pp. 247 – 270.

❾ Gudjonsson, G. H.（2003）*The Psychology of Interrogations and Confessions.* Chichester：John Wiley & Sons.

❿ Hargie, O.（2006）*Handbook of Communication Skills.* New York：Routledge.

⓫ Hershkowitz, I., Orbach, Y., Lamb, M. E. Sternberg, K. J., and Horowitz, D.（2001）"The effects of mental context reinstatement on children's accounts of sexual abuse", *Applied Cognitive Psychology*, 15（3）：235 – 248.

⓬ Holliday, R., Brainerd, C. J., Reyna, V. F., and Humphries, J. E.（2009）"The cognitive interview：research and practice across the lifespan", in

R. Bull. T. Valentine, and T. Williamson（eds）, *Handbook of Psychology of In-vestigative Interviewing*, Chichester: Wiley-Blackwell, pp. 137 – 160.

⑬ Kassin, S. M. （2008）"False confessions causes, consequences, and implications for reform", *Current Directions in Psychological Science*, 17（4）: 249 – 253.

⑭ Kassin, S. M. and Gudjonsson, G. H. （2004）"The psychology of con-fessions: a review of the literature and issues", *Psychological Science in the Public Interest*, 5（2）: 33 – 67.

⑮ Kassin, S. M., Kukucka, J., Lawson, V. Z., and De Carlo, J. （2014）"Does video recording alter the behavior of police during Interrogation? A mock crime-and-investigation study", *Law and Human Behavior*, 38（1）: 73 – 83.

⑯ Lassiter, G. D. and Meissner, C. A. （eds）（2010）*Police Interroga-tions and False Confessions: Current Research, Practice, and Policy Recom-mendations.* Washington, DC: American Psychological Association.

⑰ Lassiter, G. D., Ware, L. J., Lindberg, M. J., and Ratcliff, J. J. （2010）"Videotaping custodial interrogations: toward a scientifically based policy", in G. D. Lassiter and C. A. Meissner （eds）, *Police Interrogations and False Confessions: Current Research Practice, and Policy Recommenda-tions.* Washington, DC: American Psychological Association, pp. 143 – 160.

⑱ Maia, A. （2013）"Técnicas de entrevista e interrogatório em inves-tigação criminal", *Revista do Ministério Publico*, 135: 107 – 138.

⑲ Marcocci, G. and Paiva, J. P. （2013）*História da Inquisição Portugue-sa* 1526 – 1821. Lisbon: A Esfera dos Livros.

⑳ Memon, A., Meissner, C. A., and Fraser, J. （2010）"The cogni-tive interview: a meta-analytic review and study space analysis of the past 25 years", *Psychology, Public Policy, and Law*, 16（4）: 340 – 372.

㉑ Milne, R., and Bull, R. （1999）*Investigative Interviewing: Psychol-ogy and Practice.* Chichester: Wiley.

㉒ Ministério da Administração Interna（MAI）（2013）*Manual de policiamento da Violência Doméstica.* Lisbon：MAI.

㉓ Paulo，R. M.，Albuquerque，P. B.，and Bull，R（2013）"The enhanced cognitive interview towards a better use and understanding of this procedure"，*International Journal of Police Science and Management*，15（3）：190 – 199.

㉔ Pimentel，I. F.（2007）*A História da PIDE.* Lisbon：Círculo de Leitores.

㉕ Pires，R.，Silva，D. R.，and Ferreira，A. S.（2013a）"Personality styles and suggestibility：a differential approach"，*Personality and Individual Differences*，55（4）：381 – 386.

㉖ Pires，R.，Silva，D. R.，and Ferreira，A. S.（2013b）"Portuguese adaptation of the Gudjonsson Suggestibility Scales（GSSI and GSS2）：empirical findings"，*Personality and Individual Differences*，54（2）：251 – 255.

㉗ Pires，R.，Silva，D. R.，and Ferreira，A. S.（2014）"The Portuguese adaptation of the Gudjonsson Suggestibility Scale（GSS1）in a sample of inmates"，*International Journal of Law and Psychiatry*，37（3）：289 – 294.

㉘ Shepherd，E.（2007）*Investigative Interviewing：The Conversation Management Approach.* Oxford：Oxford University Press.

㉙ Shepherd E. and Griffths，A.（2013）*Investigative Interviewing：The Conversation Management Approach*，2nd edn. Oxford：Oxford University Press.

㉚ Tulving，E. and Thomson，D. M.（1973）"Encoding specificity and retrieval processes in episodic memory"，*Psychological Review*，80：352 – 373.

第15章

斯堪的纳维亚半岛对
犯罪嫌疑人的调查询问

伊瓦尔·A. 法辛 (Ivar A. Fahsing)

克里斯蒂娜·凯平斯卡·雅各布森 (Kristina Kepinska Jakobsen)

哈里特·雅各布森·奥恩 (Harriet Jakobsson Öhrn)

▌简介▌

斯堪的纳维亚半岛由丹麦、瑞典和挪威组成，它们都是高度稳定的福利社会，犯罪率极低且透明度高。事实上，三个斯堪的纳维亚国家在社会、政治和文化上通常都有很多共同点。在涉及警务、立法和犯罪调查时也是如此。但是，在涉及询问犯罪嫌疑人的做法方面，似乎有比人们所期望的更多的不同之处。在 20 世纪 90 年代挪威发生了一系列严重的司法误判丑闻事件之后，挪威警方引入了一个受英国程序极大影响的全国性调查询问计划 [格兰海格 (Granhag) 等人，2014]。由此，基于获取供认的讯问方法被确认，并遭到公众反对 [拉格鲁 (Rachlew)，2003]，取而代之的是基于科学的方法，如会话管理（CM）和证据的战略使用（SUE）（法辛和拉格鲁，2009）。有趣的是，十多年后，在瑞典和丹麦，警察机构内部并没有类似的变化过程得到确认，本章将寻求确认并探讨可能解释这些明显差异的一些因素。可以认为，这并不是由于缺乏可获得且相关的知识，也并不是由于这三个国家的公共丑闻 [法辛和拉格鲁，2009；雅各布森·奥恩和尼贝里 (Nyberg)，2009；警察情报中心 (Politiets videncenter)，2012]。

立法和犯罪调查组织

有关刑法和刑事诉讼法的立法在整个地区非常相似。犯罪调查应当具有所谓的客观性，这实际上意味着要探究所有有利于和不利于犯罪嫌疑人的情况。调查人员还必须表现出谨慎的判断，不得不必要地让犯罪嫌疑人受到怀疑。犯罪调查应当及时进行以有效地解决犯罪，而这也是为了犯罪嫌疑人的安全考虑。禁止使用虚假信息、承诺、威胁或武力强制等手段来获得认罪供述或特定陈述。应当保留对重要调查事项的记录，询问应当立即书面记录下来。在询问记录存档之前，询问对象有机会检查、修改和签字。对询问过程的声音和视频录制不是强制性的，但是如果使用了这些方法，对询问内容可逐字记录或概括性记录。在瑞典和挪威，国家建议对严重犯罪行为的所有询问都要录像（taped），并保存录像，但在丹麦则没有这样的国家指导原则。获得公平审判的权利和在被证实有罪之前的无罪推定，意味着警方有义务告知犯罪嫌疑人涉嫌罪行的性质、逮捕理由以及获得免费律师的权利。所有这些在这三个国家都是惯常进行的。

关于犯罪嫌疑人的沉默权，在丹麦和挪威，在询问之前所有的犯罪嫌疑人通常都会被告知。但截至最近，这种实践在瑞典并不普遍，在 2014 年 6 月之前，瑞典的立法并不要求这样做。如今，必须告知犯罪嫌疑人，他们有权对他们被提问的事情不做任何评论。在所有这三个国家，检察机关从某人可以被合理怀疑犯罪的时间开始，正式负责领导初步调查。在丹麦和挪威，部分检察机关被整合进警察组织，在瑞典则是完全分开的。实际调查责任在日常工作中的组织方式因国家而异，有时甚至在案件与案件之间都不相同。这三个国家的法庭程序主要是对抗性的，但却具有纠问因素。事实调查主要是控辩双方的责任，但法院可以要求进一步调查，尽管不会超出公诉机关提出的正式指控范围。所有的证据都是口头且直接提交给法庭。

至于调查方法，包括询问，没有任何一个国家根据有效的研究和调查询问的原则制定了具体的国家实施准则；尽管如此，这些调查方法还是相对比较详细的，各种形式的立法文件中都有良好的指导。传统上，完成调查任务的实际责任已经交给了警察个人。这可能是由于公众对警察机构的整体信任程度普遍很高，而且警方在询问中采用的方法在法庭上或其他地方一直没有受到质疑。然而，大约在 18 年前，在挪威西海岸发生了一起引人关注的案件，一名年轻女子被谋杀，此案之后，公众对警方的信任在挪威受到了质疑。这个案子及其后续的影响将在下文中讨论。

挪威

挪威警方在 1997 年遭受了重大挫折。一名被控谋杀的年轻男子被皇家法院宣判无罪，而他此前已经供认了这起谋杀案。这一有争议的供认是由一名当时被认为是挪威最好的询问人员之一的侦探获取的。他曾在挪威国家犯罪调查局担任杀人案件侦探，这是一个专业性从未受到严重质疑的部门。法院指定的来自英格兰的司法专家认为，他的询问风格似乎受到北美相关审讯文献中的哲理观念的严重影响，在这种思想体系中，利用各种操控手段和技巧的目的就是实现心目中的一个目标：获得供认。

案件揭露了挪威警方在调查询问和法庭心理学领域几乎没有正规的专业知识。作为事件的结果，挪威警方为两名侦探提供了全力支持，使他们能够在接下来的几年中在英格兰接受司法心理学硕士（MSc）课程。第一篇学位论文（拉格鲁，1999）是专门作为白皮书而设计的，为第一个全国性调查询问培训计划（KREATIV）提供了帮助。拉格鲁的论文记录了挪威警察在调查询问方面很少或根本没有受到培训。他们的技能是以经验和观察学习为基础的，相当于大约十年前英格兰和威尔士确定的"生存水平"［谢菲尔德和凯特（Shepherd and Kite），1988］。此外，挪威提供的关于调查询问的少量文字材料大部分都是由警官撰写的，并被列为"仅限警察"资料。随后对这些文字材料的审查（拉格鲁，2003）证实了在谋杀案审判中由取证专家草拟的令人沮丧的情况。这些文本材料都是由经验丰富的警务人员（在当时被公认为是国内最为娴熟的询问人员）以报告的形式撰写的，这些文本材料反映出，询问都是以一种操控性的、以获取供认为核心的方法来主导进行的：

你从一开始就用你的影响力"软化他"……你控制着他被允许接触的人，用这种方式阻止他获得其他人的心理支持。［国家犯罪调查局（Kripos），1998］

欧洲防止酷刑和不人道或有辱人格待遇或虐待委员会（CPT）似乎明显无法获得这些"秘密"文件。尽管如此，在20世纪90年代，CPT一再表示担心挪威对犯罪嫌疑人的询问。据报道，"警察经常试图向受到限制的在押人员施加压力，暗示如果他们提供可以协助警方调查的信息，就可以放宽或取消限制。与代表团交谈的许多警察表示这些指控并非毫无根据"（CPT，2000）。CPT会见的被拘留者认为，"施加限制条件的目的是对他们施加心理上的压力，在警方处于弱势的案件中，附加限制条件是最常见的，即使警方没有明确说出来，限制也将会在与警方的合作中得到放宽或解除"（CPT，1997）。

根据英格兰和威尔士的经验，挪威警察部门中开始修正实践中的做法。在奥尔索警区、挪威国家犯罪调查局和检察长的支持下，国家大学学院于2002年根据试点培训计划启动了一个全国性的调查询问培训课程，该试点培训计划受到了英国PEACE课程的极大影响［参见米尔恩和布尔（Milne and Bull），1999；谢菲尔德和格里菲斯（Shepherd and Griffiths），2013，对PEACE模型的解释］。来自英国的雷·布尔（Ray Bull）教授，来自瑞典的帕尔–安德斯·格兰海格（Pär-Anders Granhag）教授和DCI（已退休）大卫·莫斯维特（David Murthwaite）（英格兰，默西赛德郡警察）被邀请至挪威来帮助培训教员并启动该计划。

接受培训的人员是从警察机构内部招募的，自2001年以来，大约有100名警官完成了为期六周的培训人员课程，内容涉及教育学、人权、符合道德要求的询问，询问和沟通技巧（PEACE模式）、证人记忆、认知询问、询问策略以及虚假供述。

米尔恩和布尔（1999）报告称，英国的一些培训师不得不在自己刚刚完成培训课程的情况下培训其他人，为了防止这一问题发生，学者们被引入。因此，国际学者已经在协助对挪威培训师的培训。

在培训过程中，鼓励培训师在实地开课时即兴创作并举例说明他们的课程。然而，为了确保一致性并防止出现在英格兰和威尔士发现的另一个问题，即某些地区被轻视，而另一些地区则被过分重视［肖（Shaw），2001］，挪威的培训师将获得 22 个简短但具有强制性的 PowerPoint 课程的演示文稿。培训人员每年对这些文稿进行评估，并由学者进行更新，以便使 KREATIV 与该领域的科学发展保持同步。再次借鉴英格兰和威尔士的经验，管理人员首先被培训以促进所有权、监督和组织变革［见斯托克代尔（Stockdale），1993］。

根据鲍德温（Baldwin）的结论（1993），KREATIV 课程以"实际"的水平展开，与任何心理学的先进技术无关，现在已经教授接近 2000 名侦探、士兵和检察机关成员。就像最初的 PEACE 课程，KREATIV 课程是一个为期五天的强化培训课程，必须提前阅读文献。这个计划现在是所有挪威警察的基本警察教育的组成部分——警务学士学位课程。

从 2013 年开始，2 级 KREATIV 作为正式教育计划（10 ECTS①）被引入，进一步加强基础知识和核心方法技能。内部评估确定了需要进一步关注一般技能而不是专门的封闭领域。目前正在制订一个更加专业化的 3 级培训计划。

挪威警方电子记录询问正变得越来越普遍。公诉机关长官（总检察长）强烈建议警方在所有严重案件中都要录下对犯罪嫌疑人和主要证人的询问。

◆ **研究**

有趣的是，目前还没有关于挪威警方询问犯罪嫌疑人的实际情况的研究。这与过去 15 年来挪威警方内部变化明显的过程形成了鲜明的对比。其中一个原因可能是对变革和发展的必要需求已经在伯吉特·滕斯（Birgitte Tengs）一案中，由吉斯利·古德琼森（Gisli Gudjonsson）和巴里·欧文（Barrie Irving）（见古德琼森，2003）做出的综合性专家证词中进行了记录

---

① 欧洲学分转换与累积系统（ECTS），是欧洲联盟和其他欧洲合作国家比较高等教育学生素养和表现的标准，并用于促进转移和整个联盟的发展。成功完成学业后，将被授予 ECTS 学分。在所有国家，一学年相当于 60 ECTS 学分，相当于 1500～1800 小时的学习，不考虑标准或资格类型。

和描述，而且，一些详细的警方询问记录中也进行了记录和描述，例如在弗里茨·摩恩（Fritz Moen）一案中（司法部，2007）。挪威的情况几乎与英格兰和威尔士 10 年前所发生的情况类似，因此英国的大部分研究和建议都直接用于 KREATIV 的开发和实施。虽然这些足以启动一个变革过程，但现在显然需要：（1）更详细地了解 KREATIV 引入后在警方询问中发生了什么；（2）实验室研究所应用的概念如何在实际环境中得到进一步的发展和完善。

丹麦

正如在挪威看到的那样，丹麦也曾经历了几起错判案件。但与其他国家相比，在丹麦这几起案件并没有引起媒体或公众对警方如何进行询问的关注。这可能就是丹麦警方尚未被迫在他们的询问理念中进行变革的原因。

尽管本章作者并不知道相关案件的所有细节，但本章作者的想法是，不止一起案件在一定程度上与警方实施询问的方式有关。犯罪嫌疑人是一名年轻的智力障碍人士，在警方询问过程中供认了一起严重的性犯罪行为。两年后，脱氧核糖核酸（DNA）检测证明此人是无辜的，另一个人最终被判决定罪。基于这起案件，检察长制定了询问精神上有障碍人的新指导方针。方针强调，作为规则，辩护律师应在询问期间在场，以确保犯罪嫌疑人不会因为满足侦探的需要而供认罪行。

在挪威，正如上文所述，知名度高的警务人员积极、公开宣传警方询问需要变革，但在丹麦的情况并非如此。相反，一些备受瞩目的侦探在询问中提倡一种传统的对待犯罪嫌疑人的方式。其中一个例子就是在 2010 年至 2015 年的培训课程中引入了以获得供认为导向的"里德模式"（九步讯问法）的修改版本。另外，全国谋杀案件侦破小组的一位退休的知名侦探也在 2011 年出版了一本书，名为《他让凶手供认》［克里斯滕森（Christensen），2011］。在克里斯滕森的著作中，他描述了一些关于他询问犯罪嫌疑人的经验，并解释了几种以认罪为中心的询问技巧。虽然这本书不是作为基础培训课程的一部分，但克里斯滕森一直到 2012 年退休之前，经常在调查和询问培训项目中担任老师。同样，另外一名仍然在职的高级官员，也是有着全国谋杀案件侦破小组背景的人士，最近出版了一本关于他职业生涯的书，他公开表示，他询问犯罪嫌疑人的方法是告诉犯罪嫌疑人，摆脱嫌疑的唯一方法就是要全力配合警方，把所有的细节都拿到桌面上来讨论［艾萨格－尼尔森（Isager-Nielsen），2012］。其询问方法的重点似乎并没有放在无罪推定和沉默权上。另外，2013 年，另一位退休的知名总督察出版了一本书，其中讨论了丹麦在调查询问领域缺乏研究、教育和争议的情况。他建议丹麦警方更多地采用信息收集型方法来取代以获得供认为中心的方法［邦尼科森（Bonnichsen），2012］。

2014 年，基本警务人员的教育水平提高到国家警察学院颁发的学士学位。询问培训是学生 3 ECTS 学分的犯罪调查教学中的一部分。根据教学大纲，该方法受挪威 KREATIV 模型和认知询问［费希尔和盖泽尔曼（Fisher and Geiselman），1992］的启发。关于对犯罪嫌疑人的询问，目前还没有描述，因为规划还在进行中。在对警员教学的修改之前，询问犯罪嫌疑人的培训主要集中在警察询问规则和如何记录正式的陈述。培训材料是由警方内部的警官编写的，因此并非基于研究。

2005 年，警察学院与丹麦国家专员和一名拥有硕士学位的心理学家密切合作，引进了为期一周的调查询问培训课程。与 KREATIV 相比，该课程仅关注了询问证人和受害人。因此，SUE 技术［参见哈特维希（Hartwig），2005］等询问犯罪嫌疑人的策略模式没有引入。培训课程涉及一些关于询问犯罪嫌疑人的讨论，取决于培训者的个人意见和相关实务经验。在这些培训课程中的一部分，介绍了里德九步模式的修改模式。在其他时候，焦点也仅集中在认知询问方法。培训课程的目的是跟进询问犯罪嫌疑人的系统培训材料———一项计划，然而，这个计划仍然还没有实现。2010 年，对已毕业学生开展培训的责任下放给地方警察局，中央培训计划随即终止。

在这个代表团来到地方警察局之后，实践培训的重点和时间长度似乎差别很大。一些地区在其他培训项目中包括了询问技巧，在这一问题上花费两个小时。其他地方当局选择实施为期四天的培训计划。2014 年，国家警察局启动了一个项目，探索当前的情况和未来的培训需求。此外，该项目的目的是汲取其他国家，特别是英国和挪威的经验。预计该项目将会在接下来的时间里推出新的培训计划。

如上所述，在丹麦对成年犯罪嫌疑人的询问进行录音录像不是强制性的。但是，只要询问对象被告知正在进行录音录像，录音录像就是允许的。没有通用的官方录音录像政策，录音录像的使用也不广泛。

◆ 研究

在丹麦，询问犯罪嫌疑人的方法还没有经过系统的研究。本章的作者之一在 2010 年为警察机关进行了已知的唯一一次研究［警察情报中心（Politiets Videncenter），2012］。作为丹麦询问犯罪嫌疑人的第一个研究，目的是更好地了解目前的做法。与之前英国［鲍德温（Baldwin），1993；克拉克和米尔恩（Clarke and Milne），2001］的研究结果一致，基本上没有发现任何明确的方法。询问对象没有机会做出自由陈述。询问人员主要提出封闭性或诱导性的问题，很少有开放性的问题。另外，并没有发现广泛使用以获取供认为中心的讯问方法的证据。然而，这项研究由于研究人员无法自由接触所有的询问而受到了限制。因此，研究中的询问可能并不具有代表性。这项研究是为了进一步的深入研究。但是，这些计划在 2012 年被丹麦警方信息与研究中心终止。

由于缺乏调查研究和现有的正式教育计划，以及发展计划的待定状况，关于对犯罪嫌疑人进行询问的当前情况很难进行描述。丹麦警方尚未对以获取供认为导向的询问犯罪嫌疑人的方式提出正式警告，也没有更多地推广的信息收集型询问方法。然而，感觉上两种方法都确实存在。新成立的学士学位教育似乎已经引发了公认的更新针对已毕业学生的培训课程和指导方针的需要。

瑞典

2005 年 3 月，一名妇女在其家中被刺死。她的伴侣汤米·卡里姆（Tommie Karim）报警称他看到一名男子在他们的公寓里，带着一把血迹斑斑的刀。警方认为这不可能，卡里姆（Karim）被逮捕并被羁押了将近三个月。尽管事实上在犯罪现场发现了一名身份不明者的血迹与受害者的血迹混在一起，但询问人员似乎已经下定决心，对卡里姆的故事毫无兴趣。他们一再打断他，把他们自己的指控当成事实真相，给他施加强烈的情绪压力。在持续六个月的时间里，卡里姆一直是主要的犯罪嫌疑人，直到真正的凶手再次实施了另外一起谋杀，并在接受询问时承认，他曾杀害了卡里姆的伴侣。卡里姆在对新的犯罪嫌疑人进行照片辨认时看到了他曾经看到的那个人，他最初的陈述最终得到证实。该案因为违反了客观性原则和使用禁止手段获得供认而被报告给瑞典议会申诉调查专员。调查专员没有发现询问违法，但质疑这些方法的合理性（法辛和拉格鲁，2009；雅各布森·奥恩和尼贝里，2009）。

　　1991 年，一名名叫托马斯·奎克（Thomas Quick）的男子实施了暴力抢劫，并被判处接受精神治疗。在治疗中他承认实施了约三十起谋杀案。接下来的法律程序导致他 1994 年至 2001 年的八起谋杀罪名成立。根据法院的调查结果，奎克的详细陈述得到了其他事实的支持，尽管缺乏法医证据，他仍然被判定有罪。法院还考虑了奎克早期的犯罪记录。他曾因强奸而被定罪，并被诊断为患有严重的人格障碍，伴有性行为异常和虐待行为。他目前的精神病医生确定，奎克仍然患有这些疾病。媒体称奎克是瑞典最可怕的连环杀手。然而，对他有罪的质疑被提出，他被说成是一个冲动的骗子。2008 年，在接受记者采访时奎克撤回了供词［SOU，2015；拉斯塔姆（Rastam），2012］。2010 年至 2013 年新的法律程序免除了对奎克的所有指控。检察官发现了材料中的矛盾之处，并指出，奎克的陈述越来越准确可能是由于媒体提供的信息、暗示治疗和调查人员的暗示导致的。总检察长认为这个案件是瑞典法律史上独一无二的司法错案。2013 年，政府任命了一个委员会，负责审查司法系统和精神病护理中的行为，以查明是否存在任何结构性缺点。然而，即便与询问犯罪嫌疑人有关的不当行为似乎是导致上述两起案件的一个重要因素，瑞典迄今仍未提出关于调查询问的官方指导方针或培训方案的实质性变化。

　　政府委员会在 2015 年春季公布了调查报告，指出所谓的托马斯·奎克案［斯图里·伯格沃尔（Sture Bergwall）］的调查如何不忠于客观性原则和矛盾律等几个根本缺点。在犯罪嫌疑人和法庭面前，事实被添加、扭曲、泄露或有组织地隐瞒。因此，委员会建议政府考虑对询问和通用的犯罪调查方法都进行重大改革，以确保在犯罪调查和法庭听审（SOU，2015）中更好地利用无罪推定、客观性原则和矛盾律原则。因此，在不久的将来将迎来法律和程序方面的重大改变。由于挪威警方和检察机关大量参与了一些调查，所以一般性结论似乎也适用于挪威。

警察学院负责对警官进行基本培训，并负责对警官（和文职人员）进行进一步的国家培训。警察培训在三个地点举行：斯德哥尔摩索尔纳国家警察学院、瑞典北部的于默奥大学和瑞典南部的林奈大学。瑞典政府决定保留本科生的基本培训模式，尽管官方报告提出了建议（SOU，2008：39）。在瑞典国家警察学院进行了两次全国性高级询问课程培训：1996~2003年每年为期三周，2004~2011年每年为期五周。最新的国家课程是以研究为基础的调查询问方法，如PEACE模式和认知询问。但是，由于预算削减，这些课程现在已经停止，培训的责任已交给地方警方。

与挪威和丹麦相比，瑞典在司法领域应用社会科学方面有着悠久的研究传统，其表现超出了这个简短的章节的范围。下面仅讨论一些最相关的研究成果的摘录。在围绕挪威的犯罪嫌疑人询问问题展开讨论之前，瑞典的研究就已经指出，对犯罪嫌疑人进行询问存在的危险与交流不对称和警察观点占据主导地位相关。犯罪嫌疑人应当有机会讲述他们的故事，但研究发现询问人员往往选择性地鼓励一些信息并忽略其他信息［特兰克尔（Trankell），1972；琼森（Jönsson），1988］。同样，在霍姆伯格和克里斯蒂安森（Holmberg and Christianson，2002）的研究和霍姆伯格团队（2004）进行的研究中，被判定谋杀或者性犯罪的男子报告了他们接受警方询问的经历。研究发现了询问人员的两种态度：一种是占主导地位的态度，在这种态度中，询问人员被认为是有侵略性和不耐烦的；另一种被研究人员形容为人道主义态度，在这种态度中，询问人员被认为是合作和有帮助的。占主导地位的态度主要是与询问对象否认犯罪有关，而人道主义态度与承认犯罪有很大的关系（在询问中当人道主义这种态度明显的时候，询问对象表示他们对询问的感觉更好）。霍姆伯格（2004，2009）将这些发现与治疗法学理论（TJ）的概念联系在一起，这意味着促进个人福利以减少损害并促进康复。同样，雅各布森·奥恩（2005，2008）分析了一系列对犯罪嫌疑人的警察询问，发现询问人员采取的同情方法促进了交流，但倾向于以获取供认为中心的询问风格则会导致失败。

此外，克朗克维斯特（Kronkvist，2013）通过分析杀人案件和采访警方调查人员探究了犯罪调查过程。他发现，公开收集信息和人道主义态度在询问中占主导地位，这与调查人员表达的态度一致。然而，克朗克维斯特（2013）也发现，存在主导性态度和"大量的问题技巧"的证据，调查人员从来没有提到过，其特点是提出大量的快速且连续的关于细节的问题。

为了创造区分真相与欺骗的机会，开发了 SUE – 战略性使用证据的询问方法（哈特维希，2005）。该方法的出发点在于在询问中对于有罪者和无辜者会使用不同的策略。如果在询问早期就告知询问对象调查已取得的证据，那么有罪者和无辜者很可能都会对他们是无辜的做出类似的解释。相反，如果询问人员是从调查材料中提出问题而同时不暴露证据，那么很可能无罪的嫌疑人更倾向于提供与证据一致的信息，而有罪的嫌疑人在更大程度上会给出与证据相反的回答（哈特维希等，2007）。

国家警察局（格兰海格等，2014）最近发表的一份报告中比较了瑞典、荷兰、英格兰和威尔士以及挪威的询问犯罪嫌疑人培训，并得出结论认为，瑞典与其他国家不同，缺乏国家协调和培训指导。他们建议建立一个询问嫌疑犯的一般模式。瑞典的研究侧重探索了影响获得可靠信息可能性的因素，这可能有助于这种模式的进一步发展。

公众丑闻并没有形成瑞典变革的基础，有趣的是，挪威警方似乎已经实施了更多来自瑞典研究的成果。尽管如此，已经有人指出讨论适当的调查询问方法的必要性。司法部部长在一份报告中得出结论，从这些案件中获得的最重要的经验不仅是做了什么，而且是应当如何做，这是至关重要的。

结论

尽管上述案例并不能代表所有斯堪的纳维亚地区的调查，但他们真实地发生，这是令人震惊的。在具有崇高司法理念的社会里，预计将会采取一些措施防止再次发生。但这目前似乎只发生在挪威，尽管瑞典和丹麦都出现了变革的迹象。怎样才能解释这三个国家在公共部门发展中的共享和合作的不同呢？

这三个国家都有公开的涉及对犯罪嫌疑人进行调查询问的丑闻。但是，挪威最著名的两起案件的规模和影响远远大于在瑞典和丹麦发生的案件。首先，伯吉特·滕斯（Birgitte-Tengs）[1] 案件中的犯罪嫌疑人在第一次庭审时被定罪。他撤回了最初供认的事实，仅仅被视为是他掩盖自己罪行的行为。他的辩护律师对此持有不同的看法，并得到法院批准，指派两名在审讯、操控技巧、虚假供述方面最有影响力的英国研究人员进行询问。其结果是，犯罪嫌疑人被认定无罪，挪威警方遭到羞辱和感到尴尬。第二个案例则可能更加悲剧，因为犯罪嫌疑人是一名聋人，并且当他被证明是清白时已经服刑 18 年。在接下来的公开调查中，他所谓的供认和随后的定罪被定义为警方对弱势犯罪嫌疑人进行询问的能力不足和由一连串推测性证据解释组成的法庭案件。这是对公众对挪威警方的信任以及对他们以专业的方式处理有难度的嫌疑犯询问的能力的另一个重大打击。这两起案件都受到媒体的大力关注，而且案件本身的悲剧就足以促成变革。而且，之前在挪威的两起刑事案件，即法斯汀·托格森（Fasting Torgersen）案件[2]和利兰（Liland）案件[3]，创造的公众和司法背景已经削弱了公众对挪威警方和检察机关的信任。但是，丹麦没有发生这样的公共丑闻，在托马斯·奎克丑闻出现之前，瑞典也没有。

另外一个重要的问题是警方在追究司法错案案件后，如何回应批评。挪威警方的高层管理人员承认警方缺乏最新的知识，因此为奥斯陆警察部门的一名侦探和国家犯罪调查局（KRIPOS）的一名侦探资助了英国大学的司法心理学硕士学位。侦探们不但可以在国外获取新的知识，而且他们将一个受 PEACE 模式启发的强制性培训方案中的知识运用到实践的想法，也得到了警

---

① 参见：http：//en. wikipedia. org/wiki/List_ of_ miscarriage_ of_ justice_ cases#Norway.
② 参见：http：//en. wikipedia. org/wikiFredrik_ Fasting_ Torgersen.
③ 参见：http：//en. wikipedia. org/wiki/Liland_ Affair.

方和检察机关高层管理人员的支持。挪威警方采取的这种有远见和谦虚的做法在丹麦或瑞典都没有确定。在丹麦，上述丑闻几乎没有对组织产生实际影响。在瑞典，政府指定的报告中关于托马斯·奎克丑闻案的严厉结论（SOU，2015）可能会带来一些根本性的变化，甚至可能像对其邻国挪威那样产生作用。但调查询问的这些变化的性质和规模还有待观察。在上述托米·卡里姆的案件中，案件负责人在丑闻之后在国家电视台为他们以获取供认为导向的询问方式辩护。

另一个因素可能是，挪威警察学院在 20 世纪 90 年代中期被组织成为一个警察大学，并拥有自己的研究部门。这种发展可能已经减少了警方对学术知识的某种制度化的怀疑态度，从而间接促进了挪威警方采取更加科学的询问方法。因此，尽管挪威在 1995 年将基本警察培训转变为学士学位课程，但瑞典的情况并非如此，丹麦学士学位课程项目仅在 2013 年获得授权。最后，应当记住的是，本文此处用不能获得有关基于科学的询问方法的相关知识，来解释斯堪的纳维亚国家之间的差异，这些解释只是说明了掌握这些知识的意愿的差异。

参考文献

❶ Baldwin，J.（1993）"Police interview techniques-establishing truth or proof?" *British Journal of criminology*，33：325 – 351.

❷ Bonnichsen，H. -j.（2012）*Tvivl på alt og tro på meget. Jagten på sandheden-politiets afhoringsmetoder*. Copenhagen：Rosinate.

❸ Christensen，T（2011）*Han fikk morderne til at tilstå*. Copenhagen Lindhardt & Ringhof.

❹ Clarke，C. and Milne，R.（2001）*National Evaluation of the PEACE Investigative Interviewing Course*，Police Research Award Scheme，Report No. PRSA 149. London：Home office.

❺ CPT（1997）*Report to the Norwegian Government on the visit to Norway carried out by the European Committee for the Prevention of Torture and Inhuman or Degrading Treatment or Punishment（CPT）from 17 to 21 March*

1997. Strasbourg：Council of Europe.

❻ CPT（2000）*Report to the Norwegian Government on the visit to Norway carried out by the European Committee for the Prevention of Torture and inhuman or Degrading Treatment or Punishment（CPT）from 13 to 23 September 1999.* Strasbourg：Council of Europe.

❼ Fahsing，I. A. and Rachlew，A. A.（2009）"Investigative interviewing in the：Nordic region"，in T. Williamson，B Milne，and S Savage（eds），*International Developments Investigative Interviewing.* Cullompton：Willan.

❽ Granhag，P. -A，Strömwall，L. A，and Montecinos，S. C.（2014）*Polisens förhör med misstänkta.* Rikspolisstyrelsens utvärderingsfunktion，Rapport 2013：7.

❾ Gudjonsson，G. H.（2003）*The Psychology of Interrogations and Confessions：A Handbook.* Chichester：John Wiley & Sons.

❿ Hartwig，M.（2005）*Interrogating to Detect Deception and Truth：The Effects of Strategic Use of Evidence.* PhD thesis，University of Gothenburg，Gothenburg.

⓫ Hartwig，M，. Granhag，P. -A.，and Strömwall，L. A.（2007）"Guilty ' and innocent suspects' strategies during police interrogations，" *Psychology，Crime and Law*，13（2）：213 – 227.

⓬ Holmberg，U.（2004）*Police Interviews with Victims and Suspects of Violent and Sexual Crimes：Interviewees' Experiences and Interview Outcomes.* Stockholm：Department of Psychology，Stockholm University.

⓭ Holmberg，U.（2009）"Investigative interviewing as a therapeutic jurisprudential approach"，in T. Williamson，B. Milne，and S. Savage（eds），*International Developments in Investigative Interviewing.* Cullompton：Willan，pp. 149 – 175.

⓮ Holmberg，U. and Christianson，S. Å.（2002）"Murderers ' and sexual offenders' experiences of police interviews and their inclination to admit or deny *crimes"*, *Behavioral Sciences and the Law*, 20: 31 – 41.

❶ Isager Nielsen, B. (2012) *Efterforskerne-sådan fielder de Danmarks drabsmaend.* Copenhagen: Lindhardt & Ringhof.

❶ Jakobsson Öhrn, H. (2005) *Berätta din sanning: en förhörsledares projekt i förhör med misstänkt person.* PhD thesis, Stockholm, University of Stockholm.

❶ Jakobsson Öhrn, H. (2008) "Results and rapport: a police interviewer's dilemma", *International Investigative Interviewing Research Group Bulletin*, 1: 15 – 20.

❶ Jakobsson Öhrn, H. and Nyberg, C. (2009) "Searching for truth or confirmation?" *International Investigative interviewing Research Group Bulletin*, 2 (1): 11 – 19.

❶ Jonsson, L. (1988) *Polisförhöret som kommunikationssituation*, SIC 23, Studies in Communication. Linköping, Sweden: University of Linkoping.

❷ Justisdepartementet (2007) *Fritz Moen og norsk strafferettspleie* (Nou 2007: 7) . Oslo: Politi-og justisdepartementet.

❷ Kripos (1998) "AvhΦr av mistenkte. " Unpublished document, National Criminal Investigation Service, Oslo.

❷ Kronkvist, O. (2013) *Om sanningen ska fram. Polisförhör med misstänkta för grova brott.* PhD thesis no. 117/2013. Växjö, Sweden: Linnaeus University Press.

❷ Milne, R. and Bull, R. (1999) *Investigative Interviewing: Psychology and Practice.* Chichester: John Wiley & Sons.

❷ Politiets videnscenter (2007) *Dansk politis afhΦringspraksis af vidner og forurettede.* Copenhagen: National Police Commissioners Office.

❷ Politiets Videnscenter (2012) *Dansk politis afhΦringspraksis af sigtede.* Copenhagen: National Police Commissioner Office.

❷ Rachlew, A. (1999) "Norwegian Police Officers' Perceptions of Investigative Interviewing: Implications for Training. " Unpublished Master's thesis, University of Liverpool.

㉗ Rachlew, A. （2003） *Norske politiavhФr i et internasjonalt perspektiv*, Tidsskrift for Strafferett, No. 4/2003.

㉘ Rachlew, A. （2009） *Justifeil ved politiets etterforskning-noen eksempler og forskingsbaserte mottiltak.* Doktorafhandling ved det jurideske fakultet Universitet i Oslo. Oslo: Unipub.

㉙ Råstam, H. （2012） "Fallet Thomas Quick", *Att skapa en seriemördare.* Stockholm: Ordfront.

㉚ Shaw, G. （2001） "Current state of force interview training", in J. Burbeck, *New ACPO Investigative Interviewing Strategy.* Warwickshire Police.

㉛ Shepherd, E. and Kite, F. （1988） "Training to interview", *Policing*, 4: 264 – 280.

㉜ SOU （2015） Rapport från Bergwallkommissjonen. Stockholm: Statens Offentliga Utredningar 2015: 52.

㉝ Statens Offentliga Utredningar （SOU） （2008） *Framtidens polisutbidning*, Slutbetänkande av Utredningen om den framtida polisutbildningen （SOU 2008: 39）. Stockholm: Edita Sverige AB.

㉞ Stockdale, J. （1993） Management and supervision of police interviews, London: The Home Office. Police Research Series Paper 5.

㉟ Trankell, A. （1972） *Reliability of Evidence.* Vallingby, Sweden: Beckmans.

第16章

苏格兰调查询问犯罪嫌疑人的
当代发展与实践

斯图尔特·休斯顿 (Stuart Houston)

大卫·拉·鲁伊 (David La Rooy)

安娜贝尔·尼科尔 (Annabelle Nicol)

▌简介▐

多年来，在苏格兰，对犯罪嫌疑人的询问一直都在发生相当大的变化，在苏格兰法律体系以及整个欧洲范围内，是通过法庭挑战被塑造成目前的形式和地位，同时这也给立法带来了重大变化。尽管苏格兰警方的组织结构发生了彻底和影响深远的改变，但询问犯罪嫌疑人的要求却一直没有变化，仍然规定在法律中。2012 年《警察和消防改革（苏格兰）法》[*Police and Fire Peform（Scotland）Act 2012*] 第 20 节明确规定，警察的职责是专门负责防止和发现犯罪，将犯罪分子绳之以法，收集证据并出庭。因此，用一种能够经得起法院和专家意见审查的方式来对个人进行询问是在警方的权力范围之内的。

苏格兰的刑事法律在很多重要方面与联合王国的其他地区不同。值得注意的是，在苏格兰，如果一个人被逮捕，他就会被视为一名可指控的犯罪嫌疑人，不能被询问，而在其他地区，因涉嫌犯罪而被逮捕的犯罪嫌疑人可以被询问。在苏格兰，需要接受询问的犯罪嫌疑人是依据 1995 年《刑事诉讼（苏格兰）法》第 14 节规定的条件而被拘留的对象，该规定允许将他们视为被逮捕的人。这种拘留的最长时间为 12 小时，在警督（inspector）的授权下可以延长至 24 小时，但延长具有严格的限制。

本章将考察 PRICE 询问模型，该模型自 1995 年以来一直是苏格兰询问犯罪嫌疑人的模型。本章从该模型使用之前的判例法开始，详细考察苏格兰司法系统如何形成了公认的询问模式，包括询问模型的结构、培训和该模型最近的重大变化，以及它与英国其他地区警察部门使用的 PEACE 模式的比较。就苏格兰调查的犯罪类型而言，与英格兰和威尔士有许多相似之处，但正如您将看到的那样，鉴于苏格兰具有独特的法律体系，其询问犯罪嫌疑人的特点会被融入苏格兰的法律框架进行研究。

背景

从历史上看，在苏格兰，对犯罪嫌疑人的询问已经由于审判结果而被调整和改变，主要是高等法院的审判结果，涉及严重的罪行。主要目标一直是开发一种询问模式，通过这种询问模式获取能够在法庭上被承认的证据，并能导致对犯罪嫌疑人的定罪。当然，获得的证据可靠是极其重要的，而不仅仅是导致定罪的简单信息。

研究表明，某些类型的提问更可能导致产生不准确的信息并产生矛盾。诱导性问题（leading questions），由于其本身的性质，介绍了信息，可以用来在某些特定方向"诱导"被询问人员。洛夫特斯和帕尔默（Loftus and Palmer，1974）证明，操纵提问的措辞会影响到参与者给出的答案，在研究中，参与者都观看了同一部有关车祸的电影。暗示性问题暗示了某种特定的答案并期待询问对象给出回答，并且可能会使用某种程度的压力或反馈来让询问对象"赞同"询问人员所说的内容。

一些个人特征和人格因素使某些人比其他人更可能赞同给予他们的暗示。那些觉得需要服从权威人物的人［理查森（Richardson）和凯莉（Kelly），2004；古德琼森（Gudjonsson），1990］以及青少年和有智力残疾、心理障碍和酗酒/药物问题的人也更容易受到暗示性和审讯风格提问的影响［参见卡辛（Kassin）等人的综述（2010）］。此外，有研究发现了智力和记忆以及易受暗示性之间的正相关关系（使用 GSS-Gudjonsson 暗示性量表测量）（古德琼森，1983）。

用于引出供述的某些技巧也可能对犯罪嫌疑人承认犯罪的可能性产生影响。"主题发展"，询问人员通过向犯罪嫌疑人提供道义上的借口作为促使其供认的理由：正当性、合理化或最小化，或者将责任归咎于犯罪嫌疑人以外的某人或某事，这是一种非常有效的获取供述的策略。但使用这种方法已被证明对于引发真实供述［阿普比（Appleby）等人，2011］和虚假供述［卢萨诺（Russano）等人，2005］两方面是都有效的。

询问时的情境因素也可能在引出不准确的信息方面发挥作用。戴维斯（Davis）和利奥（Leo）（2013）认为存在这样的事实：一些犯罪嫌疑人随着时间的推移，他们对抗审讯的能力下降，并且更容易受到讯问的影响，戴维斯和利奥把这些用术语"对审讯的相关控制降低"（IRRD）来表述。因此，由于犯罪嫌疑人的周围环境，即使是开始能够抵抗暗示的人，随着时间的推移，也会变得容易受到暗示。急性情绪困扰和疲劳或剥夺睡眠可能导致自我调节情绪和认知的失败。无法调节认知可能会损害记忆，使得犯罪嫌疑人更容易受到暗示性问题的影响，并且这可能处于比人们通常认为的痛苦水平更低。葡萄糖的消耗也可能在 IRRD 中起作用，所有的大脑活动都依赖于血糖所消耗的能量，而自我控制功能对能量的需求很大［加里奥特和鲍迈斯特（Galliot and Baumeister），2007）］，不仅如此，血糖可用性在个体之间存在差异，如糖尿病和低血糖的情况，个体血糖较低的人更可能易受自我调节失败的影响。

高等法院审理的谋杀案，布朗诉女王陛下［Brown v. Her Majesty's Advocate（HMA）］一案，被公认为是警察行动和如何询问犯罪嫌疑人的重大转折点。布朗在 1966 年因被指控在拉纳克郡（Lanarkshire）的小镇拉克霍尔（Larkhall）谋杀一名年轻女子而受审。在调查的最初阶段，布朗和许多其他人一起接受了询问，那时还没有任何明确的犯罪嫌疑人。在作为证人与警方的第一次接触中，布朗简要介绍了谋杀案发生时他的动向。在这一陈述之后，警方在他的故事中发现了一些不一致的情况，并要求他去警察局，随后他在那里依照普通法受到了警告。他没有义务回答任何问题，但他接着做出了陈述。经过较长的一段时间后，询问人员向布朗揭示了在他的叙述中一些不一致的地方，然后布朗承认了谋杀行为，甚至将警察带到了他处置一些受害人财物的地点。

在审判中，布朗被认定谋杀罪成立并被判终身监禁，但他上诉了，上诉的理由是他的供认是被不公正地诱导出的。在上诉期间，主审法官克莱德勋爵（Lord Clyde）做出了以下评论：

> "因此，受到任何旨在确保犯罪嫌疑人承认有罪的威胁或压力或刑讯逼供方法因素污染的警方提问，都会在最终审判时，阻碍向陪审团使用证据证明这些回答。因为，根据我们公平对待的标准，这对被指控的人是不公正的。另外，警方有权力而且有职责进行调查并询问他人以查明是否有人以及是谁实施了犯罪，并且出于调查目的来讯问可能参与犯罪的人。在合法的讯问和最终使被指控犯罪的人受到不当压力或威胁污染的诉讼程序之间划出准确的界限，有时可能是一件很困难的事情。不可能规定出向警方提供的回答在最终审判中被接受为证据或不被接受的明确情况。这是一个关于每个案件的具体情况的问题，而这些情况间有多种变化的可能。但是，所有评价标准中简单、易懂且在实践中运行良好的标准是——发生了什么公平或不公平的事吗？"（苏格兰警察局，2012：59）

虽然这个案件发生在将近五十年前，但这一裁决原则已经对警方在询问中的职责和行为设定了规则，并已经实行了多年。尽管 PRICE 模型的引入强调了所描述的过程，但本案的基本方面长期存在于苏格兰警察的整个职业生涯中，因为它强调了警察的职责不是获得供认罪行，而是获得信息，而且信息必须公正地获得，并可用于刑事诉讼程序中。对犯罪嫌疑人进行调查询问的目的不是获得供认，而是一项发现事实的工作。这一特殊案件为警察认清界限铺平了道路，并且很清楚地表明了询问的目的。值得注意的是，在此判决之后的一年，最初的《1967 年苏格兰警察法》颁布，成为现行的 2012 年《警察和消防改革（苏格兰）法》的前身。同样值得注意的是，直到本案发生 30 年后，苏格兰警察学院才开始培训目前的 PRICE 模型（在提高询问人员实践技能方面，类似的长时间拖延在询问证人和受害人领域也很明显）。

PRICE 模型

自 1996 年以来，PRICE 模型一直是苏格兰警察学院所有参加该项目培训的警察课程的一部分。但是，提供给新入职的警察和提供给侦探的培训级别有所不同，后者需要一周的培训课程，确保在接受任何其他侦探培训课程之前能够胜任。尽管在描述中 PRICE 模型与 PEACE 模型类似，但是，苏格兰这一体系的开发是谨慎的，与英国其他地区使用的体系并不相同。除此之外，直到 2010 年，苏格兰对犯罪嫌疑人询问都是在没有其法律代表在场的情况下进行的，这一问题将在本章后面进一步讨论。

PRICE 模型的主要目标是展现结构化和组织化的方法对询问过程的价值，以及询问人员如何识别和评估询问过程中获得的信息并将其与其他已知事实相关联。如果正确地遵循模型要求，询问人员能够保持对询问过程的控制，在适当的时候揭露信息，并将所获得的信息放在正确的语境中，以便能够确定询问应当如何进行至终止、逮捕或指控犯罪嫌疑人。

PRICE 模型的结构如下：

◆ 计划和准备（Planning and Preparation）

这是询问人员可以实际控制的一个部分，而且应该重视这个阶段，即面对犯罪嫌疑人之前的工作。在许多情况下，计划和准备是获得成功结果的"决定性因素"。在凶杀案或其他重大案件的调查时，高级调查官员很可能会使用询问顾问的辅助。询问顾问通常是一名侦探警官级别的官员，是久经考验的调查人员和询问人员，并且接受了苏格兰警察学院提供的得到认可的为期一周的培训课程。自 21 世纪初以来，这种情况一直存在于苏格兰，现在在所有的重要调查中都被认为是一种良好的做法。在过去，这位受过培训的警官会在适当的监督和支持下制订一个供其他人遵循的计划。随着时间的推移，这个角色现在已经发展起来，更多地发挥了咨询作用，向实施询问的警官提供帮助以及准备询问方案，然后由高级调查官员或其副手批准。

在更多的常规案件中，询问警官通常不需要这种级别的专业人员，警官自己制订计划并实施询问。计划和准备工作应当始终严格，虽然所有计划都将作为任何后续的案件文件提交，但要确保这些计划涵盖所有适当的方面并可以随着询问的发展灵活地调整计划。

　　计划中要考虑的第一个部分是在询问的指挥警官和他们确定的警官的头脑中明确询问的目的和目标。警官们都知道谁负责指挥并知道他们希望其余警官介入补充提问的时机是至关重要的，这样可以使询问变得顺畅，但由于这也有可能被记录下来，于是就创造了一种更加专业的方法。作为计划的一部分，负责询问的警务人员必须确保他们知道案件的所有事实，无论这些事实是认定犯罪嫌疑人有罪还是无罪的。这体现了公平性要素，即确保他们不会询问犯罪嫌疑人有关假定的犯罪以及不能被证人陈述、闭路电视或者诉讼证据证实的犯罪。根据这一点，警官必须知道正在被调查的相关犯罪的基本构成要素以及他们需要用来证明基本要素的证据。作为计划的一部分，公认的好做法是写下基本要素，围绕犯罪的核心部分构建询问的信息收集部分。

　　虽然计划的这些部分是显而易见的，但最重要的、有时候会被忽视的部分是犯罪嫌疑人的待遇和询问犯罪嫌疑人的环境。除了被调查的犯罪的法律要求外，警官们还必须注意到犯罪嫌疑人由于询问而被拘留的时间限制，并且应当告知他们有充分的获得律师辩护的权利。这些应当全部都在计划和准备之中。

　　自 2010 年以来，萨尔杜兹诉土耳其（Salduz v. Turkey）的欧洲判例（2009 年）之后，苏格兰的犯罪嫌疑人享有在接受询问之前获得律师帮助的权利。这一新近变化的影响将在本章后面讨论。

　　正如警察工作的性质一样，严重的犯罪行为通常发生在"非社交时间"，此时警察可能已经在夜间长时间工作，有时可能身心疲惫。这始终应当是计划阶段的一个考虑因素，警官们应当问问自己"我是否有能力实施这次询问"。在严重罪行中，询问将接受刑事部（Crown Office），检察官办公室（类似于英格兰和威尔士的皇家检控署），辩护律师（类似于英格兰和威尔士的出庭律师）及其法律团队，陪审团，郡长（sheriff）（类似于英格兰和威尔士的法官）和广大公众通过媒体进行的审查。实践表明，所有这些利益相关方可能比实施初次询问的警官处于更好的精神警觉状态。因此，调查人员的心理和身体状况对调查询问的成功构成潜在风险，应始终在调查的计划阶段予以考虑。

同样，询问计划应始终考虑犯罪嫌疑人的需求。例如，他们是否需要任何医疗救治、休息以减少酒精或滥用药物的影响，或者他们是否需要适当的成年人的帮助。苏格兰现在是一个拥有多种宗教信仰人口构成的国家，应始终考虑与祈祷或洗礼等宗教需求有关的犯罪嫌疑人的要求，以及在存在文化障碍或差异的情况下询问人员的行为。这反映了克莱德法官（Lord Clyde）在 1966 年的评论，即可以将诚信和尊重犯罪嫌疑人增加到询问的公正性中去。

询问地点是否适合进行询问也应当被考虑。如果需要其他人在场，例如口译人员、法定代理人或适格成年人，而这又可能受到房间空间大小的影响。

总体来说，从上文可以看出，计划和准备阶段不仅要考虑将要询问和寻求的信息，还要涵盖询问的所有方面。

◆ 建立融洽关系（Rapport building）

应当在对犯罪嫌疑人的首次询问中建立起融洽关系，并在整个询问过程中持续保持。建立融洽关系应当以警官的专业技能展现出来，并明确界定询问对象和询问人员的角色。不应当忽视融洽关系的建立并认为它不重要，研究表明，询问人员建立融洽关系的尝试与犯罪嫌疑人更高程度的回应及合作明显相关［布尔和索卡拉（Bull and Soukara），2010］。

在苏格兰引入律师参与对犯罪嫌疑人的询问之后，建立融洽关系也被视为向律师披露信息的一部分。在这方面，专业性也与询问警官向律师解释询问过程的方式有关，而且，更为重要的是，在询问前的信息披露中询问警官设定了他们期望作为合理考虑的边界。律师希望提出的任何异议都必须以不偏离询问目的的方式进行，以使得警方可以完成他们的工作。

询问方面引起相当多法律争议的一个问题是，在开始时，在询问人员提出任何问题之前，向犯罪嫌疑人提出的警告。在苏格兰，这一部分的措辞与英国的其他地区有所不同：

"你将被问到有关（犯罪或违法）的问题。你没有义务回答，但你所说的任何内容都会被记录下来，并可能被用作证据。"

在严重犯罪中，警告的内容还包括询问将被视频和录音记录，尽管这种设备通常只用于侦探级别的警察实施的询问。

作为建立融洽关系的一部分，应要求询问对象向询问人员重复这一警告并解释他们的理解，这被认为是很好的做法。在过去的刑事案件中，由于犯罪嫌疑人无法理解警告实际意味着什么，会启动上诉程序。这也应当被询问人员视为一个需要考虑的因素，即如果犯罪嫌疑人很难理解警告，就可能会存在某种无行为能力的情形，除了律师按照规定在场之外，该人可能需要一名适格成年人的帮助来促进交流。本质上，建立融洽关系阶段应被视为介绍询问人员、询问对象和其他在场人员的机会，并确保每个人都认识到即将进行的正式询问程序。

◆ **收集信息**（Information-gathering）

作为 PRICE 模式的中心点，这一部分是书面计划付诸实施，询问的目标开始实现，收集信息并使犯罪嫌疑人做出包括任何可以减轻罪责或辩护的叙述。收集信息阶段分为两个截然不同的部分：犯罪嫌疑人部分，他们有机会提供陈述；以及警察部分，询问人员按照预先计划好的问题提问。

犯罪嫌疑人部分应当从提出一个压力问题（impact question）开始，明确表明他们被问到的是什么，这应当符合他们已经受到的警告。一个压力问题应当是开放性的，例如"尽可能详细地告诉我你参与（犯罪或违法行为）的情况"。通常情况下，犯罪嫌疑人可能不会回答这个问题，因此预先计划好的备用问题可以是"告诉我你在其中的行为（实施犯罪的次数）"。这被视为是公平和透明的，因为调查人员专注于他们正在调查的内容以及相关的次数和日期。在这个阶段，如果犯罪嫌疑人愿意回答问题，那么他们应当被允许做出叙述，同时允许询问人员建立一个行动的时间轴（a timeline of move-ment）和在接下来询问中适当的时候可以质疑的记述（account）。虽然询问人员在这个阶段不应该质疑任何谎言，但这是一个尽可能多地获得信息的机会。公认的是，在犯罪嫌疑人的叙述中，他们可能会提出原本询问人员计划由自己提出的关键话题，但如果犯罪嫌疑人自己主动提及，询问人员应当尽可能多地收集有关该话题的信息。

一旦犯罪嫌疑人的部分结束，询问人员就有机会提出他们确定的与重要调查信息相关的问题。这些信息可能是被调查的犯罪或违法行为的关键要素，也可能是任何其他的重要信息，例如犯罪嫌疑人对受害人的了解、所在地、其他人、交通工具、武器，以及金钱或毒品的使用情况等。对于每个案件来说需要涉及的话题都具有独特性，但应当牢牢记住的是，这是询问人员寻求答案的机会，特别是，在评估阶段他们就可以提供的鉴别证据，尤其是那些能够将犯罪嫌疑人与受害人、作案地点或涉案物品联系起来的诉讼证据。如果犯罪嫌疑人没有机会为它们的出现提供合法的或可解释的理由，那将是不公平的。

在整个信息收集阶段，询问人员不应当有偏见的表现，应该利用"什么"和"如何"这种问题来探讨所有方面。在这个阶段结束时，询问人员应该确保他们已经提出了所有必要的问题。

◆ **确认内容**（Confirming content）

一旦信息收集完成，就有机会来确认询问对象已提供的信息。这允许询问人员重新陈述犯罪嫌疑人所提供信息的关键方面，并澄清在询问过程中可能出现的任何误解或含混不清之处。在苏格兰使用的这种方法被称为"是/否螺旋"（yes/no spiral），询问人员提供询问对象已提供信息的相关细节并寻求"一致"。其中很重要的是，询问人员必须精确地重新陈述犯罪嫌疑人已经说过的内容，但对犯罪嫌疑人或其答复仍然保持开放的心态和公正的态度。

这个阶段应当允许询问人员和他/她的同事进行"健康检查"（health check），以确保他们已经覆盖了他们原计划的所有领域。此外，询问人员可以尽量设法预测和解决可能的辩护途径：围绕关于提问的质疑，或者犯罪嫌疑人所提供陈述中明显不一致之处。根据犯罪嫌疑人已经提供的信息量，对犯罪嫌疑人询问的这个阶段有时可能非常简短。

◆ **评估和诉讼**（Evaluate and action）

PRICE 模型的最后部分要评估所有信息，并确保询问人员能够适当地质疑已出现的任何不一致。这是询问中最重要的方面之一，讯问人员将试图解释犯罪嫌疑人对事件的描述与调查中其他证据之间的差异；如果有理由这样做，犯罪嫌疑人的陈述可能会受到质疑。其中很重要的是，这种证据的传递是以受控方式进行的，而且绝不应该导致询问人员与犯罪嫌疑人或其律师之间的争论。这是警方将要掌控答案的部分，如果对证据点处理不当，可能导致询问在以后的程序中不被承认。

应当向犯罪嫌疑人逐个提出证据的具体点，以便犯罪嫌疑人能够对每个证据点做出解释。与本询问模式的其他阶段相比，这是警察经常进行大量谈话的阶段。但是，如果在这个阶段有人承认责任并且供认犯罪行为，那么他们应该被允许详细说明，如果有必要的话，可以由询问人员进一步提问。应当指出的是，在这个阶段，为了突出显示证据或证据中的任何不一致性，可以战略性地引入法医鉴定，闭路电视的视频认定，甚至目击证人的辨认。

案件的诉讼部分应当由警官做出决定，推进向犯罪嫌疑人提出犯罪指控，或者必要时将他们从拘留中释放，以便进一步调查。

培训

从 20 世纪 90 年代中期开始，PRICE 模型一直是教授给在苏格兰从事警务工作的所有警官的询问模式，并且作为他们初步培训的一部分，他们必须进入苏格兰警察学院学习。学院内的侦探培训部门也重复了这一点，苏格兰所有的侦探都必须参加初级调查人员课程。多年来，这门课程已经逐步发展，目前是在为期一周的询问培训课程后进行授课，必须先通过询问培训课程，然后才能进入进一步的犯罪调查部分的课程。这包括对证人和犯罪嫌疑人进行一些询问实践评估，其中使用角色扮演对于提供一个现实而安全的培训环境至关重要（见第 1 卷第 17 章关于苏格兰证人和受害人的询问）。

苏格兰警察学院与各种组织，如国家犯罪学院、国家警务改进机构

（NPIA）以及最近的国家犯罪机构建立了长期的联系，特别是关于询问顾问的培训。本课程提供的培训是从国家批准的课程复制而来，国家询问顾问是该课程的讲师。人们现在认识到，尽管苏格兰和英国其他地区使用的询问模型略有不同，但培训上有很多合作和交集，近年来的共享培训和苏格兰国家询问顾问对高级调查警官的支持已经显示出这一点。

◆ 卡德尔诉女王陛下（Cadder v. Her Majesty's Advocate，2010）

在 PRICE 询问模型之初，与 PEACE 询问模型不同的是，在苏格兰对犯罪嫌疑人的询问中，并不要求律师在场。但在 2010 年夏季，询问时律师在场成为法律挑战和一系列彻底变革的主题，PRICE 模型已经调整并越来越接近英国其他地区的模式。遵照欧洲人权法院对萨尔杜兹诉土耳其案（Salduz v. Turkey，2009）做出的裁决，裁决要求被警方拘留的人在受到询问之前应有权获得律师帮助，除非在特定情况下，并有令人信服的理由。苏格兰出现了一些改变询问过程的案例。

导致苏格兰这一变化的案件是彼得·卡德尔（Peter Cadder）案。2007年在格拉斯哥（Glasgow），因涉嫌两次袭击和妨害治安，彼得·卡德尔被拘留并接受询问。作为拘留过程的一部分，他拒绝在询问之前与律师交流，然后承认了罪行，为此他受到犯罪指控。基于萨尔杜兹案判例，卡德尔向英国最高法院提出上诉，称他有权获得律师帮助。英国法院同意了他的上诉理由，撤销了对他的定罪，理由是根据"欧洲人权公约"第 6 条，他被剥夺了获得公平审判的权利。自从本章开头引用的 1966 年布朗案以来，这是犯罪嫌疑人询问中最重要的变化，并且能看到不仅是警察，法庭、律师和犯罪嫌疑人也适应了新的过程。根据裁决，苏格兰议会内部提出了紧急立法，拘留期从 6 小时增加到现在的 12 小时。

结论

PRICE 模型已被苏格兰的警察部门使用了 20 多年，虽然它的内容与英国其他地区使用的 PEACE 模型非常接近，但与 PEACE 模型不同，它从未成为审查的对象［麦格克（McGurk）等人，1993；克拉克和米尔恩（Clarke and Milne，1999）］。它的使用在很大程度上被判例法以及随着时间的推移其应用的发展带来的立法变化所塑造。它仍然是苏格兰警察学院教授的询问犯罪嫌疑人的唯一模式，并得到整个警察机构以及刑事部、地方检察机关的认可。

正如前文所述，苏格兰的法律制度与英国其他地方存在差异，这些差异解释了询问模式中的不同方法。虽然 PEACE 模式很容易适用于苏格兰，但这并不是一直在考虑的问题，目前正在就苏格兰是否继续作为英国的一部分进行辩论，但一段时间内可能不会有答案。

参考文献

❶ Appleby, S. C, Hasel, L. E and Kassin, S. M. （2011）'Police-induced confessions：an empirical analysis of their content and impact', *Psychology, Crime and Law*, 19：111 – 128.

❷ Bull, R. and Soukara, S. （2010）'Four studies of what really happens in police interviews', in G. D. Lassiter and C A Meissner （eds）, *Police Interrogations and False Confessions：Current Research, Practice, and Policy Recommendations.* Washington, D. C. : American Psychological Association, pp. 81 –95.

❸ Clarke, C. and Milne, R. （1999）*National Evaluation of the PEACE Investigative Interviewing Course*, Police Research Award Scheme, Report no. PRAS/149.

❹ Davis, D. and Leo, R. A. （2013）'Acute suggestibility in police interrogations：self-regulation failure as a primary mechanism of vulnerability', in A. M. Ridley, F. Gabbert and D. J. La Rooy （eds）, *Suggestibility in Legal Contexts：Psychological Research and Forensic Implications.* Chichester：Wiley-Blackwell, pp. 171 – 195.

❺ Galliot, M. T. and Baumeister, R. F. （2007）'The physiology of will-power：linking blood glucose to self-control', *Personality and Social Psychology Review*, 11：303 – 327.

❻ Gudjonsson, G. H. （1983）'Suggestibility, intelligence, memory recall and personality: an experimental study ', *British Journal of Psychiatry*, 142: 35 – 37.

❼ Gudjonsson, G. H. (1990) 'The relationship of intellectual skills to suggestibility, compliance and acquiescence', *Personality and Individual Differences*, 11: 227 – 231.

❽ Kassin, S. M., Drizin, S. A., Grisso, T., Gudjonsson, G. H. R. A. and Redlich, A. D. (2010) 'Police-induced confessions: risk factors and recommendations', *Law and Human Behavior*, 34: 3 – 38.

❾ Loftus, E. F. and Palmer, J. C. (1974) 'Reconstruction of automobile destruction: an example of the interaction between language and memory', *Journal of Verbal Learning and Verbal Behavior*, 13: 585 – 589.

❿ Mcgurk, B. J., Carr, M. J. and Mcgurk, B. (1993) *Investigative Interviewing Courses for Police Officers*: An Evaluation, Police Research Series, Paper No. 4. London: Home Office Police Department.

⓫ Police and Fire Reform (Scotland) Act 2012. Available at: http: // www. legislation. gov. uk/asp/2012/8/section/20/enacted (accessed 12 April 2014).

⓬ Richardson, G. and Kelly, T. P. (2004) 'A study in the relationship between interrogative suggestibility, compliance and social desira bility in institutionalised adolescents', *Personality and Individual Differences*, 36: 485 – 494.

⓭ Russano, M. B., Meissner, C. A., Narchet, F. M. and Kassin, S. M. (2005) 'Investigating true and false confessions within a novel experimental paradigm', *Psychological Science*, 16: 481 – 486.

⓮ Scottish Police Services Authority (2012) *The Scottish Investigators Guide to Case Law.* Kincardine: Scottish Police College.

第 17 章

斯洛文尼亚警察对犯罪嫌疑人的讯问

伊戈尔·阿雷 (Igor Areh)

萨宾娜·加加 (Sabina Zgaga)

本杰明·弗兰德 (Benjamin Flander)

▌简介▐ ┄┄┄┄┄┄┄┄┄┄┄┄┄┄┄┄┄┄┄┄┄┄┄┄┄┄┄┄┄┄┄┄

斯洛文尼亚共和国是一个被奥地利、匈牙利、克罗地亚和意大利包围的国家,自 1991 年以来一直是独立的国家。自 2004 年以来,它一直是欧盟的正式成员。1991 年新宪法颁布之后,之前所有的法律规定依然有效,除非它们与人权和基本自由相冲突。《刑法典》和《刑事诉讼法》与《欧洲人权公约》(ECHR) 一致。

警方审讯[①]是斯洛文尼亚刑事诉讼法中相对较新的一个程序制度。在 2003 年以前,斯洛文尼亚警察只能从犯罪嫌疑人那里收集情报信息,而不能为了证据目的而采取行动,因为这些属于调查法官的职责范围。官方对这个规定的解释是,警察——可能是最危险的国家权力代表——不能也不应该审讯犯罪嫌疑人,因为这项工作只能由司法权力的代表来完成。

然而,在实践中,上述规定的结果往往相反(非但没有保护犯罪嫌疑人的权利,反而对犯罪嫌疑人的权利造成了侵害,并且也是无效的)。只有在 2003 年通过《修正刑事诉讼法法案》后,斯洛文尼亚警察才正式获得了以前

[①] 本章重点介绍了依照《刑事诉讼法》在审前程序中进行的警察讯问。此外,在斯洛文尼亚的法律规定和实践中还存在收集陈述和询问 (examining) 犯罪嫌疑人或刑事案件被告人的其他形式。

授予给调查法官的权力，讯问被指控犯罪的嫌疑人，但必须有律师在场并且要告知犯罪嫌疑人他们的权利。即使这个新的规定受到诸多著名的刑事法学者的批评①，但是现在仍然有效。本章阐述斯洛文尼亚宪法和刑事诉讼法对警察讯问的规制，以及相关判例法对侦查讯问的阐释，特别强调在审前程序中对犯罪嫌疑人/被告人的权利和程序保障。还讨论了警方讯问的实际情况，特别关注了对犯罪嫌疑人的心理操控。

警察询问犯罪嫌疑人的宪法和法律框架

根据斯洛文尼亚共和国宪法，任何人都不得受到酷刑、不人道或有辱人格的处罚或对待。在刑事和其他一切法律程序中，特别是在剥夺自由时，都必须保障对人格和尊严的尊重。任何被指控犯有刑事罪行的人，除绝对平等之外，还有权获得充分的时间和便利来准备他/她的辩护，并提供所有有助于案件处理的证据。任何被指控犯罪的人都应当被假定是无罪的，直到通过正当法律程序被认定有罪②。即使宪法没有明确规定，所有上面提及的保障措施也适用于警方对犯罪嫌疑人的讯问（监禁和非监禁情况下）。所谓的米兰达警告（Miranda warning）部分载于斯洛文尼亚宪法第 19 条。根据这条规定，任何被剥夺自由的人必须立即以其母语或他所懂的语言告知其被剥夺自由的理由。在此后的最短时间内，必须以书面形式告知他/她被剥夺自由的原因。必须立即告知他/她没有义务做出任何陈述，他们有权立即获得他们自由选择的法律代表，并且主管当局必须根据他们的要求通知其亲属或那些与他/她亲近的人其被剥夺自由的事实。此外，斯洛文尼亚宪法禁止采用任何形式的强制、胁迫手段获取口供和陈述，禁止对被限制自由的人使用任何形式的暴力。任何受警方讯问的人都有权不自证其罪，不证明其亲属或亲近的人有

---

① 他们主要担心的是新的法律设置，赋予警察在过去授予司法机构的讯问权，可能影响到犯罪嫌疑人权利的保护水平。

② 斯洛文尼亚宪法法院与其之前的欧洲人权法院一样，裁定沉默权和反对自证其罪的特权与无罪推定密不可分。这两项宪法性程序保障据说源于无罪推定（以及保护人格和尊严的权利）。

罪，或承认有罪。斯洛文尼亚宪法法院在其决定（第 1293/08 - 24 号，2011）① 中阐述了这些相当有限地反对自证其罪特权的宪法条款。在这个决定里，宪法法院裁定反对自证其罪特权主要是通过律师辩护权和在保持沉默权的基础上提供信息来实现的。此外，规定这两项权利构成了反对自证其罪特权的一个重要组成部分，即使被（警察）官员讯问的人没有被剥夺人身自由也是如此（见上文）。

《刑事诉讼法》自 1995 年通过以来经过了多次修改，界定了从犯罪嫌疑人/被告人处取得陈述的不同方式：警方对犯罪嫌疑人进行询问或讯问，在调查法官的司法调查中讯问被告人，以及被告人在主要听审中的答辩（1994 年《刑事诉讼法》）。按照 1994 年《刑事诉讼法》最初的规定，授权警察非正式地收集来自有理由怀疑犯有刑事犯罪的人的正式笔录，但法官的最终决定不能以这一信息为依据 ［费希尔（Fišer），2003］。因此，不允许警察进行正式讯问。警方笔录是为了帮助政府检察机关决定是否进行刑事起诉，而不是给法官裁判案件提供参考 ［萨格曼（Šugman），2005］。尽管犯罪嫌疑人陈述的警方笔录被正式排除在法庭档案之外，但这些警方笔录对法官的心理有影响，开始出现越来越多的理论证据。这是有可能的，因为法官可以通过诉讼程序中的其他申请熟悉上述警方笔录的内容。换句话说，法官不能以警方笔录为依据做出正式决定，但这些笔录无疑影响了他们的决策过程 ［德兹曼和埃尔波兹尼克（Dezman and Erbežnik），2003］。因此，斯洛文尼亚共和国宪法法院在裁决（编号 UI - 92/96，2002）中认定，法官可以通过审前程序熟悉警察笔录而未将其移除出案件的刑事诉讼法规定，违反了斯洛文尼亚宪法（1991）第 23 条规定的公正审判原则。这一宪法裁决有两个后果：首先，新的排除理由被法官引入刑事诉讼法中；其次，立法机关利用这一宪法法院的决定，引入了一个在审前程序中获得犯罪嫌疑人陈述的新体制。

根据 2003 年《刑事诉讼法修正案》，必须区分三种情况。警方通常仍然只有权在审前程序中收集信息。首先，当有理由相信犯罪嫌疑人参与刑事犯罪时，警察有义务向犯罪嫌疑人宣读米兰达警告 ［斯塔利（Stare），2004］。

---

① 参见斯洛文尼亚宪法法院 2010 年第 1678/08 号决定。

警方在犯罪嫌疑人行使阅读笔录权利之前收集的资料，作为警方笔录记录在案，并由政府检察官将这些资料排除在法庭档案之外 ［斯洛文尼亚共和国，2003 年；萨格曼和戈尔卡 (Šugman and Gorkič)，2011］。判例法确认了这一决定 （最高法院第 31018/2011 - 420 号决定，2013）。在做出决定时，法官不得将警方笔录纳入考虑范围，并排除基于这些笔录的任何证据 （萨格曼，2005；斯洛文尼亚共和国，2003）。在阅读米兰达警告之后还有两种情况。如果犯罪嫌疑人宣称他/她想行使获得律师帮助的权利，审讯会延迟到律师到达或警察确定的时间，此时开始正式讯问 （斯洛文尼亚共和国，2003；萨格曼和戈尔卡，2011）。在起草和纳入法庭档案之后，讯问记录被视为证据，法官做出决定时可以将其纳入考虑范围。讯问由一名警员指挥 （萨格曼，2006a）。然而，许多法律专家对这种解决方案持批评态度，有人认为审前程序中的讯问应由政府检察官或调查法官进行 （萨格曼，2006b）。

更多的批评指向了第二种选择，在这种选择下，一名犯罪嫌疑人在被适当地告知自己的权利后，如果同意在没有律师在场或者律师没有到达的情况下继续接受讯问，此时，警察可以提出问题并制作笔录 （萨格曼，2005）。此后警方笔录被归入法庭档案，法官可以了解笔录，但不能正式援引它来做出决定。因此，法官的心理影响问题在第二种选择下仍未得到解决 （萨格曼，2006a）。此外，警方笔录留在法庭档案中，可能对法官有一定的认知效果，但辩护人不能质疑或反对，因为法官不会在判决的理由中援引警方笔录。这也被称为所谓的半证明 (semi-proof) （萨格曼，2006a）。令人惊讶的是，斯洛文尼亚最高法院一致认定，法律规定警方笔录不能被作为发布判决书的正式证据，但它是合法的，不应被从法庭档案中移除 （最高法院第 114/2005 号，2005）。在这种情况下，对警方笔录可能对判决产生的实际影响视而不见。在挑选出的程序实例中，警方笔录甚至可以构成采纳正式证据或开始司法调查的基础 （最高法院第 114/2005 号，2005）。

加快刑事程序的进行是促使警方讯问嫌疑人的原因之一，对犯罪嫌疑人可能的供认及其对程序的影响也是相关的。尽管在审前程序中犯罪嫌疑人供认，主管当局仍须继续调查此项犯罪，但通过辩诉交易解决的案件除外①。即使在这种情况下，检察官仍然需要直接提起公诉。

警察审讯和判例法

欧洲人权法院（ECtHR）在通过有关警察讯问的判决时主要考虑以下三个问题：（1）获得律师帮助权；（2）保持沉默的权利和反对自证其罪的特权；（3）禁止的讯问方法。这三个问题直接涉及欧洲人权公约（1950年）第5条保障公正审判的权利，以及同一公约的第3条：禁止酷刑、不人道和有辱人格的待遇或处罚②。

在过去的几起案件中，欧洲人权法院已经裁定否决了斯洛文尼亚警方在逮捕犯罪嫌疑人时的不人道待遇③。相反，欧洲人权法院尚未通过判决确认斯洛文尼亚在警方讯问期间侵犯权利和侵害宪法性程序保障（获得律师帮助的权利，保持沉默的权利，以武力或威胁获得陈述，误导犯罪嫌疑人等）。斯洛文尼亚最高法院和斯洛文尼亚宪法法院的判例法也是如此。在前面提到的编号为 Up - 1293/08 - 24（2001）的判例中，宪法法院驳回了被地方法院认定为非法贩运麻醉药品有罪的申请人的宪法申诉。地方法院的判决得到了斯洛文尼亚共和国高等法院和最高法院的确认。申诉人在向宪法法院提出的申诉中声称，海关官员的证词在地区法院被用作指控他的证据，而且上述证词包含了申请人的陈述，该陈述是在没有被适当地告知犯罪嫌疑人在刑事诉讼中享有的权利的情况下做出的。在他的宪法申诉中，申请人不同意高等法院认定的海关官员正在全权执行公务的决定（地方法院的判决中得到确认）。

---

① 在斯洛文尼亚，辩诉交易在 2012 年才引入刑事诉讼程序。尽管在宪法保障方面存在疑问，但在判例法中采用的速度较快，因为这大大缩短了刑事诉讼的总时间。2012 年，166 起案件中有 140 起辩诉交易成功。

② 比较分析的结果［弗兰德和祖彭（Flander and Zupan），2012］显示，斯洛文尼亚有关警察讯问的宪法和法定管理在某些方面超过了 ECtHR 的判例标准。其原因并不在于斯洛文尼亚法律框架的潜在完美性，而在于欧洲人权法院的判例法是以法院为在这方面明显落后的国家设定最低标准的努力为指导的。

③ 参见，例如雷博克诉斯洛文尼亚（Rehbock v. Slovenia），2000 年第 29462/95 号法案，以及马特科诉斯洛文尼亚（Matko v. Slovenia），2006 年第 43393/98 号法案。

他强调，海关官员没有制作正式笔录，对他的审前程序尚未开始。宪法法院裁定，对于反对自证其罪的特权，刑事诉讼程序的实际启动至关重要，而不是正式介绍。因此，如果这些诉讼中的程序任务是为后来的刑事诉讼收集信息，或者作为诉讼程序的一部分实际上正在进行刑事调查，那么反对自证其罪的特权就延伸到检查和监督程序。

相反，反对自证其罪的特权并不包括非刑事程序（检查和监督程序），如果官员执行这些程序的活动不会导致刑事调查。无论如何，根据宪法法院的裁定，在这些案件中合法从非刑事程序中获得的证据（没有适当的关于沉默权的告知），可以"特别慎重"地在刑事诉讼中使用，包括被告人的陈述。当希望在刑事诉讼中使用这样的陈述时，国家（检察官）必须提供证据证明该陈述是被告人在意志自由①的情况下提供的。在这个具体案件中，宪法法院最终裁决，只有在发现麻醉药品之后才出现犯罪嫌疑，而且海关（和警察）官员的所有活动都是在这个时间点之后进行刑事调查的，这意味着在那之前刑事诉讼程序事实上并没有开始。因为申请人在那时之前已经向海关官员提供了陈述（海关程序尚未成为刑事诉讼程序的阶段），海关官员没有义务告知申请人享有沉默权。由于申请人在他的宪法申诉中没有主张海关官员使用了强制手段——他没有主张他回答海关官员的问题不是出于他自己的意志自由②——反对自证其罪的特权没有受到侵犯。基于这些理由，宪法法院否定了他的申诉请求。

作为调查程序一部分的警察讯问：对犯罪嫌疑人的心理操控

本节讨论警方讯问的实际方面。由于缺乏客观的研究数据以及除了警察（有时是政府检察官）以外，律师是唯一在审讯过程中在场的人，关于警方

---

① 如果是通过使用暴力、威胁或任何类似手段获得的陈述，可以通过禁止向官员提问关于嫌疑人的陈述和/或禁止使用这种陈述作为证据来保障反对自证其罪的特权。

② 在这里，这个案件与 20 世纪 90 年代欧洲人权法院（ECtHR）做出裁决的桑德斯诉英国（Sounders v. United Kindom）一案有很大不同。在申诉中，申请人桑德斯先生声称他是在受到胁迫的情况下向贸易和工业部的检查官员做出了陈述，而且被告方（政府）并没有反对申请人的申诉。

调查人员实际上是如何进行讯问的证据还很少。基于这个原因，分析警方在实践中的讯问将重点回顾旨在协助调查人员工作的研究文献。

在 1991 年南斯拉夫解体之前出版的有关刑事犯罪调查的文献资料，似乎主要关注的是获取实质性证据，以及提及或解释了规范预审和刑事诉讼的法律规定。在这些资料提及对犯罪嫌疑人的心理操控时，其论述通常处于一般指导的水平，并参考了欧洲和美国作者的研究成果。对犯罪嫌疑人心理控制理论的简要历史回顾仅限于在选出的当时具有影响力的作者的综合性作品。一名作者的影响力是根据后面的作者对其作品引用的次数估算的。大多数情况下，这些作者都是法律专业人员——心理学家是一个例外，而不是普遍情况。

有关对犯罪嫌疑人的心理操控方面的文章已经写得很多，但提供意见的原始资料或作者往往存在疑问。大约二十年前，在前南斯拉夫境内承认原始资料（引用）的标准很糟糕，因此引用当时专业文献的资料来源往往缺失或者是不完整的（仅提供作者的姓）。此外，作者的建议往往是基于常识性推测或传闻证据而未经过实验证实，而且很少提供研究结果。在前南斯拉夫，这方面的专家往往密切关注其他国家审讯技术的发展。他们似乎非常熟悉和主张（或多或少地）美国人弗雷德·英博（Fred Inbau）和约翰·里德（John Reid）的思想（通常称为里德技术，英博等人，2011）。即使没有引用，很显然，他们的《谎言识别与犯罪调查》（*Lie Detection and Criminal Investigation*）一书从 1953 年就开始影响 257 前南斯拉夫的审讯技术。当然，在当时的南斯拉夫把里德技术作为法律框架完全转化为实践是不可能的——预审和刑事诉讼程序的基础——与美国的法律体系有很大的不同。因此，许多典型的强制性讯问方法的观点是不被接受的，因为犯罪调查人员使用这些方法将被视为侵犯法定人权。值得一提的是，除了英博和里德的工作之外，维也纳律师罗纳德·格拉斯伯格（Ronald Grassberger）及其 1950 年的著作《刑事诉讼心理学》①（*Psychology of the Criminal Proceedings*）在当时也是非常有影响力的。

---

① Psychologie des Strafverfahrens.

1973 年出版了第一本讨论对犯罪嫌疑人进行心理操控的综合性著作。由心理学家杜尚·普特尼克（Dušan Putnik）撰写，这是一本旨在帮助警察工作的手册。在审讯技巧方面，普特尼克强调了运用非言语暗示进行欺骗和利用测谎仪缩小犯罪嫌疑人数量范围的重要性。在整本书中，大量提及了关于英博和里德的观点。但是，作者似乎对强制性审讯方法持批评态度。此外，这部著作还包含了几个逸事，比如一个调查人员习惯于和嫌疑犯一起吃早餐，甚至与他们分享食物 ——据说这两个人之间建立起了一种信赖的工作关系（普特尼克，1973）。普特尼克提出了询问的联想方法（associative method）和测量询问对象的反应时间，这很可能来自卡尔·荣格和弗朗茨·里克林（Carl Jung and Franz Riklin）的论文《对健康人的联想的实验研究》（*Experimental Studies on Associations of a Healthy Person*）[①]（1905）。

另一部颇有影响力的作品是律师弗拉多·沃丁利克（Vlado Vodinelić）1987 年出版的《犯罪调查》一书。在这本书中，作者广泛涉及可采纳和不可采纳的问题，这些问题可能会或可能不会被用于审讯。沃丁利克推荐了多种审讯方法，例如使用越来越多的定罪证据与犯罪嫌疑人进行对质，态度冷淡地收集犯罪嫌疑人的陈述，用相互矛盾的事实和证据质疑犯罪嫌疑人，强调供认的好处，展示与犯罪相关的照片和其他物证（也可以是受害人的照片）（沃丁利克，1987）。有趣的是，沃丁利克还建议获得一份"绘图供述"，让犯罪嫌疑人画出他们到达犯罪现场的方式，物品和事件发生的位置，以及离开犯罪现场的路线。从今天的司法心理学理论来看，作者所提出的技巧似乎或多或少的是一种旨在诱导犯罪嫌疑人供认的强制性讯问手段。这似乎并不令人意外，考虑到沃丁利克经常引用阿诺德·利其姆（Arnold Lichem）及其著作，1935 年在格拉茨（Graz）出版的《犯罪调查：刑事警察手册》[②] ——当时的人权保护标准明显低于今天，并且当时人们对虚假供述所知甚少。后者尤其适用于律师，他们会建议使用某些讯问技巧，但缺乏最基本的心理学知识。

---

① *Experimentelle Untersuchungen über Assoziationen Gesunder.*
② *Die Kriminalpolizei：handbuch für den kriminellen Polizeidienst.*

沃尼米尔·罗索（Zvonimir Roso）是这个领域内一个有影响力的权威，同时也是一名心理学家，他在 1988 年出版了一本关于调查询问的书，其中包含了许多如何进行讯问的建议，但其大部分建议都是未经证实的假设。为了给自己的主张提供论据，作者经常提到逸事证据，鲜有有根据的研究来源。由于很大程度上依赖英博、里德、格拉斯伯格、利其姆和沃丁利克的研究成果，罗索直截了当地推荐使用归咎他人（projection）、最小化、合理化和共情模拟（empathy simulation）等方法也就不令人意外，所有这些方法都是为了获得供述。从他的工作内容可以推断，罗索比前面提到的其他作者更加支持强制性讯问方法，但他并没有指出诸多与强制性讯问方法相关的问题。有趣的是，罗索仍然支持音频和视频记录审讯，这对于崇尚强制性审讯方法的作者来说并不典型。

斯洛文尼亚于 1991 年从南斯拉夫分离出来，获得独立，翌年又出版了第一本讨论新形成国家对犯罪嫌疑人进行心理操控的书。穆塞克（Musek）等人（1992）在其短篇论文中提出了一种类似于今天被称为认知询问的询问方法。他们强调了询问中不可采用的问题，以及在基于标准的内容分析（criteria-based content analysis，CBCA）的某些前提的帮助下识别欺骗的可能性。CBCA 背后的观点是，对真实事件的叙述不同于编造的叙述。通过 CBCA，可以系统地评估证人的真实性［参见瓦里吉（Vrij），2008］。1991 年以后有几篇关于对犯罪嫌疑人进行心理操控的论文发表，这些论文都显示出受到前面提到的南斯拉夫作者的影响。1997 年，律师达科·马韦尔（Darko Maver）在独立后的斯洛文尼亚撰写了第一本深入探讨对犯罪嫌疑人进行心理控制的书，对不可采用的讯问方法采取了批判立场。尽管经常从英博、里德和沃丁利克那里借鉴，但与他大部分前辈相比，马韦尔更多地保留了他们的观点，他在书中还强调了虚假供述的问题。令他吃惊的是，尽管有很高的证据价值，但在当时的相关文献中，相对而言很少有关于供述问题的讨论（马韦尔，1997）。

上面是一个理论的简要概述，但是实践呢？

理论付诸实践

对于在审讯实践中如何实施心理操控所知甚少，但由于上述作者的著作开始用于对犯罪调查人员的培训，所以至少有部分理论在实践中得到了实施。2003 年公布了第一部可用的斯洛文尼亚审讯手册，但它的形式只是警察内部进行讯问的指导方针，并不对公众公开。这本审讯手册中，体现了来自国外作者的审讯手册［如英博－里德、威克兰德－祖劳斯基、约翰·沃尔基（In-bau-Reid，Wicklander-Zulawski，John Walkey）］中的思想与国内作者（如罗索和马韦尔）以及当代调查询问实践的结合。由于支持强制性审讯方法的作者的观点似乎占主导地位，因此手册中很多方面都存在争议。手册建议询问以开放式提问开始，让犯罪嫌疑人自由叙述事件的细节。接下来是询问的主要部分，犯罪嫌疑人要面对现有的证据。询问变成指控式风格，并使用范围狭窄的问题［斯特恩和波德佛西奇（Štirn and Podvršič），2003］——里德技术的显著影响在这本手册中是显而易见的。为了获得供述，作者提出了使用合理化、最小化、罪责归咎他人（guilt projection）、质疑犯罪嫌疑人陈述和对质等方法。他们还提出了利用其他方法来对付犯罪嫌疑人的抗拒和否认，如频繁变换话题、正常化（normalisation）、心理同情、鼓励供述以及强调供认后的积极方面。同时，该手册的作者们对使用斥责，道德说教（moralising）、突然改变话题、威胁、勒索、欺诈、做出承诺、说谎和不断解释犯罪嫌疑人陈述等技巧提出了警告。该手册还强调了分析犯罪嫌疑人欺骗时可能的非言语和言语线索的重要性，但并不建议使用里德的行为分析询问法（BAI）。根据 BAI，诚实的犯罪嫌疑人对专门问题的回答不同于说谎的犯罪嫌疑人（英博等，2011）。BAI 的作者认为它是识别欺骗的诊断工具。在分析欺骗的表征时，斯洛文尼亚审讯手册的作者大量借鉴了心理学家阿尔德特·瓦里吉（Aldert Vrij）（瓦里吉，2000）的研究成果，同时在审讯手册中增加了一些言语和非言语特征的标志［例如英博等，2013；祖劳斯基和威克兰德（Zulawski and Wicklander），1993］。因此，可以认为，今天在斯洛文尼亚对犯罪嫌疑人使用的大多数心理操控方法都来源于具有过度强制性的审讯方法。令人遗憾的是，由于缺乏证实或反驳这一事实的研究证据，斯洛文尼亚犯罪调查人员关于审讯的实际做法只能从斯洛文尼亚的警察手册中推断出来。

结论

在一些民主国家，过去 15 年来，警察法和刑事诉讼法发生了重大变化，导致对犯罪嫌疑人的人权保障标准下降。这些改革的原因主要可以追溯到对效率的迫切需求，"实现""有广泛的权利和程序保障来保护犯罪嫌疑人的权利"是打击犯罪的严重障碍。尽管，至少在目前，看上去在斯洛文尼亚对警方讯问期间犯罪嫌疑人的权利进行规定的法律已经成功地避开了不利的变化，但这并不意味着刑事诉讼中的这一部分不存在问题。

对包含警察讯问新规定的刑事诉讼法的修改已成为激烈批评的目标。批评人士特别关心的是，一名犯罪嫌疑人在被告知米兰达警告后，同意在没有律师在场或律师没有到达的情况下继续诉讼程序。在这种情况下，警方可以询问犯罪嫌疑人，制作包含犯罪嫌疑人陈述的警方笔录并保留在法庭档案中，辩方不能驳斥或质疑其内容。在特殊情况下，负责判决的法官也可以知悉警方笔录。因此，批评人士认为，对法官的心理影响问题是修改刑事诉讼法的主要原因，但修改并未解决这一问题。还应该指出的是，斯洛文尼亚的判例法很少有阐释执法官员禁止使用的审讯手段的案例（例如，警方欺骗、心理操控等造成的强制性陈述和口供）。由于缺乏科学证据证实或怀疑这种警察讯问方法的使用，警方调查人员的实际做法只能从斯洛文尼亚的警察审讯手册中提供的指导方针推断出来。

┃参考文献┃--

❶ Constitution of the Republic of Slovenia 1991, *Official Gazette*, 33/91-i and later.

❷ Constitutional Court of the Republic of Slovenia （2002） u – 1 – 92/96.

❸ Constitutional Court of the Republic of Slovenia （2011） up – 1293/08 – 2.

❹ Criminal Procedure Act 1994, *Official Gazette*, 63/94 and later.

❺ Dežman, Z. and Erbeižnik, E. (2003) *Criminal Procedural law of the Republic of Slovenia.* Ljubljana: GV.

❻ Fišer, Z. (2003) 'selected constitutional issues of the pre-trial procedure', *Zbornik*9. *dnevi javnega prava*, 9: 87 – 101.

❼ Flander, B. and Zupan, M. (2012) 'Paths and shortcuts in the Slovene legal regulation and case law of the European Court of Human Rights', in I. Areh (ed.), *Investigative Interview: Some Law and Psychological Aspects.* Ljubljana: Tipografija, pp. 35 – 65.

❽ Grassberger, R. (1950) *Psychologie des strafverfahrens* [*The Psychology of Criminal Proceedings*]. Vienna Springer Verlag.

❾ Inbau. F. E., Reid, Buckley, J. P, and Jayne, B. C. (2011) *Criminal interrogations and Confessions*, 5th edn. Chicago: John E. Reid & Associates.

❿ Maver, D. (1997) *Criminalistics.* Ljubljana: Uradni list republike Sloveije.

⓫ Musek, J., Polič, M. and Umek, P. (1992) *Introduction to Psychology.* Ljubljana: Ministrstvo za notranje zadeve.

⓬ Putnik, D (1973) *Psychology.* Belgrade: Viša škola unutrašnjih poslova.

⓭ Republic of Slovenia, Ministry of the Interior (2003) *Gathering Information from the Suspect-Amendment to the Criminal Procedure Act.* Ljubljana: Ministrstvo za notranige zadeve.

⓮ Roso, Z. (1988) *Informative Interview.* Zagreb: Republicki sekretariat za unutrasnje poslove SR Hrvatske.

⓯ Stare, D. (2004) *Police Interrogation.* Ljubljana: Ministrstvo za notranje zadeve.

⓰ Štirn, M. and Podvršič, I. (2003) *Gathering Information from the Suspect.* Ljubljana: Ministrstvo za notranje zadeve.

⓱ Šugman, K. (2005) 'On police interrogation and evidential value of the suspect's deposition according to the Criminal Procedure Act', *Pravosodni bilten*, 26: 135 – 148.

⑱ Šugman, K. (2006a) 'The regulation of information gathering from alleged suspects', *Zbornik znanstvenih razprav*, 66: 287 – 307.

⑲ Šugman, K. (2006b) *Basis for a New Criminal Procedure Model.* Ljubljana: Inštitut za kriminologijo pri Pravni fakulteti.

⑳ Šugman, K. S. and Gorkič, P. (2011) *Evidence in Criminal Procedure.* Ljubljana: GV.

㉑ Supreme Court of the Republic of Slovenia (2005) I Ips 114/2005.

㉒ Supreme Court of the Republic of Slovenia (2013) I lps 31018/2011 – 420.

㉓ Vodinelić, V. (1987) Criminalistics. Belgrade: Naučna knjiga.

㉔ Vrij, A. (2000) *Detecting Lies and Deceit: The Psychology of Lying and the Implications for Professional Practice.* London: Wiley.

㉕ Vrij, A. (2008) *Detecting Lies and Deceit: Pitfalls and Opportunities.* Chichester: John Wiley & Sons.

㉖ Zulawski, D. E. and Wicklander, D. E. (1993) *Practical Aspects of Interview and Interrogation.* New York: Elsevier.

第18章

瑞士对犯罪嫌疑人的调查询问

朱莉·库瓦西耶 (Julie Courvoisier)

克里斯托夫·赛利 (Christophe Sellie)

米歇尔·圣-伊夫 (Michel St-Yves)

▌简介▐ ···

瑞士成立于 1291 年 8 月 1 日，当时，乌里州 (Uri)，施维茨州 (Schwytz) 和瓦尔登州 (Unterwald) 签署了 "联邦宪章" (Federal Charter)。通过这一条约，这三个首批州承诺结为永久同盟对抗任何侵略者。几个世纪以来，共有 23 个州加入与它们一起建立了瑞士联邦。

直到最近，各州在调查询问的实践和培训方面仍没有达成一致，因为每个州都有各自的 "刑事诉讼法典"①。各州之间在适用刑事法律上存在着重大差异，这就导致当案件发生在州外时，警察的工作和司法就会受到阻碍 [圣-伊夫 (St-Yves) 等人，2013]。1992 年，一项旨在加强州际法律协助和法律合作的司法安排向各州提出，获得了大多数州的同意。然后，2007 年 10 月 5 日，瑞士制定了统一的刑事诉讼法典，并于 2011 年 1 月 1 日实施。这部法律使调查询问的实践和培训发生了重大变化。

因此，本章的目的是描述新的《瑞士刑事诉讼法典》（CPP）引入的这些变化的影响，然后概述瑞士警方关于调查询问的培训和做法。

---

① 还有 "军事刑事诉讼法" "联邦刑事诉讼法" 和 "行政刑事诉讼法"。

新的《瑞士刑事诉讼法典》

2011 年之前，全国各州共有四种刑事诉讼模式，经过多次对统一模式选择的讨论，立法者决定采用被称为"起诉Ⅱ"（Prosecution Ⅱ）的模式。后面这一种选择已经在两个州，以及德国、意大利、美国和国际刑事法庭生效 ［库恩（Kuhn），2008］。选择这种模式不仅因为它已被国际采用，而且还因为它的效率。在实际中，案件档案现在被一个单一机构掌握，即检察机关。

自 2011 年以来，检察官在新法中占据了主要地位，是整个初步程序中唯一的控制者。事实上，检察官实施调查，然后准备法院要求的起诉书［库恩，2008；米肖德·钱彭德尔（Michaud Champendal），2010］。然而，这种对刑事案件的单一理解可能导致潜在的司法误判（库恩，2008）。为了平衡赋予检察官的这些广泛的权力，引入了两项保障措施：法庭才能够下令实施拘留措施[1]以及被告人有权立即获得律师。后一种制度表明被告人享有从他/她第一次接受警方讯问开始即可得到律师协助的权利。因此，有了这两种变化，立法者也就加强了对被告人的权利保障［考努（Cornu），2010］。由于在审讯中律师在场无疑是这部新法典的主要创新点，所以在本文中详细介绍这一点很重要。

立即获得辩护律师的帮助

在落实被告人及时获得律师帮助的权利之前进行了几次讨论。赞成的那些人强调了武装平等、对警方讯问方法的控制以及对国际要求的尊重的重要性［库恩和吉安娜瑞（Kuhn and Jeanneret），2011］。那些反对的人——主要是刑事起诉部门——强调这一权利的落实阻碍了寻求真相（库恩和吉安娜瑞，2011）。

在过去的程序中，律师在任何时候都不会介入警方讯问。现在，从讯问开

---

[1] 法文译本：Tribunal des mesures de contraintes（TMC）。

始时，必须告知每个被指控的人，他/她有权获得自己选择的律师协助。这一规定适用于所有犯罪行为，并由犯罪嫌疑人承担费用。但是，如果犯罪嫌疑人可能被判处的监禁时间不少于一年，[①] 讯问期间律师在场是强制性要求，无论犯罪嫌疑人是否要求［哈拉里和艾利伯蒂（Harari and Aliberti），2011］。

在审讯室允许律师进入后的三年时间里，其结果通常是积极的。事实上，警务人员和律师似乎已经适应了这种情况，对供认率没有实质性的负面影响。索洛图恩（Solothurn）是 2011 年前唯一允许律师参与审讯的州，其经验表明，讯问时律师在场似乎也没有给司法造成障碍。此外，每个专业人员似乎都对这个制度及其被引入新的联邦程序中感到满意（米肖德·钱彭德尔，2010）。但是，发展至今的进程中并非没有困难，有的问题依然没有得到解决。例如，新刑事诉讼法对律师在审讯室中的实际行为仍然规定不明确。这就产生了各种各样的解释，特别是在警察和检察官队伍中以及律师之间。实际上，每个人都会根据自己的实践、目标和想法，对法条产生不同的理解。为寻求一个共同的立场，这在过去和当今都引发了一些讨论和交流，有时候争论是很激烈的。讯问时律师在场的目的是在允许律师为其当事人的权益采取行动进行干预的同时，实现警方调查和探求真相之间的平衡，以满足各方需要。这种平衡是不容易实现的，特别是在法律文本有较大的解释空间的情况下。但是，即使仍然存在争论，自从法典颁布以来，已经在协调各方立场方面取得了很大的进展。

《刑事诉讼法典》第 159 条规定了即时获得律师帮助。在第一段中规定："在警方讯问期间，犯罪嫌疑人有权要求律师在场，律师可以提问。"[②] 从警方的角度来看，讯问期间任何人介入都可能阻碍调查人员的工作。事实上，良好的审讯实践做法的基本规则之一是建立犯罪嫌疑人与审讯人员之间的关系。如果警察采用表示同情或积极倾听等各种心理策略，与犯罪嫌疑人建立良好关系，那么审讯人员他/她获得犯罪嫌疑人承认罪行，甚至是供认的的可

---

① 它包含了《瑞士刑法典》中最为严重的罪行（杀人、谋杀、抢劫、扣押、绑架、强奸、性虐待儿童、纵火，等等）。各州之间存在差异，《刑事诉讼法典》并未直接规定本列举中所考虑的犯罪行为。

② 法文译本："Lors d'une audition menée par la police, le prévenu a le dr it à ce que son défenseur soit présent et puisse poser des questions。"

能性会显著增加［圣－伊夫和兰德里（St-Yves and Landry），2004；圣－伊夫，2014；范德海伦（Vanderhallen）等，2011；威廉姆森（Williamson），1993］。因此，警察必须继续控制讯问，并继续运用这些技巧，同时尊重法典规定并允许律师提问（ask questions）。由于审讯出错或者犯罪嫌疑人认为他/她自己处于律师与警方之间的矛盾中与律师的利益不符，所以首先要达成一致的是律师只能在讯问结束时才能提问。但是，即使有助于避免打破警察与犯罪嫌疑人之间的联系和讨论，这些仅在讯问结束时出现的干预措施并不总是有利的。例如，当需要重述或澄清犯罪嫌疑人所说的语句时，似乎在讯问结束时才做这项工作是不合适的，因为结束有时可能在几个小时之后。因此，还不明确如何准确而恰当地回到几个小时以前使用的句子或术语，正如如何不用浪费太多宝贵的时间来讨论在审讯中所有时间陈述的内容和方式一样。因此，目前是在任何讯问之前都同意律师在讯问的最后介入，但是"他/她也可以寻求澄清和补充其当事人对警方提问的回答"① （米肖德，2010）。这也使得律师能够履行法典赋予他/她的积极作用，即他/她的在场不只是告知其当事人所拥有的权利并提供建议［马祖（Mazou），2012］。但这导致了对审讯的记录出现问题。

调查询问的记录

在瑞士，目前只是对年轻的受害人的询问进行录像。相比之下，对犯罪嫌疑人的讯问不是以音频或视频记录的。因此讯问人员必须在提问犯罪嫌疑人的同时将所有内容输入计算机，或有其他警员在场完成这一工作。在律师到达之前，讯问人员可以关闭桌面上的便携计算机轻松地与犯罪嫌疑人对话。在适当的时候，警察可以决定打开计算机，开始书写记载讯问过程的口语记录。现在有建议将记录的内容大声说出来，这样，如果律师认为其当事人的陈述没有被准确地记录，可以立即做出反应［马祖，2012；莫瑞伦和帕瑞

---

① 法文译本："soit aussi admis［...］à faire préciser et compléter les réponses du préven aux questions posées par la police。"

恩－雷德蒙德（Moreillon and Parein-Reymond），2013］。刑事诉讼法并不要求逐字逐句地记录，但是扭曲陈述内容的记录是被禁止的［唐戈（Dongois），2014］。然而，在记录过程中大声说出一系列问答形成了讯问中的一个非常正式的方面。警察在 2011 年之前表达的担忧显然是合理正当的。为了尽量准确地记录所使用的词语——后续诉讼程序的一个重要方面——审讯则可能会失去其相关性和人性。因为，警察在这样一个正式的环境中与犯罪嫌疑人建立信任和信赖的关系将会更加困难。事实上，如果询问对象不断被打断，犯罪嫌疑人就有可能失去回答问题的自发性以及思考或准备他/她的陈述的机会［西里戈蒂（Cereghetti），2011］。在审讯过程中，警察使用某些经常需要用到的心理学方法也会遇到更多的困难。这些方法不涉及欺骗或欺诈，而是在犯罪嫌疑人愿意交谈的情况下建立一种必要的能够让犯罪嫌疑人感到轻松的关系，尤其是在案件性质严重和/或敏感的情况下。出于这个原因，过于正式的框架可能会限制建立有利于揭露事件真相的讯问场景。

　　总而言之，为了满足各方，在准确起草讯问口语记录和不失去符合警方目的的心理策略之间找到适当的平衡并不容易。所以人们可以提出对讯问进行录像记录的好处，特别是在严重案件中。

律师在讯问室里的位置

　　法典中没有规定律师在审讯室中的位置，导致了很多纠纷。为了避免律师不合时宜地打断讯问，最初一些州要求律师坐在犯罪嫌疑人背后，防止他们之间传递隐形信息或行为。其他州则因为房间的安排和规模，别无选择，只能把律师安排在他/她的当事人旁边。在所有案件中律师和警察都有各自的优势和劣势，对于犯罪嫌疑人来说也是如此。当律师坐在犯罪嫌疑人身旁的时候，律师可以说一些事情，也可以叹息、摇头或者转动眼睛。律师可以做一些可能扰乱讯问的事情，破坏犯罪嫌疑人和警察之间的关系，或者阻止他/她的当事人说话，犯罪嫌疑人可能不知道哪些可以说哪些不可以说。但从另外一个角度来看，这也可以使犯罪嫌疑人顺从或消除疑虑，并可以打开一些局面。

　　当律师在他/她的当事人身后时，他（她）的作用类似于旁观者，这可能有利于警察的工作，就像过去没有律师在场一样。如果有必要与犯罪嫌疑人建立亲密关系，这种位置设置将是有益的，但是，那些希望强调他们在新法典中的积极作用的律师并不会很好地理解到这一点。对于犯罪嫌疑人来说，其优势和弊端因人而异，取决于每一种具体情况。让律师在他/她身旁有时可能是有用的，而其他时候则没有影响或者可能会约束他/她。由于调查人员必须控制讯问，他/她可以决定律师的位置。然而，随着时间和经历的推进，警察和律师已经对彼此的工作感到适应和尊重。最后形成的结果是，律师经常自然地坐在自己当事人的旁边。

如果律师口出恶言或过度扰乱警方的工作，调查人员必须记录下来，如果律师反复为之，他们可以把他/她驱逐出讯问的房间［格尼亚特（Guéniat），2011］，尽管据我们所知，这种情况从未发生。这可能是一件麻烦事，但也阻碍了调查工作。事实上，如果律师被驱逐出讯问室，即使犯罪嫌疑人同意继续审讯，审讯也必须停止。如果继续进行讯问，法庭可能会将其视作不可采纳（格尼亚特，2011 年；莫瑞伦和帕瑞恩－雷德蒙德，2013 年）。

律师与其当事人之间的交流

关于律师在场的其他法律文本也是模糊的。法律规定："警方进行讯问时，犯罪嫌疑人有权与其律师自由沟通"[1]，或者"援引这些权利的人不能要求讯问延期"[2]。

关于犯罪嫌疑人什么时候可以与律师沟通的问题，通常认为，沟通必须在讯问之前和私下进行（库恩和吉安娜瑞，2011；Message CPP，1175）。如有必要，律师和/或犯罪嫌疑人也可以在提问期间请求暂停。根据情况的不同，出于战略原因，警务人员可以提供暂停并让律师与其当事人之间私下谈话。如果律师有能力帮助警方的话，情况尤其如此。例如，如果犯罪嫌疑人

---

① 法文译本："le prévcnu［a le droit de communiquer librement avec son défenseur en cas d'audition menée par la police（Art. 159 al. 2 CPP）。"

② 法文译本："celui qui fait valoir ces droits ne peut exiger I'ajournement de l'audition（Art. 159 al. 3 CPP）。"

否认证据，但这样做对他/她而言不是明智之举，那么对于律师来说更好的做法是，建议犯罪嫌疑人不要再否认证据并表现出与司法部门合作的意愿和诚意。这样做往往会让后续在法庭上为他/她辩护更加容易。在这种情况下，律师成为警察的宝贵盟友，根据讯问的目的，不仅有利于说服犯罪嫌疑人，而且有利于律师的配合。因此，审讯人员也必须复制这项工作：与犯罪嫌疑人和律师一起结成联盟，有时候根据谈话对象的不同使用不同的术语。由于新法典的这种创新，警务人员必须扩展自己的技能和工具，应对不只一个而是两个对手。对于一些警察来说，自2011年新法典实施以来，实施讯问的动机和乐趣已经减少，但对于其他人来说，这是一个新的挑战，为他们的日常工作带来了新的层面。

关于讯问之前任何谈话的时间长度，从一开始就自然形成了一致意见。没有设定具体的时间长度，但是谈话必须有"一定的短暂性"①　（Message CPP，1175）。根据案件的严重性和复杂程度，或者如果需要翻译（米肖德，2010），通常会持续15～30分钟，并且因情况而异。这次谈话必须允许犯罪嫌疑人向律师讲述他/她自己的故事，以便后者能够了解情况，并为接下来的程序提供一些建议（库恩和吉安娜瑞，2011）。此时，律师还不能接触与犯罪有关的文件，但为了符合这次改革的精神，他们必须了解案件的整体情况[哈拉里（Harari），2010；马祖，2012]。因此，警方提供犯罪嫌疑人的身份，他/她使用的语言和案件的要点（莫瑞伦和帕瑞恩－雷德蒙德，2013）。之后，调查人员可以自由决定是否要告诉他们更多。再次强调，这个谈话决定是战略性的，警务人员必须评估可用资料，以便选择最佳的解决方案。

律师的作用

无论是否有律师，拘留的持续时间不得超过24小时（哈拉里和艾利伯蒂，2011；米肖德，2010）。因此，即使考虑到律师能够到来的可行性，律师也必须在适当的时间内到达（莫瑞伦和帕瑞恩－雷德蒙德，2013）。因此，

---

① 法文译本："une certaine briéveté。"

即使法典没有要求，各州也自然地实行了律师的固定在场（库恩和吉安娜瑞，2011；莫瑞伦和帕瑞恩－雷德蒙德，2013）。

除了这些可能直接或间接影响警察实践及其讯问技巧的实际和后勤问题之外，律师在场还有一些有时不太明确的其他影响。例如，警方在有证据针对犯罪嫌疑人的情况下与律师合作似乎更容易，在这些情况下，从经验来看，律师可能会预估下一步的程序，从而使犯罪嫌疑人明白，说谎或否认证据可能对他/她不利。那么为了从犯罪嫌疑人那里获得初步信息，应该如何询问呢？在很少或没有证据的情况下又应当如何合理处理呢？例如，在性犯罪案件中，犯罪嫌疑人的语言与受害人对立——很少有物证或证人。警方在这种情况下审讯犯罪嫌疑人必须使用基于关系建立和心理学的策略，这不仅仅是由于缺乏证据，还因为这种犯罪的敏感方面。实际上，要获得这种犯罪嫌疑人的供认并不容易，但是更艰难的是让其承认有耻辱标签的犯罪行为［霍姆伯格和克里斯蒂安森（Holmberg and Christianson），2002；圣－伊夫和坦圭（St-Yves and Tanguay），2009］。因此，重要的是，警方需要时间与犯罪嫌疑人建立融洽关系，谈论与罪行没有直接关系的事情，以建立信任感，让犯罪嫌疑人感到舒适，讲述自己的故事。当讯问室里有其他人在场时，在讯问人员和犯罪嫌疑人之间建立这种密切关系显然更加敏感。如果这个人不明白为什么警方花时间谈论案件以外的事情或对犯罪嫌疑人表示同情，那么对于后面的审讯可能会产生消极的后果。瑞士警察的一大变化是，如果可能的话，他们现在必须更好地准备档案材料，然后再询问犯罪嫌疑人。但是，如果在讯问之前无法建立充分的档案材料，警务人员必须考虑其他策略——更加冗长的准备和计划阶段，深入分析犯罪嫌疑人的性格、动机和弱点，或教授律师询问方法。

讯问室内的律师也可能影响犯罪嫌疑人与讯问人员之间关系的建立，或妨碍调查人员对心理学手段的运用。这也可能会对调查人员的态度产生影响，例如当调查人员对犯罪嫌疑人表示同情或使用像最小化或稳定情绪这样的策略时，这些是该领域常见的技巧（英博等人，2004）。因此，虽然在这种立法创新之后，大多数瑞士州的供认率仍然相当稳定，但警方的工作却变得沉重。问题依然存在，例如：如何使警方在保障犯罪嫌疑人权利的同时确保讯问效果；在讯问室中有第三方存在的情况下，如何改进警察的讯问策略；或者如何合理地提高供认率。一些选项目前正在讨论、设想，甚至有了提议。应当在审讯前多做些工作提高证据质量，以便在犯罪嫌疑人和律师面前准备更加充分。事实上，瑞士警察实际花在准备和规划讯问上的时间很短。这在培训和实践中并没有被强调，而是往往被忽视的一个步骤。然而，克拉克和米尔恩（Clarke and Milne）（2001）的一项研究表明，调查人员使用 PEACE 模式进行培训，这种模式建议在准备阶段更好地规划和处理审讯中的法律问题，在被问及阻碍他们更好地实施询问的因素时，大多数经常会提出"没有足够的时间做好准备"。

关于内部和外部压力的相关因素，应当实施针对律师的关于警察策略的认知项目或培训。让律师明白，犯罪嫌疑人供认的好处不仅仅是减刑。根据大多数检察机关的说法，追诉的第一目标并不必然是定罪或判刑。事实上，因犯罪行为遭受损害的受害人也很重要。因此，供认罪行或承认对于受害人和/或其亲属来说可能是非常重要的。除了允许犯罪嫌疑人说出他自己的犯罪事实之外，他们可以通过承担所犯罪行的责任及其后果来承认自己的行为，如果他们还没有这样做的话。他们就能够更好地接受判决，开始接受改造，以免再犯罪。

口译人员的作用

瑞士有四种国家语言：法语、德语、意大利语和罗曼什语（Romansh）。此外，瑞士还有不同的民族群体，除这四种官方语言外，大约有 10% 的人口使用自己的本民族语言。[①]

使用口译人员可能会导致一些问题，当律师也在场时问题甚至会更多。事实上，作为中间人，且不说可能扰乱讯问人员和犯罪嫌疑人之间的氛围，或者不能保证翻译的准确性，翻译人员自己可能就会发现处于两难境地。在瑞士，由于后勤和实际的原因，在整个审讯过程中，通常都是同一个人作为翻译。这个人开始翻译律师和犯罪嫌疑人之间的私下谈话内容，这是保密的。

---

① 例如：塞尔维亚、克罗地亚、斯洛文尼亚、阿尔巴尼亚、葡萄牙、西班牙、英国、土耳其、俄罗斯、希腊、马其顿。

因此，虽然口译人员应当是法庭官员，但他/她又处于私人关系之中，并可能随后在警察在场的情况下翻译讯问内容（莫瑞伦和帕瑞恩－雷德蒙德，2013）。理想的情况下，律师应该使用与犯罪嫌疑人相同的语言，以避免第三方在其私人会见期间的干预，或者私人谈话与讯问活动应有两名不同的翻译。然而，这往往是不切实际的，既困难又昂贵（格尼亚特，2011；库恩和吉安娜瑞，2011；莫瑞伦和帕瑞恩－雷德蒙德，2013）。

但是，有些律师认为在两个部分有同样的翻译是有好处的。对于他们来说，在初步谈话期间与当事人建立一个保密、信任的关系并不总是那么容易，尤其当他们是法院指定的律师时。在这短时间内，他们可能还需要确保口译人员的适当性和能够被犯罪嫌疑人理解。尽管有口译人员在场，在这个私人谈话期间，犯罪嫌疑人可能会消除疑虑以便向律师吐露实情。因此，根据大多数律师的说法，引入新的和未知的口译人员来推倒之前的局面几乎重新开始是不合适的。似乎最好的解决办法是只有一个翻译，但得经常地口头提醒他/她有义务保守职业秘密（库恩和吉安娜瑞，2011），或者通过签署表格（保密协议）（格尼亚特，2011）。

目前在调查询问方面的培训

这一新刑事诉讼法的变化不仅影响了调查询问的实践，也影响了这一领域中的培训。而且，考虑到这种影响，在法典生效实施的四年之前就已经开始实施了持续的培训。

今天，在瑞士的法语地区，越来越多的警察接受了使用结构化培训方案的培训，以便询问证人和受害人，特别是使用盖泽尔曼（Geiselman）和费希尔（Fisher）（1992，2014）创立的认知询问法原理。对于询问犯罪嫌疑人，[1] 所有调查人员都在警察学院接受初步培训。然后向其中一些人提供更深入的培训，以便根据新的法典进行讯问。后一种包含理论和实践部分的培训主要集中于对审讯中心理机制的理解［参见圣－伊夫和梅斯纳（St-Yves and Mei-

---

① 本章作者对于讯问或询问犯罪嫌疑人交叉使用了 interrogation 和 interview。（译者注）

issner），2014]。这些方法的有效性依赖于该领域的研究。实践部分允许警察对包括其基本组成部分的方案进行尝试，以有效地询问犯罪嫌疑人，即：（1）审讯的准备（和计划）；（2）法律方面（羁押，获得律师辩护的权利）；（3）建立融洽关系和沟通/收集信息；（4）揭示证据；（5）探究犯罪嫌疑人的畏惧和抵抗心理；（6）证实犯罪嫌疑人的供述（如有需要）；以及（7）结束询问。培训和实践对犯罪嫌疑人的询问是基于调查询问领域的良好做法［最近对调查询问的研究和实践进行的情况综述，见布尔（Bull），2014；圣–伊夫，2014]。

最后，还包含了甄别谎言和欺骗的心理学的一小段内容，让警察了解说实话和撒谎的客观表现［基于科学研究：见瓦里吉（Vrij），2008，2014]，并使他们认识到在评估某人的可信度时必须谨慎。

除了接受关于询问证人、受害人和犯罪嫌疑人的适当方法的培训（使用开放式问题，不打断地倾听）之外，警察还要了解调查询问的风险，特别是暗示性和诱导性问题引发的叙述存在的弊端。此外，他们需要认识到询问对象是智力或心理上的弱势人群时要采取预防措施，以防止虚假供述。

结论

在实施三年后，新法典及其对警方询问的直接影响被认为总体上是积极的。事实上，在大多数案件中，似乎已达成协议，从而确保了在解决最初的问题之后能够顺利进行合作。然而，所有询问和犯罪嫌疑人都是独一无二的，所以调查人员必须根据案件类型、律师或犯罪嫌疑人的不同情况调整他们的技巧和做法，而这个任务或多或少都具有敏感性。此外，尽管进行了密切的合作，但不应忘记，警官和律师的目标是不一样的。前者为寻求真相而努力，后者的使命则是捍卫犯罪嫌疑人的权益。这两个截然不同的目标不会允许有一个走向同一个方向的完美合作。因此，他们的职业之间肯定会有分歧。对于减少他们之间的分歧有哪些可能的改进或建议？

审讯过程中所具有的价值，不仅是获得犯罪嫌疑人的供认而让调查人员满意，而且是为了让每一名受害人和犯罪嫌疑人都能翻过"这一页"继续生活。而且，即使犯罪嫌疑人没有供认罪行，审讯过程中也可以得到宝贵的信息，可以为结果提供帮助。出于这个原因，必须改进初步和持续的培训，针对警察、律师、基层法官、口译人员以及在调查询问领域工作的所有其他人员。

最后，在瑞士，对讯问进行录音录像记录是专业人士辩论的焦点问题。这种做法在海外已经很成熟，最近也在一些欧洲国家①被采用。有关讯问录音录像的研究强调了成本效益比，值得考虑采用这种做法，应当对这个问题进行一些思考和整理。没有必要考虑倒退一步，将律师从审讯室中排除，但是，讯问时如果律师不能在场与犯罪嫌疑人一起，录像程序或许可以是一个额外的工具或可接受的选择。

▎参考文献▎

❶ Bull，R.（ed.）（2014）*Investigative Interviewing*. New York：Springer.

❷ Cereghetti，A.，interviewée dans "Je nc crois pas à l'impartialité des procureurs"，*Plaidover*，6/11 du 3 decembre（2011）Propos recucillis par Suzanne Pasqujer.

❸ Clarke，C. and Milne，R.（2001）*National Evaluation of the Peace Investigative Interviewing Course*，Police Rcsearch Award Scheme，Report No PRAS/149. London：Home Office.

❹ Cornu，P.（2010）"Le nouveau ministère public-son fonctionncment et scs compétences"，in R. Pfister-Liechti（ed.）*La procédure pénale fédérale*. Berne：Stäimpfii Editions SA，pp. 51 – 78.

❺ Dongois，N.（2014）*L' erreur judiciaire en matière pénale*：*Regards croisés sur ses contours en matière pénale*. Zurich：Schulthess.

❻ Fisher，R. P. and Geiselman，R. E.（1992）*Memory-enhancing Techniques for Investigation Interviewing*：*The Cognitive Interview*. Springfield：Charles C. Thomas.

❼ Geisclman. R. E. and Fisher，R. P.（2014）"Interviewing witnesses and

---

① 自1984年以来，英国的讯问已开始录音，但还没有系统地进行录像。

victims", in M. St-Yves（ed.）, *Investigative Interviewing：The Essentials*. Toronto：Carswell, pp. 29 – 62.

❽ Guéniat, O.（2011）"L' avocat de la première heure：ce qui va changer," *Plaidoyer*, 1：27 – 30.

❾ Harari, M.（2010）"Quelques réflexions autour du droit du prevenu à la présence de son conseil", in R. Pfister-Liechti（ed.）*La procédure pénale fédérale*. Berne：Stämpfi Editions SA, pp. 79 – 94.

❿ Harari, M. and Aliberli, T.（2011）Cited in A. Kuhn and Y. Jeanneret（eds）, *Commentaire romand du Code de procédure pénale suisse*. Basle：Helbing Lichtenhahn.

⓫ Holmberg, U. and Christianson, S. A.（2002）"Murderers' and sexual offenders' experiences of police interviews and their inclination to admit or deny crimes", *Behavioral Sciences and the Law*, 20：31 – 45.

⓬ Inbau, F. E., Reid, J. E., Buckley, J. P., and Jayne, B. C.（2004）*Criminal Interrogation and Confessions*, 4th edn. Sudbury, MA：Jones & Bartlett.

⓭ Kuhn, A.（2008）*Procédure pénale unifiée：reformatio in pejus aut in melius?* Charmey, Switzerland：Les Editions de l' Hèbe.

⓮ Kuhn, A and Jeanneret；Y.（eds）（2011）*Commentaire romand du Code de procédure pénale suisse*. Basle：Helbing Lichtenhahn.

⓯ Mazou, M.（2012）"Avocat de la premiere hcure：Quo vadis?" *Jusletter*, 1 – 15.

⓰ Message du Conseil fédéral du 21 decembre 2005 relatif à l' unification du droit de la procédure pénale, FF 2005 1175.

⓱ Michaud Champendal, L.（2010）"L 'avocat de la première heure' dans la procédure pénale suisse", *Jusletter*. 1 – 14.

⓲ Michod, J.（2010）"Avocat de la première heure et droits de la défense", *Revue de l' avocat*, 8：323 – 327.

⓳ Moreillon, L. and Parein-Reymond, A.（2013）*Code de procédure pénale. Petit commentaire*. Basle：Helbing Lichtenhahn.

⑳ St-Yves, M. （2014） "Rapport in investigative interviews: five funda-mental rules toachieve it", in M. St-Yves （ed.） *Investigative Interviewing: The Essentials.* Toronto: Carswell.

㉑ St-Yves, M. and Landry, J. （2004） *Psychologie des entrevues d'enquête. De la recherche à la pratique.* Cowansville, Quebec: Les Editions Yvon Blais.

㉒ St-Yves, M. and Meissner, C. A. （2014） "Interviewing suspects", in M. St-Yves （ed.） *Investigative Interviewing: The Essentials. Toronto:* Car-swell, pp. 145 – 189.

㉓ St-Yves, M. and Tanguay, M. （2009） "The psychology of interroga-tion: a quest for a confession or a quest for the truth?" in M. St-Yves and M. Tanguay （eds）, *The Psychology of Criminal investigations: The Search for the Truth.* Toronto: Carswell, pp. 9 – 40.

㉔ St-Yves, M. , Sellie, C. and Vuidard, E. （2013） "L'interrogatoire de police 2. 0: Perspectives nord-américaine et européenne", in *Droits de la per-sonne: la circulation des idées, des personnes et des biens et capitaux. Actes de journées Strasbourgeoises de l' Institut canadien d' études juridiques supérieures* 2012. Cowansville, Quebec: Editions Yvon Blais, pp. 289 – 318.

㉕ Vanderhallen, M. Vervaeke, G. , and Holmberg, U. （2011） "Wit-ness and suspect perceptions of working alliance and interviewing style", *Journal of Investigative Psychology and Offender Profiling,* 8: 110 – 130.

㉖ Vrij, A. （2008） *Detecting Lies and Deceit: Pitfalls and Opportunities.* Chichester: Wiley.

㉗ Vrij, A. （2014） "Myths and opportunities in verbal and nonverbal lie detection", in M. St-Yves （ed.）, *Investigative interviewing: The Essentials.* To-ronto: Carswell, pp. 225 – 243.

㉘ Williamson, T. （1993） "From interrogation to investigative intervie-wing. Strategic trends in the police questioning", *Journal of Community and Ap-plied Social Psychology,* 3: 89 – 99.

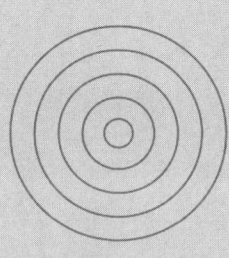

北美　　地区

第19章

加拿大对犯罪嫌疑人的询问

布兰特·斯努克（Brent Snook）

柯克·卢瑟（Kirk Luther）

托德·巴伦（Todd Barron）

▌简介▐

与世界各地的警察组织一样，在加拿大，对犯罪嫌疑人和被指控人进行询问，是犯罪调查中不可或缺的重要环节。若想对加拿大的犯罪嫌疑人询问有充分的了解，必须先熟悉加拿大警方的组织结构和管理。尽管加拿大的警察拥有相当大的自主权，可以选择他们喜好的各种询问方法，但是立法和判例法也对所有进行询问的警察提供了指导，针对监禁询问和非监禁询问，哪些方法是可以接受的、哪些方法是不可接受的。尽管越来越多的实证研究文献开始对加拿大警方的询问实践进行阐述，但是，大多数是关于调查询问发展的推动是基于何种方法应当有效这样的常识性观点，而且，近来更多的研究也是对事实上何种方法已经奏效的经验总结。近五年来，加拿大的调查询问有了突飞猛进的发展，随着 PEACE 模式这一调查询问方法的科学推广，先前珍视的理论和实际操作受到了挑战和质疑。任何有前景的进步，都会遭遇抗拒变革的抵抗力量，因此需要更多的努力来推动调查询问的不断革新，使其从采用强制手段（以及那些表面上看起来非强制性的混合衍生方法）转变为以实证经验为依据且合乎伦理道德的询问模式。因此，本章的目的就是为读者提供一个关于上述主题的当前状况的概述。

加拿大警方的统计数据及自治权

加拿大的公共部门警力由四个层级构成，包括市级、省级、联邦政府级以及各印第安原住民警局。根据2013年的统计，加拿大拥有近70 000名警察。加拿大皇家骑警（RCMP）是加拿大最大的警察组织（也是唯一的联邦级警察组织），有17 000多名警察成员。加拿大皇家骑警主要受聘于各省（及各领地），在农村地区服务。而安大略省、魁北克省、纽芬兰和拉布拉多省则有自己的省级警局，即安大略省警察局、魁北克省警察局、皇家纽芬兰警察局。除皇家纽芬兰警局外，加拿大各主要城市都有自己的市级警察组织（例如，多伦多警察局、蒙特利尔警察局、温哥华警察局）。在加拿大有150多个警察局。

对于了解加拿大的警方询问，或许最重要的一点是这样一个事实：加拿大的警务特点主要是省级责任制，也就是说，每个省都拥有自己特定的授权和实践做法。加拿大警方的资讯来自源于司法管辖的资源共享及其他众多的组织机构，如警察局长协会（负责咨询专家与合作机构、推进立法与政策改革等广泛管理）、加拿大警察学院（负责高级且专业化的警察培训）、加拿大警务知识网（负责法律实施的在线培训解答）。然而，加拿大各个警察组织，在进行询问犯罪嫌疑人时可以自由采用任何它愿意的方法，只要是在省级询问指南和法律规则许可的范围之内。至于警察通过询问获得的某个特定犯罪嫌疑人的陈述是否最终能够被采纳为证据，则由法官决定，尤其是在询问中针对犯罪嫌疑人使用的方法／策略对于阻止犯罪嫌疑人的陈述被采信为证据的违法程度，由法官判定。如此的自治，使得我们无法对加拿大犯罪嫌疑人询问实践做出一个广泛、全面的概括。

同样需要重点指出的是，加拿大警察组织中的测谎仪（polygraph）检测员，对于警察选用何种询问方法具有相当大的影响力。测谎仪在加拿大被广泛应用于应聘面试和对犯罪嫌疑人的询问中。各警察组织选派的测谎仪检测员，会在加拿大警察学院接受为期三个月的测谎仪检测及犯罪嫌疑人询问的全面培训。课程结束后，他们回到各自的机构，按照培训的目的，成为该机构询问犯罪嫌疑人政策和方法的专家。

监禁询问与非监禁询问

加拿大的犯罪嫌疑人询问分为监禁询问与非监禁询问两大类别。监禁询问是指某人在被执法人员监禁（如逮捕、拘留）之后所发生的询问，这样的询问大多在警察局内进行。但是，即使某人被警察询问时并没有被逮捕，而他/她感到自己的自由受到了限制（心理拘留），这种情况仍然会被认定为构成了监禁询问。由于在监禁询问期间，被询问人被剥夺了权利和自由，他们必须被告知《自由与权利宪章》所赋予他们的权利（如沉默权、获得律师帮助权）。相反，非监禁询问则发生在被询问人没有被逮捕或拘留的情形下，这样的询问可以在警局以外的地方进行。接受非监禁询问的人也无须被告知他们的宪法权利。

◆　非监禁询问

当某人在被监禁询问时，他/她享有宪章所规定的法律保障。然而，在非监禁询问时，被询问人则没有这些权利保障。也许最有预见性、也最具争议的非监禁询问的例子，莫过于"大老板"（Mr. Big）这一方法了。

"大老板"方法是一种秘密的警方行动，在非监禁的情景下获取犯罪嫌疑人的供认或排除其犯罪嫌疑。该方法最重要的一个特点就是，由于是在非监禁的状态下，询问犯罪嫌疑人就无须告知其法律保障（如沉默权、获得律师帮助权）。"大老板"方法的实施非常错综复杂，一次行动可能长达数月或数年。一般来说，"大老板"方法会设计安排一个秘密警员接近犯罪嫌疑人，然后尝试将犯罪嫌疑人招募至一个虚构的强大犯罪组织旗下［穆尔和凯南（Moore and Kenan），2013］。一旦犯罪嫌疑人同意加入这个犯罪组织，秘密警察就将犯罪嫌疑人带入逐步升级的虚拟犯罪活动中，让犯罪嫌疑人从中获取高额回报（如 2000 年 R. v. Mentuck 案件中每小时 100 美元）。该阶段的目的是把犯罪集团的巨额财富、强大权势展现给犯罪嫌疑人，以此强化犯罪嫌疑人对该犯罪组织的认同感。除了这些虚构的犯罪活动外，犯罪嫌疑人也会被安排参与一系列社交活动，包括去酒吧、脱衣舞俱乐部、冰球比赛等。犯罪嫌疑人前往各地（如班夫、温哥华、纽约）进行国内国际旅行，入住豪华酒店，享用高级餐厅美食，所有费用都是由这个犯罪组织承担。

当秘密行动的运作者判断犯罪嫌疑人已经完全归顺于这个组织时，犯罪嫌疑人会被安排与犯罪组织中的一位高级别人物见面会谈。犯罪嫌疑人与犯罪组织的大人物（也就是"大老板"）的会晤，是"大老板"行动运行到顶峰的阶段。大老板会告诉犯罪嫌疑人，为了延续和提高其在犯罪组织中的地位，他/她必须坦白他/她在加入本组织之前的所有犯罪行为。确切地说，秘密警察就是要通过这个机会，来获得犯罪嫌疑人对自己犯下的被警方之前怀疑的严重罪行的供认。如果犯罪嫌疑人拒绝坦白供认，就会被驱逐出这个组织。

单单一个"大老板"行动就可能动用 50 多名警方人员，花费上百万美元［2013 年考利（Kauri）案；2012 年史密斯（Smith）等人案］。虽然加拿大皇家骑警（RCMP）没有提供这种"大老板"方法在实际运作中的成功率信息，但他们声称在 75% 的"大老板"运作中，犯罪嫌疑人或被成功定罪或被明确排除了犯罪嫌疑。在"大老板"运作个案的法庭判决中，加拿大皇家骑警称定罪率高达 95%。就普及率而言，加拿大皇家骑警亦表示，"大老板"方法自 2008 年以来已被使用过 350 多次。该方法起源于加拿大，但也被推广到澳大利亚、新西兰、南非等国，由一个大老板方法获得的供认证据也曾在美国使用过（2011 年 RCMP）。

2014 年 7 月 31 日，加拿大最高法院颁布了一项关于从大老板方法中获取的供述的证据资格（可采性）的判决（*R. v. Hart*，2014）。该判决有两个核心主旨，一是从经由大老板行动获得的供述，其证据价值是供述可靠性的体现，即法庭必须评估取得该供述的具体情况（如大老板行动的时间长度，存在的威胁），来判定该供述是否可靠；二是违背被指控人意志而获得的供述，应当被裁定为不具有可采性，也就是说通过强迫手段取得的供词不能被用作不利于被告人的证据。整体上，法庭裁定，警方在遵循相关程序的前提下可以使用"大老板"策略方法。

◆　**监禁询问**

在加拿大，犯罪嫌疑人和被告人接受监禁询问时，受到加拿大《权利与自由宪章》（以下简称《宪章》）以及判例法准则的保障。也就是说，根据《宪章》第 7 节和第 10b 节，犯罪嫌疑人必须被告知其享有沉默权和获得律师帮助权。《宪章》第 7 节的规定是："人人享有生命、自由和人身安全的权利，除非依据各项基本司法原则，否则这些权利不应被剥夺。"在加拿大的判例法中，沉默权是指，是否与警方谈话，犯罪嫌疑人和被告人必须被给予自由选择的权利（参见 *R. v. Herbert*，1990）。尽管被警察询问的人不受法律强制约束、可以不回答任何问题，但警察同样也不受法律强制约束，即使询问对象行使沉默权，也可以不停止提问（*R. v. Singh*，2007）。总之，依据加拿大判例法，在犯罪嫌疑人选择行使沉默权之后警察仍然可以持续提问，而且通过这种方式获得的任何供词是可以被法庭采纳的。当然，犯罪嫌疑人选择行使沉默权之后的持续发问，也可能导致所获取的供词被法庭认定为是非自愿性的［例如 *R. v. S.*（*D.*），2010］。

获得律师帮助权的内容来自《宪章》第 10b 节，该节规定："人人有权在其被逮捕或拘留时获得律师帮助，有权毫不迟延地聘请和通知律师，并且应当被告知享有此项权利。"随后的案例 *R. v. Bartle*（1994）以及 *R. v. Brydges*（1990）阐释了在接受警方询问之前，犯罪嫌疑人必须先被告知如下信息：（1）他们有权即刻雇用并联系律师；（2）被指控人符合省级法律援助计划规定的财务状况标准时，可以免费获得律师帮助；（3）不论其财务状况如何，可以临时但立刻获得法律帮助（政府付费的"值班律师"）；以及（4）如何使用提供免费、初步法律咨询的服务机构。此外，尽管犯罪嫌疑人无权要求询问期间自己的律师在场（*R. v. Sinclair*，2010），但他们也有权联系律师（*R. v. McCrimmon*，2010），并被给予一段合理的时间与他/她的律师沟通（*R. v. Willier*，2010）。

过去十年的判例法澄清并提供了一个清晰的法律规则框架，阐明了警察在询问中的哪些行为是合法的，也描述了被询问人员依据《宪章》规定而拥有的法律权利。值得一提的重要一点是判例法中有一个重要判例：

R. v. Oickle（2000），该判例对供认规则做出了概括。供认规则对判断供认是否出于自愿提出了必须考量因素的指导准则。如果供认是犯罪嫌疑人非自愿做出的，该供词有可能在审判中被排除在外。在奥克尔（Oickle）一案的裁定中，加拿大最高法院阐释了法官在判断一份供述是否出于自愿时应当考虑的四个因素：（1）犯罪嫌疑人在被警方询问时其精神状态正常的程度；（2）是否存在威胁和承诺（如提出交换条件）；（3）是否存在压制性的询问环境（如对犯罪嫌疑人实施非人道行为以迫使其屈从）；以及（4）警方是否使用欺骗性手段［但是，某些欺骗技巧是被允许的，只要这种欺骗没有让社会感到震惊（shock）］。

就我们所知，加拿大警方的询问方法，在很大程度上是从过去体罚性的严刑逼供占主导地位逐步发展为以心理操控型询问方法为主的［利奥（Leo），2008；但 *R. v. Singh*，2007，是加拿大近期的一个例外判例］。近年来，加拿大警方的询问实践有了新的发展，出现了调查询问新方法——"PEACE"模式（以下简称 PEACE）。

里德（Reid）方法

现代加拿大的讯问方式在很大程度上是基于里德方法（以下简称 Reid）。里德方法是一种常见的讯问方法，主要由两个主要阶段构成：行为分析询问（BAI）［对这一方法的分析，参见马西普（Masip）等人，2012；以及瓦里吉（Vrij），2008］和九步讯问法［Inbau（英博）等人，2011；卡辛（Kassin）等人，2007］。这种指控式讯问方法由九个步骤构成，目的是通过充满心理压力的讯问引导出认罪供述［卡辛，2008；对里德方法的概述请参见金和斯努克（King and Snook），2009］。尽管里德方法是讯问方法从直接使用武力强制的方法发展到心理操控方法的转折，但里德方法对于保护无辜受押人在讯问中不被强制来说，却没有大的改善［参见霍斯伦博格（Horselenberg）等人，2003；霍斯伦博格（Horselenberg）等人，2006；卡辛和基切尔（Kassin and Kiechel），1996；卡辛和麦克纳尔（Kassin and McNall），1991；佩里洛和卡辛（Perillo and Kassin），2011；卢萨诺（Russano）等人，2005］。

PEACE 模式：会话管理

如前所述，随着调查询问 PEACE 模式的出现，加拿大的讯问实践方法现正在朝着更有意义的方向发展。PEACE 是这种调查询问方法五个阶段的英文首字母组合：（1）准备与计划；（2）建立关系与解释；（3）叙述；（4）结束；以及（5）评估。除了这些阶段外，PEACE 模式要求询问人员获得完整、准确的信息，保持开放的思维，行为公正，以及通过提问来确定调查事件的真相。在 PEACE 模式中，"审讯"这一术语被刻意替换为"调查询问"以体现人性化和符合伦理要求的询问理念。与指控性的讯问方法截然不同的是，询问人员在做出决定（如指控）前会先收集信息，这样的做法更类似于科学研究中的假设验证。使用 PEACE 方法的询问人员的职责是要客观地发掘出各种事实，而并非以为证实犯罪嫌疑人有罪的方式询问，询问人员不会通过行为线索去鉴别犯罪嫌疑人是否撒谎，也不会使用欺骗方法或者心理强制的策略来操控犯罪嫌疑人。PEACE 询问模式代表着询问方法的发展从当前使用的心理操控式讯问方法（如里德方法）的一大脱离，它不会使用与虚假供述密切相关的强制性手段，在进行（如果有必要）以证据为基础的质疑之前，给被拘留者做出全面陈述的机会。

尽管 PEACE 方法在加拿大相当普及，但也存在一些阻力。我们承认，与任何创新或新兴事物的发展一样，PEACE 方法的实施也无法免于来自实践中的质疑和批评家的抵制。围绕 PEACE 方法的实施，有一些常见但又没有实质性根据的争论和谬论，如：将 PEACE 方法和里德方法（Reid）中的行为分析询问（BAI）混为一谈；认为 PEACE 方法限制了警察获取犯罪嫌疑人供认的能力；加拿大法律和英国法律不同，因此 PEACE 方法无法在加拿大有效实施；PEACE 方法太温和不适合用于犯罪嫌疑人；以及 PEACE 方法在没有取得针对犯罪嫌疑人的证据之前不能使用；等等。随着警察们认识到这些看法的不真实性，这些反对的声音就逐步消退了，使用 PEACE 方法成为警察们的标准选择将清楚地显现出来。［参见斯努克（Snook）等人，2014，对这些不实观点的回应］

实证数据：对加拿大询问实践的深入考察

据我们了解，有五项研究提供了加拿大询问实践具体情况的实证数据。斯努克（Snook，2010a）等人进行的一项研究深入分析了警察是如何向被询问人告知其享有沉默权和获得律师帮助权的（《宪章》第 7 节和第 10b 节分别规定的权利）。对 1995 年至 2009 年抽样的 126 次调查询问分析发现，大多数但不是全部的询问中有沉默权（87%）、获得律师帮助权（83%）的告知。然而，警察往往快速进行权利告知（提示），这妨碍了犯罪嫌疑人对其宪章赋予的权利的理解。犯罪嫌疑人在 25% 的抽样询问中行使了沉默权，在 31% 的抽样询问中行使了获得律师帮助权。

金（King）和斯努克（Snook）（2009）的研究首次提供了对加拿大警方询问犯罪嫌疑人过程的深入分析。他们分析了 44 份 1996～2008 年的询问录像记录。作者分析了这些询问中警察使用里德模式方法和指导准则的频率，奥舍（Ofshe）及利奥（Leo）（1996）所说的影响力（效果）的比例，以及强制性询问策略的使用率。金及斯努克发现询问的平均持续时间约 60 分钟。对这些询问录像的整体分析发现，有 27% 的询问结果是犯罪嫌疑人完全供认，23% 做出了部分承认，39% 为拒绝供述，11% 为"不做评论"（no comment）。也就是说，有 50% 的犯罪嫌疑人供认了罪行。他们的研究结果也表明，平均来说，有 34% 的警察在询问中使用了里德方法中九步讯问法的要素。观察到的最常见的有效果的询问手段［奥舍和利奥（Ofshe and Leo），1996］包括与犯罪嫌疑人直接对质现有的犯罪证据（82%）、向犯罪嫌疑人提供道义上的正当理由或心理方面的借口（64%）、夸赞和/或奉承犯罪嫌疑人（57%）。使用强制性讯问方式的情况非常少见，在每一场询问中使用强制性讯问方法的概率平均不到一次。最小化策略（缩小犯罪行为的事实、性质、道德严重性）的使用率略高于最大化策略，而且绝大多数的询问都遵循了英博（Inbau）等人（2011）背书认可的指南、建议和主题。

斯努克（Snook）等人（2012）最近的一项研究回顾了实践中警察询问犯罪嫌疑人的各种提问方法。作者分析了 1999 年至 2008 年的 80 份询问笔录，发现询问的平均时间长度约为 33 分钟。研究结果显示，警察平均每场询问提出的问题多达 96 个。但有接近 70% 的问题都是封闭性的"是否"选择问和探索性问题，警察提出的开放性问题在所有问题中的占比不到 1%。此外，大部分（也就是超过 60%）的询问中警察没有提出开放性问题。就询问对象的答语长度而言，提出一个开放性问题会带来最高程度的回应（平均 90 字以上）。作者还发现，"80 – 20"询问谈话原则（即犯罪嫌疑人谈话时间应占 80%、警察说话时间应占 20%）在所有案件的询问中都没有得到遵循，在大部分询问中警察提问说话的时间都多于犯罪嫌疑人。结果是，警察在询问中获得的自由叙述仅占 14%。总体来说，研究发现，最佳询问方法在实践中往往没有被用到，警察们本该使用更有利于引导出线索信息的方法，但在实际中却更多地倾向于提出一些只需要简短答语的问题、很少做开放性提问、警察的提问谈话过多地占用了询问谈话的时间、给予询问对象自由陈述的机会过少。

德斯劳里尔斯 – 瓦恩（Deslauriers-Varin）等人（2011）通过与罪犯的谈话对询问过程做出了深入的剖析。具体来说，他们先尝试对关押在魁北克一所监狱的 221 名囚犯的供述决定进行预测。德斯劳里尔斯 – 瓦恩和同事们收集了各种数据，包括这些罪犯的年龄、种族、教育程度、婚姻状况、父母状况、犯罪严重程度、犯罪类型（如毒品、财产、暴力、性侵）、刑期长度、之前被定罪的次数、对证据确凿性的了解程度、对法律咨询的使用情况、罪责感以及他们的供认决定。在参与测试研究的囚犯中，有近 45% 的人供认了其罪行。研究发现，招供者（与不招供者相比）可能犯下了更加严重的罪行，可能实施了毒品犯罪，他们认识到此次犯罪的证据充分，较少聘用律师，也更容易坦白其负罪感。运用多层次逻辑回归分析法（hierarchical logistic regression analysis）揭示了犯罪行为人的招供率随着犯罪的严重性、之前被定罪的次数、证据强度以及罪责感的增大增多而增高。他们的研究也发现，律师法律咨询的介入会降低警方取得犯罪嫌疑人招供的可能性。值得指出的是，在研究中罪犯自身所提供的数据，与警方档案中的官方数据、信息是一致的。

斯努克（Snook）等人（2015）调查了一所加拿大监狱中监禁的 100 名

因犯，了解他们最近一次接受警方询问的情况，目的是确认罪犯会供认罪行以及与警方合作的可能因素。研究者们搜集了广泛的变量数据，包括询问的风格、是否有法律咨询介入、询问时间的长短、犯罪嫌疑人对证据的理解程度、年龄、犯罪史、之前被定罪的次数、犯罪严重性、对警方的态度。他们的研究结果显示，询问如果能够以取得犯罪嫌疑人的供认而结尾，大多数是因为犯罪嫌疑人认为指控证据有力、警方采取了人道的询问风格、被询问者此前几乎没有被定罪也没有获得法律咨询。尤其是，使用这种询问模式，预计犯罪嫌疑人将会有79%的供认率。根据犯罪嫌疑人自己报告的与警方的合作程度，合作的可能性随着警方的人性化询问行为而增加。反之，犯罪嫌疑人与警方的配合度，会随着犯罪嫌疑人与刑事司法体系接触的经历（之前被定罪的次数）的增多而显著下降。

询问培训：个人沟通了解到的情况

目前尚未有过对加拿大各地询问培训的一个系统回顾。我们通过亲自参加一些询问培训和审讯工作，与来自各省各地的警察交流，对加拿大的询问培训进行了深度了解。以2009年为例，皇家纽芬兰警察局正式采用PEACE模式作为他们询问培训的标准方法，适用于所有警察。其培训包括：第一级（针对街道巡警的三天课程）；第二级（询问目击证人和犯罪嫌疑人的两周培训）；第三级询问儿童的培训（为期一周）、询问高龄目击证人的培训（为期一周）、询问高龄犯罪嫌疑人的培训（为期两周）；第四级（为期三天的质量管理培训）；第五级（战略顾问培训）。这种层级体系确保警察组织的所有成员都能够接受基础性的询问培训，同时具有不同职责的警察又能得到专门针对他们具体工作的必要培训，而且这些职能在实际工作中的有效运作也得到了监督。该体系同样也把询问培训的管理权分配给一些高级别的警察，他们的主要职责是全面监管整个组织机构里的各种询问实践操作。五年之后，这种层级制的PEACE模式培训体系［参见斯努克（Snook）等人，2016b］持续在该警察组织运行，也是目前该警察组织指定的唯一询问模式。

我们同样看到PEACE模式被加拿大其他警察组织运用，如皮尔地区警察局（Peel Regional Police）（约 2000 名警察中有 700 多人接受了二级培训）、尼亚加拉地区警察局（Niagara Regional Police）（截至目前已培训了近 30 名警员）。一些其他警察组织也为其警员安排了 PEACE 模式培训，包括加拿大警察学院、温哥华警察局、加拿大皇家骑警、哈尔顿地区警察局、杜咸区警察局、大萨德伯里警察局、多伦多警察局、加拿大军事警察局和汉密尔顿警察局。尽管 PEACE 模式的培训在加拿大相当普及，我们在与各地警察机构的警察的交流中也显示，里德及其衍生方法仍然是占主导地位的询问嫌疑人的基本模式。我们也发现有的省，如亚伯达（Alberta），为了吸收 PEACE 询问方法而对其询问培训进行了修改，但在他们的询问方法中保留了一些说服技巧。

未来的发展方向

毋庸置疑，加拿大的犯罪嫌疑人询问还需要持续的改革和发展。这场变革只有通过各个警察组织、学者和司法机构的齐心协力才能实现。在加拿大的法庭和许多警察组织中，变革已经初步显现（参见 *R. v. Chapple*，2012）。然而由于警方省级责任制的现实，要推动询问犯罪嫌疑人方法的现代化变革，只能依靠各个机构逐个做出自己的决策。因此我们也就能理解，为什么询问方法采取全国性的标准并非是一蹴而就的易事。

刑事司法研究者与警方也需要更多的合作。只有合作，才能为研究者们提供机会去了解询问进行的真实环境、展开高质量的研究。这样的合作关系，会让警察们得到从实践中获取的经验总结，并因此而增加他们在培训过程中参与和从事学术研究的积极性。

当前占主导地位的心理操控式询问犯罪嫌疑人方法必将随着时代的发展而慢慢消失，但是，如果警察组织使用不合规的 PEACE 方法（或者类似的经验模式），毫无疑问他们仍将继续面临虚假供述和陈述作为证据的可采性问题。指控式或强制性询问方法与虚假供述之间极具说服力的关系，以及世界各地（如英国、新西兰、挪威等国）警察使用人道的询问方法所开展的有效犯罪调查表明，恶意的（mean-spirited）询问策略和方法已经不可能在当代不断发展的司法制度下立足。变革询问制度和询问方法所付出的代价，与不充分调查和司法误判带给国家财政、政治和法律造成的损失相比，只不过微乎其微。

参考文献 --

❶ Deslauriers-Varin, N., Lussier, P., and St-Yves, M.（2011）"Confessing their crime: factors influencing the offender's decision to confess to the police", *Justice Quarterly*, 28: 113 – 145.

❷ Horselenberg, R., Merckelbach, H., and Josephs, S.（2003）"Individual differences and false confessions: a conceptual replication of Kassin and Kiechel（1996）", *Psychology, Crime and Law*, 9: 1 – 8.

❸ Horselenberg, R., Merckelbach, H., Smeets, T., Franssens, D., Ygram Peters, G. J., and Zeles, G.（2006）"False confessions in the lab: do plausibility and consequences matter?", *Psychology, Crime and Law*, 12: 61 – 75.

❹ Inbau, F. E., Reid, J. E., Buckley, J. P., and Jayne, B. C.（2011）*Criminal Interrogation and Confessions.* Burlington, MA: Jones & Bartlett Learning.

❺ Kassin, S. M.（2008）"The psychology of confessions", *Annual Review of Law and Social Science*, 4: 193 – 217.

❻ Kassin, S. M. and Kiechel, K. L.（1996）"The social psychology of false confessions: compliance, internalization, and confabulation", *Psychological Science*, 7: 125 – 128.

❼ Kassin, S. M. and Mcnall, K.（1991）"Police interrogations and confessions: communicating promises and threats by pragmatic implication", *Law and Human Behavior*, 15: 233 – 251.

❽ Kassin. S. M., Leo. R. A., Meissner. C. A., Richman, K. D., Colwell. L. H., Leach. A. M., and La Fon, D.（2007）"Police interviewing and interrogation: a self-report survey of police practices and beliefs", *Law and Human Behavior*, 31: 381 – 400.

❾ Kauri, V.（2013）"The skinny on Mr. Big investigations", 30 October. Retrieved from: http://www.macleans.ca/news/canada/the-skinny-on-mr-big-investigations/.

⑩ King, L. and Snook, B. (2009) "Peering inside the Canadian interrogation room: an examination of the Reid model of interrogation, influence tactics, and coercive strategies", *Criminal Justice and Behavior*, 36: 674 – 694.

⑪ Leo, R. A. (2008) *Police Interrogation and American Justice*. Cambridge, MA: Harvard University Press.

⑫ Masip, J., Barba, A., and Herrero, C. (2012) "Behaviour analysis interview and common sense: a study with novice and experienced officers", *Psychiatry, Psychology and Law*, 19: 21 – 34.

⑬ Moore, T. E. and Keenan, K. (2013) "What is voluntary? On the reliability of admissions arising from Mr. Big undercover operations", *International Investigative Interviewing Research Group*, 5: 46 – 56.

⑭ Ofshe, R. J. and Leo, R. A. (1996) "The decision to confess falsely: rational choice and irrational action", *Denver University Law Review*, 74: 979 – 1122.

⑮ Perillo, J. T. and Kassin, S. M. (2011) "Inside interrogation: the lie, the bluff, and false confessions", *Law and Human Behavior*, 35: 327 – 337.

⑯ *R. v. Bartle* (1994) SCJ No. 74, 3 SCR 173, 33, CR, 1 SCC.

⑰ *R. v. Brydges* (1990) 1 SCR 190, 123 SCC.

⑱ *R. v. Chapple* (2012) ABPC. 229.

⑲ *R. v. Hart* (2014) SCC 52.

⑳ *R. v. Hebert* (1990) 2 SCR 151.

㉑ *R. v. McCrimmon* (2010) SCJ No. 36, 2 SCR 402, 77 CR 266 SCC.

㉒ *R. v. Mentuck* (2000) MJ No. 69 (QB).

㉓ *R. v. Oickle* (2000) SCJ No. 38, 2 SCR 3, 147 CCC 321 SCC.

㉔ *R. v. S.* (*D.*) (2010) OJ No. 5748.

㉕ *R. v. Sinclair.* (2010) SCJ No. 35, 2 SCR 310, 77 CR 203 SCC.

㉖ *R. v. Singh* (2007) SCJ No. 48, 3 SCR 405, 51 CR 199 SCC.

❷❼ *R. v. Willier*（2010）SCJ No. 37, 2 SCR 429, 77 CR 283, SCC.

❷❽ RCMP（2011）"Undercover operations-questions and answers", 14 December. Retrieved from：http：//bc. cb. rcmp-grc. gc. ca/ViewPage. action? siteNodeId = 23 andlanguageId = 1 andcontentID = 6943.

❷❾ Russano, M. B. , Meissner, C. A. , Narchet, F. M. , and Kassin, S. M. （2005）"Investigating true and false confessions within a novel experimental paradigm", *Psychological Science*, 16：481 – 486.

❸❶ Smith, S. , Stinson, V. , and Patry, M. （2012）"Confession evidence in Canada：psycho-logical issues and legal landscapes", *Psychology, Crime and Law*, 18：317 – 333.

❸❶ Snook, B. , Brooks, D. , and Bull, R. （2015）"Modelling Self-Reported Confessions and Cooperation with Police Interrogators", *Criminal Justice and Behavior*.

❸❷ Snook, B. , Eastwood, J. , and Barron, T. （2014）"The next stage in the evolution of interrogations：the PEACE model", *Canadian Criminal Law Review*, 18：219 – 239.

❸❸ Snook, B. , Eastwood, J. , and Macdonald, S. （2010a）"A descriptive analysis of how Canadian police officers administer the right-to-silence and right-to-legal counsel cautions", *Canadian Journal of Criminology and Criminal Justice*, 52：545 – 560.

❸❹ Snook, B. , Eastwood, J. , House, J. C. , and Barron, T. （2010b）"Dispelling myths and moving forward with PEACE", *Blue Line*, November, pp. 22 – 24.

❸❺ Snook, B. , Luther, K. , Quinlan, H. , and Milne, R. （2012）"Let'em talk! A field study of police questioning practices of suspects and accused persons", *Criminal Justice and Behavior*, 39：1328 – 1339.

❸❻ Vrij, A. （2008）*Detecting Lies and Deceit：Pitfalls and Opportunities.* Chichester：John Wiley and Sons.

第20章

墨西哥城的犯罪嫌疑人定罪[①]

古斯塔沃·冯迪维拉（Gustavo Fondevila）

▌简介▐

墨西哥的公共检控机构缺乏系统的询问犯罪嫌疑人方法，通过以下四个无情、直白的数据事实即可一目了然：（1）98%的犯罪行为没有得到报告[塞佩达（Zepeda），2004]；（2）93%的被关押者是在现行犯罪中被逮捕的[马格罗尼（Magaloni），2007]；（3）46.4%的供认是通过暴力或者敲诈（extortion）强制取得的（监狱人口调查统计，2014-N：1，256）；（4）那些进入诉讼程序的案件中90%的判决都是仅仅基于被指控人的供述以及警方的说明作为补充证据[参见冯迪维拉（Fondevila），待发表]。无须任何深究就能发现，除了极个别案件，墨西哥城警方几乎不进行任何的犯罪调查。由于缺乏科学的犯罪调查，警方的工作中，就很少把以取得新线索为目的而对犯罪嫌疑人进行的审讯作为一个常用的工具。审讯并不是调查的方法之一，而是将犯罪行为司法化的一个途径。

在不受惩罚（impunity）的大环境下，人们对公共安全和执法机构的不信任，腐败、暴力现象的充斥以及司法监督的缺乏，使得警方调查人员和检控官员没有动力去推进建设一个有效且符合法律程序的犯罪调查体系。这不是简单地关于培训、内部管控或者警察文化的问题，而是整个刑事司法体系

---

①　本章原标题"Creating culprits in Mexico City"，评价色彩较重，此处翻译为中性表述。（译者注）

是以取得司法结果为目标来运作的，没有将调查或审讯这种必要方法作为获取相关信息的主要手段（塞佩达，2008）。如此一来，就没有直接来源的实证数据，甚至没有国家层面的数据，除了当地传统的逸事和印象传闻外，没有别的途径可以去探究这个问题。同样也没有任何学术研究、出版物或者机构报告能反映墨西哥检控人员所采用的讯问技巧或调查方法。

在这一背景下，我们的研究目的是解释墨西哥城检控机构缺失审讯体制（或方法）的原因所在。研究的主要问题在于：一名检控官在不进行审讯或犯罪调查的情况下是如何起诉一名嫌犯的？本章将以案例研究的方式来分析墨西哥城的检控实践。

研究方法

由于缺乏上面所说的文献、先例和直接来源，本章研究的数据取自 CIDE[①] 于 2002 年、2005 年、2009 年和 2013 年在墨西哥城和墨西哥州所进行的监狱人口调查统计（PPS，2014）。这四次调查统计的抽样，涵盖了来自 26 所监狱的总计 5220 名受到讯问的囚犯。这样的统计是用于对真实事件和观点进行概率测量的工具。对每次投票的设计，都是遵循随机、复合、分层、多阶段抽样的原则，系统选择观察对象和性别配额。在每个不同阶段，都使用两种抽样框：监狱和每个监狱的囚犯。所有自愿参与调查的囚犯都按其姓名首字母排序，每天以系统随机抽样的方式选取对象。系统抽样的流程分三个阶段：（1）每个中心所要采用的调查数目按照百分比选取，即按比例分配；（2）用每个监狱参与调查的囚犯人数除以监狱的总人数，来取得跳跃跨度值（skip interval）；以及（3）每天随机生成一个数字，作为当天选取调查囚犯的起点。如果遇到囚犯拒绝回应调查问题，则按系统跳转流程选取名单中的下一名囚犯。四次调查的结果具有可比性，其理论精确率达 ±5.0%、可信度达 95%。计算样本量时考虑到了最大变量的因素，在初步实验和设计效应时计算了不回答的比率［维拉尔塔（Vilalta），2013］。

---

① 经济研究和教育中心（Center for Economic Research and Teaching），墨西哥。参见：http://www.cide.edu/（2014 年 12 月 3 日存取）。

　　调查主要涉及四个方面来了解最常见犯罪活动的特点和执法机构对法律程序的遵循情况：（1）囚犯的社会背景特点；（2）通过观察囚犯犯罪史发现的犯罪模式；（3）相关安全执法部门的表现；以及（4）监狱中的生活环境。

　　调查关注的是收集囚犯在监禁之前和监禁之后的生活信息。向选定的囚犯提供结构化的调查问卷，以便参与调查的囚犯主动作答。关于他们遥远过去的信息（童年、家庭、教育），现在的信息（犯罪网络、工作、社交），逮捕时犯下的犯罪类型（犯罪类型和严重程度、抢劫或毒品交易的次数、使用和获取轻型武器、药物和/或酒精依赖度），以及他们面临的相应法律程序（警方处置、获得律师、审判类型等）等，都在调查的回应中取得。调查收集信息的最后一步则是收集他们在监狱生活中的一些其他具体信息（接受教育培训和/或工作的机会、基础服务、家人探访等）。

　　这种性质的调查尽管无法直接呈现出很多关于墨西哥的警方或司法审讯的情况，但它却从大量的来自该系统"当事人"（被讯问者）所感受到的直接实证信息中生成了间接数据：他们是否曾被殴打、暴力威胁和被逼改变陈述等。通过这些信息，可以用来权衡评判那些判决记录、初步调查结果等数据信息。在探讨此案例研究的结果之前，本章会提供一些与上下文有关的墨西哥刑事司法程序的相关信息。

历史背景

　　在米格尔·阿莱曼·巴尔德斯（Miguel Alemán Valdés）总统执政时期（1946～1952），设立了墨西哥联邦安全理事会（DFS）作为内政部门之一［奎利亚尔·费尔南德斯（Cuéllar Fernández），2007］。警察队伍迅速演变为一种国家政治警察，主要负责间谍活动以及控制反对势力。在何塞·洛佩斯·波蒂略（José López Portillo）总统执政期间（1976～1982），警察机构被改造成为犯罪预防调查总办公厅（DIPD）的一部分，这种司法警察的特殊政治起点，将墨西哥城的调查类警力和防御性警力全然分开。墨西哥革命制度党（PRI）政权从不允许政治调查——或后来的犯罪调查权力——落入任何与该党没有直接关系的警察机构手中。这或许能够解释这样一种事实：时至今日，司法警察仍然是最为抵制变革的机构，也是最为腐败和没有效率的机构［纳瓦尔和萨尔加多（Naval and Salgado），2006：40］。它是信息最不透明的机构之一，对其知之甚少，能获取的信息资料罕有。预防警察和调查（司法）警察分离的这种结构至今仍然存在。

◆ **墨西哥的审讯人员**

检察机关（MP）是墨西哥刑事诉讼程序的垄断机构，这意味着只有向检察机关控告，公民才能期望对某人实现在刑事司法体系内的起诉、审判和最终的法律制裁。因此，依法建立的检察机关，是刑事案件中社会公共利益的唯一代表。尽管墨西哥城针对刑事诉讼程序的变革正在进行之中，但一种混合型的刑事司法程序仍然在运行：在法律程序中，提起控诉的一方（MP）和判决方（法院）是相互独立的实体（对抗制模式）。法官负责最终做出裁决认定被指控犯有某项罪行的被告人是有罪还是无辜。

但是，在审判之前，在由检察机关主导的阶段，即初步调查阶段，体现出的却是典型的纠问式刑事司法模式的特征。与在初步调查阶段一样，在案卷移交法官之前或起诉（暂时或确定）之前的阶段，也是同样的。此外，当前的刑事司法系统设计同样阻碍了法官深入了解案件，法官只有 72 小时的时间来做出相应的宪法性命令，[①] 而他们的工作量又无法降低到一次只审理一个案件。在实际操作中，法官必须根据检察机关在初步调查阶段做出的事实认定，这个显著的事实恰恰反映出检察机关缺乏司法审查。

在墨西哥，公共安全、法律执行、行政管理的制度模式非常特殊。公共安全和街道巡逻是预防性警察的职责，他们归属于墨西哥城公共安全部。尽管人们可能由于各种原因被扣留，但这个部门的警察却不能调查或审讯他们。调查和审讯的职责是由专门主管犯罪调查以及在法庭正式起诉犯罪嫌疑人的墨西哥城总检察长办公室来负责。因此，检察官领导警方调查员和其他专业

---

① 换句话说，这是司法程序的第一个阶段，在诉讼程序中，法官可以在审判之前和做出裁定之前，确认或者驳回检察机关（MP）的诉讼。共有三种类型的宪法性命令：正式的押交令（在审判期间，出于预防的目的将被告人羁押）；起诉令（被追诉人可以基于保释释放，直至出庭受审）；以及无罪释放令（MP 针对被追诉人他/她提出的指控不成立，被追诉人无罪）。

服务机构展开审讯和案件调查。警方调查员审讯犯罪嫌疑人、询问目击证人、勘查犯罪现场等，专业机构用科学方法（弹道、指纹、犯罪学、法医学等）分析证据。如果检察官认为有足够的犯罪证据可以起诉，犯罪嫌疑人就会被送上法庭。在确认正式指控之前实施的所有工作涵盖了调查阶段，当检察官在法官面前指控犯罪嫌疑人的时候，调查阶段就结束了。从那一刻起，只要法官判定案件成立，检察官就承担起审判中的公诉角色了。

总检察长办公室负责调查案件以及提出指控。实际上，这等同于一个律师设计好调查策略、然后再由他来亲自指导实施［马格罗尼（Magaloni），2007：13］。检察机关（MP）取代了侦探的职能，尽管检察机关拥有负责调查的警力可支配，但实际上在这座城市的组织机构设置中并没有这一职能（马格罗尼，2006）。除了缺少一个负责专业调查的职能角色，他们还存在一种管理制度，会在审判中把检察机关进行的初期调查资料作为证据看待。换言之，所有在初期调查阶段没有法官监督情况下收集到的证据，会在审判中被视为具有完全证明力的证据。

◆ **被审讯者**

为了更深入地了解墨西哥城刑事司法体系内部的运作方式，我们必须首先关注被捕的是哪些人［伯格曼（Bergman）等人，2014］。我们四次抽样调查统计的数据显示，18～24岁的因犯占监狱人口的31.2%，而25～29岁的占23.4%。91.4%的人在被关押前是有工作的，但近半数的人都是在街头从事不正规的个体经营（2013－N：1，256的数据为56.4%）。具有重要意义的数据是，由于家庭暴力（2013年的数据为36.4%），他们中相当一部分人在15岁前就离家出走（2013－N：1，256的数据为32.6%），并且许多人家庭中还有其他成员也在监狱中关押（PPS 2014年的数据为32.8%）。

同样值得关注的还有他们被拘捕的原因。调查数据显示，大多数在都市区犯案的人被指控的罪名都是与财物相关的，34.9%的是武装抢劫，25.4%的是一般盗窃。总体来说，各种形式的盗窃在犯罪行为中占60.3%（伯格曼等人，2014－N：1，256）。与此同时，56.4%的因犯是在街头被拘捕的，并且绝大部分人（占69.7%，即每10个人中约有7人）都称如果他们有足够的金钱就可以避免入狱，因为无论他们是否实施了被指控的犯罪行为，金钱都是可以用来解决问题的（伯格曼等人，2014 - N：1，256）。强力支持这个数据的事实依据是，近半数（46.1%）的囚犯承认至少有过一次警察向其索要钱财以换取其自由的经历（伯格曼等人，2014 - N：1，256）。

简而言之，监狱中的大多数人都是在街头出没的社会底层年轻人，他们大多可能就是因在街头偷盗而被逮捕，但没有钱财向警察行贿才被送到了检察官的面前。

如何定罪

一旦预防警察将被拘捕者送到检察官办公室，就会开始各种审讯以决定是否予以起诉。正是在此时，在拉丁美洲这种令人高度质疑的制度实践中，接近半数（45.6% - N：1，256）的受访囚犯称，他们是受到拷打而招供或者将自己无罪的答辩改为认罪（伯格曼等人，2014）。根据我们的调查（PPS，2014），这种高比率情形在墨西哥城的监狱中自 2002 年起（参见图 20 -1）就基本没有大的改观。

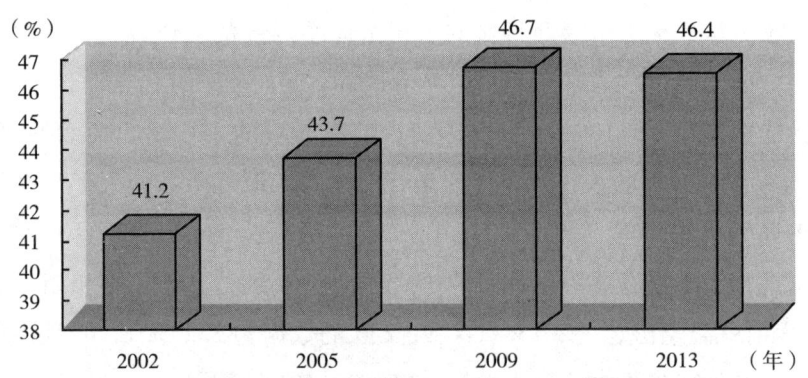

图 20 -1　墨西哥城：是否有因遭到拷打或暴力而被迫供认或改变供词？
（2002 年、2005 年、2009 年、2013 年）

资料来源：数据计算基于 2002 年、2005 年、2009 年及 2013 年的监狱人口调查统计。未做回应的数据未包括在内。

依据以上统计数据，我们可以肯定地说，在墨西哥城对被拘捕者使用暴力是取得认罪供认的关键和决定性因素之一。图 20 -2 更加清楚地阐释了被拘捕者招供的各种原因。如图所示，因为自己确实有犯罪行为而主动做出认罪答辩的被拘捕者占 42.6%（N：1，256），因被酷刑拷问或强制威胁而招供的人占 45.6%，二者相加共有 88.2% 之多。这表明，墨西哥城监狱中大多数人认罪的原因，要么是他们确实实施了犯罪行为，要么就是被检察官屈打成招。

如果本章仅仅只是讨论检察机关所进行的审讯，那么我们所关注的只是 5.5% 的被检察官说服而认罪的囚犯，以及 42.6% 因自己确有犯罪而招供的囚犯（图 20 - 2）。可以看出，在大多情况下，进行审讯的目的不是获取信息而是集中于劝说和说服被拘捕者自我归罪（获取犯罪嫌疑人的认罪供述）。

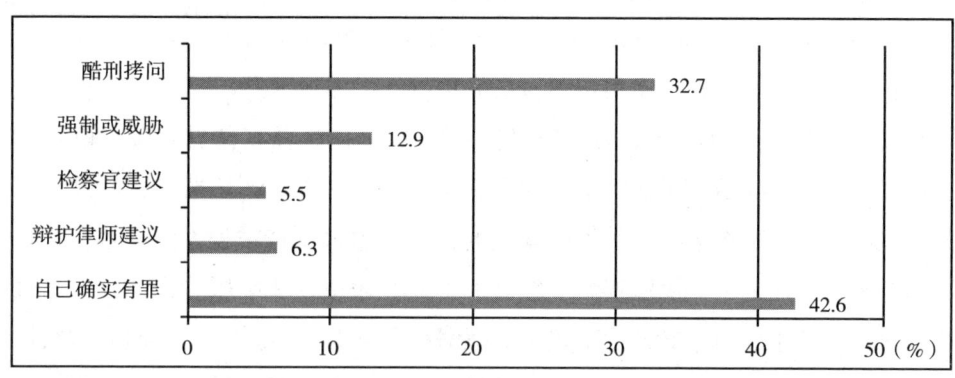

图 20 - 2 墨西哥城：你做出有罪答辩的原因？

资料来源：数据计算基于 2002 年、2005 年、2009 年及 2013 年的监狱人口调查统计。未做回应的数据未包括在内。

在墨西哥城，刑事案件的定罪率大约为 92%（2014 年法院统计数据），[①]这一比率比纽约市（2013 年 CJIR 的统计数据为 37%）或柏林市［2009 年柏林市的统计数据为 79%，杰勒（Jehle）2009：9］都高出很多。这意味着一旦审判开始，被定罪的概率就很高。在司法程序的初步阶段（从犯罪嫌疑人被关押开始直到被送上法庭），警方贪污腐败的程度在警察索要贿赂的比例中彰显无遗（2014 年 PPS N：1，256 统计的数据为 45.6%）。他们知道一旦被拘捕者进入执法程序，唯一的结果就是被定罪。在所有被受理的案件和启动的法律诉讼中（表 20 - 1），法庭接纳了 72.64% 的刑事审判案件（法院统

---

① 此处引用的"2014 年法院统计数据"和百分比摘自或者基于墨西哥城高等法院提供的报告和统计数据。

计数据，2014 年）。减去那些占所有案件 21% 的没有起诉的私人控诉（对此类诉讼没有进行法律跟踪）①、庭外和解等，可以推论得知，所有经检察机关和法院处理的案件几乎都无一例外地以定罪告终（法院统计数据，2014 年）。

表 20 –1 司法活动

墨西哥城	2011	总计	2012	总计
立案数	20，589	374，659	22，052	345，562
审判数	15，641	314，731	16，020	277，238
定罪数	16，591	288，728	18，189	246，139

资料来源：http：//estadistica. tsjdf. gob. mx/portal（2014 年 5 月 7 日存取）

迄今为止，如果从对案件定罪包括取得供认的结果来看，执法和刑事司法一直是在卓有成效地运行（第七号报告，2014）。但这些案件也确实可以具备其他证据。这意味着，虽然对于羁押和获得陈述几乎没有司法监管，但是法官却可以向检察官下令去搜集和提取其他的科学证据来支持被告人的供述，并将其作为整个程序的一个关键要素。然而，正如在表 20 –2 中所看到的，除了被告人供述，几乎在每个案件中呈现出的证据都是言词陈述证据。主要包括两种：（1）一个形式上的目击者陈述，这是作为参加逮捕和羁押活动的警察代表；以及（2）书面证词（由警方拟定的正式记录），如羁押情况说明（日期和时间等）。换言之，在 90% 的案件中，法官采纳的言词陈述证据都是参与逮捕羁押行动的警察提供的，这些警察被当作犯罪现场的唯一目击者，他们的言词陈述只描述逮捕现场和羁押的情形，而这就是犯罪嫌疑人供词以外的唯一附加证据。

表 20 –2 证据类型

证据类型	平均值
文书证据	6%
专家证言	4%
言词证据	90%

资料来源：http：//estadistica. tsjdf. gob. mx/portal（2014 年 5 月 7 日存取）。

---

① 这些人是指那些主张自己是犯罪行为受害人的人，但这些犯罪大多数是轻微犯罪，总检察长办公室不会必然提起诉讼。

所有证据之源

一个几乎完全基于强制手段的体系，之所以持续存在而且成为执法中的公共机制，是有多种原因的。由上述可见，犯罪嫌疑人的招供在起诉和定罪过程中扮演着核心主宰的角色。同样重要的是，如图 20 - 2 所示（伯格曼等人，2014 - N：1，256），公设辩护律师们自己（6.3%）也比检察官们（5.5%）取得更高比例的认罪答辩。这意味着在缩短刑期的谈判期望之下，公设辩护律师比检察官更容易说服他们的当事人认罪。事实上，犯罪嫌疑人如果在检察官调查时认罪（刑期平均为 14 年 - N：758；PPS，2014），会比到检察机关后再认罪的刑期短（刑期平均为 19 年 - N：758；PPS，2014）。

在墨西哥，犯罪嫌疑人供认的诉讼价值近年来发生了显著的变化。直到十多年前，墨西哥的诉讼程序还根深蒂固地以供述是所有证据之根为准则。国家法典也采用了这个体系来权衡证据，并赋予供认全面的证据价值，只要有其他证据证明且满足证据的形式要求。尽管这些要求的设置目的是减少滥用并确保供认的合法性，但是，赋予供认高度的证明价值却又缺乏对取得供认证据的监管（立法监管，尤其是实际运作中的监管），直接或间接地造成了各种滥用、各种有争议的法庭判决，例如"不具作证能力的供认"（法庭意见 73）、"供认：囚犯的最初陈述"（法庭意见 78）、"强制取得的供认证据"（法庭意见 79）。

在墨西哥，供认作为有罪的证据是如此之重要，以致法庭认为向它提交更多的其他科学证据用于支持起诉被羁押人或者犯罪嫌疑人是没有必要的。犯罪嫌疑人供认在刑事诉讼中的极端重要性可通过援引 1995 年的一个判例裁决来说明，摘录如下：

> 如果供认是通过暴力取得的，并且是孤立的，没有任何其他资料印证或者证明它，司法机关自然应当否定其全部价值；然而，如果供认是通过殴打犯罪嫌疑人获得的，但供述内容得到了其他看似有理的资料的印证，在这种情况下，不得因为警察的态度就将一个对其犯罪事实供认

不讳而应负刑事责任的人释放。同时，对其向相关管辖部门控告执法人员使用不符合宪法要求的暴力殴打的权利不持偏见（209400 号记录）。

法官的判决似乎可以说明所有的一切都是来自供认。如果犯罪嫌疑人在调查初期阶段答辩认罪，无论是否是遭到了拷问才招供的，他/她的命运就已经被决定了。法官对检察官的宽容以及完全以初期调查（正式指控）获得的供认来定罪，完全扭曲了执法体系。要开发科学的方法来讯问/询问犯罪嫌疑人和证人，完全没有存在的理由。自 20 世纪 60 年代以来，总检察长办公室一直抗拒任何改革、没有改观。

然而，由于媒体越来越多地关注误判，以及墨西哥城人权委员会不断的努力（该组织自 1994 年成立以来不断向当地总检察官办公室提出各种建议）①，使得刑事审判中指控方对供认的使用受到了一定的限制。现在，一份供认想要被认定为有效，只能交给检察官或司法机关。而从前任何其他权威（自然包括警方）在不受任何司法监督下就可以获取供词（法院意见 74）。供认也不再被赋予具有完全的证明力价值，因为法令对供认采纳了"健康评价"或"自由"评估系统，法官没有义务要完全接受供认的证明价值，法官有权根据其经验和批判性判断力来评估供认（尽管在大多数案件中这种情况不会发生，法官一般只是限制自己不再将被拘捕者的供认视为必然有效）。这种改革的进程发生在一个整体刑事诉讼逐渐司法化的框架中。之前，被指控人的担保人常常在初期调查中被拒。但是，通过宪法改革和高级法院的主张，被告人的担保人，反对自我归罪以及无罪推定，这些对于供认十分重要的因素，已经开始延伸到司法程序的各个方面各个阶段。司法化的最后阶段将会是近期对刑事事件（口头审判）的宪法改革的落实。通过一位监督法官，司法部门将确保宪法性担保人在程序中得到尊重，以及提供的证据只有在提交给法官听审时才会被视为有效，以此来限制总检察官办公室和警方机构在实践中某些潜在和实在的不足。同时，在墨西哥城，缺乏监管（例如，

---

① 关于这个方面的一个典型案例是 Gabrie Ulises Valdez Larqué，该案在 2009 年推动墨西哥人权委员会发布了一份建议（6/2010）。

监督法官）的检察官工作以及被拘捕者的权利没有得到依法保护的问题仍然存在：辩护方很少参与调查阶段的程序（初期调查）。

结论

有一项数据可以很大程度解释墨西哥城总检察官办公室的运作，即 93%的在押人员是在现场被拘捕的现行犯［马格尼罗（Magaloni），2007；PPS，2014］。这个数据说明，在刑事侦查的时候警察已经掌握了所有与被追诉人相关的信息。事实上，被侦破的犯罪应该是从犯罪嫌疑人被拘捕开始，因为在将其送至法官面前的时候，已经进行过充分的调查，并且法官也判定已具有足够的证据才拘捕某人。大多数被拘捕的人被认定为正在作案时被拘捕，这也反映了检察机关对收集科学信息、分析现场重要信息望而却步。他们所拥有的全部信息通常是在审讯时用强制或其他违规手段获取的（伯格曼等人，2014），例如单独监禁羁押①，缺乏辩护律师（64.1% 的陈述是无律师在场时提供的），缺乏与律师单独沟通的机会（59.1%），不知其享有保持沉默的权利（63.8%），更不用说视犯罪类型而提出在审判期间有条件释放的请求（86.1%），当然还有缺少对诉讼流程的理解（每四名囚犯中有三名，2013 年的比例 76.4%，对诉讼流程了解甚少或毫不知情）（PPS，2014－N：1，256）。

310 尽管如此，92% 的指控还是以定罪告终。这意味着证据被接受的标准相当之低，法官认可这样的情形，不要求也不鼓励执法体系运作的变革。更有甚者，司法体系的奖励机制②也是以获得定罪认定为目标［帕萨拉（Pásara），2002］，这样就进一步强化了这一体系的专断性。总而言之，墨西哥在犯罪嫌疑人审讯方面的做法是有问题的。

---

① 在墨西哥，犯罪嫌疑人最长可以被羁押 48 小时而不需要对他/她提出任何正式指控。但是他/她有权自被羁押时开始法律辩护（墨西哥刑法典，2014；墨西哥城新刑事诉讼程序，2014）。

② 例如，为提拔晋升进行的业绩考评是基于结果效率（取得刑事判决的数量等），对调查过程（总检察长办公室）没有司法审查（法官），公设辩护律师弱等等。

◆ 未来会怎样？刑事司法体系的改革

2008 年墨西哥启动了刑事司法体系的宪法改革①，这是自 1917 年立宪②以来最雄心勃勃的一场逐步推进的改革（目前有的州已经将革新内容纳入法律体系，而其他如墨西哥城等地还未能实现）。③ 变革的目的是逐步把纠问式刑事司法体系转变为对抗制刑事诉讼，以尊重言词原则、公开性原则、答辩原则、集中性原则、连贯性原则和即时性原则。④ 从立法对刑事司法体系的构想角度看，对这场巨变的决心表现在监督法官一职的创设（负责保障拘捕的合法性、尊重被指控人和被害人双方的人权）。此外，对审判前羁押也设立了限制性规定，检察官以一种与被追诉人地位平等的新形式参与诉讼流程。立法的变革是逐步深入革新整个体制的第一步［谢尔克（Shirk），2010］。

◆ 从纠问式刑事司法向对抗制变革

纠问式刑事司法以书面为主并且是秘密进行的。⑤ 改革想要实现的是把这种体系转变为对抗制，使调查和公诉成为检察官的责任。这些官员在工作中受监督法官这一新角色的监管，监督法官要负责保障参与诉讼流程的人（被害人和被指控人双方）的权利并对调查所需的预防措施做出决定。案件的审判在由三名与本案无关的成员组成的法庭上，遵循言词原则和公开原则审理后做出判决。此外，辩护方在诉讼程序的各个阶段都可以广泛参与，从调查阶段开始即可参与，目的是实现控辩平等。

---

① http：//www. diputados. gob. mx/cedia/biblio/archivo/SAD – 07 – 08. pdf（2014 年 3 月 22 日存取）。

② http：//www. juridicas. unam. mx/infijur/leg/conshist/pdf/1917. pdf（2014 年 3 月 22 日存取）。

③ 在这个时期，墨西哥这个国家正在经历一个转型期（从一种法律体系转向另一种），目前还不可能全面评估这个新程序（尽管墨西哥州已经有了结果，该州在 2011 年采纳了新程序）。各州采纳新体系的最后时间期限设定在 2016 年。

④ 连贯性原则的含义，是指法律程序必须得到遵循而没有不必要的打断，例如，与审判程序无关的原因打断了审判过程。即时性原则的含义，是指快速审判，没有延误或者停顿，只需要遵守法定的时间限制。

⑤ 整个程序的进行都是依据书面材料（非口头言词），除非与案件直接相关，任何人都不能接触到法律案件，这与言词诉讼体制不同，言词诉讼体制的听审是公开的并且书面形式的运用不具有排他性。

在这种新模式下，检察官在初期调查阶段不再拥有无限制的权力，因为他们的决定会受到司法监督［阿西涅加斯（Arciniegas），2007］。变革后的体系建基于对犯罪的科学调查［吉兰（Guillén），2013 年］。这要求当前检察官实施的调查不仅需要提高质量，甚至调查本身都可能被重新设定。体系的变化还包括对检察官进行犯罪调查的培训（取得合法的证据），以及实现检察官专家服务体系的现代化①，以此来对犯罪行为进行有效、合法的调查，并且这种调查处在司法监督之下，检察机关的履职受到制约。

截至目前，改革实施已经在各州（处理每个州内的一般犯罪）以及联邦（处理全国性的联邦犯罪）取得不同程度的进展。例如，墨西哥城虽然还未进行改革，但却被已经实施改革的全国人口最密集的墨西哥州②，在地理位置上所包围。尽管改革措施不适用于墨西哥城，但改革在联邦地区带来的变化也给墨西哥城带来一些反省。如图 20 - 3，新型司法程序带来的积极成效，可以从由检察官实施的审讯中看到（主要包括减少使用武力强迫被拘捕者供认或者强迫其改变之前做出的陈述）。

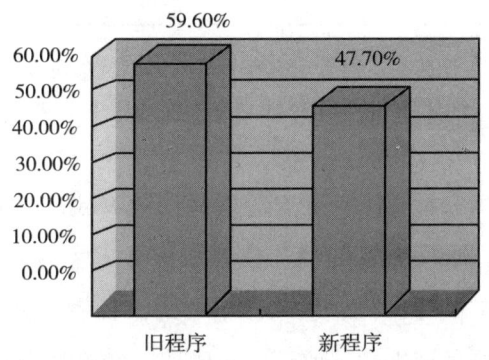

图 20 - 3 墨西哥州：是否有人拷打或者使用武力强迫你
供认或者改变之前的陈述（旧程序和新程序）？

资料来源：数据计算基于 2009 年和 2013 年的监狱人口调查统计。未做回应的数据未包括在内。

尽管数据（参见图 20 - 3 和图 20 - 4）显示，审讯中的不法行为、不人道的策略方法还在很大程度上存在，但新的改革程序对检察官办公室在审讯

---

① 这些专家对案件进行科学评估：重建事件经过，弹道学分析，DNA 分析等。

② 在墨西哥州，这一过程自 2009 年开始，2011 年晚期结束。

中过度使用武力情况的减少做出了贡献。

改革取得的成效在被审讯者做出认罪答辩的原因方面也得到了体现。通过酷刑拷问取得供认的比例从 44.9% 降到了 15.4%（N：1，256；PPS，2014），这让只拥有单薄自报数据的初期司法程序有望得到改善［兰德（Rand），2014］。酷刑拷打情况的减少同样也反映在定罪率的降低，2013 年的数据是 75.38%（第四次工作报告，2013：27）。

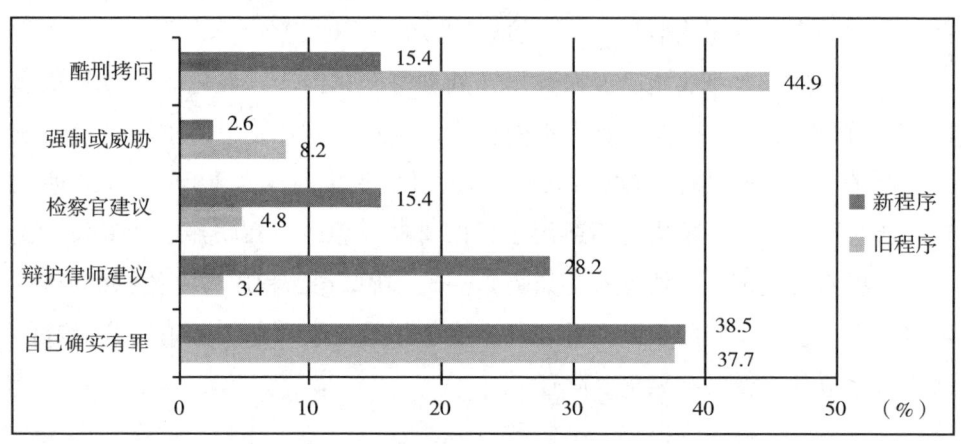

图 20 - 4　墨西哥州：你做出有罪答辩的原因（旧程序和新程序）？

资料来源：数据计算基于 2009 年和 2013 年的监狱人口调查统计。未做回应的数据未包括在内。

总之，当一个国家把审讯作为对犯罪司法化（定罪）的手段，而不是一种调查方法的时候，唯一有效的消除审讯中拷打折磨的途径，就是去限制推动检察官获得大量供认的动机、引入严格的司法控制、并让审判变得公开透明化。这应该是墨西哥刑事司法改革最应吸取的经验教训。

▌参考文献▐--

❶ Arciniegas Martinez, A.（2007）*Policía judicial y sistema acusatorio.* Bogotá：Nueva Juridica.

❷ Bergman, M., Fondevila, G., Vilalta, C., and Azaola, E.（2014）*Delito y Cárcel en México，deterioro social y desempeño institucional.* Mexico：CIDE.

❸ Cuéllar Fernández, A（2007）. Inseguridad: Como illegamos hasta aqui? Seguridad y Riesgo.（Insecurity: How did we get here? Security and Risk）*Revista Entorno* 1. 11. 2007, 21 – 25.

❹ Fondevila, G.（in preparation）"Qué hacen realmente los tribunales del DF?".

❺ Guillén López, G.（2013）*La investigacion criminal en el sistema penal acusatorio.* Mexico: UNAM.

❻ Jehle, J. -M.（2009）*Criminal Justice in Germany.* Berlin: Federal Ministry of Justice.

❼ Magaloni Kerpel, A. L.（2006）"El detective: eslabón perdido del sistema de investigación criminal en México," in G. Laveaga（ed.）, 65 *propuestas para modernizar el sistema penal en México.* Mexico: INACIPE.

❽ Magaloni Kerpel, A. L.（2007）*Arbitrariedad e ineficiencia de la procuration de justicia: dos caras de la misma moneda.* Mexico: CIDE.

❾ Naval, C. and Salgado, J.（2006）*Irregularities, Abuses of Power and Ill-treatment in the Federal District.* Mexico: Fundar. See: http: // www. fundar. org. mx/PDF/metagora_ eng_ long. pdf（accessed 18 December 2014）.

❿ Pásara, L.（2002）*Cómo sentencian los jueces en el DF en materia penal.* Mexico: CIDE, DTEJ 6.

⓫ Prison Population Survey（PPS）（2002, 2005, 2009, 2013, 2014）Encuesta a Población en Reclusión del Distrito Federal y el Estado de México. Mexico: Centro de Investigación y Docencia Económicas（CIDE）. See http: // www. biiacs. cide. edu（accessed 11 April 2014）.

⓬ Rand Corporation（2014）*The Impact of Reform on the Criminal Justice System in Mexico.* See: http: //www. rand. org/labor/centers/clasp/research/projects/mexican-criminal-justice-reform. html（accessed 7 May 2014）.

⓭ Shirk, D. A.（2010）*Justice Reform in Mexico: Change and Challenges in the Judicial Sector*, Working Paper. Mexico Institute, Woodrow Wilson International Center for Scholars and Trans-Border Institute, University of San Diego.

⑭ Vilalta，C.（2013）*Inferencia científica y análisis de datos*. México：CIDE.

⑮ Zepeda Lecuona，G.（2008）"La investigación de los delitos y la subversión de los principios del debido proceso en México"，in A. Alvarado，（ed.），*La reforma de la justicia en México*. Mexico：El Colegio de México.

⑯ Zepeda Lecuona，G.（2004）*Crimen sin castigo：Procuración de Justicia Penal y ministerio público en México*. Mexico：Fondo de Cultura Económica y Centro de Investigación para el Desarrollo（CIDAC）.

▌公共文件和网站▌ --

❶ Código Penal para el Distrito Federal［Mexico City Criminal Code］. See：http：//www. aldf. gob. mx/codigos – 107 – 4. html（accessed 4 December 2014）.

❷ Compendio Estadístico 2004 – 2008［Court Statistics 2004 – 2008），Tribunal Superior de Justicia del Distrito Federal. See：http：//www. poderjudicialdf. gob. mx/work/models/PJDF/PDFs/comunicados/informes _ estadisticas/informe_ anual_ 2009/compest2004_ 2008. pdf（accessed 4 December 2014）.

❸ Court Opinion 73，6th Epoch，p. 165，first section，First Chamber. See：http：//sjf. scin. gob. mx/iusElectoral/paginas/tesis. aspx（accessed 7 May 2014）.

❹ Court Opinion 74，Sixth Epoch，p. 167，first section，First Chamber，entitled "Confesión ante la policía judicial"［"Confession before the judicial police"］. See：http：//sjf. scin. gob. mx/iusElectoral/paginas/tesis. aspx（accessed 7 May 2014）.

❺ Court Opinion 77，6th Epoch，p. 169，first section，First Chamber. See：http：//sjf. scin. gob. mx/iusElectoral/paginas/tesis. aspx（accessed 7 May 2014）.

❻ Court Opinion 78，6th Epoch，p. 171，first section，First Chamber. See：http：//sif. scin. gob. mx/iusElectoral/paginas/tesis. aspx（accessed 7 May 2014）.

❼ Court Opinion 79, 6th Epoch, p. 173, first section, First Chamber. See: http: //sif. scin. gob. mx/iusElectoral/paginas/tesis. aspx (accessed 7 May 2014).

❽ Court Statistics (2014) http: //estadistica. tsjdf. gob. mx (accessed 4 December 2014).

❾ Criminal Justice Indicator Report (CJIR) (2013) See: http: //www. nyc. gov/html/om/pdf/2013/criminal_ justice_ indicator_ report_ summer_ 2013. pdf (accessed 17 December 2014).

❿ Fourth Work Report (2013) Tribunal Superior de Justicia del Estado de-Mexico. See: http: //www. pjedomex. gob. mx/web2/img/informes/4oInf _ 2013/ (accessed 18 December 2014).

⓫ Nuevo Código de Procedimientos Penales para el Distrito Federal [New Code of Criminal Procedures for Mexico City] http: //www. aldf. gob. mx/codigos – 107 – 4. html (accessed 4 December 2014).

⓬ Recommendation 6/2010. Comisión de Derechos Humanos del Distrito Federal. See: http: //cdhdfbeta. cdhdf. org. mx/tag/recomendacion – 62010/ (accessed 7 December 2014).

⓭ Record No. 209400. Location: Eighth Epoch. Instance: Collegiate Circuit Courts. Source: Federal Gaceta del Semanario Judicial de la Federación 85, January 1995. Page: 85. Thesis: VI. 2o. J/346. Court Opinion. Matter (s): Criminal. Second Sixth Circuit Collegiate Court. See: http: //www. scjn. gob. mx/libreria/Paginas/semanarioauto. aspx (accessed 7 May 2014).

⓮ Seventh Work Report of the President of the Mexico City Superior Court of Justice and the Mexico City Judicial Council (2014) See: http: // www. poderjudicialdf. gob. mx/es/PJDF/Septimo_ informe_ 2014 (accessed on 4 December 2014).

⓯ United States Attorney's Annual Statistical Report. See: http: // www. justice. gov/sites/default/files/usao/legacy/2013/10/28/12statrpt. pdf (accessed 17 December 2014).

第21章

美国对犯罪嫌疑人的审讯和调查询问

克里斯托弗·E. 凯利（Christopher E. Kelly）

克里斯蒂安·A. 梅斯纳（Christian A. Meissner）

▌简介▌

美国国土广阔、文化多元，而且其刑事司法体系并不是单一的集中体制，我们无法对美国全部——甚至是大多数——执法部门的调查询问和审讯实践进行一个精准的统计。大部分犯罪调查是由来自近一万八千个地方和州级执法机构［里夫斯（Reaves），2011］的讯问人员实施的，他们的工作是在正式培训和在职培训相结合的指导下进行的。讯问人员接受的正式培训可以是数小时的室内培训，也可以是更受欢迎的第三方的数天培训，如身势语询问（Kinesic Interview）培训［沃尔特斯（Walters），2003］、里德方法（Reid）培训［英博（Inbau）等人，2013］或者威克兰德－祖劳斯基（Wicklander-Zulawski）联合培训（祖劳斯基等人，2001）。即便在联邦这一层级，也只有零星的标准，联邦调查局在弗吉尼亚州匡提科（Quantico）拥有自己的培训机构，其他机构的人员则参加国土安全部的联邦执法培训中心（FLETC）在乔治亚州格林科（Glynco）举办的培训。① 与其他国家不同的是，美国没有标准化的调查询问及审讯的培训和方法，在美国也很难去确立一个统一的讯问体系。

---

① 这也就是说，国家的人力情报（HUMINT）设施基本没有，尽管总统行政命令要求所有联邦层级的讯问人员应当达到奥巴马总统2009年1月签发的《军方战场手册》（the Army Field Manual）2–22.3 的标准。

　　简洁、精确地描述美国关于犯罪嫌疑人的调查询问和审讯确实是一个难题，但是，刑事司法体系的对抗性却是了解美国各个执法机构活动的一条主线。这种对抗性的刑事司法模式自然导向的是指控式审讯模式 [利奥（Leo），2008]，在这种审讯模式中，取得供认是首位的，而且犯罪假定决定了审讯的开始（梅斯纳等人，2014）。虽然美国警方没有某种标准做法，但他们的指控式审讯模式都是建立在心理操控基础上而非所谓"酷刑折磨"的武力强迫审讯 [卡辛（Kassin）等人，2010；利奥，2008]。指控式审讯模式的其他特点还包括建立对犯罪嫌疑人的控制、使用封闭式提问来确认讯问人员的已有观点是正确的、通过犯罪嫌疑人焦虑程度来判断其是否是在欺诈（梅斯纳等人，2014）。

　　关于指控式审讯模式下心理操控方法的规则编纂记录在 1940 年 W. R. Kidd 的《警方审讯手册》中，其中许多技巧至今仍在美国警方的审讯实践中被传授和使用。用专业术语来说，审讯可以被看作接续使用三种策略方法来引导犯罪嫌疑人招供，即隔离、对质（confrontation）或最大化以及最小化 [卡辛和古德琼森，2004]。首先，犯罪嫌疑人在接受讯问之前先被单独留在一个小房间，他们会预想自己可能会被问到的问题。接下来，讯问人员拿出犯罪嫌疑人涉嫌犯罪的证据，告诉犯罪嫌疑人如果他不配合调查的后果并且不给犯罪嫌疑人否认指控的机会，这样做的目的是威慑犯罪嫌疑人并让其对罪责的理解最大限度地加深扩大、并了解可能由此产生的后果。在最后一步，讯问员采取温和的措施，以更加有利于犯罪嫌疑人的方式对其犯罪行为给予解释，也让犯罪嫌疑人对其罪责和可能的后果产生最小化的理解。这些做法组合在一起，为警方讯问人员实现取得供认的目标创造了有利条件，但是，这些方法也会造成犯罪嫌疑人因受到胁迫而做出虚假供认（卡辛等人，2010；梅斯纳等人，2014）。

　　在美国的刑事审讯从暴力强制转向心理操控的过程中，一个非常重要的里程碑就是米兰达诉亚利桑那州（*Miranda v. Arizona*）（1966）一案的判决（利奥，1992）。在米兰达判例中，最高法院重申了被拘捕的犯罪嫌疑人拥有反对自我归罪的权利，并且对警方提出了在询问犯罪嫌疑人之前必须先告知其权利的要求（著名的米兰达警告）。这个判例发布之后的多年时间里，执法部门（以及坚持更为保守的犯罪控制手段的支持者）担心这些新规则会造成警方调查的瘫痪。但这些顾虑已经被证明是没有依据的，因为研究已经一致表明，绝大多数的犯罪嫌疑人放弃了他们的米兰达权利，做出了承认和供述［卡塞尔和海曼（Cassell and Hayman），1996；费尔德（Feld），2013；卡辛等人，2007；利奥，1996］。对于这种状况，一个令人注目的原因就是警方能力的迅速成长，他们擅长对犯罪嫌疑人传达米兰达警告，并且说服犯罪嫌疑人相信为保障他们的利益最优化，他们应当放弃米兰达判决确立的权利［怀特（White），2001］。

美国的指控式审讯模式与英国警方最常使用的信息收集型询问方法有着鲜明的对比。美国警方的审讯是假定犯罪嫌疑人有罪、对质、很大程度上依靠心理操控（包括对否认的驳斥）；与此相反，英国和其他使用信息收集型方法的国家和地区则不会假定犯罪嫌疑人有罪，通常是建立融洽关系，遵循允许犯罪嫌疑人自由提供其陈述的调查询问原则，以及运用战略性（strategic）方式出示证据（梅斯纳等人，2014）。信息收集型询问方法，也被称为PEACE模式（计划与准备；建立关系与解释；陈述；结束；评估）［克拉克和米尔恩（Clarke and Milne），2001］，目的是减少由强制和指控式审讯方法导致的虚假供述和司法误判。（关于PEACE的更多信息，请参阅克拉克和米尔恩在本书中的相关章节内容。）

本章关于美国审讯的介绍将从对美国当前审讯的描述性和观察性研究的关注开始。然后我们对已知的最为有效的调查询问和审讯方法的实践情况进行了分析。在本章最后部分，我们调查了美国在这方面的培训情况，关注指控式讯问方法，并对美国审讯发展的未来做出展望。通过观察，我们得出的结论是，就新生的、影响力不断增加的以证据为基础的各种询问方法而言，美国刑事审讯的发展正处于一个十字路口。

实践中的美国审讯：描述性研究

这一部分我们讨论的是几项主要研究成果，这些成果通过警方自报数据调查和观察/内容分析两种方法，针对美国的系统性分类审讯实践进行了研究。这些研究呈现了美国审讯的概况，若与其他大多数国家的讯问/询问实践相比，突出了指控式审讯模式与信息收集型询问模式的区别。如下所述，在美国对审讯进行的观察性研究相对较少，但是，近期有几个项目［如克里尔瑞（Cleary），2014；凯利（Kelly）等人，2013a；卢萨诺（Russano）等人，2014］针对美国的询问和审讯提出了当代观点。

　　2007年卡辛等人对警方审讯人员做过一个非常优秀的调查，631名警方讯问人员①提供了他们对16种审讯策略的使用情况反馈，大部分是直接套用或从通用审讯手册中参考。讯问人员报告的他们最常用的技巧包括把犯罪嫌疑人与其家人、朋友隔离，在小房间进行审讯，在犯罪嫌疑人的陈述中找寻矛盾点，以及建立融洽的关系。据他们的报告，那些被视为最具强制性或操控性的方法，如对不合作者使用武力胁迫或以严重后果进行恐吓、以虚假的测谎结果欺骗犯罪嫌疑人或者表达沮丧和愤怒，则在讯问调查中极少出现。有趣的是，尽管讯问人员很少使用以虚假的测谎结果来欺骗犯罪嫌疑人的策略，卡辛等人的报告却显示，这些调查对象更愿意使用告知犯罪嫌疑人警方已掌握了其他类型的证据证明其有罪这种欺骗的方法（5分制下的平均值为3.11）。这16种方法可以简化归纳为四个因素（隔离、融洽及最小化；对质；威胁；出示证据）。分析发现，"性格上具有假定犯罪嫌疑人有罪倾向的调查人员，可能会较多使用心理操控和对质的讯问方法……"（卡辛等人，2007：395）。

　　更近期的调查是由雷德利克（Redlich）等人2014年进行的，他们针对的是美国和其他一些国家讯问人员所使用的更多数量的具体讯问方法，涉及的样本对象也比2007年卡辛等人调查的范围要更加广泛，除了地方或州级别的警方讯问人员之外，还有联邦特工（如FBI、国土安全部）、军队中的讯问人员等。雷德利克等人进行的调查是以讯问分类学为基础（凯利等人，2013b），把大约70种独特且具体的技巧方法分到6个细观层次（meso-level）的区块中：建立融洽和谐关系，环境控制，情绪情感激发，对质/对抗，合

---

　　①　尽管本章关注的是美国的询问和审讯实践，应当指出的是，卡辛等人2007年的调查取样包含了一小部分的加拿大讯问人员（不到样本总数的10%）。

作，出示证据。卡辛等人的调查是询问调查对象他们与犯罪嫌疑人建立融洽关系的频率，而雷德利克等人的调查则提出了9种不同的融洽关系指标，其中四种最为常用（满足犯罪嫌疑人的基本需求，表达善意，与犯罪嫌疑人建立纽带，保持耐心）。雷德利克等人发现，建立融洽和谐关系和情绪情感激发这两种方法使用最多，对质/对抗和环境控制这两种方法的使用最少。而且，他们也说明了调查对象所喜爱的审讯方法在不同讯问环境中会有所不同，但建立融洽和谐关系这一区块不论在什么环境中，都是一种基本的技巧方法。

雷普希（Reppucci）及其同事对美国10个司法管辖区中的警方讯问人员进行了调查，关注的是指控式模式下几种更具强制性的讯问方法，包括对识别欺诈无效的方法。他们也分析了讯问人员如何根据犯罪嫌疑人年龄不同而使用不同的讯问方法［梅耶（Meyer）和雷普希，2007；雷普希等人，2010］。这些方法包括通过观察肢体语言或言语模式来识别欺诈供述，重复提问以及将犯罪严重性最小化等，这几种讯问方法是大多数讯问人员都会采用，而且是明显地适用于各年龄段的犯罪嫌疑人的讯问方法。尽管欺骗和出示虚假证据的手法在这个调查研究中较少出现，但仍有30%的调查对象称他们的确使用过。

调查研究对于理解讯问人员如何看待他们所使用的手法具有相当有用的价值，但这种方法论下也出现了一个警示，那就是调查结果可能会因社会期许和其他因素的影响而带有偏见。尤其是在有的讯问方法很可能会被认为是带有强制性、操控性行为的情况下。因此，观察性研究［例如，对现场讯问的内容分析、讯问记录（录音录像）、讯问笔录、案件档案等］十分必要，为了考量美国讯问人员在审讯中的实际做法，在限定的范围内实施了一些研究。

在英国，对警方讯问做录音录像记录是强制性的，而美国与英国不同，美国警方有史以来就没有一个统一的标准要求。就几乎所有的美国执法和刑事司法警察而言，对警方讯问的记录各州有各州的做法，在许多州内部不同的司法管辖区也不尽相同。只有不到10个州要求对监禁性讯问必须做录音录像记录，其他州尽管大力鼓励推行但还没有得到实施［卡辛等人，2010；沙利文（Sullivan），2010］。尽管要求对讯问过程用录音录像予以记录的司法管辖区越来越多，包括联邦调查局和美国国防部这样的联邦执法机构，但在美国，警方实施的大多数讯问仍然既没有音频也没有视频记录。这种记录的缺乏导致我们无法进行充分的观察性研究来对美国的讯问实践做法总结出有说服力的总结。相比之下，英国法律要求对警方讯问过程用视频记录，这使得在英国进行观察性研究的对象更为广泛。

但是，最早对审讯进行观察性研究的学者之一是利奥，1996 年他对美国两个警察机构进行了观察性考察。这一开创性的研究，展现了基于科学目的对实际中的审讯进行系统的观察、分类、分析所具有的价值。整体而言，利奥发现他所列出的 25 种审讯方法中只有不到 6 种在一般审讯中被使用。最常用的方式有诉诸犯罪嫌疑人的自身利益、让犯罪嫌疑人对质证据。这两种方法在指控式讯问中占据着显著地位。而且，利奥还发现 4 种策略方法与提出归罪信息有明显的关联，即唤起犯罪嫌疑人的良知，指出相互矛盾的信息，使用称赞或奉承的言辞，以及使用道德理由说教。

将研究关注点集中到犯罪嫌疑人年龄方面的是费尔德，2013 年，他抽取了明尼苏达州 307 宗警方对 16 周岁和 17 周岁犯罪嫌疑人的审讯活动进行调查。他把审讯技巧分为最大化和最小化两组，结果发现警察最常用的讯问方法（策略或提问）是：与犯罪嫌疑人对质证据，指控犯罪嫌疑人撒谎，敦促犯罪嫌疑人坦白，以及使用里德（Reid）行为分析询问法（BAI）的问题。费尔德把那些增加犯罪嫌疑人恐惧焦虑的做法分到最大化策略一组，其余的归入最小化策略一组，他发现使用最小化策略的例子较少（如态度中立，诉诸犯罪嫌疑人的自身利益，对犯罪嫌疑人表示同情）。尽管 2013 年费尔德与 1996 年利奥的研究结论有所不同，可能是由于警方对少年犯罪嫌疑人和成年犯罪嫌疑人使用有效的讯问方法的理解不同，其他研究也表明，总体而言，犯罪嫌疑人的年龄与讯问方法是无关的（梅耶和雷普希，2007；雷普希等人，2010；雷德利克等人，2004）。

综上所述，无论是通过调查研究还是观察性研究，美国的审讯方法主要——但不是全部——是与指控和心理操控相关联的。下面，我们将依据现有的实验研究数据来检视这些方法的有效性，从而对美国的审讯方法做一个总结。

美国审讯实践的有效性评估

五十多年前出版的《刑事审讯与供述》（英博和里德，1963）一书，是美国审讯方法史上的一个标志性里程碑。无论好坏，这本手册中所体现的指控式审讯模式已经成为美国执法部门广泛应用的基准。以下段落我们将回顾指控式审讯模式的文献内容，将其与源自其他国家的替代方法的有效性进行对比。在其他国家，指控式审讯方法导致一些无辜犯罪嫌疑人做出了虚假认罪供述，这些著名案件的发生促使了这些国家讯问方式的变革（布尔和米尔恩，2004）。

美国的社会科学家和法律学者记载了过去几十年中的数百起错误定罪的案件［舍克（scheck）等人，2000］。据统计，其中有25%～30%的案件，无辜的犯罪嫌疑人被诱导做出虚假供认并因此最终被定罪［德里金（Drizin）和利奥，2004；加里特（Garrett），2011］。随着对虚假供认现象认识的逐渐加深，社会科学家开始系统地进行评估有哪些因素会导致一个无辜的人做出虚假供词，包括个体有哪些独特的性格特点会使这些人更容易向警察的讯问屈服，以及有哪些审讯技巧会对虚假招供造成强烈影响。有兴趣的读者可以参阅一些具体的文献记录（参见卡辛等人，2010；卡辛和古德琼森，2004；莱斯特和梅斯纳，2010）。当然，我们也考虑到对警方审讯技巧效果评估的相关性，因此对指控式审讯方法所发挥的作用做出了以下简要的探讨。

任何研究的重要部分都来自于实验室环境下的实验范例［卡辛和基切尔（Kiechel），1996；卢萨诺（Russano）等人，2005］以及对已知的虚假招供档案的分析［德里金和利奥，2004；加里特2011；奥舍（Ofshe）和利奥，1997a，1997b］。研究发现，指控式的审讯方法会极大地增加虚假招供的可能性（卡辛等人，2010）。举例来说，最大化的策略之一，最大化犯罪嫌疑人对针对他/她的控罪证据的理解的手法［例如，提供虚假证据或夸大控罪证据的证明力吓唬；参见霍斯伦博格（Horselenberg）等人，2003；纳什和韦德（Nash and Wade），2009；佩里洛（Perillo）和卡辛，2011；雷德利克和古德曼（Redlich and Goodman），2003］，以及最小化策略之一，通过声称只要犯罪嫌疑人供认，就能最大限度地减轻犯罪嫌疑人罪责或者可能的后果这种误导性手法［暗示宽大处理或给予体面的借口，参见霍根（Horgan）等人，2012；克拉弗（Klaver）等人，2008；卢萨诺（Russano）等人，2005］，都有可能导致无辜的犯罪嫌疑人做出虚假供认。讯问人员如果深信犯罪嫌疑人有罪，就会加剧指控式审讯方法的使用（卡辛等人，2003），也会更多地认为犯罪嫌疑人存在欺骗行为（梅斯纳和卡辛，2002，2004），进而最终导致虚假招供的可能性增大［纳切特（Narchet）等人，2011］。诚然，导致无辜的犯罪嫌疑人做出虚假招供的心理因素，与讯问人员对犯罪嫌疑人施加的社会压力以及是否招供可能带来的后果都具有相关性［休斯顿（Houston）等人，2014；杨（Yang）等人，出版中］。

对容易引起虚假招供审讯方法的文献记录，是对审讯理论和实践的重要贡献。近年来的研究也表明，心理过程与真实供述之间的关系紧密（休斯顿等人，2014），研究也指出了哪些审讯方法能让有罪的犯罪嫌疑人更容易做出诊断性（diagnostic）的供认陈述（梅斯纳等人，2014）。例如，2012 年霍根及其同事区分了最大化策略方法和最小化策略方法对于影响犯罪嫌疑人对与招供相关的可能后果的理解的不同之处，指出，不带操控性的方法能够更多地取得诊断性的结果（例如，增加真实招供和降低虚假招供的可能性）。真实的供认很大程度上是犯罪者愧疚或悔恨的产物，并且犯罪者也对指控的证据深信不疑，这一发现与许多实验研究结果（休斯顿等人，2014）和对虚假招供的调查结果［古德琼森和希古德森（Sigurdsson），1999；雷德利克等人，2011］是一致的。

近来，更多的实证研究已经开始对信息收集型询问方法的诊断性效用进行评估，例如英国和其他一些国家使用的 PEACE 询问模式（梅斯纳等人，2014；或参阅本书中克拉克和米尔恩撰写的部分）。英国的实验性研究［埃文斯（Evans）等人，2013；纳切特等人，2011］以及实证性研究［索卡拉（Soukara）等人，2009；沃尔什和布尔（Walsh and Bull），2010］都表明，信息收集型询问方法——包括建立融洽关系、好的引导策略、正面对质以及策略性的出示证据这些技巧——会取得更有诊断性的结果：在降低诱导虚假供认概率的同时增加了引导出真实供述的可能性。其他一些研究也证明了讯问人员与犯罪嫌疑人建立起融洽和谐关系或者"工作联盟"关系的重要性，这种关系对帮助犯罪嫌疑人披露出更多的信息尤其有利［艾莉森（Alison）等人，2013；埃文斯等人，2014；古德曼－德拉哈蒂和豪斯（Goodman-Delahunty 和 Howes），出版中；古德曼－德拉哈蒂，2014；沃尔什和布尔 2012a，2012b）。最后，策略性地出示证据的询问方法有利于促使有罪的犯罪嫌疑人披露出更多的信息，研究表明，后期展示证据（或渐进性地出示证据策略）更易获得犯罪嫌疑人的坦白供认和从犯罪嫌疑人中辨别出无辜者［哈特维希等人，2014；史密斯（Smith）和布尔，出版中］。

综合来看，2014 年梅斯纳及其同事对现有文献进行了荟萃分析（meta-a-nalysis），比较了指控式审讯方法和信息收集式询问方法的诊断性有效性，与上述研究的结果是一致的。在对现实审讯进行观察性研究时，发现这两种方法与一系列常见的操控性方法相比，都能有效地带来供认，但是，在操控询问有罪者或无辜者的实验性研究中发现，信息收集式的询问方法能更多地获得真实供认，同时降低虚假招供的风险。

处于十字路口的美国刑事审讯：今后研究和培训的方向

美国的审讯发展现正处于一个十字路口——过去 50 年来执法部门、军方、情报机关所使用的审讯方法来自之前的经验和有效性的认识，但这些经验和认知缺乏科学验证和评估。近年来的研究提供的数据表明，指控式审讯方法可能会强制无辜的人做出虚假供述，对这些审讯方法的相对效能提出了质疑。研究也开始评估其他一些能从犯罪嫌疑人那里获取更高诊断价值信息的替代性询问方法，这些替代方法可以改善询问中与询问对象关系的融洽性、和谐性，增进合作与沟通，进行积极的正面对质，更具策略性地出示证据，并依据更可靠的线索辨别询问对象所说的真伪。

美国政府成立的高价值嫌犯审讯组（High-value Detainee Interrogation Group，HIG）是一个由联邦调查局、国防情报局（DIA）和中央情报局多部门合作组成的队伍，近年来开展了为期五年的项目研究投资以增进对审讯的科学理解，以期从认知、行为和社会科学中总结出更多的审讯理论、方法和指标。至今已有 60 多项研究得到这些投资的支持，许多的发现和研究结论也在本章中有所提及。讯问人员在实验室中进行研究，而高价值嫌犯审讯组则与美国的联邦执法部门以及军方培训机构沟通，推动对这些方法的进一步评估，引导多个机构整合了更有效、更具科学依据的审讯方法并纳入其培训体系。高价值嫌犯审讯组同样也开发了"从研究到实践"的培训教学包，供其他联邦、州和地方执法单位选用，传播这些研究成果并不断改进其在审讯中的做法。

我们自己与美国军方、执法部门以及情报工作者的互动表明，这些领域中的从业者（实践者）们渴望获得更加符合伦理道德要求、以证据为基础的审讯方法，从而提高他们从不合作讯问对象那里获取信息的能力。进一步的研究和发展，对于透彻理解审讯的关键方面（参见埃文斯等人，2010）十分重要，这些关键方面包括语言和文化在审讯中扮演的角色（凯利等人，出版中）、语境或环境因素的影响、对减少对抗增进合作因素的理解。一个不朽的典范或许就在酝酿之中。随着美国尖端、前沿研究的发展以及研究者与从业者不断增进的合作，审讯中对不合作犯罪嫌疑人的处理，也在逐步脱离半个世纪以来的心理操控模式，并朝着新型审讯模式的方向大步前进。

▌参考文献▐

❶ Alison，L. J.，Alison，E.，Noone，G.，Elntib，S.，and Christiansen，P.（2013）"Why tough tactics fail and rapport gets results：Observing Rapport-Based Interpersonal Techniques（ORBIT）to generate useful information from terrorists"，*Psychology，Public Policy，and Law*，19：411 – 431.

❷ Bull，R. and Milne，B.（2004）"Attempts to improve the police interviewing of suspects"，in G. D. Lassiter（ed.），*Interrogations，Confessions，Entrapment.* New York：Springer，pp. 181 – 196.

❸ Cassell，P. G. and Hayman，B. S.（1996）"Police interrogation in the 1990s：an empirical study of the effects of Miranda"，*UCLA Law Review*，43：839.

❹ Clarke，C. and Milne，B.（2001）*National Evaluation of the PEACE*

Investigative Interviewing Course, Police Research Award Scheme. London: Home Office.

❺ Cleary, H. M. D. （2014） "Police interviewing and interrogation of juvenile suspects: a descriptive examination of actual cases", *Law and Human Behavior*, 38: 271 – 282.

❻ Drizin, S. A. and Leo, R. A. （2004） "The problem of false confessions in the post-DNA world", *North Carolina Law Review*, 82: 894 – 1007.

❼ Evans, J. R. , Meissner, C. A. , Brandon, S. E. , Russano, M. B,. and Kleinman, S. M. （2010） "Criminal versus HUMINT interrogations: the importance of psychological science to improving interrogative practice", *Journal of Psychiatry and Law*, 38: 215 – 249.

❽ Evans, J. R. , Meissner, C. A. , ROSS, A. B. , Houston, K. A. , Russano, M. B. , and Horgan A. J. （2013） "Obtaining guilty knowledge in human intelligence interrogations: comparing accusatorial and information gathering approaches with a novel experimental paradigm", *Journal of Applied Research in Memory and Cognition*, 2: 83 – 88.

❾ Evans, J. R. , Houston, K. A. , Meissner, C. A. , Ross, A. B. , Labianca, J. R. , Woestehoff, S. A. , and Kleinman, S. M. （2014） "An empirical evaluation of intelligence-gathering interrogation techniques from the United States Army Field Manual", *Applied Cognitive Psychology*, 28: 867 – 875.

❿ Feld, B. （2013） *Kids, Cops, and Interrogation: Inside the Interrogation Room*. New York: New York University Press.

⓫ Garrett, B. L. （2011） *Convicting the Innocent: Where Criminal Prosecutions Go Wrong*. Cambridge, MA: Harvard University Press.

⓬ Goodman-Delahunty, J. , and Howes, L. M. （in press） "Social persuasion to develop rapport in high stakes interviews: qualitative analyses of Asian-Pacific practices", *Policing and Society*.

⓭ Goodman-Delahunty, J. , Martschuk, N. , and Dhami, M. （2014） "Interviewing high-value detainees: security cooperation and reliable disclosures", *Applied Cognitive Psychology*, 28: 883 – 897.

⓮ Gudionsson, G. H. and Sigurdsson, J. F. （1999） "The Gudjonsson confession questionnaire-Revised （GCQ-R）: factor structure and its relationship with personality", *Personality and Individual Differences*, 27: 953 – 968.

⓯ Hartwig, M. , Granhag, P. A. , and Luke, T. J. （2014） "Strategic use of evidence during investigative interviews: the state of the science", In D. C. Raskin, C. R. Honts, and J. C. Kircher （eds）, *Credibility Assessment: Scientific Research and Applications.* Waltham, MA: Academic Press, pp. 1 – 36.

⓰ Horgan, A. J. , Russano, M. B. , Meissner, C. A. , and Evans, J. R. （2012） "Minimization and maximization techniques: assessing the perceived consequences of confessing and confession diagnosticity", *Psychology, Crime and Law*, 18: 65 – 78.

⓱ Horselenberg, R. , Merckelbach, H. , and Josephs, S. （2003） "Individual differences and false confessions: a conceptual replication of Kassin and Kiechel （1996）", *Psychology, Crime and Law*, 9: 1 – 18.

⓲ Houston, K. A. , Meissner, C. A. , and Evans, J. R. （2014） "Psychological processes that distinguish true and false confessions", in R. Bull's （ed.）, *Investigative Interviewing.* New York: Springer, pp. 19 – 34.

⓳ Inbau, F. E. and Reid, J. E. （1963） *Criminal Interrogation and Confession.* Baltimore, MD: Williams Wilkins.

⓴ Inbau, F. E. , Reid, J. E. , Buckley, J. P. , and Jayne, B. C. （2013） *Criminal Interrogation and Confessions*, 5th edn. Burlington, MA: Jones & Bartlett Learning.

㉑ Jayne, B. C. and Buckley, J. P. （1999） *Investigator Anthology: A Compilation of Articles and Essays about the Reid Technique of Interviewing and Interrogation.* Chicago: John E. Reid & Associates.

㉒ Kassin S. M. and Gudjonsson, G. H. （2004） "The psychology of confession evidence: a review of the literature and issues", *Psychological Science in the Public Interest*, 5: 35 – 69.

㉓ Kassin, S. M. and Kiechel, K. L. （1996） "The social psychology of false confession: compliance, internalization, and confabulation", *Psychological Science*, 7: 125 – 128.

㉔ Kassin. S. M., Goldstein, C. J., and Savitsky, K. （2003） "Behavioral confirmation in the interrogation room: on the dangers of presuming guilt", *Law and Human Behavior*, 27: 187 – 203.

㉕ Kassin, S. M., Drizin, S. A., Grisso, T., Gudjonsson, G. H., Leo, R. A., and Redlich, A. D. （2010） "police-induced confessions: risk factors and recommendations", *Law and Human Behavior*, 34: 3 – 38.

㉖ Kassin, S. M., Leo, R. A., Meissner, C. A., Richman, K. D., Colwell, L. H., Leach, A. M., and La Fon, D. （2007） "Police interviewing and interrogation: a self-report survey of police practices and beliefs", *Law and Human Behavior*, 31: 381 – 400.

㉗ Kelly, C. E., Abdel-Salam, S., Miller, J. C., and Redlich, A. D. （in press） "Social identity and the perception of effective interrogation methods", *Investigative Interviewing Research and Practice*.

㉘ Kelly, C. E., Redlich, A. D., and Miller, J. C. （2013a） *The Dynamic Process of Interrogation*, Final Report to the High Value Detainee Interrogation Group, Washington, DC.

㉙ Kelly, C. E., Miller, J. C., Redlich, A. D., and Kleinman, S. M. （2013b） "A taxonomy of interrogation methods", *Psychology, Public Policy, and Law*, 19: 165 – 178.

㉚ Kidd, W. R. （1940） *Police Interrogation.* New York: Basuino.

㉛ Klaver, J., Lee, Z., and Rose, V. G. （2008） "Effects of personality, interrogation techniques and plausibility in an experimental false confession paradigm", *Legal and Criminological Psychology*, 13: 71 – 88.

㉜ Lassiter, G. D. and Meissner, C. A. （2010） *Police Interrogations and False Confessions: Current Research, Practice, and Policy Recommendations.* Washington, DC: American Psychological Association.

㉝ Leo, R. A.（1992）"From coercion to deception: the changing nature of police interrogation in America", *Crime, Law, and Social Change: An International Journal*, 18: 35 – 59.

㉞ Leo, R. A.（1996）"Inside the interrogation room", *Journal of Criminal Law and Criminology*, 86: 266 – 303.

㉟ Leo, R. A.（2008）*Police Interrogation and American Justice.* Cambridge, MA: Harvard University Press.

㊱ Meissner, C. A. and Kassin, S. M.（2002）"He's guilty! 'Investigator bias in judgments of truth and deception", *Law and Human Behavior.* 26: 469 – 480.

㊲ Meissner, C. A. and Kassin, S. M.（2004）" 'You' re guilty, so just confess!' Cognitive and behavioral confirmation biases in the interrogation room", in G. D. Lassiter（ed.）, *Interrogations, Confessions, and Entrapment.* New York: Kluwer Academic, pp. 85 – 106.

㊳ Meissner, C. A., Redlich, A. D., Michael, S. W., Evans, J. R., Camilletti, C. R., Bhatt. S., and Brandon, S.（2014）"Accusatorial and information-gathering interrogation methods and their effects on true and false confessions: a meta-analytic review", *Journal of Experimental Criminology*, 10: 459 – 486.

㊴ Meyer, J. R. and Reppucci, N. D.（2007）"Police practices and perceptions regarding juvenile interrogation and interrogative suggestibility", *Behavioral Sciences and the Law*, 25: 757 – 780.

㊵ *Miranda v. Arizona*, 384 US 436（1966）.

㊶ Narchet, F. M., Meissner, C. A., and Russano, M. B.（2011）"Modeling the influence of investigator bias on the elicitation of true and false confessions", *Law and Human Behavior*, 35: 452 – 465.

㊷ Nash, R. A. and Wade, K. A.（2009）"Innocent but proven guilty: using false video evidence to elicit false confessions and create false beliefs", *Applied Cognitive Psychology*, 23: 624 – 637.

㊸ Ofshe, R. J. and Leo, R. A.（1997a）"The social psychology of police interrogation: the theory and classification of true and false confessions", *Studies in Law, Politics, and Society*, 16: 189 – 251.

㊹ Ofshe, R. J. and Leo, R. A. (1997b) "The decision to confess falsely: rational choice and irrational action", *Denver University Law Review*, 74: 979 – 1122.

㊺ Perillo, J. T. and Kassin, S. M. (2011) "Inside interrogation: the lie, the bluff, and false confessions", *Law and Human Behavior*, 35: 327 – 337.

㊻ Reaves, B. A. (2011) *Census of State and Local Law Enforcement Agencies*, 2008. US Department of Justice, Office of Justice Programs.

㊼ Redlich, A. D. and Goodman, G. S. (2003) "Taking responsibility for an act not committed: the influence of age and suggestibility", *Law and Human Behavior*, 27: 141 – 156.

㊽ Redlich, A. D. , Kelly, C. E. , and Miller, J. C. (2014) "The who, what, and why of human intelligence gathering: self-reported measures of interrogation methods", *Applied Cognitive Psychology*, 28: 817 – 828.

㊾ Redlich, A. D. , Kulish, R. , and Steadman, H. J. (2011) "Comparing true and false confessions among persons with serious mental illness", *Psychology, Public Policy, and Law*, 17: 394 – 418.

㊿ Redlich, A. D. , Silverman, M. , Chen, J. , and Steiner, H. (2004) "The police interrogation of children and adolescents", in G. D. Lassiter (ed.), *Interrogations, Confessions, and Entrapment.* New York: Kluwer Academic, pp. 107 – 126.

51 Reppucci, N. D. , Meyer, J. , and Kostelnik, J. (2010) "Police interrogation of juveniles: results from a national survey of police", in G. D. Lassiter and C. Meissner (eds), *Interrogations and Confessions: Current Research, Practices, and Policy.* Washington, DC: American Psychological Association.

52 Russano, M. B. , Meissner, C. A. , Narchet, F. M. and Kassin, S. M. (2005) "Investigating true and false confessions within a novel experimental par-

adigm", *Psychological Science*, 16 (6): 481 – 486.

㊾ Russano, M. B. , Narchet, F. M. , Kleinman, S. M. , and Meissner, C. A. (2014) "Structured interviews of experienced HUMINT interrogators", *Applied Cognitive Psychology*, 28: 847 – 859.

㊿ Scheck, B. , Neufeld, P. , and Dwyer, J. (2000) *Actual Innocence.* Garden City, NY: Doubleday.

㊱ Smith, L. L. and Bull, R. (in press) "Exploring the disclosure of forensic evidence in police Interviews with suspects", *Journal of Police and Criminal Psychology*.

㊲ Soukara, S. , Bull, R. , Vrij, A. , Turner, M. , and Cherryman, C. (2009) "What really happens in police interviews of suspects? Tactics and confessions", *Psychology, Crime and Law*, 15: 493 – 506.

㊳ Sullivan, T. P. (2010) "The wisdom of custodial recording", in G. D. Lassiter and C. Meissner (eds.), *Police Interrogations and False Confessions: Current Research, Practice, and Policy Recommendations.* Washington, DC: American Psychological Association, pp. 127 – 142.

㊴ Vanderhallen, M. and Vervaeke, G. (2014) "Between investigator and suspect: the role of the working alliance in investigative interviewing", in R. Bull (ed.), *Investigative Interviewing.* New York: Springer, pp. 63 – 90.

㊵ Walsh, D. and Bull, R. (2010) "What really is effective in interviews with suspects? A study comparing interviewing skills against interviewing outcomes", *Legal and Criminological Psychology*, 15 (2): 305 – 321.

㊶ Walsh, D. and Bull, R. (2012a) "Examining rapport in investigative interviews with suspects: does its building and maintenance work?" *Journal of Police and Criminal Psychology*, 27: 73 – 84.

㊷ Walsh, D. and Bull, R. (2012b) "How do interviewers attempt to overcome suspects, denials?" *Psychiatry, Psychology and Law*, 19: 151 – 168.

㊸ Walters, S. B. (2003) *Principles of Kinesic Interview and Interroga-*

tion. Boca Raton，FL：CRC Press.

㊸ White，W. S. （2001）*Miranda's Waning Protections：Police Interrogation Practices after Dickerson.* Ann Arbor，MI：University of Michigan Press.

㊹ Yang，Y. ，Madon，S. ，and Guyll，M. （in press）"Short-sighted confession decisions：the role of uncertain and delayed consequences"，*Law and Human Behavior*.

㊺ Zulawski，D. E. ，Wicklander，D. E. ，Sturman，S. G. ，and Hoover，L. W. （2001）*Practical Aspects of Interview and Interrogation*，2nd edn. Boca Raton，FL：CRC Press.

询问和审讯犯罪嫌疑人

——探求真相而非获取供认

戴维·沃尔什（David Walsh）

艾莉森·D. 雷德利克（Allison D. Redlich）

加文·E. 奥克斯伯格（Gavin E. Oxburgh）

特朗德·麦克里伯斯特（Trond Myklebust）

在过去的 20 年左右的时间里，我们已逐步了解到更多地关于警方和执法人员对犯罪嫌疑人进行询问和审讯的实践做法。然而，我们的注意力几乎全部集中在英国、美国、加拿大和澳大利亚这些国家上，而对世界上其他国家和地区的询问和审讯实践做法了解甚少，尤其是中东和远东这样的非西方国家。研究人员来自的国家，与我们之前所掌握的关于这些国家询问和讯问实践的相关科学信息之间，似乎有着紧密的联系。此外，关于询问和讯问知识的匮乏，与那些据称在审讯中对犯罪嫌疑人使用拷问和侮辱方式方法的国家（有有力的逸事证据证明）之间有着明显的关联。正因如此，对询问人员的培训从任何方面来说都是至关重要的，这一点在本书许多章节中都已强调过。

本卷书的编者努力收集了世界各地一些至今尚未公开的询问和审讯犯罪嫌疑人的资料（例如，斯洛文尼亚、伊朗和墨西哥）。对于像德国、比利时、瑞士和法国这些高度发达的国家，真正的情况是，人们对其询问和审讯实践的情况了解甚少。因此，本卷书中的相关章节能够不断地给予我们普及和启发，其内容开创性地涉及了全球范围。但是，我们很快发现，世界上很多地方关于审讯方法的认识还停留在隐蔽或非道德（或两者兼有）的状态。人权观察组织（http：//www.hrw.org）的报告关注了2014年20多个国家的警方和安全部门对监狱囚犯的处置情况，发现相当多获取招供的习惯做法都是暴力或心理折磨，犯罪嫌疑人往往也因此而被定罪（没有或少有能支持犯罪嫌疑人供认的证据）。本卷书中提及的只有这些国家中的两个（法国和美国），但这并不意味着本卷书在这方面的覆盖率不足，因为我们还期待着逐步展开对世界上195个国家的更多说明。当然，这些空缺的信息提醒着我们未完的任务，那些仍然存在的又颇有影响力的审讯方法，即不道德手段、造成虚假招供、破坏社会和刑事司法理念的手法，仍需不断努力逐步改进。

我们从学术研究上获得的有限知识也说明，那些不道德的方法，主要关注如何取得供认而不是收集可靠的陈述，充斥在各种审讯实践之中，随之而来的问题就是虚假供认以及司法误判。举例来说，2013年布罗德赫斯特（Broadhurst）等人调查发现柬埔寨（Cambodia）警方审讯中取得供认时几乎就没有确凿的证据印证，1998年瓦达库切里（Vadackumchery）发现印度的审讯培训和实践远远不能令人满意［类似研究还可参见2002年蒂拉戈拉吉（Thilalgaraj）关于印度警方频繁使用监禁暴力的调查，以及2013年莱玛克里斯南（Ramakrishnan）的调查，他的调查表明，尽管印度警方的审讯相当恶劣但通常却被印度公众和警方都认为是必要的和可接受的］。

在英格兰和威尔士，众所周知的司法误判案件对审讯方法的变革起到了关键作用。但这种情况在有些国家却没有丝毫的影响力，即便这些国家存在着因审讯方法而引起的误判，而且他们还拒绝改进［例如，2002年奥·马哈尼（O'Mahoney）关于爱尔兰共和国的报告］。更有甚者，即便像欧洲人权法院这样的权力机构对欧洲经济区（EEA）所在的国家做出了明确指示［例如，萨尔杜兹（Salduz）案的裁定2008年就已生效，要求在审讯前必须给予犯罪嫌疑人法律咨询权］，但各个国家的回应却是不一致且缓慢的。在第2卷（本书）中论及EEA某些国家的章节，说明了尽管某些其他国家对这个裁决做出了某种程度的回应，但有的国家仍然表露出的是不情愿态度（尽管在英格兰和威尔士以及美国相当缺乏通用的、可获得的法律咨询服务）。

上述内容展现出了当前世界各地警方在询问犯罪嫌疑人方面严酷又令人担忧的现状，当然本卷也描述了某些国家近年来研究出的更合乎伦理道德的审讯方法。而且即使是在美国这样的国家，对警方讯问的录音录像记录也在日益增多，相关研究也见证了他们在逐步的改变（尤其是与执法从业者合作开展的研究）。这些也正是世界上其他国家和地区正在取得重要进步的特征（例如，立法有效地将酷刑逼供界定为非法）。作者记录了这些立法变革，如马来西亚、中国台湾和阿拉伯联合酋长国正在积极致力于警务专业化方面的改革［法拉（Farrar），2013；侯（Hou），2013］。在其他国家，如罗马尼亚和加纳，尽管调查人员的询问和审讯在西方国家研究者和从业者的文献描述对比下显得较为简单和缺少经验，但都在朝着更专业化、科学化和更加符合道德要求的方向开始做出努力［参见阿尼姆－丹夸（Anim-Danquah），2013；奥滕（Olteneau），2011，2013］。此外，在美国，调查人员的审讯实践更多地受到关注，近来参议院也认识到在审讯中取得可靠陈述方面存在的问题，并在报告中披露和严肃批评了一些不良做法（参议院特别委员会，2014）。

通过科学研究尤其是融入从业者合作的研究，来提高调查询问水平的做法，是值得被提倡的。我们认为从科学角度获取的知识是从业者的根本依据。我们的观点是，这种合作研究应当持续不断地进行，应通过更加符合道德要求的方法，更有效地从询问对象处获得可靠的陈述，进而实现对世界各地现有各种审讯做法的逐步改进。我们在本卷中谈及的诸如澳大利亚、加拿大、英国、美国等国，有着良好的调查和刑事司法传统，通常在面对那些有可能或者已经导致了司法误判的审讯做法时，会回顾问题并逐步做出改进。在英格兰和威尔士，随着适当的法律法规的建立、音频/视频记录以及PEACE询问模式的引入使用，产生了更多有经验的询问方法，之前不符合道德要求的审讯做法也有了很大的减少可能性［参见布尔（Bull），2014］。

自从英格兰和威尔士的询问采取改进措施之后，相比之前的状况，再也没有发生过不当的讯问方法导致的错误定罪，这种情形绝非巧合。事实上，恰当、巧妙地运用PEACE询问模式可以在询问中从犯罪嫌疑人处获得更加全面、详细的陈述［沃尔什（Walsh）和布尔，2010］。世界其他地区进行的类似研究也进一步强化了这种看法［梅斯纳（Meissner）等人，2012］，当然，这些研究也同时提醒了我们将研究持续进行下去的必要性。不仅如此，随着PEACE询问模式及其衍生方法在调查人员的培训中逐渐推广，以信息收集为目标的这种询问方式，也自然而然地被更多的国家所接受（如新西兰、挪威及荷兰——参见本卷中的相应内容）。当然，目前的情况仍然是任重道远。在英格兰和威尔士，调查人员在接受培训后虽然避免了压制性及以获取供认为中心目的的讯问方法，但他们在使用某些具体技巧时的表现仍存在不少问题：比如在建立融洽和谐关系方面、总结陈述方面、与犯罪嫌疑人对质以及在开发有效的询问策略和结构方面等。

要解释说明为何现状如此（以及问题的解决办法）并非易事。作为研究者，我们理所当然地应当继续坚持与询问从业者的合作，实现PEACE询问模式（或类似模式）的持续发展，进而在实践中实现避免造成虚假的供认，克服虚假的否认，同时收集准确、可靠、相关性强和综合性高的信息。正如这两卷书中的内容所述，我们当前面临的世界范围的挑战依然巨大。如果没有对被害人和目击证人有技巧的询问，就不可能对实际案件发生了什么、谁作案、谁受害这些具体情况做到真正的掌握。另外，历史已经教会我们认识到应当抛弃那些可能会造成犯罪嫌疑人虚假招供，无辜的犯罪嫌疑人被毋庸置疑地定罪，真正的凶手逍遥法外、犯下更多的罪行的讯问策略和方法。1862年陀思妥耶夫斯基（Dostoyevsky）提出的著名观点认为，一个社会对待囚犯的方式就是该社会文明程度的标尺。我们完全赞同这一观点，但我们更赞同的是，在刑事司法程序对人实施判刑监禁之前应有另一个评判，即一个社会的文明程度应当体现在其对待被害人、证人和犯罪嫌疑人的方式上。

▌参考文献▐ ···

❶ Anim-Danquah, E.（2013）*Principles of Interrogation.* Bloomington：Authorhouse.

❷ Broadhurst, R., Bouhours, T. and Keo, C.（2013）'Crime and justice in Cambodia', in J. Liu, B. Hebenton and S. Jou (eds), *Handbook of Asian Criminology*. New York Springer, pp. 167 – 182.

❸ Bull, R. (ed.) (2014) *Investigative Interviewing*. New York: Springer.

❹ Dostoyevsky, F. (1862) . *The House of the Dead*. Ware: Wordsworth.

❺ Farrar, S. A. (2013) 'Crime and criminal Justice in Malaysia', in J. Liu, B. Hebenton and S. Jou (eds), *Handbook of Asian Criminology*. New York: Springer, pp. 231 – 246.

❻ Hou, C. (2013) 'An overview of the criminal justice system in Taiwan', in J. Liu, B. Hebenton and S. Jou (eds), *Handbook of Asian Criminology*. New York: Springer, pp. 297 – 308.

❼ Meissner, C. , Redlich, A. , Bhatt, S. and Brandon, S. (2012) *Interview and Interrogation Methods and Their Effects on True and False Confessions*. Oslo: Campbell Systematics Reviews.

❽ O' Mahoney, P. (2002) *Criminal Justice in Ireland*. Dublin: Institute of Public Administration.

❾ Olteneau, G. (2011) 'The importance of evaluating and using the specific behavioural manifestations of the individuals investigated within judiciary investigations', *International Journal of Criminal Investigation*, 1: 75 – 86.

❿ Olteneau, G. (2013) 'Suggestibility in interview and interrogation: considerations about the use of smile', *International Journal of Criminal Investigation*, 3: 7 – 22.

⓫ Ramakrishnan, N. (2013) *In Custody: Law, Impunity, and Prisoner Abuse in South Asia*. New Delhi: Sage.

⓬ Senate Select Committee (2014) *Report of the Senate Select Committee on Intelligence: Committee Study of the Central Intelligence Agency's Detention and Interrogation Program*. Washington, DC: United States Government.

⓭ Thilalgaraj, R. (2013) 'Criminal justice system in India', in J. Liu, B. Hebenton and S. Jou (eds), *Handbook of Asian Criminology*. New York:

Springer，pp. 199 – 211.

⓮ Vadackumchery，J. （1998） *Police Interrogation*：*Dos Which the Police Don'* *t.* New Delhi：APH Publishing.

⓯ Walsh，D. and Bull，R. （2010）'The interviewing of suspects by non-police agencies. What's effective? What is effective！'，*Legal and Criminological Psychology*，15：305 – 321.